BIBLIOGRAPHIE

MÉTHODIQUE ET RAISONNÉE

DES BEAUX-ARTS

Esthétique et Histoire de l'Art
Archéologie
Architecture, Sculpture, Peinture, Gravure
Arts industriels, etc., etc.

ACCOMPAGNÉE DE TABLES ALPHABÉTIQUES ET ANALYTIQUES

PAR

ERNEST VINET

BIBLIOTHÉCAIRE DE L'ÉCOLE NATIONALE DES BEAUX-ARTS

Publiée sous les auspices du Ministère de l'Instruction publique
des Cultes et des Beaux-Arts

Deuxième livraison

PARIS

LIBRAIRIE DE FIRMIN-DIDOT ET Cⁱᵉ
IMPRIMEURS DE L'INSTITUT, RUE JACOB, 56
1877

Tous droits réservés.

Vinet, Ernest
Bibliographie méthodique et raisonnée
2

AVIS AUX SOUSCRIPTEURS.

Cet avis sera court parce qu'il est provisoire. Pour aujourd'hui, je veux me borner à indiquer les causes multiples de retards que je regrette très-vivement.

Ces causes sont-elles légitimes? Je le crois. En général, le public est peu touché de ce qu'il y a de difficile et d'imprévu dans l'exécution de toute œuvre sérieuse : les résultats seuls l'inquiètent, le reste lui paraît peu digne d'attention. Par exemple, ira-t-il calculer ce que, dans cette seconde livraison, la réunion de tant de matériaux, la multiplicité des recherches, les rigueurs de l'exactitude, l'importance des notes, ont demandé de semaines et de mois? Fera-t-il entrer en ligne de compte les lenteurs nécessaires de l'impression d'un texte grand in-8°, dont chaque page a deux colonnes en caractères minuscules; texte bourré de titres dans toutes les langues de l'Europe? Non, il ne le fera pas! Aussi c'est son indulgence seule que je réclame. Voudra-t-il en user? Je me plais à caresser cet espoir.

Je donne, dans la présente livraison, la table méthodique et raisonnée des matières, table provisoire qui ne deviendra définitive que dans la dernière livraison. Cette table nous montre la charpente de l'édifice. Ceux qui prendront la peine d'examiner attentivement une classification si longue, si neuve, si laborieusement préparée, reconnaîtront que ce n'est pas seulement un manuel du libraire qu'ils ont entre les mains, mais quelque chose de plus élevé et de plus théorique. Il y a diverses manières d'aborder l'histoire de l'art : on peut l'aborder par une critique savante des œuvres, ou bien en étudiant dans l'ensemble et le détail ceux qui les ont produites. Pour moi, j'ai cru que le moment était venu de signaler, et de ranger dans l'ordre chronologique, en les appréciant, tous les livres qui ont trait à cette histoire et à la technique depuis la Renaissance. Cette recherche est d'autant plus opportune, que le nombre des ouvrages de ce genre s'est accru d'une manière inouïe. C'était, il y a vingt ans, une marée montante ; aujourd'hui nous avons un océan ! Comme on ne peut naviguer sans boussole, je crois rendre un vrai service en publiant cette Bibliographie.

On m'a dit, depuis que cette livraison est commencée : « Pourquoi traduire les titres italiens ou espagnols ? sauf de rares exceptions, l'intelligence en est facile. Comment ! lorsque l'espace vous est économiquement mesuré, vous allez mettre en français : *Memorie risguardanti le Belle Arti,* ou bien *Sumario de las Antigüedades romanas ?* Ayez plus de confiance dans la pénétration de vos lecteurs, et plus de défiance des choses inutiles. » Le conseil m'a paru bon, et je l'ai suivi.

ERNEST VINET.

La mort imprévue de M. E. Vinet, mort survenue le 10 février 1878, et qui laisse un vide considérable dans le domaine de la critique d'art et de l'archéologie, n'aura point pour effet d'interrompre la présente publication. Une partie de la livraison prochaine a été entièrement achevée de son vivant, et de nombreux matériaux ont été amassés par lui pour la suite de l'ouvrage, qui sera continué, sur le même plan, par MM. A. Choisy, professeur d'histoire de l'architecture à l'École des ponts et chaussées, E. Müntz, successeur de M. Vinet, comme bibliothécaire de l'Ecole des Beaux-Arts, et G. Pawlowski, le collaborateur du défunt à cette *Bibliographie*.

La nature des livres qui doivent figurer dans la seconde partie affectée aux *Études spéciales* ne comporte plus, pour le côté critique, conformément au cadre de cet ouvrage, les développements que M. Vinet a donnés aux notes de la première partie consacrée aux *Études générales,* ce qui permettra de mener plus promptement à bonne fin cette publication utile et consciencieuse, qui a été si favorablement accueillie du public.

FIRMIN-DIDOT ET Cie.

DIVISION MÉTHODIQUE

DES MATIÈRES.

ÉTUDES GÉNÉRALES.

I. — SUR L'ESSENCE DE L'ART, SES PRINCIPES ET SON BUT.

1. Vues générales, n° 1.
2. Philosophie de l'art. — Théorie de l'art, 53.
3. Esthétique, ou Science du beau, 76.

II. — DU ROLE DE L'ART DANS LE MONDE; DE SES RAPPORTS AVEC LES RELIGIONS, LA SOCIÉTÉ ET LA LITTÉRATURE :

1. LES RELIGIONS.

A. L'Art et le paganisme, 156.
B. L'Art et le christianisme.

   1. Influence de l'art sur les idées religieuses et réciproquement, 174.
   2. Les Principes, les règles, l'idéal de l'art chrétien, 195.
   3. Écrits sur la théologie des peintres et des sculpteurs, 212.
   4. Symbolique chrétienne, 219.
   5. Iconographie chrétienne, 241.
   6. Architecture chrétienne en général, 260.
   7. Manuels d'archéologie chrétienne. — Cours élémentaires, 276.
   8. Histoire de l'art chrétien, 288.

2. LA SOCIÉTÉ.

A. Influence de l'art sur l'état social et réciproquement, 299.
B. L'Art satirique : Caricatures politiques et autres, 329.
C. Institutions pour le développement et l'encouragement des beaux-arts.— Enseignement des arts du dessin et Écoles des beaux-arts. — De l'instruction des artistes, 345.

D. Académies et corporations.

   1. Académies des Beaux-Arts et corporations en Allemagne, en Angleterre, en Flandre et dans le nord de l'Europe, 378.
   2. Corporations, communautés, maîtrises et jurandes en France, 392.
   3. Académie royale de peinture et sculpture. — Académie de France à Rome, 405.
   4. Académie d'architecture, 421.
   5. Projets de réforme de statuts et règlements d'académie. — Sociétés des arts en France depuis 1790, 425.
   6. Académies et corporations en Italie et en Espagne, 433.

E. De la Réglementation des beaux-arts en France et à l'étranger : décrets, ordonnances, arrêtés, etc., 451.
F. L'Art officiel : solennités et fêtes illustrées.

   1. Solennités civiles (Entrées de villes. — Sacres. — Baptêmes. — Mariages. — Funérailles, etc.).
     A. Souverains et princes du sang.
      1. Généralités, 468.
      2. France.
        a. Royaume de France, 469.
        b. Lorraine.

3. Espagne et Mexique, 548.
4. Portugal, 585.
5. Italie.
   a. États pontificaux, 586.
   b. Parme et Modène, 590.
   c. Savoie et Sardaigne, 597.
   d. Sicile, 601.
   e. Toscane, 605.
6. Belgique, 618.
7. Hollande, 636.
8. Allemagne.
   a. Empire d'Allemagne, 653.
   b. Prusse, 695.
   c. Anhalt, 704.
   d. Bavière, 705.
   e. Brunswick, 715.
   f. Duché de Clèves et Juliers, 722.
   g. Hambourg, 726.
   h. Hanovre, 727.
   i. Hesse, 728.
   j. Hohenzollern, 732.
   k. Saxe, 733.
   l. Wurtemberg, 738.
9. Angleterre, 746.
10. Danemark, 763.
11. Suède et Norvége, 765.
12. Pologne, 770.
13. Russie, 775.
B. Personnages illustres, Sociétés, etc., 783.
2. Solennités sacrées, 809.

3. LA LITTÉRATURE.

A. Points de contact entre l'art, les lettres et la science, 821.
B. Symboles, Allégories, Emblèmes, Devises, Iconologie, 835.

— Danses des morts.
1. Danses peintes et sculptées.
   a. Allemagne, 886.
   b. France, 895.
   c. Italie, 896.
2. Danses gravées, 898.

C. Expositions des beaux-arts, Livrets, Critiques des salons.

1. France, 914.
2. Étranger, 1029.

D. Écrits périodiques généraux sur les beaux-arts, 1043.
E. Poëmes sur les beaux-arts, 1126.
F. Dictionnaires et encyclopédies, 1153.
G. Mélanges et recueils de pièces relatives aux beaux-arts, 1179.
H. Bibliographie générale et spéciale des beaux-arts, 1214.

III. — HISTOIRE GÉNÉRALE DE L'ART.

1. Depuis son origine et sa renaissance jusqu'à nos jours, 1224.
2. Chez les Anciens et particulièrement chez les Grecs, 1253.
3. Chez les Modernes.

A. Généralités, 1286.
B. En Allemagne et au nord de l'Europe.
1. Allemagne en général, 1296.
2. États et villes de l'Allemagne, de l'Autriche et de la Suisse, 1311.

3. Nord de l'Europe : Scandinavie, Pologne, Russie, 1332.
C. Angleterre, Irlande, États-Unis, 1347.
D. Espagne et Portugal.
E. France.
1. Généralités, 1365.
2. Provinces, 1380.

F. Hollande et Belgique, 1390.
G. Italie.
1. Généralités, 1401.
2. Provinces de l'Italie, 1410.

IV. — MATÉRIAUX POUR SERVIR A L'HISTOIRE GÉNÉRALE DE L'ART.

ARCHÉOLOGIE.

1. Archéologie classique.

A. Traités et manuels d'archéologie, 1425.
B. Écrits périodiques, 1439.
C. Recueils de monuments figurés de l'antiquité en tout genre, 1448.
D. Musées et galeries, ou Recueils d'antiquités d'après des collections célèbres en général et en particulier.

1. Allemagne et pays du Nord, 1472.
2. Angleterre, 1484.
3. France, 1491.
4. Italie.

   a. Rome, 1504.
   b. Florence, 1515.
   c. Pesaro, Venise, Padoue, 1519.
   d. Naples, Mantoue, Brescia, 1522.

E. Vases peints.

1. Reproductions des vases, 1526.

2. Écrits sur les vases peints et catalogues de collections de vases, 1577.
F. Pierres gravées, 1607.
G. Le Verre et les Bijoux chez les Anciens, 1666.
H. L'Italie primitive, notamment l'Étrurie, 1670.
I. Herculanum et Pompéi.
  1. Sur la Découverte d'Herculanum et de Pompéi, 1703.
  2. Antiquités et monuments, 1715.
J. Explorations et missions scientifiques, 1749.
K. Costume de l'antiquité, 1811.
L. Mélanges, 1823.

2. Archéologie orientale, 1848.
3. Archéologie gallo- et germano-romaine, 1874.
4. Archéologie du moyen âge.

A. Mémoires et écrits périodiques.
  1. France, 1891.
  2. Étranger, 1908.
B. Œuvres d'art du moyen âge en tou genre, 1930.
C. Archéologie religieuse.
  1. Généralités, 1979.
  2. Œuvres d'art, 1986.
D. Tournois, Armes et Armures, 2036.
E. Industrie au moyen âge : ameublement, orfévrerie, serrurerie d'art, etc., 2067.
F. Costume.
  1. Généralités.
    a. Costumes en tout genre, 2084.
    b. Costumes religieux, 2142.
  2. Costumes spéciaux aux divers pays.
    a. Allemagne, Autriche, Hongrie et Suisse, 2151.
    b. Angleterre, Écosse, Irlande, 2187.
    c. Belgique et Hollande, 2208.
    d. Espagne et Portugal, 2222.
    e. France, 2233.
    f. Italie, 2283.
    g. Pologne, 2309.
    h. Russie, 2314.
    i. Suède, 2330.
    j. Principautés danubiennes. — Turquie. — Grèce, 2331.
    k. Asie, 2346.

5. Archéologie du Nouveau Monde, 2362.

GÉOGRAPHIE D'ART.

1. Topographie artistique de l'Europe : Guides dans les pays, provinces et villes (par ordre géographique).
2. Publications et notices sur les musées, galeries et collections de divers genres (par pays).
3. Voyages d'art (par pays).
4. Voyages pittoresques.
5. Vues pittoresques.

BIOGRAPHIE UNIVERSELLE DES ARTISTES.

A. Biographies générales.
B. Biographies des artistes de l'antiquité.
C. Biographies des artistes modernes.
D. Biographies nationales (par pays).

LETTRES D'ARTISTES, D'AMATEURS ET D'ÉCRIVAINS D'ART.

BIOGRAPHIES DES ÉCRIVAINS D'ART ET DES AMATEURS.

* * *

ÉTUDES SPÉCIALES.

DESSIN.

A. Généralités. — Traités et méthodes d'enseignement.
B. Proportions du corps humain.
C. Physionomie humaine.
D. Anatomie.
E. Perspective.
F. Ornement.

LES ARTS DU DESSIN.

Écrits sur les arts du dessin et monuments des arts du dessin chez tous les peuples.

ARCHITECTURE.

I. — INTRODUCTION.

A. Vues générales sur l'architecture. — Esthétique.
B. Enseignement de l'architecture.
C. Législation du bâtiment et prix des travaux.
D. Dictionnaires et lexiques.
E. Écrits périodiques.

II. — PARTIE TECHNIQUE.

1. Ordonnance et proportions des édifices. — Les Cinq Ordres.
2. De l'Exécution des édifices.

    A. Construction.
      1. Généralités.
      2. Méthodes de construction en pierre et en brique. — Coupe des pierres.
      3. Méthodes de construction en bois et en fer. — Charpente.
      4. Serrurerie. — Menuiserie. — Peinture en bâtiment, — Serrurerie monumentale.
      5. Détails des travaux qui complètent les constructions.
    B. Décoration des édifices.
      1. Ornementation architecturale.
      2. Polychromie.

3. Des Divers Genres d'édifices.

    A. — Architecture civile ou municipale.

      1. Le Temple.
      2. L'Église.
      3. Le Forum et la Basilique, l'Hôtel de ville, les Tribunaux, le Palais du commerce.
      4. L'Arc de triomphe, la Colonne triomphale, les Monuments commémoratifs.
      5. Le Théâtre et l'Amphithéâtre.
      6. Constructions d'utilité publique : Halles, Marchés, Fontaines monumentales, Services administratifs, Maisons et Écoles communales.
      7. Les Thermes.
      8. Les Prisons et le Lazaret.
      9. Architecture funéraire.

    B. — Architecture privée.

      1. Palais, châteaux, résidences princières, maisons de plaisance.
      2. Maisons de ville.
      3. Maisons de campagne, cottages, habitations champêtres, — Jardins et constructions pour l'ornement des jardins. — Parcs et promenades publiques.
      4. Architecture rurale.

4. Restitution d'anciens édifices. — Prix académiques. — Projets.

III. — PARTIE HISTORIQUE ET DESCRIPTIVE.

ARCHITECTURE ANCIENNE ET MODERNE.

1. Histoire de l'architecture chez les Anciens et chez les Modernes.
2. Monuments d'architecture de tous les peuples et à toutes les époques de l'histoire.

    I. ARCHITECTURE ANCIENNE.

    A. Histoire de l'architecture en Orient.
      1. Égypte et Nubie.
      2. Assyrie, Babylonie et Perse.
      3. Phénicie et Judée.
      4. Asie Mineure grecque et romaine.
      4. Inde ancienne.
    B. Histoire de l'architecture en Occident.
      1. Architecture grecque.
      2. Architecture étrusque.
      3. Architecture romaine.

    II. ARCHITECTURE DE TRANSITION.

    A. Architecture chrétienne primitive.
      1. Catacombes.
      2. Basiliques romano-chrétiennes.
    B. Architecture byzantine.
    C. Architecture arabe, persane, indienne, etc.
    D. Architecture de la Sicile sous la domination des Normands.

    III. ARCHITECTURE CHEZ LES MODERNES.

    — Généralités.

    A. Architecture du moyen âge.

      1. Généralités.
      2. Les Divers Genres d'architecture.
        1. Architecture romane.
        2. Architecture ogivale.
      3. Architecture et topographie monumentale du moyen âge (par pays).

B. Architecture depuis la Renaissance jusqu'à nos jours.

  1. Généralités.
  2. Architecture et topographie monumentale (par pays).

C. Publication des œuvres variées

des architectes depuis la Renaissance.

3. Biographies des architectes.

  A. Biographies collectives.
  B. Monographies (par pays).

SCULPTURE.

I. — TRAITÉS GÉNÉRAUX.

II. — PARTIE TECHNIQUE.

1. Des Matières employées par les sculpteurs.

  A. Sculpture en bois, en ivoire et en terre cuite émaillée.
  B. Sculpture en métal.

2. Gravure en pierres fines et en médailles.
3. Moulages.

III. — PARTIE HISTORIQUE ET DESCRIPTIVE.

1. Écrits sur la sculpture des Anciens.
2. Écrits sur la sculpture des Modernes.

  A. Généralités.
  B. Sculpture dans les divers pays (par pays).

3. Recueils de statues, bas-reliefs et autres fragments antiques.
4. Ornements de sculpture.
5. Biographies des sculpteurs (par pays).

PEINTURE.

I. — ESTHÉTIQUE DE LA PEINTURE.

II. — PARTIE TECHNIQUE.

1. Traités de l'art de peindre.
2. Des Couleurs et du coloris.
3. Des Diverses Manières de peindre.

  A. Peinture à l'huile.
  B. Peinture à la fresque et à l'encaustique.
  C. Aquarelle.
  D. Miniature.
  E. Peinture sur verre.
  F. Peinture en émail.
  G. Mosaïque, pavages ornementés.

4. Des Divers Genres de peinture.

III. — PARTIE HISTORIQUE ET DESCRIPTIVE.

1. Histoire de la peinture.

  A. Généralités.

  B. Chez les Anciens.
  C. Au Moyen Age.
  D. Chez les Modernes (par pays).

2. Reproduction par la gravure, la lithographie, la photographie, etc., des œuvres des peintres.

  A. Collectivement.
  B. Séparément.
  C. Peintures antiques découvertes à Rome.
  D. Musées et galeries publiques.
  E. Collections particulières.
  F. Dessins de maîtres.
  G. Œuvres des miniaturistes.
  H. Œuvres des peintres sur verre.
  I. Œuvres des mosaïstes.
  J. Peintures décoratives ou d'ornementation.

3. Biographies des peintres.

  A. Biographies collectives.
  B. Monographies (par pays).

Appendice à la sculpture et à la peinture :

ICONOGRAPHIE.

Statues et portraits, bustes et médailles d'hommes célèbres.

———

GRAVURE.

I. — GÉNÉRALITÉS.

II. — PARTIE TECHNIQUE.

Traités sur les divers procédés de la gravure.

III. — PARTIE HISTORIQUE ET DESCRIPTIVE.

1. Histoire de la gravure.

2. Œuvres des graveurs.

   A. Recueils d'estampes gravées d'après les maîtres.
   B. Catalogues de collections d'estampes d'après les écoles de peinture.
   C. Manuels des amateurs d'estampes.

3. Biographies des graveurs.

   A. Biographies collectives.
   B. Monographies.

———

LITHOGRAPHIE.

Manuels, traités et autres ouvrages spéciaux.

———

PHOTOGRAPHIE.

Manuels, traités et autres ouvrages spéciaux.

———

ARTS INDUSTRIELS.

APPLICATION DES BEAUX-ARTS A L'INDUSTRIE.

1. Généralités.
2. Modèles et exemples pour les artistes et industriels.

HISTOIRE ET PRODUITS.

1. Ameublement et menuiserie d'art.
2. Céramique.
3. Ciselure et orfévrerie.
4. Tapisserie.

HISTOIRE DES ARTS INDUSTRIELS.

———

Paris. — Typographie Firmin-Didot et Cⁱᵉ, rue Jacob, 56. — 2347.

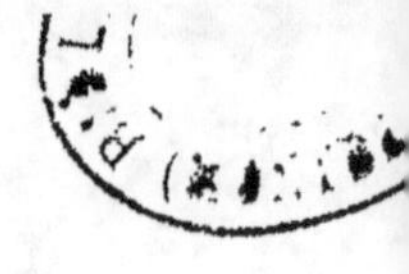

1. DEPUIS SON ORIGINE ET SA RENAISSANCE JUSQU'A NOS JOURS.

(Les ouvrages qui ne sont point mentionnés dans cette section comme se rattachant d'une manière trop directe à l'architecture, à la peinture ou à la sculpture, figureront dans leurs divisions respectives.)

1224. MONIER (Pierre). Histoire des arts qui ont raport au dessein, divisée en trois livres où il est traité de son origine, de son progrès, de sa chute et de son rétablissement... par P. Monier, peintre du Roi et professeur en l'académie roiale (*sic*) de peinture et de sculpture. — Paris, 1698, in-12, front. (3 à 5 fr.).

L'auteur du dépouillement des registres de l'Académie de peinture, dont il était membre, Henri Van Hulst nous a laissé quelques éclaircissements sur Monier. Voy. *Mémoires inédits sur la vie et les ouvrages des membres de l'Académie royale de peinture et de sculpture.*

D'après Van Hulst, cette histoire se compose d'un discours lu par Monier, en qualité de professeur, devant M. de Villacerf, protecteur de l'Académie, le 22 juin 1693, discours dont le sujet était: De l'origine et des progrès de l'art du dessin ; — le 8 mai 1694, Monier lut un second discours sur la décadence de l'art du dessin: — enfin, dans les assemblées du 5 mai, du 7 juillet et du 4 août 1696, il en prononça un troisième concernant la renaissance et le rétablissement des arts du dessin. Ces trois discours devaient servir de préliminaires à des conférences académiques et pédagogiques qui ne furent pas publiées, bien qu'on en eût le projet, et comme Monier ne voulut pas perdre le fruit de ses veilles, avec ses discours il fit un livre.

L'érudition dans ce travail est légère, et l'esprit critique encore plus. L'auteur commence par les Assyriens qui, selon lui, importèrent en Égypte les arts du dessin : les Égyptiens, à leur tour, dotèrent de ce trésor les Phéniciens qui le transmirent aux Grecs. Chemin faisant, Monier parle du beau développement des arts du dessin sous les rois d'Israël ; de Cecrops et de Cadmus qui en furent les initiateurs sur la terre de Grèce ; et des *amphitrions* (sic), maîtres du sénat d'Athènes — confusion malheureuse avec les amphictyons « lesquels donnèrent à Miron et Polygnote de beaux et agréables logements. »

Ces énormités nous montrent ce qu'était la critique soixante-dix ans avant Winckelmann, même dans le sein de l'académie royale de peinture et de sculpture, le seul endroit à cette date où de pareilles questions pouvaient être traitées. L'histoire de l'art est d'hier.

Né à Blois en 1637, fils et petit-fils de peintre, Pierre Monier entra dans l'atelier de Sébastien Bourdon, devint un de ses bons élèves et fut emmené à Rome par Érard, afin d'y travailler à la création de l'Académie de France. Un des titres de Monier vis-à-vis de la postérité, peut-être le meilleur, c'est d'avoir été choisi par le Poussin pour l'aider à mesurer les antiques. Reçu membre de l'Académie en 1674 et professeur en 1686, il est mort à Paris le 3 octobre 1703.

1225. BÜSCHING (A.-F.). *Entwurf einer Geschichte der zeichnenden schö-*
nen Künste. — Esquisse d'une histoire des arts du dessin. — Hambourg, 1781 ou 1782, in-8 (1 fr.).

1226. (GHERARDO, G.-B., conte e signore di Arco.) *Della Patria primitiva dell' arti del disegno.* — Crémone, 1785, in-8, 182 pp. (2 fr.).

1227. AGINCOURT (Jean-Bapt.-Louis-Georges SEROUX d'). Histoire de l'art par les monumens, depuis sa décadence au IV° siècle, jusqu'à son renouvellement au XVI°, pour servir de suite à l'Histoire de l'art chez les anciens [de WINCKELMANN]. — Paris (1811-) 1823, 6 vol. gr. in-fol., ornés de 325 pl. grav. (200 fr. et plus en pap. vél.); = trad. en ital. par l'archit. Antolini, le peintre Fumagalli, l'archéol. Zardetti et le prof. Longhena: *Storia dell' arte col mezzo dei monumenti,* etc. *Edizione prima italiana con Aggiunte* ; Milan et Mantoue, 1824-25, 7 vol. in-fol., dont 3 de 326 pl. (100 fr. et plus); — nouv. édit. (?), Mantoue, 1841, 6 vol. in-fol. ;—autre trad., par Ticozzi : *Storia dell'arte dimostrata co'monumenti,* etc.; Prato, 1826-30, 6 vol. de texte in-8, et 3 vol. (en un) de planches gr. in-fol. (80 à 110 fr.); = trad. en allem. par A.-F. von Quast : *Denkmäler der Architectur, Sculptur und Malerei, vorzugweise in Italien,* etc.; Francfort, (1846), texte in-4, et 328 pl. in-fol. (3835 sujets) (30 à 40 fr.); = trad. en angl. par Owen Jones : *The History of Art by its Monuments,* etc.; Londres, 1847 ou 1850, 3 vol. en 1 in-fol., 328 pl. (60 fr.).

Les planches originales, gravées de nouveau pour l'édition italienne de Milan, ont ensuite servi aux éditions anglaise et allemande. Dans la traduction italienne publiée à Prato, les planches gravées pour une seconde fois, sont supérieures à celles de l'édition de Paris ; plusieurs ont été dessinées par des artistes italiens.

On a reproché à d'Agincourt d'avoir donné de trop petites figures, et, ce qui est plus grave, des reproductions inexactes.

Son Histoire de l'art par les monuments se divise en trois parties : I. Architecture, 73 pl.; — II. Sculpture, 51 pl.; — III. Peinture, 204 pl. — Reprendre cette grande histoire au point où Winckelmann l'avait laissée, la suivre à travers le moyen âge jusqu'à la Renaissance, en cherchant partout des témoignages, aussi bien dans les productions les plus variées et les plus secondaires, dans les miniatures et les mosaïques, dans les diptyques, dans les coffrets et tabernacles, que dans les monuments d'architecture : telle a été l'idée fondamentale de d'Agincourt. Mais, il eut encore un rare mérite : le premier, en son temps, il sut reconnaître que les œuvres de ces siècles de décadence et de barbarie offrent un nouveau chapitre, hautement intéressants pour l'histoire de l'art, et même pour l'histoire de l'esprit humain. Cette découverte sera sa gloire, et ses vastes recherches, toujours consultées et appréciées, iront à la postérité.

1228. SECKENDORF (G.-A. Freih. von), genannt Patrick PEALE. *Vorlesungen über die bildende Kunst des Alterthums und der neuern Zeit.* — Conférences sur les Beaux-Arts dans l'antiquité et aux temps modernes. — Aarau, 1814, in-8, 6 pl. grav. s. c. (3 fr.).

1229. HAMMARSKÖLD (L.). *Utkast till de bildande Konsternas Historia. I Föreläsningar.* — Esquisse d'une histoire des Beaux-Arts. Leçons. — Stockholm, 1817, in-8.

1230. SCHLEGEL (Aug.-Wilh. von). *Vorlesungen über Theorie und Geschichte der bildenden Künste.* — Leçons sur la théorie et l'histoire des Beaux-Arts.—Berlin, 1827, in-4 (4 fr.); = trad. en franç. par A.-F. Couturier de Vienne : *Leçons sur l'histoire et la théorie des Beaux-Arts,* etc.; Paris, 1830, in-8 (4 fr.); = trad. en espagnol, sur l'édit. franç.: *Lecciones sobre la historia y la teoria de las Bellas Artes,* etc.; Valence, 1854, in-8.

Ce cours de quinze leçons, — la seizième n'a pas été publiée, — n'est point un cours ordinaire: c'est une série d'aperçus sur l'histoire de l'art, présentés par un critique éminent, parlant d'abondance devant un auditoire de dames et de gens du monde. Quelques vues justes et profondes, plutôt indiquées qu'exposées, ne peuvent racheter ce qu'il y a d'incomplet ou parfois de banal dans ces leçons où le professeur est obligé de parler de choses trop connues, afin de se mettre à la portée de son auditoire. Toutefois le nom de Schlegel donne à ce cours une certaine autorité. Guillaume Schlegel, bien que l'ami de Mme de Staël, fut un de ceux qui travaillèrent avec le plus d'ardeur à affranchir l'Allemagne de l'esprit français; il eut pendant la lutte des audaces malheureuses, surtout le jour où il s'avisa d'appeler notre grand Molière : un *comique burlesque !* En France on s'en souviendra longtemps.

1231. WENDT (A). *Ueber die Hauptperioden der schönen Kunst, oder die Kunst im Laufe der Weltgeschichte dargestellt.* — Les Principales époques des Beaux-Arts, ou l'Exposé de l'histoire de l'art dans les cours des âges. — Leipzig, 1831, gr. in-8 (1 fr. 50); = trad. en suédois par C.-A. Bagge : *Betraktelser öfver den Sköna Konstens Hufvudperioder;* Stockholm, 1835, in-8.

1232. FICKER (F.). *Geschichtlicher Ueberblick der gesammten schönen Künste nach ihren einzelnen Sphären.* — Coup d'œil sur l'histoire des Beaux-Arts en général et en particulier. — Vienne, 1837, in-8 (2 fr.).

1233. *Remarks on the ancient and modern art, in a series of Essays. By an Amateur.* — Londres et Edimbourg, 1837, in-8 (3 à 15 fr.).

1234. KUGLER (Franz). *Handbuch der Kunstgeschichte.* — Manuel de l'histoire de l'art. — Stuttgart, 1841-1842, in-8; — 2e édit., avec additions de J. Burckhardt; *ibid.,* 1848, in-8; — 3e édit., *ibid.,* 1856-59, 2 vol. in-8, fig. et port.;—4e édit., revue par W. Lübke; *ibid.;* Ebner et Seubert, 1861, 2 vol. gr. in-8, fig. et portr.; — 28 fr. ; = trad. en ital. par l'abbé P. Mugna : *Manuale della storia dell'arte,* etc.; Venise, 1854, in-8, et Milan, 1858, in-8.

L'idée de présenter l'histoire de l'architecture, de la sculpture, de la peinture, dans un même cadre, depuis les origines de la civilisation jusqu'à nos jours, est une idée très-moderne, idée réalisée il y a plus de trente ans par Kugler, idée suggérée peut-être par l'excellent manuel d'archéologie d'art d'Ottfried Müller. Grâce à l'habileté de Kugler, qui a su mettre de l'ordre dans cette accumulation de matériaux, bien tracer l'itinéraire des trois grands arts à travers les siècles, marquer les étapes, indiquer le progrès ou la chute, on a sous les yeux un tableau complet de l'histoire de l'art. Du reste, la simple indication des principaux chapitres suffira pour montrer, bien mieux que tout ce que je pourrais dire, quelle est la méthode de l'esthéticien allemand.

Ier vol. — Chap. Ier. Enfance de l'art : tâtonnements dans le nord de la vieille Europe, dans l'Amérique du Nord, dans l'empire des Incas, à Mexico et dans l'Amérique centrale.—Chap. II. L'ancienne Egypte : 1re floraison de l'art dans l'ancien royaume; 2e floraison; 18e et 19e dynasties; du XIIIe siècle avant notre ère jusqu'aux Ptolémées; des Ptolémées aux Romains; Ethiopie et Nubie. — Chap. III. L'Antiquité dans l'Asie centrale. — Chap. IV. Phénicie et Israël. — Chap. V. Les Pelasges : l'Hellade, l'Italie centrale, l'Etrurie, l'Asie mineure. — Chap. VI. L'Art hellénique. — Chap. VII. L'Art romain. — Chap. VIII. L'Art chrétien primitif. — Chap. IX. L'Art chez les Sassanides et les Indo-Scythes. — Chap. X. L'Art indien et ses diverses périodes. — Chap. XI. L'Art musulman. — Chap. XII. A. Le moyen âge occidental qui donne naissance au style roman, style qui règne dans toute l'Europe.

IIe Vol. — B. Le style gothique. — *Histoire de l'art moderne.* Chap. Ier. L'Architecture dans toute l'Europe jusqu'à la fin du XVIe siècle. — Chap. II. La Sculpture et la peinture au XVe siècle. — Chap. III. La Sculpture et la peinture dans la 1re moitié du XVIe siècle. — Chap. IV. La Peinture et la sculpture dans le nord de l'Europe : c'est-à-dire les Écoles hollandaise, française, allemande; puis la peinture sur verre, la sculpture en pierre, en bois, en bronze. — Chap. V. La Peinture et la sculpture dans la 2e moitié du XVIe siècle. — Chap. VI. La Peinture et la sculpture des XVIe et XVIIe siècle. — Chap. VII. La Gravure en bois et en cuivre jusqu'à la fin du XVIIIe siècle. — Chap. VIII. Coup d'œil sur les tendances de l'art contemporain.

Après avoir occupé de hautes fonctions administratives, Kugler, né à Stettin en 1808, est mort à Berlin le 16 mars 1858. Un de ceux qui l'ont suivi de plus près dans la voie qu'il a ouverte,

Wilhelm Lübke a revu la 4e édition du Manuel de l'histoire de l'art.

1235. SCHNAASE (Carl). *Geschichte der bildenden Künste,* etc. — Histoire des arts du dessin. — Düsseldorf, 1843-64, 7 vol. in-8, fig. — 2e éd., revue et complétée (avec la coopération de C. von Lutzow, C. Friederichs, J. Rahn, Alwin Schultz et Wilh. Lübke); *ibid.,* Buddeus, 1865-77, t. I à VIII, 1re part., in-8, fig. — 116 fr.

Il est vraiment regrettable, pour l'honneur de l'Allemagne, et pour l'utilité des Français, critiques d'art, que ce bel ouvrage n'ait pas été traduit. L'auteur a su réaliser, avec autant de talent que de savoir, une conception des plus heureuses, je veux dire le tableau des rapports de l'art dans tous les pays, depuis l'origine des sociétés jusqu'à nos jours, avec le sol, la race et les croyances. C'est ce que Schnaase appelle : « l'art dans l'histoire », et ce tableau soigneusement étudié, est encadré dans des vues générales et philosophiques.

Prenons comme exemple l'Inde et le vieil art indien. L'auteur trace d'abord à grands traits le tableau de la nature dans l'Inde, nature extraordinaire, bienfaisante et malfaisante à la fois, nature grandiose et terrible ; de là, il passe au caractère particulier de l'Indien, à sa religion, à ses mœurs, et se livre ensuite, en commençant par l'architecture, à l'examen de toutes les premières tentatives jusqu'à la pleine floraison.

Au début, M. Schnaase n'avait l'intention que de donner une *Histoire de l'art chez les anciens :* tel est, en effet, le titre général de ses deux premiers volumes publiés en 1843. Une autre série, consacrée à l'art du moyen âge, est venue s'y adjoindre, et elle embrasse les cinq derniers volumes.

1236. BONVICINI (barone avvocato). *Compendio storico delle Belle Arti, con piacevoli erudizioni e teorie importanti, per uso dei giovani artisti,* etc. — Florence, 1844, in-8.

1237. CLEGHORN (G.). *Ancien and Modern Art ; historical and critical.* — 2e édit., corr. et augm. ; Londres, 1848, 2 vol. in-12.

1238. JEANRON (Phil.-Aug.). Origine et progrès de l'art. Études et Recherches. — Paris, 1849, in-8 (2 à 3 fr.).

Études et recherches ! En effet, on peut s'attendre à trouver ici certains côtés de l'histoire de l'art plus profondément fouillés que d'autres. Par exemple la réhabilitation de l'art du moyen âge est une des plus grandes préoccupations de l'auteur. Jeanron connaît moins bien l'antiquité. On regrette de voir dans un livre qui a la prétention d'être sérieux, des affirmations comme celle-ci : « Il est maintenant avéré que leurs arts, — les arts des Grecs, — n'étaient qu'une émanation immédiate de la civilisation antérieure des Egyptiens, des Etrusques, des Syriens. » On regrette également que des idées parfois très-justes soient exposées dans un style si prétentieux.

1239. LOCHIS (conte Ottavio). *Illustrazione dell' origine e del progresso dell' Arti Belle sino al secolo XVI.* — Bergame, 1851, in-8 (3 fr.).

1240. SELVATICO (P.). *Storia estetico-critica delle Arti del disegno, ovvero l'Architettura, la Pittura e la Statuaria considerate nelle correlazioni fra loro e negli svolgimenti storici, estetici e tecnici. Lezioni dette nella I. R. Accademia di Belle Arti in Venezia.* — Venise, 1852-56, 2 vol. gr. in-8, portr. (20 à 30 fr.).

1241. KUGLER (F.). *Kleine Schriften und Studien zur Kunstgeschichte.* — Opuscules et Études pour servir à l'histoire de l'art. — Stuttgart, 1853-54, 3 vol. in-8, fig. s. b. et pl. grav. (15 fr.).

1242. MERCEY (Louis-Fréd. BOURGEOIS de). Études sur les Beaux-Arts depuis leur origine jusqu'à nos jours, par F. B. de Mercey. — Paris, 1855(-57), 3 vol. in-8 (6 à 8 fr.).

« Il est bien difficile, dit M. de Mercey en tête « de ses *Études,* de trouver un titre qui corres- « ponde exactement à la pensée d'une œuvre « conçue un peu à bâtons rompus. — Nous n'a- « vons pas la prétention d'avoir fait un *livre;* « nous avons seulement voulu réunir et coordon- « ner des morceaux écrits à différentes époques, « et comme ils traitent de l'art à tous les temps « et chez tous les peuples, il a suffi de les placer « à la suite dans un ordre chronologique, pour « former un corps d'ouvrage sinon complet, du « moins à peu près logique : qu'on nous passe le « mot. »

Voici du reste quels sont les sujets abordés par M. de Mercey.

Tome 1er. —Origine et filiation des arts; — L'art en Orient; — L'art égyptien ; — L'art assyrien; — L'art chez les Hébreux ; — Le temple de Salomon; — L'art chez les Étrusques ; — L'art romain; — L'art chrétien dans les Catacombes ; — L'art byzantin.

Tome II. — La Renaissance italienne; — L'art moderne en Italie; — Les arts en Piémont; — La peinture en Allemagne, dans les Flandres et en Hollande; — L'art moderne en Allemagne; — L'art en Espagne; — La galerie du maréchal Soult; — Les arts en Angleterre et en Écosse; — Exhibition d'Édimbourg; — Coup d'œil sur l'école française contemporaine.

Tome III. — Histoire de la gravure en médaille en France; — La sculpture monumentale en province; — L'exposition universelle des Beaux-Arts; — Des encouragements aux Beaux-Arts, etc.

On sait que Fr. de Mercey n'est devenu littérateur et administrateur qu'après avoir abandonné la peinture, abandon commandé par la faiblesse de sa vue; nommé directeur des Beaux-Arts en 1853, accueilli comme membre libre par l'Académie des Beaux-Arts en 1860, il est mort quelques mois après son élection.

1243. SPRINGER (A.-H.). *Handbuch der Kunstgeschichte,* etc. — Manuel de l'histoire de l'art, etc. Avec un Avant-propos par le prof. Fr.-Th. Vischer. Orné de 93 illustr., d'un tabl. en chrom. et d'un guide de l'histoire de l'art pour servir en voyage à travers l'Allemagne, l'Italie, l'Espagne, la France, les Pays-Bas et l'Angleterre. — Stuttgart, 1855, in-8, fig. (4 à 5 fr.).

1244. LÜBKE (Wilh.). *Grundriss der Kunstgeschichte*, etc. — Esquisse d'une histoire de l'art. — Stuttgart, Ebner et Seubert, 1860, in-8, fig. — 12 fr. 50; — 2° à 6° édit., *ibid.*, 1864, 1865-66, 1868, 1871, 1873, in-8, fig.; — trad. en angl. par F.-E. Bunnett : *History of Art;* Londres, 1868, 2 vol. gr. in-8. = *Denkmäler der Kunst, zugleich Bilder-Atlas zu Lübke Grundriss der Kunstgeschichte.* — Monuments de l'art. Atlas pour servir à l'Esquisse d'une histoire de l'art par Lübke. Édition populaire. — Stuttgart, Ebner et Seubert, 1861, in-fol., IV-56 p. et 56 pl. grav. s. c. — 27 fr. = *Supplement : die Kunst der Neuzeit.* — Supplément : L'Art moderne. — *Ibid.*, 1869, in-fol., 26 p. et 23 pl. grav. s. acier. — 12 fr.

On vante beaucoup en Allemagne le ton aisé, la clarté extrême, la parfaite distinction des écrits de M. Lübke; en France, où ces qualités sont moins appréciables, on rend justice au savoir et à la méthode du critique allemand. Ce qui n'est pas douteux pour nous, c'est que M. Lübke possède à fond l'histoire de l'art; c'est qu'il sait grouper avec habileté une masse énorme de faits; c'est que peu de choses lui échappent et qu'il fouille assez avant dans tous les pays. Généralement ses idées sont saines; on peut le suivre sans crainte, et son livre, même à côté de ceux de Kugler et de Schnaase, doit être consulté. La faveur dont il jouit dans son pays est grande : son Histoire de l'art en 1873 en était déjà à la sixième édition.

1er Livre. — L'art du vieil Orient, qui se subdivise ainsi qu'il suit: L'art égyptien; — L'art de l'Asie centrale; — L'art de l'Asie orientale; — L'art de l'Asie occidentale.

2e Livre. — L'art grec; — L'art étrusque; — L'art romain.

3e Livre. — L'art du moyen âge, divisé en : art chrétien primitif; art de l'Islam; art roman; style gothique.

4e Livre. — L'art moderne ; — L'architecture; — Les arts du dessin en Italie, XVe siècle ; — Les mêmes arts, XVIe siècle ; — Les arts du dessin dans le nord de l'Europe, XVe et XVIe siècles ; — Les mêmes arts du dessin dans toute l'Europe aux XVIIe et XVIIIe siècles ; — Les arts du dessin au XIXe siècle.

L'Atlas qui s'ajoute à cet ouvrage est tiré de la seconde édition d'une publication plus importante, commencée par Voit (en 1845) et terminée par Lübke et Caspar (1857).

1245. AZEGLIO (Rob. d'). *Studi storici e archeologici sulle Arti del disegno.* — Florence, 1861, 2 vol. in-8, portr. (10 fr.).

1246. FÖRSTER (E.). *Vorschule der Kunstgeschichte.* — Introduction à l'histoire des Beaux-Arts. — Leipzig, T.-O. Weigel, 1862, in-8, avec 269 gr. s. b. — 9 fr.

1247. RIGOLLOT (M.-J.). Histoire des arts du dessin depuis l'époque romaine jusqu'à la fin du XVe siècle, par M. Rigollot, correspondant de l'Institut et l'un des fondateurs de la société des Antiquaires de Picardie. Accompagnée d'un atlas composé de 58 pl. — Paris, Dumoulin, 1863-64, 2 vol. in-8 et atlas. — 30 fr.

Cette Histoire se trouve en germe dans l'*Essai sur les arts du dessin en Picardie depuis l'époque romaine jusqu'au XVe siècle* (voy. plus loin, n° 1380). En effet, montrer les vicissitudes de l'art par des monuments inédits, telle a été la première idée du docteur Rigollot, et cette idée n'a pas dépassé les limites de la Picardie ; plus tard, les vues de l'auteur, au contact des écrivains allemands, se sont agrandies, et un beau jour il s'est décidé à écrire l'histoire générale de l'art, mais seulement à partir de l'établissement du christianisme.

Le premier volume tout entier est consacré à l'Italie. Après avoir parlé des peintures des catacombes et des mosaïques chrétiennes, l'auteur expose rapidement l'histoire de l'art dans cette contrée depuis la première renaissance de la peinture jusqu'au treizième siècle.

Dans le second volume, il remonte aux Mérovingiens et traite des arts du dessin sous la première race et sous Charlemagne : de la sorte, il passe en revue la peinture des monuments, l'émaillerie de Limoges; puis la statuaire allemande, l'école d'Hubert et de Jean Van Eyck ; les peintres de la haute Allemagne ; le commencement de la Renaissance en France : Charles VIII et Louis XII; — La Renaissance sous François Ier et Henri II.

1248. CASTRO (Vinc. de). *Prolegomeni alla storia dell' arte.* — Milano, 1864, in-16.

1249. FÖRSTER (E.). Abrégé de l'histoire de l'art. — Dresde, Wienecke, 1864, in-16, 94 pp. — Même ouvrage en allemand : *Abriss der allgemeinen Kunstgeschichte;* ibid., 1864, in-16, 96 pp. — 1 fr. 50.

1250. FRANK (P.). *Geschichte der Kunst dargestellt in ihren Hauptperioden,* etc. — Histoire de l'art, présentée dans ses grandes époques. — Leipzig, Merseburger, 1864, 2 vol. in-8 en 1. — 3 fr. 75.

1251. NYBLOM (C.-Rp.). *Om den antika konsten och dess panyttfödelse. Tre förelæsningar.* — L'Art dans l'antiquité et à l'époque de la Renaissance. Trois leçons. — Upsal, 1864, in-8, 107 pp.

1252. VITET (Louis), de l'Acad. franç. Études sur l'histoire de l'art. — Paris, Michel Lévy, 1864, 4 vol. in-12; — 2e édit., *ibid.*, 1867-68, 4 vol. in-12. — 12 fr.

Le titre de ces études, ou plutôt de ces fragments isolés, écrits au jour le jour, en exprime assez bien, nous dit M. Vitet, le caractère commun, le trait principal. C'est l'histoire bien plus que la théorie qui fait le fond de ces divers morceaux. L'auteur en les reproduisant, les a groupés par séries, par volumes, par ordre de matières et selon la chronologie, et ces séries, elles-mêmes subdivisées, offrent trois parties principales: l'antiquité, le moyen âge, les temps modernes.

La Grèce, Rome, le Bas-Empire composent la première série ; — la seconde est presque entièrement consacrée à l'architecture ; — la peinture en Italie, en France, aux Pays-Bas, remplit la troisième. Je ne parlerai pas de la quatrième : la musique y tient beaucoup de place ; cette série, par cela même, n'entre pas dans notre cadre.

Ajouter ici un mot d'éloge, serait superflu. Je me souviens trop bien de cette parole de Sainte-Beuve : « Nommer M. Vitet, c'est tout dire. »

2. CHEZ LES ANCIENS ET PARTICULIÈRE-MENT CHEZ LES GRECS.

(Voir aussi plus loin, MATÉRIAUX POUR SERVIR A L'HISTOIRE GÉNÉRALE DE L'ART. *Traités et Manuels de l'archéologie classique.*)

1253. SAULCY (F. de), membre de l'Institut. Histoire de l'art judaïque, tirée des textes sacrés et profanes. — Paris, 1858, in-8 (5 à 6 fr.).

L'existence d'un art appartenant en propre au peuple juif, né chez lui, portant l'empreinte de son génie, a été souvent contestée. C'est contre cette opinion fortement accréditée que s'élève M. de Saulcy, et le désir de la combattre lui a mis la plume à la main. Son livre est destiné à établir que non-seulement les Juifs avaient un art, mais qu'ils avaient porté cet art à un très-haut degré de perfection. Pour amener ses lecteurs à partager sa conviction, il énumère tous les monuments judaïques dont il lui a été permis d'étudier les restes, et passe en revue tous ceux que signalent les textes bibliques, depuis les temps qui précédèrent l'établissement définitif d'Israël sur la rive droite du Jourdain jusqu'à la destruction définitive de la nationalité judaïque.

1254. WINCKELMANN (J.-Joh.). *Gedanken über die Nachahmung der griechischen Werke in der Malerey und Bildhauerkunst,* etc. — Réflexions sur l'imitation des œuvres grecques dans la peinture et la sculpture. — Friedrichstadt, 1755, in-4 ; — 2e édit., augm.; Dresde, 1756, in-8 (1 à 2 fr.). = *Sendschreiben,* etc. — Lettres critiques sur les Réflexions. — Dresde, 1755, in-4. = *Erläuterungen,* etc. — Éclaircissements de ces Réflexions, et réponse à la lettre critique. — Dresde, 1756, in-4. = La première part. trad. en franc. (par Suard) dans les *Variétés littéraires,* t. IV, et en angl. par H. Fusely : *Reflections,* etc.; Londres, 1765, in-8, et Glasgow, 1766, in-8.

Le principal mérite de cet ouvrage est de marquer le premier pas de Winckelmann dans la carrière : quand il le fit, le pauvre antiquaire venait d'embrasser le catholicisme, afin d'acheter en Allemagne la protection du confesseur du roi de Saxe, et ensuite celle du nonce qui pouvait lui ouvrir le chemin de Rome (8 juillet 1754). Rome, en effet, lui était imposée s'il voulait faire des progrès dans l'étude de l'antiquité. D'ailleurs, il n'était plus bibliothécaire du comte de Bunau, et le paiement de la pension qui lui avait été promise se faisait attendre. Pour employer ces loisirs, il publia ses *Réflexions.* C'était peloter en attendant partie. Du même coup, cet opuscule éveilla l'attention et la critique : on reprocha à l'auteur de n'avoir point cité ses autorités ; il les cita dans la seconde édition, et cette érudition formidable fit voir à qui l'on avait affaire ; on sentit la griffe du lion.

1255. WINCKELMANN (Johann-Joachim). *Geschichte der Kunst des Alterthums.* — Histoire de l'art chez les anciens.—Dresde, 1764, 2 vol. in-4, fig.;— Vienne, 1776, 2 vol. in-4, fig. (5 à 7 fr.); — dans les OEuvres (*Werke*), publ. par C.-L. Fernow, H. Meyer, J. Schulze ; Dresde, 1808-20, 8 vol. in-8, 63 pl. et portr. (25 à 40 fr.);—Supplément (*Nachtrag*), contenant ses Lettres, publ. par F. Förster ; Berlin, 1824-25, 3 vol. in-8 (tiré sur pap. ord., sur pap. fin et sur pap. vélin ; les planches ont été aussi tirées à part en 1825); — OEuvres complètes (*Sämmtliche Werke*), publ. par J. Eiselein : Donaueschingen, 1825-29, 12 vol. in-8, 71 pl. lith., portr., etc. (20 fr.); — *Werke* (édit. popul.); Dresde, 1839-45, 2 vol. gr. in-8, 63 pl. (12 fr.);— *Werke. Einzig rechtmässige Original-Ausgabe* ; Stuttgart, 1847, 2 vol. in-8, pl. = TRADUCTIONS FRANÇAISES : Histoire de l'art chez les anciens. Ouvrage trad. de l'allemand (par Godefroy Sellius, rédigé par J. Bapt.-René Robinet) ; Amsterdam (Paris), 1766, 2 vol. in-8, fig. ; *ibid.,* 1775, 2 vol. in-8, fig. ; — Histoire de l'art de l'antiquité, trad. (sur la 2e édit.) par Michel Huber (qui y ajouta une Vie de l'auteur); Leipzig, 1781, 3 vol. in-4, fig. (8 à 20 fr. pap. ord., 40 fr. pap. de Hollande) ; Yverdon, 1784, 3 vol. in-8, fig. — Même trad. (avec des additions et des corrections par Krutoffer et l'abbé Leblond) ; Paris, 1789, 3 vol. in-8 (10 fr.). — Même trad. (revue par Jansen) : avec des notes historiques et critiques de différents auteurs; Paris, 1790-94, 3 vol. in-4, fig.; *ibid.,* an XI (1802), 3 vol. in-4, avec 160 pl, vignettes et fleurons (40 à 70 fr.); les deux premiers volumes avaient paru d'abord en 1793 sous le titre d'*OEuvres.* = TRADUCTIONS ITALIENNES : *Storia dell' arti del disegno presso gli antichi....,* con note originali degli editori monaci Cisterciesi (trad. par C. Amoretti) ; Milan, 1779, 2 vol. in-4, fig. ; — même trad., corrigée et augm. par l'abbé C. Fea ; Rome, 1783-84, 3 vol, in-4, fig. (8 à 20 fr. et plus); —OEuvres : *Opere;* Milan, 1826, 12 vol. in-12 ; — *Opere. Prima edizione italiana completa;* Prato, 1831-35, 4 vol. in-fol. ou 12 vol. gr. in-8 et atlas de 200 pl. in-fol. (80 à 100 fr.).=TRADUCTIONS ANGLAIses : *The History of ancient Art among the Greeks* ; trad. par H. Lodge; Boston, 1849, 2 vol. gr. in-8, 18 pl., et Londres, 1850, 2 vol. gr. in-8, 18 pl. (6 fr.).

Le titre de ce livre célèbre n'est pas exact. C'est plutôt une théorie de la beauté plastique chez les anciens qu'une histoire. La publication de cette œuvre supérieure n'a point obtenu en Allemagne, dès le début, du moins quant à la vente, un succès aussi décidé que celui dont se flattait Winckelmann. Il est vrai qu'on y remarqua de nombreuses fautes. Winckelmann songea alors à la France, pour donner une nouvelle édition de son livre dans la langue de ce pays. Ayant appris qu'une traduction française était en préparation à Paris, il s'empressa d'envoyer à l'éditeur des corrections, dont, malheureusement, on ne s'est pas servi. Enfin la traduction française parut (1766). L'auteur n'eut pas lieu d'en être satisfait et il fit mettre dans la *Gazette littéraire de l'Europe* (t. VIII, p. 45) cet avis au public : « La traduction françoise de l'*Histoire de l'Art* a tellement altéré le texte que si l'on en jugeoit par cette infidèle et informe copie, on en prendroit une idée aussi fausse que désavantageuse. Le traducteur, qui vraisemblablement connoît peu la langue allemande, et encore moins la matière dont il est question dans ce livre, fait, presque à chaque page, de grosses méprises, et fait dire à l'auteur des choses qu'il n'a jamais pensées, même en songe. »

Les défectuosités de cette traduction poussèrent Winckelmann à publier ses Observations sur l'Histoire de l'art chez les anciens (*Anmerkungen über die Geschichte der Kunst des Alterthums*; Dresde, 1767, in-4). Il eut en même temps l'idée de faire faire, sous ses yeux, une nouvelle traduction française par M. Toussaint, de Berlin, avec l'assistance de plusieurs savants de l'Académie royale. Du reste, le grand antiquaire travaillait constamment à la refonte prochaine de son livre, ajoutant sans cesse notes sur notes. Sa mort inopinée (1768) ne lui permit point d'en donner une édition plus parfaite. Son manuscrit fut porté à Vienne, et confié à F.-J. Riedel, chargé de préparer une seconde édition allemande de ce livre. Riedel ne fut pas à la hauteur de sa tâche. Mis en présence d'une foule de notes, souvent contradictoires, que Winckelmann s'était proposé de coordonner, il ne sut point discerner, et, pénétré d'un respect exagéré pour le manuscrit de l'auteur, il le conserva scrupuleusement, sans l'avoir soumis à une révision critique : de là, des omissions, des fautes, de fausses citations.

C'est sur cette édition informe que fut faite la première traduction italienne (1779), où l'on a encore ajouté des notes fastidieuses. La seconde traduction italienne (1783) fut plus intelligente. Toutefois l'abbé Fea eut la hardiesse d'adresser à l'un des plus grands écrivains de l'Allemagne l'étrange reproche d'avoir oublié sa langue maternelle en Italie.

La seconde traduction française (1781) fut faite aussi sur la seconde édition allemande, mais le traducteur, Huber, y mit une certaine critique. Elle fut ensuite revue par Jansen, qui l'améliora au point d'en faire en quelque sorte une édition originale. Cette traduction, en effet, fut faite sur la comparaison de deux éditions allemandes, avec adjonction de notes et d'additions utiles, puisées aux éditions italiennes et dans les œuvres des critiques autorisés. En la publiant, Jansen se proposait de donner une traduction française en 8 vol. des œuvres complètes de Winckelmann, projet qui n'eut pas de suite.

1256. HANCARVILLE (Pierre-François Hugues, dit d'). Recherches sur l'origine, l'esprit et les progrès des arts dans la Grèce, sur leur connexion avec les arts et la religion des plus anciens peuples connus, et sur les monuments antiques de l'Inde, de la Perse, du reste de l'Asie, de l'Europe et de l'Egypte. — Londres, 1785, 3 t. en 2 vol. in-4, avec 29, 34 et 22 pl. (8 à 25 fr.).

La méthode de l'auteur ressemble à celle des linguistes qui trouvent des origines communes par l'étymologie. Il s'est dit que, puisque les monuments des diverses nations présentent des formes analogues, ces formes devaient découler d'un prototype inventé par un peuple perdu, — le peuple cherché par des physiciens et des philosophes et notamment par l'honnête et malheureux Bailly. Bien avant que la critique moderne eût mis à néant ces imaginations, d'Hancarville avait rencontré des contradicteurs. Piqué au vif, il consacra son troisième volume à répondre à ses adversaires, dépensant ainsi sans profit une érudition vaste, une imagination ingénieuse et beaucoup d'esprit. Après ce troisième volume, il s'est arrêté.

1257. BOSARTE (Isidoro). *Observaciones sobre las Bellas Artes entre los antiguos*, etc. — Observations sur les Beaux-Arts chez les anciens avant la conquête de la Grèce par les Romains. Part. I : la sculpture chez les Grecs. Part. II : la peinture. Part. III : l'architecture. Part. IV : des Beaux-Arts chez les anciens Égyptiens. — Madrid, 1790-91, in-16 (6 à 7 fr.).

1258. HAVEN (E.-C. v.). *Udsigt over den gamle Kunsthistorie.* — Abrégé de l'histoire de l'art ancien. — Copenhague, 1790-91, 2 vol. in-8.

1259. CREUZER (Fr.). *Die historische Kunst der Griechen in ihrer Entstehung und Fortbildung.* — Histoire de l'art grec, sa naissance et son développement. — Leipzig, 1803, gr. in-8 (2 à 3 fr.); — 2º édit., corr. et augm. par J. Kayser; Darmstadt, 1845, gr. in-8 (4 à 5 fr.).

1260. LEULIETTE (Jean-Jacques). Essai sur les causes de la supériorité des Grecs dans les arts d'imagination. Question proposée par l'Académie de Lyon. — Paris, 1805, in-8, 93 pp. (3 à 4 fr.).

Le nom de Leuliette se rattache à un phénomène psychologique assez singulier pour me faire pardonner de le rappeler ici. Né à Boulogne-sur-Mer d'un pauvre serrurier (30 novembre 1767), Leuliette resta jusqu'à quinze ans dans un tel état d'inertie, qu'il fallait le faire manger. Tout à coup, son intelligence se développa, et, tout en faisant marcher le soufflet de la forge de son père, non-seulement il apprit à lire, mais il apprit encore le latin et l'anglais. Quand les écoles centrales furent instituées, Leuliette obtint une chaire de belles-lettres à Versailles et la remplit avec distinction.

1261. POTOÇKI (Stanislas). *O Sztuce u dawnych czyli Winkelman Polski.* — De l'Art chez les anciens ou le Winkelman polonais. — Varsovie, 1815, 3 vol. in-8.

1262. GÖTHE. *Ueber Kunst und Alterthum.* — L'Art et l'antiquité. — Stuttgart, 1816-32, 6 vol. en 18 part. in-8 (15 à 20 fr.).

1263. THIERSCH (Fried.). *Ueber die Epochen der bildenden Kunst unter der Griechen.* — Sur les Évolutions de la plastique chez les Grecs. — Munich, 1816, in-8 ; — 2° édit., *ibid.*, 1829, in-8, avec 3 pl. (4 à 5 fr.).

Voilà un livre très-bien accueilli en son temps. L'auteur s'y est appliqué, avec tout le savoir et toute l'habileté possibles, à établir un système aujourd'hui suranné et pleinement abandonné : je veux dire l'influence de l'Égypte sur l'art grec ; influence rejetée par Winckelmann et par Meyer, son continuateur. Il faut lire sur cette question la réponse victorieuse d'Ottfried Müller dans le *Jahrbücher der Litteratur;* Vienne, 1826-1827.

Thiersch, que la science et les affaires ont perdu en 1860, a goûté les douceurs de la célébrité. Le 18 juin 1858, date du cinquantième anniversaire de sa réception au doctorat, — il était alors recteur de l'université de Munich, — les académies et les universités envoyèrent une députation chargée de lui offrir le brevet de *professeur de l'Allemagne!*

1264. SCHORN (L.). *Ueber die Studien der griechischen Künstler.* — Sur les Études des artistes grecs. — Heidelberg, 1818 ou 1819, in-8 (2 fr.).

Excellent livre, judicieux et ingénieux.

1265. MEYER (Heinr.). *Geschichte der bildenden Künste bei den Griechen.* — Histoire des Beaux-Arts chez les Grecs. — Dresde, 1824, 2 vol. in-8, avec 31 fig. s. c. (sans fig., 3 à 4 fr.; avec fig., 5 à 6 fr.). = *Geschichte der bildenden Künste bei den Griechen und Römern,* etc. — Histoire des Beaux-Arts chez les Grecs et les Romains. Epoque du déclin (3° partie faisant suite à l'ouvrage précédent). Avec un Avant-Propos par le Dr F.-W. Riemer. — Dresde, 1836, in-8 (5 à 6 fr.).

C'est un peintre et non un savant, comme l'auteur le dit lui-même, qui a écrit cette histoire. Si, admirateur sincère du génie de Winckelmann, son éditeur même, il a osé traiter, après ce grand homme, un pareil sujet, c'est que sa nature d'artiste lui a suggéré que le maître n'avait pas tout dit. A l'exemple de Winckelmann, Meyer se montre partisan déclaré de la spontanéité grecque; l'art hellénique n'a point été importé; il est exempt de toute influence étrangère, et, ce qui le prouve surtout, c'est que nulle œuvre d'art dans un autre pays ne possède rien qui puisse lui être comparé pour le goût, la grâce, la noblesse divine.

1266. MEYER (H.). *Uebersicht der Geschichte der Kunst bei den Griechen,* etc. — Coup d'œil sur l'histoire de l'art chez les Grecs, sur leurs œuvres et leurs maîtres les plus connus, etc. — Dresde, 1826, gr. in-fol. (2 fr.).

1267. HIRT (A.). *Die Geschichte der bildenden Künste bei den Alten,* etc. — Histoire des Beaux-Arts chez les anciens.—Berlin, 1833, gr. in-8 (3 à 4 fr.).

Voici comment il est jugé par un connaisseur éclairé, par un généreux promoteur, le comte Athanase Raczynski dans son livre sur l'*Art en Allemagne :* « Hirt était un homme savant, mais « plein de présomption. Il a exercé quelque temps « à Berlin une très-grande influence sur le public amateur des arts. Il s'était arrogé le droit « exclusif de baptiser les tableaux. Son autorité « et son tact sous ce rapport ont depuis été souvent mis en question. » (T. III, p. 407.) — Nous retrouverons Hirt plus loin et plus mûrement apprécié dans la section de l'architecture.

1268. DECHAZELLE (P.-T.). Études sur l'histoire des arts, ou Tableau des progrès et de la décadence de la statuaire et de la peinture antique au sein des révolutions qui ont agité la Grèce et l'Italie. — Paris, 1834, 2 vol. gr. in-8 (3 fr.); — trad. en ital. : *Studii sulla storia delle arti,* etc.; Venise, 1835, 2 vol. in-8 (2 fr.).

1269. MULLER (Ed.). *Geschichte der Theorie der Kunst bei den Alten.* — Histoire de la théorie de l'art chez les anciens. — Breslau, 1834-37, 2 vol. gr. in-8 (6 à 7 fr.).

1270. BARTSCH (Fr. von). *Chronologie der griechischen und römischen Künstler,* etc. — Chronologie des artistes grecs et romains jusque dans le v° siècle après l'ère chrétienne. Précédée d'un tableau de l'art égyptien. — Vienne, 1835, in-fol.

Ouvrage qui fait autorité.

1271. PETRETTINI (Giov.). *Biblioteca greca delle Belle Arti.* — Milan, 1839, in-4, fig. s. c. (15 fr. gr. pap.).

1272. *Manuale storico dell'arte greca, pubblicato per cura di una società di amatori delle Arti Belle.* — Florence, 1846, in-8 (3 fr.).

1273. CLARAC (le comte de). Manuel de l'histoire de l'art chez les anciens. (Avant-Propos. Description des musées de sculpture antique et moderne du Louvre. Catalogue chronologique des artistes, écrivains, etc.) — Paris, 1847-49, 3 vol. in-12 (10 à 15 fr. pap. ord.; 20 fr. gr. pap.).

Peu d'écrivains, peu d'antiquaires ont égalé, je devrais dire ont pu approcher de M. de Clarac dans la connaissance approfondie des statues de l'Europe; en revanche il en est peu, il faut bien l'avouer, dont les livres soient plus confus et plus difficiles à consulter. Animé par deux sentiments, celui d'instruire et de réparer ses méprises ou ses omissions, M. de Clarac a bourré ce manuel de tableaux chronologiques, d'additions, d'appendices et corrections, de telle sorte que ce qui devrait être clair, simple, d'une lecture aisée, un manuel, en un mot, est resté sous sa main une masse de matériaux mal assortis.

1274. HERMANN (K.-F.). *Ueber die Studien der griechischen Künstler.* — Sur les Etudes des artistes grecs. — Göttingue, 1847, gr. in-8, 72 pp.

Extrait des *Göttinger Studien.*

1275. RICCI (march. A.). *Sulle Arti degli antichissimi popoli (Indi, Persi, Assiri, Ebrei, Etruschi). Lezioni del marchese Amico Ricci, presidente dell' Accademia di belle arti di Bologna.* — Pérouse (Perugia), 1847, in-8, 181 pp. (3 à 5 fr.).

1276. HETTNER (Herm.). *Vorschule zur bildenden Kunst der Alten,* etc. — Introduction à l'histoire de l'art chez les anciens. — Oldenbourg, 1848, in-8, 1 pl. grav. (3 à 4 fr.).

Il n'a paru qu'un volume de cette histoire, et ce volume renferme l'art grec. — D'abord professeur d'esthétique à l'université d'Iéna, en 1852, M. Hettner visita la Grèce en compagnie de Gottling et de Louis Preller, et en 1855 fut nommé conservateur du cabinet des antiques de Dresde.

1277. FRIEDLÄNDER (L.). *Ueber den Kunstsinn der Römer in der Kaiserzeit.* — Le Sens artistique des Romains sous l'Empire. — Königsberg, 1852, gr. in-8, 40 pp. (75 c.).

1278. BEULÉ (E.). Les Arts et la poésie à Sparte sous la législation de Lycurgue. — Paris, 1853, gr. in-8 (4 à 5 fr.).

1279. BRAUN (Julius). *Geschichte der Kunst in ihrem Entwickelungsgang,* etc. — Histoire du développement de l'art chez tous les peuples du monde antique, esquissée sur place. I. La vallée du Nil et la Mésopotamie (Babylone et Ninive) avec les pays voisins : Arménie, Médie, Perse, Syrie, Palestine, Arabie, les rivages phéniciens, Chypre et Carthage. II. L'Asie Mineure et le monde hellénique. — Heidelberg, 1856, et Wiesbaden, 1858, 2 vol. in-8 ; — 2e édition, avec une Préface de Fr. Reber ; Wiesbaden, Kreidel, 1873, 2 vol. gr. in-8. — 15 fr.

A proprement parler, cette histoire de l'art n'est autre qu'un voyage idéal à travers les ruines classiques qui entourent le bassin de la Méditerranée. Le procédé employé est des plus simples. Du pont du bateau à vapeur, l'auteur aperçoit une ville, et le voilà qui disserte sur les monuments et les artistes de cette ville. Un peu vague, un peu prétentieux, cet ouvrage est utile néanmoins. On y trouve des vues sur la civilisation antique et quelques-uns de ces rapprochements sont heureux. Il a eu du succès. J'ai sous les yeux une seconde édition complétée par un préface de Franz Reber. L'auteur a mis en œuvre beaucoup de matériaux dont il donne la liste ; on fera bien de la consulter.

1280. GEBHART (Émile). Praxitèle. Essai sur l'histoire de l'art et du génie grecs, depuis l'époque de Périclès jusqu'à celle d'Alexandre, par M. E. G.., membre de l'école française d'Athènes, etc. Ouvrage publié sous les auspices de S. E. M. Duruy, ministre de l'instruction publique. — Paris, Tandou, 1864, in-8. — 5 fr.

Si le terrain sur lequel s'est placé l'auteur de cette excellente étude est très-cultivé en Allemagne, il est trop négligé dans notre pays, et bien à tort, car la clarté, la méthode, l'élégance de l'esprit français ne peuvent que rendre fécondes et attrayantes de pareilles questions. Comme le titre l'indique suffisamment, il ne s'agit point ici d'une simple monographie, mais bien de l'art grec en général, et même de la société grecque : « Dans la Grèce de Périclès et « d'Alexandre, dit M. Gebhart, toutes les œuvres « de la pensée, toutes les manifestations de l'in- « telligence, la philosophie, les mœurs, la poésie, « la politique et les arts se sont développés avec « logique et harmonie. Un progrès social intro- « duisait un sentiment nouveau ; une révolution « politique faisait naître sur le théâtre un genre « de comédie jusqu'alors inconnu ; une théorie « métaphysique ou une conception mythologique « donnait à une école de sculpture son génie « original. » Or c'est le développement harmonieux de cette solidarité entre l'art et l'esprit public au temps de Praxitèle que M. Gebhart s'est attaché à mettre en évidence.

Dire que tout ici concorde parfaitement, que par ci par là quelques faits, quelques détails, ne soient point une note discordante dans cette harmonieuse théorie, ce serait trop s'avancer.

Du reste, Gebhart a suivi l'exemple qui lui avait été donné par deux maîtres, comme lui élèves de l'École d'Athènes : MM. Beulé et Charles Lévêque. Il s'est fait particulièrement le disciple de ce dernier qui est arrivé définitivement, dit-il, à faire entrer dans l'étude de l'art grec la philosophie. Winckelmann avait commencé.

1281. RANGABÉ (A.-R.). Ἱστορία τῆς ἀρχαίας καλλιτεχνίας. — Histoire de l'art ancien. — Athènes, 1865, 2 vol. in-8, avec atlas in-4 oblong.

Poëte, archéologue, homme d'État, M. Alexandre Rizo Rangabé brille au premier rang parmi les esprits les plus distingués de son pays. Professeur d'archéologie à l'université d'Athènes pendant douze ans (1844-1856), il a entrepris, avec le docteur Bursian, durant cet intervalle, des fouilles dans les ruines du célèbre temple de Junon près d'Argos. Le résultat a été de mettre à découvert tout l'emplacement de ce temple, ainsi qu'une quantité considérable de fragments de sculptures en marbre de Paros.

1282. SCHWABE (L.). *Die Griechen und die griechische Kunst am Nordgestade des Schwarzen Meeres.* — Les Grecs et l'Art grec sur la rive nord de la mer Noire. — Riga, 1867, in-8.

1283. BEULÉ, secrétaire perpétuel de l'Académie des Beaux-Arts. — Histoire de l'art grec avant Périclès. — Paris, Didier, 1868, in-8. — 6 fr.

Ces belles études comprennent les temples de Corinthe, de Delphes, de Syracuse, de Sélinonte, de Pœstum, de Métaponte, d'Assos, de Samos, de Siphnos, de Trézène, de Sparte, d'Ægine ; et, pour la sculpture, les maîtres primitifs de Samos, de Chio, de Corinthe, toutes les écoles doriennes, l'ancienne école attique et toute l'école d'Égine.

1284. BRUNN (H.). *Die Kunst bei Homer und ihr Verhältniss zu den Anfängen der griechischen Kunstgeschichte.* — L'Art chez Homère, ainsi que ses rapports avec les commencements de l'histoire de l'art grec. — Munich, Franz, 1868, gr. in-4, 52 pp. — 2 fr. 50.

Extrait des *Abhandlungen der k. bayer. Academie der Wissenschaften.*

1285. OVERBECK (J.). *Die antiken Schrifftquellen zur Geschichte der bildenden Künste bei den Griechen.* — Les Sources antiques réunies pour éclairer l'histoire des Beaux-Arts chez les Grecs. — Leipzig, Engelmann, 1868, gr. in-8. — 10 fr. 50.

Livre savant et utile.

3. CHEZ LES MODERNES.

(Voir aussi plus haut, HISTOIRE DE L'ART CHRÉTIEN, nᵒˢ 288-298.)

A. — GÉNÉRALITÉS.

1286. HASE (H). *Uebersichtstafeln zur Geschichte der neuern Kunst,* etc. — Tableaux synoptiques pour servir à l'histoire de l'art moderne depuis le 1er siècle de l'ère chrétienne jusqu'à la mort de Raphaël Sanzio. D'après les monuments. — Dresde, 1826, gr. in-fol., avec 9 pl.

1287. FÖRSTER (E.). *Beiträge zur neuern Kunstgeschichte.* — Contributions à l'histoire de l'art moderne. — Leipzig, 1835, in-8, avec 4 pl. grav. (2 fr.).

1288. KINKEL (J.-Gottfried). *Geschichte der bildenden Künste bei den christlichen Völkern,* etc. — Histoire des Beaux-Arts chez les nations chrétiennes, depuis le commencement de notre ère jusqu'au temps présent. — Bonn, 1845, 1re livr., in-8, avec 8 pl. (2 à 3 fr.).

Prédicateur d'abord, puis brouillé avec le clergé protestant à cause d'un mariage scabreux ; se jetant à corps perdu dans le mouvement révolutionnaire de 1848 ; condamné à la détention perpétuelle, y échappant par la fuite, passant en Amérique, revenant en Angleterre ; après une vie si agitée et semée de tant de périls, Kinkel paraît avoir atteint le port dans l'établissement polytechnique de Zurich où en 1866 il a été nommé professeur d'archéologie et d'histoire de l'art.

1289. HUMPHREYS (H.-N.). *Ten Centuries of Art, its progress in Europe from the ninth to the nineteenth century; with a glance,* etc. — Dix Siècles de l'art; son développement en Europe du IXe au XIXe siècle; coup d'œil sur les ouvrages d'art de l'antiquité classique, et considérations finales sur l'influence probable de la grande exposition [1851] sur l'état actuel et l'avenir de l'art en Angleterre. — Londres, 1852, pet. in-4, fig. s. b. et 13 pl. color. (15 à 20 fr.).

1290. CAVALLARI (Saverio). *Zur historischen Entwickelung der Künste nach der Theilung des römischen Reichs.* — Du Développement historique de l'art après le partage de l'empire romain. — Göttingue, 1854, in-8.

1291. SPRINGER (Ant.). *Geschichte der bildenden Künste im 19 Jahrhundert.* — Histoire des Beaux-Arts au XIXe siècle. — Leipzig, 1858, in-8 (3 fr.).

1292. MÉNARD (Louis et René). Tableau historique des Beaux-Arts, depuis la Renaissance jusqu'à la fin du dix-huitième siècle. Ouvrage couronné par l'Académie des Beaux-Arts. — Paris, Didier, 1866, in-8. — 6 fr.

Quelles sont les causes qui ont amené les progrès et les défaillances de l'art depuis la Renaissance jusqu'à notre époque, telle est la question mise au concours par l'Académie des beaux-arts, question traitée par les deux auteurs avec un talent véritable. Se plaçant sur le terrain de l'histoire, par un trait juste et rapide ils ont parfaitement indiqué ce qui avait amené chez toutes les nations de l'Europe le mouvement ascendant et le mouvement contraire. Guidés par un goût exercé, ils arrivent à cette conclusion que ceux des maîtres qui ont mérité d'occuper le premier rang dans notre admiration ont su reunir à l'étude de la nature celle des chefs-d'œuvre de l'antiquité.

1293. ESTLANDER (Carl-Gustaf). *De bildande Konsternas Historia från slutet af adertonde århundradet till våra dagar.* — Histoire des Beaux-Arts depuis la fin du XVIIIe siècle jusqu'à nos jours. — Stockholm, J. Hiertas, 1867, in-8, 2 ff., 598, XXX et XII pp.

Voici une véritable nouveauté. Si la première partie de cet excellent manuel est consacrée aux écoles anglaise, française et allemande; la seconde nous initie à l'histoire de l'art scandinave, art presque inconnu dans le reste de l'Europe. Nous avons donc aujourd'hui, grâce à un critique savant (M. Estlander est professeur à l'université d'Helsingfors, en Finlande), critique bien informé et plein de zèle, un travail d'ensemble sur les régions presque ignorées du monde de l'art. On trouve à la fin du livre des tables alphabétiques et biographiques. Le Danemark y est représenté par 39 artistes, la Norvège par 33, la Suède par 224 et la Finlande par 19. Bien peu des ces noms ont dépassé la frontière.

1294. SPRINGER (Anton). *Bilder aus der neueren Kunstgeschichte,* etc. —

Les Types de l'histoire de l'art moderne. — Bonn, Marcus, 1867, gr. in-8. — 7 fr. 50.

On trouve dans ce volume: L'Antiquité se survivant dans le moyen âge; — Le Commencement de la Renaissance en Italie; Léon-Baptiste Alberti; — Raphaël, la Dispute du Saint-Sacrement et l'École d'Athènes; — L'Ancienne Gravure sur bois et sur cuivre; — Rembrandt et ses contemporains; — Le Style dit rococo; — L'Art pendant la Révolution française; — Marche et but de l'art actuel.

1295. LÜBKE (Wilh.). *Kunsthistorische Studien.* — Études sur l'histoire de l'art. — Stuttgart, Ebner et Seubert, 1869, in-8. — 7 fr. 50.

Ce livre est formé de la réunion de plusieurs morceaux : Michel-Ange; Titien Vecellio; les Femmes dans l'histoire de l'art; le Style gothique et la Nationalité; un Voyage dans le Mecklembourg; les Anciens Poëtes de la Suisse; Paul Véronèse; les Anciens Vitraux de la Suisse; la Sculpture moderne à Berlin; Cornelius.

B. — EN ALLEMAGNE ET AU NORD DE L'EUROPE.

1. *Allemagne en général.*

1296. (NICOLAI, Fr.) *Briefe über den ietzigen Zustand schönen Wissenschaften in Deutschland,* etc. — Lettres sur l'état actuel des Beaux-Arts en Allemagne, avec un avant-propos de G.-S. Nicolai, professeur de philosophie à Francfort-sur-l'Oder. — Berlin, 1755, in-8.

1297. (HERDER, GÖTHE & MÖSER.) *Von deutscher Art und Kunst,* etc. — Du Genre allemand et de l'Art de ce pays. Quelques feuilles volantes. — Hambourg, 1773, in-8, 182 pp. (4 fr.).

1298. RHODE (Joh.-G.). *Artistische Blumenlese, oder Beiträge zur Geschichte der Kunst,* etc. — Anthologie d'art, ou Contributions à l'histoire de l'art, principalement en Allemagne aux XVᵉ et XVIᵉ siècles. — Breslau, 1809, t. Iᵉʳ, in-4, avec 33 pl. (5 à 6 fr.).

1299. FIORILLO (Joh.-Dom.). *Geschichte der zeichnenden Künste in Deutschland,* etc. — Histoire des arts du dessin en Allemagne et dans les Provinces-Unies. — Hanovre, 1815-20, 4 vol. gr. in-8 (12 fr.).

Jean-Dominique Fiorillo, bien que son nom soit italien, est né à Hambourg en 1748. A vingt-sept ans, il alla à Rome. Plusieurs années après (1784), nous le voyons inspecteur de la collection d'estampes de la bibliothèque de Göttingue, et en 1813 il est nommé professeur ordinaire dans la faculté de philosophie. C'est en 1821 que la mort enleva Fiorillo à l'université et à ses amis.

Peintre médiocre, il n'est pas sans mérite comme historien de l'art. Il a ouvert la voie aux Kugler, aux Schnaase, aux Lübke. Il peut être superficiel et trop circonscrit, comme on le lui a reproché, mais ses écrits n'en ont pas moins une utilité incontestable. Il connaît bien les monuments du moyen âge. Il en parle avec un sentiment très-juste et, comme disent ses compatriotes, pleinement subjectif.

Son premier grand ouvrage est une *Histoire des arts du dessin depuis la Renaissance,* que nous retrouverons plus loin, et qui, malgré son titre général, n'est consacré qu'à la peinture. Celui qui est rapporté en tête de cette note justifie mieux son titre. Le tome IV contient une étude sur les Danses des morts, sur les Académies des Beaux-Arts en Allemagne et en Hollande, et un bon index général.

1300. (PASSAVANT, J.-David.) *Ansichten über die bildenden Künste, und Darstellung des Ganges derselben in Toscana,* etc. — Considérations sur les Beaux-Arts et indication de leur marche en Toscane, pour servir à déterminer le point de vue duquel on doit envisager la nouvelle école allemande de peinture. Par un artiste allemand séjournant à Rome. — Heidelberg, 1820, in-8, 214 pp. (2 fr.).

Cet artiste allemand anonyme n'est autre que Passavant. Littérateur et critique, quand il ne peignait pas; mais il a plus souvent tenu la plume que le pinceau. Né à Francfort-sur-le-Mein, il étudia la peinture à Paris sous David et sous Gros; puis il alla à Rome, où il s'entousiasma pour les doctrines de ce cénacle germanique formé par Koch, Cornelius, Overbeck, Weit, Schnorr, etc., qui ne voyaient et n'admiraient que les peintres primitifs italiens et allemands. Le livre dont nous donnons ici le titre a été écrit pour justifier cette école de *préraphaélistes* des reproches qui lui étaient adressés et pour que le grand public apprît à la bien connaître. On y sent d'ardentes convictions. — Passavant est mort le 12 août 1861, directeur de la galerie de l'Institut Städel à Francfort.

1301. MÜLLER (Franz-Hub.). *Beiträge zur teutschen Kunst-und Geschichtskunde durch Kunstdenkmale,* etc. — L'Histoire et l'art de l'Allemagne étudiés principalement dans les monuments du moyen âge. — Darmstadt, 1832-35, in-4; — 2ᵉ édit., Leipzig et Darmstadt, 1837, in-4, avec 41 pl. (15 à 25 fr.).

Ouvrage estimé.

1302. RACZYNSKI (le comte Athanase). Histoire de l'art moderne en Allemagne. — Paris, 1836-39-41, 3 vol. in-4, fig. et atlas in-fol. de 38 pl. (36 fr.); — trad. en allem. par F.-H. von der Hagen : *Geschichte der neueren deutschen Kunst,* etc.; Berlin, 1836-41, 3 vol. gr. in-4, fig. dans le texte et atlas (180 fr.).

Très-bel ouvrage, exécuté avec luxe, l'œuvre d'un enthousiaste de l'art allemand et d'un homme bien informé. Le sommaire de ce que renferme cette histoire peut suffire pour donner une idée de l'intérêt qu'elle présente et de son incontestable utilité.

1. — Aperçu sur la peinture en Allemagne depuis la fin du XVIIIᵉ siècle jusqu'à nos jours; — Collection des frères Boisserée à Cologne et son in-

fluence sur l'art allemand ; — C'est à Rome que commence la régénération de la peinture allemande ; — Fondation de l'école de Dusseldorf ; — Artistes et travaux de cette école ; — L'art à Cologne, Francfort, Darmstadt, Manheim ; — Une Excursion dans Paris en 1836.

II. — Précis sur les travaux exécutés à Munich par ordre du roi Louis ; — L'école de Munich, Cornelius ; — L'art à Stuttgardt, Nuremberg, Augsbourg, Ratisbonne, Carlsruhe ; — Prague et a peinture à Vienne ; — Un Excursion en Italie.

III. — L'art à Berlin au XVIIIe siècle et au commencement du XIXe. En 1806, l'art, dans la capitale de la Prusse, végétait ; ce fut Rome, vers 1820, qui lui envoya le souffle vivifiant : « Berlin eut ses apôtres, comme Munich et Dusseldorf. Wach et Begas furent ces apôtres. C'est de leur retour de Rome que date l'ère de l'art moderne pour Berlin ; — Peintres d'histoire à Berlin ; — Paysagistes, peintres de genre ; — L'architecte Schinkel, ses élèves, son influence sur le goût allemand ; — Notices sur 45 sculpteurs en tête desquels se place Rauch ; — L'Académie des beaux-arts de Berlin ; — Programme des cours ; — Nombre des élèves qui les suivent ; — L'art à Dresde ; — L'art à Hambourg ; — Les artistes allemands à Rome ; — De l'influence de la littérature sur la renaissance de l'art en Allemagne : Winckelmann et Göthe, etc. (article du baron de Rumohr) ; — Une Excursion en Hollande, Belgique, Angleterre, Suisse, Russie, Suède, Danemark, États-Unis.

Prétendre que ces circuits sans nombre attestent une méthode sévère, ce serait être par trop indulgent. Mais quand on voit avec quel zèle l'auteur embrasse son sujet, ce défaut est oublié ; il dit tout, et quelque chose de plus encore. Aussi faut-il tenir le comte Athanase Raczynski comme étant le plus ample, le plus abondant et le plus instructif de tous ceux qui ont entrepris de raconter l'histoire du développement et des progrès de l'art en Allemagne.

1303. FORTOUL (Honoré). De l'Art en Allemagne. — Paris, 1842, 2 vol. in-8 (2 à 5 fr.) ; — Bruxelles, 1844, 3 vol. in-8.

On connaît cet ouvrage : il a eu la vogue. L'auteur annonçait vouloir combler une lacune laissée par madame de Staël dans son beau livre sur l'Allemagne. A-t-il atteint le but ? Nous ne le croyons pas. Il se montre ici plus homme de lettres que critique d'art et connaisseur. Notez qu'au moment où il écrivait, d'autres que lui comblaient cette lacune : on peut citer le comte Athanase Raczynski (voir le n° précédent) et M. Alfred Michiels (Histoire de la peinture en Allemagne ; 1829). Le vrai mérite du livre de M. Fortoul, c'est d'avoir attiré l'attention des lecteurs sur une étude toute nouvelle à cette date.

1304. WAAGEN (G.-F.). *Kunstwerke und Künstler in Deutschland.* — OEuvres d'art et artistes en Allemagne. — Leipzig, 1843-45, 2 vol. in-12 (2 fr.).

Le premier volume traite de la Saxe et de la Franconie ; le second, de la Bavière, d'une partie de la Suisse, de l'Alsace et du Palatinat.

1305. NÈVE (F.). De la Tendance nouvelle de l'art en Allemagne. — Louvain, 1845, in-8.

1306. FÖRSTER (Ernst). *Geschichte der deutschen Kunst.* — Histoire de l'art allemand. — Leipzig, 1851-60, 5 vol. in-8, avec 57 grav. s. acier (12 à 16 fr.).

Parmi les nombreux écrivains qui se sont occupés de l'art allemand, je ne connais que M. Förster qui en ait écrit l'histoire depuis les origines jusqu'à nos jours. En effet, il a embrassé les trois arts, et les a pris au sein de la barbarie pour les conduire jusqu'à ce moment. Bien plus, il a su faire tenir cette longue histoire dans un cadre étroit : forte condensation qui n'a rien enlevé à la clarté du récit. Dire que nous partageons toutes les idées de M. Förster, ce serait beaucoup. C'est avec la lorgnette d'un Allemand qu'il voit l'art de l'Allemagne, et Dieu sait comme leurs lorgnettes grossissent les objets quand ils lorgnent leur pays. Mais ce qu'il y a de trop excessif dans les admirations de M. Förster est racheté par l'habileté avec laquelle il a su montrer le développement simultané à travers les siècles des trois grands arts chez une grande nation. M. Förster a beaucoup voyagé, il sait beaucoup ; aussi tout porte dans cette histoire où chaque appréciation est appuyée par l'indication d'un morceau d'art, qui même est mis assez souvent sous les yeux des lecteurs dans de petites gravures fort bien exécutées.

J'ai parlé de la clarté du récit. Cette clarté n'est pas tant dans le style que dans la manière dont le livre est divisé. Marquer ces sections, c'est donner un avant-goût de l'ouvrage et de la marche suivie par l'auteur.

T. Ier. — 3 périodes le divisent : 1re période (de l'établissement du christianisme à Charlemagne) : l'art chez les Goths, les Lombards, les Francs, les Allemands ; — 2e période (du VIIIe au Xe siècle) : l'art sous Charlemagne et les Carlovingiens ; (de la fin du Xe au XIIe siècle) réveil de l'art national ; développement du roman ; (de la seconde moitié du XIIe au début du XIIIe siècle) apogée du roman ; — 3e période (premier tiers du XIIIe siècle) : prédominance d'une forme nationale ; style de transition ; (de la moitié du XIIIe au commencement du XVe siècle) complément du germanisme.

T. II. — 4e période (du commencement du XVe au milieu du XVIe siècle) : fin de l'art gothique ; d'une conception idéale, la sculpture passe au réalisme, à l'individualité ; influence des peintres des Pays-Bas sur ceux de Cologne, du Bas et du Haut-Rhin, de la Souabe, de la Bavière, de l'Autriche, de la Saxe et de la France.

T. III. — 2 périodes. 1re période (du second tiers du XVIe siècle jusqu'au commencement du XVIIe). « Nous avons suivi, dit l'auteur, « l'art allemand du moyen âge jusqu'au premier « tiers du XVIe siècle, et nous l'avons vu dans « toute sa puissance, s'ouvrant des voies nou- « velles pour atteindre aux plus hauts sommets. « Nous allons assister maintenant aux commen- « cements de sa décadence, qui ne vient pas d'un « manque d'habileté ou de beauté, de l'incorrec- « tion des formes, mais de l'absence d'origina- « lité de vie intérieure, du vague des con- « ceptions et de l'ignorance des conditions du « vrai. » — 2e période (du commencement du XVIIe jusqu'à la fin du XVIIIe s.). « Le trait carac- « téristique de cette période, c'est le surprenant « essor de la peinture ; tandis que l'architecture « et la sculpture perdent de plus en plus leur « originalité, se modelant sur l'étranger, la pein- « ture, quittant la voie suivie jusqu'alors, s'élè- « ve avec une originalité, une force virtuelle, « une vie toute nouvelle à des hauteurs ignorées « de l'Allemagne, objet d'admiration chez tous « les peuples et de l'entière postérité, etc. »

T. IV. — 2 périodes. 1re période (de la fin du XVIIIe siècle au commenc. du XIXe). Dans la peinture : Mengs et ses contemporains, Cortens, Koch, Schick, Wachter ; dans la sculpture : Canova, Thorwaldsen, Dannecker, Ohmacht, Wagner, G. Schadow ; en architecture : Weinbrener. — 2e période : Rapports des artistes et des académies ; le romantisme : Overbeck, Cornelius, W. Schadow ; en sculpture': E. Eberhard, Henschel, R. Schadow. T. V. — (de 1820 jusqu'au moment présent, 1860.) L'ancienne école de Dusseldorf sous Cornelius, et la nouvelle ; les écoles de Munich, Augsbourg, Nuremberg, Berlin, Cologne, Coblenz, etc.

Le livre de M. Förster fait partie d'une grande publication sur le peuple allemand : *Das deutsche Volk*, présenté dans le passé et le présent, pour fonder son avenir.

1307. HAGEN (A.). *Die deutsche Kunst in unserem Jahrhundert*, etc. — L'Art allemand dans notre siècle. Leçons, accompagnées d'éclaircissements, par le Dr Hagen, professeur à l'université de Königsberg. — Berlin, 1857, 2 vol. in-8 (7 à 8 fr.).

L'auteur fait passer devant nous les peintres, les architectes, les sculpteurs qui depuis soixante ans sont arrivés en Allemagne à la célébrité : Cornelius, Overbeck, Schnorr, Klentz, Schwenthaler, Rottmann, Kaulbach, etc., occupent les premières places dans cette galerie. On y parle de l'école de Dusseldorf, du roi Louis de Bavière et de Munich. L'auteur est exact, scrupuleux ; il ne lui manque qu'une chose, bien nécessaire quand on écrit sur les arts et les artistes : le goût. En voulez-vous un exemple ? Il admire les fresques exécutées par Nils à l'extérieur de la Pinacothèque d'après les petits tableaux de Kaulbach, et cette « *triste drôlerie* », comme l'appelle notre Th. Gautier, suggère au savant professeur de Königsberg l'éloge de Kaulbach : « l'ingénieux dessinateur du roman du *Renard*, chargé de symboliser l'impulsion donnée à l'art germanique par le roi Louis. Que pouvait faire Kaulbach, dit-il, sinon de donner à sa peinture le caractère d'une boutade pleine d'humour ? Il y avait là cent fois plus de modestie que de se prendre au sérieux et de combattre pour ses idées. »

« Si les Allemands, dit M. Viollet-le-Duc, savaient discerner et choisir, ce serait, au point de vue des arts, le premier peuple du monde ; malheureusement il n'en est pas ainsi ; tout leur est bon. »

1308. HAAKH (Adolf). *Beiträge aus Würtemberg zur neueren deutschen Kunstgeschichte.* — Documents wurtembergeois pour servir à l'histoire de l'art moderne en Allemagne. — Stuttgart, Bruckmann, 1863, in-8, avec 6 pl. grav. s. c. (portrait de G. Schick, etc.). — 10 fr.

1309. WOLTMANN (Alfred). *Die deutsche Kunst und die Reformation.* — L'Art allemand et la réforme. (Recueil de leçons de science populaire, publié par Rud. Virchow et Fréd. von Holtzendorff.) — Berlin, Lüderitz, 1867, in-8, 40 pp. et 2 fig. — 1 fr. 25.

1310. RIEGEL (Herm.). *Deutsche Kunststudien.* — Études sur l'art allemand. — Hanovre, Rümpler, 1868, in-8. — 13 fr.

Mélanges sur l'art allemand, tel serait le véritable titre de cet ouvrage composé avec des articles déjà publiés dans les journaux et les revues. Du reste, une certaine unité esthétique y règne : le même esprit, les mêmes principes dominent dans cette variété d'articles ; ce qui autorise l'auteur à dire que son livre a sa part dans l'histoire du nouvel art allemand. Les cathédrales du Rhin, les travaux récents des sculpteurs et des peintres, les musées, les collections, tout est examiné, jugé par le critique avec une certaine autorité, je dirais même avec une certaine compétence. Le malheur, c'est que le point de vue est trop exclusif, trop germanique. Il faut être bien germain, en effet, pour prétendre que la cathédrale de Cologne est le Parthénon de l'architecture gothique, et que Cornelius est un très-grand peintre.

2. États et villes de l'Allemagne, de l'Autriche et de la Suisse.

1311. STETTEN (P. von). *Kunst-, Gewerb- und Handwerksgeschichte der Reichsstadt Augsbourg.* — Histoire de l'art, de l'industrie et des métiers dans la ville impériale d'Augsbourg.—Augsbourg, 1779-88, 2 part. gr. in-8 (4 fr.).

1312. BEYSCHLAG (D.-Eb.). *Beiträge zur Kunstgeschichte der Reichsstadt Nördlingen.* — Documents pour servir à l'histoire des Beaux-Arts dans la ville impériale de Nordlingue. — Nordlingue, 1798-1801, 7 part. in-8 (3 à 4 fr.).

Ouvrage consacré plus particulièrement à l'histoire de la gravure sur bois.

1313. RETTBERG (R. von). *Uebersichtstafel zur Geschichte, namentlich der Kunst von Nürnberg.* — Tableau synoptique de l'histoire des Beaux-Arts, principalement à Nuremberg.— Hanovre, 1845, in-fol. (3 à 4 fr.).

1314. RETTBERG (R. von). *Nürnberger Briefe zur Geschichte der Kunst.* — Lettres de Nuremberg pour servir à l'histoire de l'art. — Hanovre, 1846, in-8, 5 pl. (4 à 5 fr.).

1315. BAADER (Jos.). *Beiträge zur Kunstgeschichte Nürnbergs.* — Matériaux pour servir à l'histoire de l'art à Nuremberg. — Nordlingue, Beck, 1860-62, 2 part. in-8, VI-112 et III-82 pp.— 3 fr. 75.

1316. GRÜNEISEN (C.) & MAUCH (E.). *Ulms Kunstleben im Mittelalter*, etc. — La Vie artiste au moyen âge à Ulm. Appendice à l'histoire de la civilisation en Souabe. — Ulm, 1840, in-8, 5 pl. gr. et 3 lith.; — *ibid.*, 1854, in-8.

1317. NIEDERMAYER (Andr.). *Künstler und Kunstwerke der Stadt Regensburg. Ein Beitrag zur Kunstgeschichte Altbayerns.* — Artistes et œuvres d'art à Ratisbonne. Contribution à l'histoire de l'art de la vieille Bavière.—Landshut, 1857, in-8 (1 à 2 fr.).

1318. HASSLER (Conrad-Dieterich). *Beiträge zur Ulmischen Kunstgeschichte.*

—Matériaux pour servir à l'histoire de l'art à Ulm. — Ulm, 1855, in-4 (75 c.). *Tirage à part.*

1319. MAUCH (E.). *Beiträge zur Ulmischen Kunstgeschichte.* — Contribution à l'histoire des Beaux-Arts dans la ville d'Ulm. — Ulm, 1855, in-4 (1 fr.).

1320. NIEDERMAYER (Andr.). *Kunstgeschichte der Stadt Würzbourg,* etc. — Histoire de l'art à Wurzbourg. — Würzbourg, 1860, in-8 ; — réimpr., Fribourg en Br., Herder, 1864, gr. in-8. — 3 fr. 75.

1321. SIGHART (Joach.). *Geschichte der bildenden Künste im Königreich Bayern,* etc.—Histoire des Beaux-Arts dans le royaume de Bavière, depuis l'origine jusqu'à l'époque actuelle. — Munich, 1863, 2 part. in-8, fig. — 20 fr.

1322. GWINNER (Ph.-Fried.). *Kunst und Künstler in Frankfurt a. M.,* etc. —L'Art et les artistes à Francfort-sur-le-Mein, depuis le XIIIᵉ siècle jusqu'à l'établissement de l'Institut des Beaux-Arts de Städel. — Francfort, Baer, 1862, in-8, 2 front. et tabl.—11 fr. 25.=*Zusätze und Berichtigungen,* etc. — Additions et Rectifications, etc.—*Ibid.,*1867,in-8.

1323. HASSLER (Prof.). *Die Kunst des Mittelalters in Schwaben,* etc.—L'Art du moyen âge en Souabe. — Stuttgart, 1864, in-4, fig.

1324. KUGLER (Franz).] *Pommersche Kunstgeschichte,* etc. — Histoire des Beaux-Arts en Poméranie. D'après les monuments. — Stettin, 1840, in-8, front. (4 à 5 fr.). *Extrait des Baltische Studien.*

1325. UECHTRITZ (Fr. von). *Blicke in das Düsseldorfer Kunst-und Künstlerleben.* — Coup d'œil sur la vie de l'art et des artistes à Dusseldorf. — Dusseldorf, 1840, 2 vol. in-8 (3 à 4 fr.).

1326. SCHULZ (Hein.-Wilh.). *Vortrag ueber die Geschichte der Kunst in Sachsen.* — Essai d'histoire des Beaux-Arts en Saxe.—Dresde, 1846, in-8 (60 c.). *Tirage à part.*

1327. FÜSSLI (Joh.-Rud.). *Annalen der bildenden Künste für die österreichischen Staaten.* — Annales des Beaux-Arts pour les États autrichiens. — Vienne, 1801-2, 2 vol. in-8 (2 à 3 fr.).

1328. HAWLIK (E.). *Zur Geschichte der Baukunst, der bildenden und zeichnenden Künste im Markgrafenthume Mähren.* — Documents pour servir à l'histoire des Beaux-Arts dans le margraviat de Moravie. — Brunn, 1838, in-8. = *Zusätze und Verbesserungen,* etc. — Additions et Rectifications, etc. — *Ibid.,* 1841, in-8, 2 fig. s. b.

1329. TÄUBER (Isid.). *Entwurf einer Geschichte der zeichnenden Künste im Erzherzogthume OEsterreich,* etc. — Essai d'une histoire des Beaux-Arts dans l'archiduché d'Autriche, depuis les temps les plus anciens jusqu'à nos jours. D'après les sources. — Vienne, 1844, in-8 (1 à 2 fr.).

1330. BRUUN-NEERGAARD (T.-C.). De l'État actuel des arts à Genève.—Paris, 1802, in-8, 39 pp. (1 à 2 fr.).

1331. FEHR (D.). *Das Wiederaufblühen der bildenden Kunst in Zürich,* etc.— La Renaissance des Beaux-Arts à Zurich, dans la seconde moitié du XVIIIᵉ siècle. Conférence, etc. —Zurich, 1851, in-8, 30 pp. (60 c.)

3. Nord de l'Europe : Scandinavie, Pologne, Russie.

1332. HOYEN (N.-L.-A.). *Om Betingelserne for en Skandinavisk Nationalkonsts Udvikling.* — Les Conditions nécessaires au développement de l'art national scandinave. — Copenhague, 1844, in-8 (1 fr.).

1333. THORSON (A.-B.). *Om Begrebet « Nordisk Kunst ».* — De la Signification de l'art scandinave.—Copenhague, 1851, in-8.

1334. HERTZ (Chr.-A.). *Konstens skandinaviske Fremtid.* — De l'Avenir de l'art scandinave. — Copenhague, 1853, in-8.

1335. HENNINGS (Aug.-Adolf-Friedr.). Essai historique sur les arts et sur leur progrès en Dannemarc (*sic*). — Copenhague, 1778, in-8.

1336. WEINWICH (N.-H.). *Maler-Billedhugger-Kobberstik-Bygnings-og Stempelsklaerer-Kunstens-Historie,* etc. — Histoire critique des peintres, sculpteurs, graveurs et architectes en Danemark et en Norvége sous la dynastie d'Oldenbourg. Avec une introduction sur l'histoire antérieure de ces arts dans ces pays.—Copenhague, 1811, in-8.

1337. SPENGLER (J.-C.). *Artistiske Ef-terretninger som Bidrag til Dansk Kunsthistorie.* — Renseignements pour servir à l'histoire de l'art en Danemark. — Copenhague, 1818, in-8 (2 fr.).

1338. BRUUN-NEERGAARD (T.-C.). Mémoire sur l'ancien état des Beaux-Arts en Suède. Lu à la classe des Beaux-Arts de l'Institut. — Paris, 1812, in-8, 21 pp. (1 fr.).

> Exposé médiocre, et à peine indiqué, par un auteur peu connu, d'un sujet encore plus inconnu à cette date.

1339. EHRENSTRÖM (Marianne d'). Notices sur la littérature et les Beaux-Arts en Suède. — Stockholm, 1826, in-8 (6 à 8 fr.).

1340. MILLER (J.-P.). *De skjönne Kun-sters Tilstand i Suerrig*, etc. — Les Beaux-Arts en Suède depuis l'avénement de Gustave III jusqu'aujourd'hui. — Copenhague, 1831, in-8 (2 fr.).

1341. BRUNIUS (C.-G.). *Skånes konst-historia för Medeltiden.* — Histoire de l'art dans la Scanie (Suède) au moyen âge. — Lund, 1850, in-8, 710 pp. et 16 pl. gr. s. c. (8 à 10 fr.).

1342. BRUNIUS (C.-G.). *Gotlands konst-historia.* — Histoire de l'art de Gotland. — Lund, 1864-65, 3 part. in-8, v-332 p.

1343. SOBIESZCZANSKI (F.-M.). *Wia-domosci historyczne o sztukach pięk-nych w dawnej Polsce.* — Renseigne-ments historiques sur les Beaux-Arts dans l'ancienne Pologne. — Varsovie, 1847-49, 2 vol. in-8, avec 48 planches.

> Ouvrage important et consciencieux.

1344. (KLACZKO, Julian.) *Sztuka polska.* (*Przedruk z Wiadomosci polskich.*) — L'Art polonais. Extrait des *Nouvelles polonaises.* — Paris (Paryz), s. d. (1858), in-8, 48 pp.

> *Y a-t-il un art national polonais, et, si cela est, quel est son caractère?* telle est la question soulevée par la Société scientifique de Cracovie. La réponse est dans la brochure dont je viens de donner le titre.
>
> Oui, dit l'auteur anonyme, — M. Julien Klaczko, dont les articles de politique contemporaine publiés dans la *Revue des Deux-Mondes* ont fait sensation, — oui, certes, la recherche du beau est un sentiment commun à tous les peuples, mais cette recherche se manifeste sous un aspect différent suivant la race et le climat. Par exemple, ce qui est tout d'intuition, ce qui coule de source chez les peuples méridionaux, devient chez les races du Nord un effort plus ou moins pénible. Prenez la Pologne à l'époque de son plus grand épanouissement intellectuel et de sa plus grande puissance dans le monde, vous n'y trouverez rien e ce qui annonce le goût et l'intelligence de l'art : ce qui amène à dire que, s'il est vrai que quelques artistes polonais se sont fait un nom, le développement moral de la Pologne s'oppose, d'après tout ce qu'on en sait, à ce que l'existence d'un art polonais puisse être admise. Encore une fois le ciel a refusé l'art à la Pologne ; en revanche, il lui a donné l'éloquence et la poésie, et, sous leurs auspices, elle est arrivée à la grandeur.

1345. KRASZEWSKI (J.-I.). *Sztuka u Słowian*, etc. — L'Art chez les Slaves, particulièrement en Pologne et dans la Lithuanie avant l'introduction du christianisme. — Vilna, 1860, in-8, 391 pp.

> Ce livre est le résumé méthodique de toutes les recherches qu'un tel sujet réclame. Pour l'art des Slaves, il s'arrête à la fin du IX° siècle ; pour celui des Lithuaniens, il descend jusqu'au XIV. Œuvres d'architecture (temples et autels), œuvres de la sculpture (polychromie sur bois), orfévrerie, peinture, céramique funéraire, il n'omet rien. Il s'adresse aux fouilles elles-mêmes pour trouver des témoignages. Cet examen minutieux amène l'auteur à dire que l'influence de l'art grec sur l'art slave a été considérable ; influence à laquelle vinrent s'adjoindre les influences romaines et scandinaves. A partir de ce moment, l'art slave présenta le mélange des éléments les plus divers.
>
> Joseph-Ignace Kraszewski n'est point seulement un savant archéologue, mais c'est encore le plus fécond des romanciers. Il a écrit plusieurs centaines de volumes ; aussi sa célébrité en Pologne est grande, et il est au premier rang parmi les littérateurs de son pays.

1346. FIORILLO (Joh.-Dom.). *Versuch einer Geschichte der bildenden Künste in Russland.* — Essai d'une histoire des Beaux-Arts en Russie. — Göttingue, 1806, in-8.

C. — ANGLETERRE, IRLANDE, ÉTATS-UNIS.

1347. ROUQUET. L'État des arts en Angleterre, par M. Rouquet, de l'Académie royale de peinture et de sculpture. — Paris, 1755, in-12 (1 à 2 fr.).

> Il est autant question dans ce petit volume des mœurs et des usages de l'Angleterre que de peinture et de sculpture. Quelques observations judicieuses, et des renseignements sur les artistes anglais et leurs ouvrages au milieu du siècle dernier en Angleterre, rendent ce mince exposé utile à consulter, mais seulement à l'occasion.

1348. VERTUE (G.) & WALPOLE (H.). *Anecdotes of painting in England, with some account of the principal artists*, etc. — Anecdotes de la peinture en Angleterre, avec quelques détails sur les principaux artistes, et des notes sur les arts, colligés par M. George Vertue, mis en ordre et publiés d'après ses mss. originaux par l'hon. Horace Walpole. — Strawberry-Hill, 1762-1771, 5 vol. pet. in-4, portr.; — 2° édit., *ibid.*, 1765-71, 4 vol. in-4; — 3° édit., avec addit.; Londres, 1782, 5 vol. in-8 ; — 4ᵉ édit., avec addit. ; *ibid.*, 1786, 5 vol. in-8 (20 fr.) ; — 5ᵉ édit., avec le Catalogue des Graveurs et des additions considérables par le Rév. James Dallaway ; *ibid.*, 1826-28, 5 vol. gr. in-8, portr. et grav. s. b. (60 fr. et plus ; 150 fr. et plus gr. pap., fig. sur chine) ; — nouv. édit., revue, accomp. de nouvelles notes par Ralph N. Wornum ; *ibid.*, 1849, 3 vol. in-8, 88 portr. et nombr. gr. s. b. (45 fr.) ; — *ibid.*, 1862, 3 vol. in-8. — 34 fr.

Ces anecdotes, a dit un critique, sont le modèle d'un de ces ouvrages, si à la mode aujourd'hui, où l'art et la curiosité sont mis à la portée des gens du monde. Il est certain que l'association d'un artiste antiquaire, comme le graveur Vertue, et d'un homme d'esprit, comme Horace Walpole, n'a pu produire que les meilleurs fruits. Du reste, si ce n'est pas là tout à fait une histoire de l'art, ce sont les matériaux avec lesquels elle se fait, et c'est à ce titre que ces anecdotes ont pris place dans la présente section. (Voir, pour le collationnement de ces diverses éditions, Lowndes, *The Bibliographer's Manual.*)

1349. DALLAWAY (James). *Anecdotes of the Arts in England, or Comparative Observations on architecture, sculpture, and painting*, etc. — Londres, 1800, in-8, fig. (5 fr.).

Millin a traduit ce livre, et le titre de sa traduction est assez développé pour pouvoir en donner une idée des plus nettes : *Les Beaux-Arts en Angleterre, ouvrage dans lequel on trouve des notices raisonnées des principaux monuments d'architecture anciens et modernes, et des ouvrages remarquables de peinture et sculpture qui sont dans les collections publiques et particulières de Londres, d'Oxford, et dans les châteaux et maisons de campagne ; — une indication des statues, des bustes et bas-reliefs extraits récemment des fouilles faites au compte des Anglais à Rome, et des tableaux qui ont été achetés pour eux sur le continent ; — une histoire de l'architecture, de la peinture et de la sculpture en Angleterre ; — des anecdotes sur les plus célèbres artistes anciens et modernes, ouvrage propre à servir de GUIDE AUX AMATEURS QUI VOYAGENT EN ANGLETERRE. Trad. de l'angl... par M... Publié et augm. de notes par A.-L. Millin ; Paris,* 1807, 2 vol. in-8.

1350. HOARE (Prince). *An Inquiry into the requisite cultivation and present state of the Arts of design in England.* — Enquête sur l'état présent des arts du dessin en Angleterre et leur culture. — Londres, 1806, in-8 (8 à 10 fr.).

1351. BRITTON (John). *The Fine Arts of the english school*, etc. — Les Beaux-Arts dans l'école anglaise, illustrés par une série de gravures d'après les œuvres de peinture, de sculpture et d'architecture des artistes anglais les plus éminents ; avec des observations critiques, biographiques, etc., de divers auteurs, édité et en partie écrit par John Britton. — Londres, 1812, gr. in-4, 24 pl. (10 à 15 fr.).

John Britton est signalé comme l'un des plus savants et des plus féconds parmi les architectes écrivains et critiques d'art. Ses publications, que nous retrouverons plus loin, sont très-nombreuses et généralement très-importantes, et se recommandent par le mérite de l'exécution.

1352. HOARE (Prince). *Epochs of the arts, including hints on the use and progress of painting and sculpture in Great Britain.* — Epoques des arts, idées sur l'emploi et le développement de la peinture et de la sculpture dans la Grande-Bretagne. — Londres, 1813, in-8 (3 à 4 fr.).

1353. WAAGEN (G.-F.). *Kunstwerke und Künstler in England und Paris.* — Les OEuvres d'art et les artistes en Angleterre et à Paris. (T. I et II. Angleterre. — T. III. Paris.) — Berlin, 1837-39, 3 vol. in-8 (8 à 10 fr.) ; — les 2 prem. vol. trad. en angl. : *Works of Art and Artists in England* ; Londres, 1838, 3 vol. in-8.

1354. TAYLOR (W.-B.-SARSFIELD). *The Origin, Progress and present Condition of the Fine Arts in Great Britain and Ireland*, etc. — De l'Origine, des progrès et de l'état actuel des Beaux-Arts dans la Grande-Bretagne et l'Irlande, par W. B. Sarsfield Taylor, directeur de l'académie du modèle vivant, traducteur du traité de Mérimée sur la peinture à l'huile et à fresque. — Londres, 1841, 2 vol. in-8, fig. s. b. (8 à 10 fr.).

Voilà un bon livre ! On y voit l'art de la Grande-Bretagne se développant depuis son origine jusqu'aux temps actuels ; on y trouve, dans un cadre restreint, une foule de notions intéressantes sur les institutions créées pour les artistes ou par eux. Il est regrettable que ce tableau très-instructif soit, suivant toute apparence, un peu vieilli dans certaines parties. Il date de trente ans. L'art, suivant l'auteur, vivait déjà dans la Grande-Bretagne avant les Romains, dont la domination, pendant quatre cents années, eut des conséquences si pernicieuses, qu'elles se firent sentir pendant les six ou sept siècles qui suivirent ; aux Romains succédèrent les Saxons, les Danois, puis arriva la conquête normande. Les Romains avaient détruit les monuments élevés par les Bretons ; les nouveaux envahisseurs détruisirent les travaux des Romains ; ils firent table rase, et si bien que le génie de la civilisation eut à recommencer totalement son œuvre. L'architecture a marqué toutes les étapes de l'art. En premier lieu, le style anglo-saxon ; secondement, l'anglo-normand ; puis les styles ogival, flamboyant, perpendiculaire, tudor. Tout le temps que durèrent ces remarquables modifications, le rôle de la peinture et de la sculpture fut très-secondaire ; mais quand l'architecture déclina sous Henri VIII, la peinture prit le dessus. L'auteur accuse tous ceux qui ont été à la tête des affaires en Angleterre d'avoir abreuvé de dégoût les artistes, et de là, une longue infériorité des arts dans ce pays; mais il reconnaît aussi que depuis soixante ans une telle amélioration s'est produite, que l'École anglaise se montre l'égale, aujourd'hui, des écoles du continent. Il va même plus loin : selon lui, la première de toutes les écoles de sculpture serait l'École anglaise, si l'École française n'existait pas. Cette dernière opinion n'a qu'un mérite : celui de la nouveauté.

1355. MULVANY (G.-F.). *Thoughts and facts concerning the Fine Arts in Ireland, and Schools of design.* — Idées et faits concernant les Beaux-Arts en Irlande et les écoles de dessin. — Dublin, 1847, in-8.

1356. SILVESTRE (Théoph.). L'Art, les artistes et l'industrie en Angleterre. Discours prononcé devant la Société des arts de Londres, par Théophile Silvestre, envoyé en mission en Europe, pour l'inspection des musées et autres institutions des Beaux-Arts, etc. Extrait du *Journal of the Society of Arts.* — Londres, 1859, in-8 (4 à 5 fr.); — trad. en angl. : *Art, Artists, and Industry in England,* etc.; *ibid.,* 1859, in-8.

On a remarqué que Th. Silvestre, une fois entré dans la voie de l'indulgence, y marchait aussi intrépidement que dans celle de la critique acerbe, qu'il préfère cependant. Son admiration pour l'école anglaise se mesure sur sa reconnaissance pour l'accueil qui lui a été fait. Selon lui, cette école a tiré de la nature toutes les formes, toutes les harmonies, et Hogarth est un des demi-dieux de la peinture. Cet excès dans l'éloge a froissé le bon sens des Anglais eux-mêmes; aussi l'un des membres de la Société des arts, M. Digby Wyatt, n'a-t-il pas pu s'empêcher de dire : « que M. Théophile avait touché *fortissimo* l'orgueil national, et *pianissimo* une corde plus sensible. »

____

1357. DUNLOP (Will.). *The History of the rise and progress of the Arts of design in the United-States.* — Histoire de l'éveil et du développement des arts du dessin aux États-Unis. — New-York, 1834, 2 vol. in-8 (20 fr.).

D. — ESPAGNE ET PORTUGAL.

1358. SCHEPELER (K.-P. von). *Beiträge zur Geschichte Spaniens : enthaltend Ideen und Notizen über Künste und spanische Maler,* etc. — Contributions à l'histoire de l'Espagne, contenant des opinions et des notices sur les Beaux-Arts et les peintres en Espagne, documents inédits, etc. — Aix-la-Chapelle (Aachen), 1828, in-8 (1 à 2 fr.).

1359. STIRLING (Will.). *Annals of the Artists of Spain,* etc. — Annales des artistes de l'Espagne. — Londres, 1848,

3 vol. in-8, 9 portr. gr. s. a., s. b. et lith. par H. Adlard, et monogr. (300 à 400 fr.); — on a tiré simultanément une édition destinée aux présents, avec 2 grav. en plus et un vol. supplém. d'illustr. photogr. : 50 ex. pet. pap. et 25 ex. gr. pap.

Le livre de M. Stirling jouit d'une véritable célébrité, et pour plusieurs causes : il est rare, il est cher, il est magnifiquement exécuté : pages encadrées, rubriques historiées, portraits; rien n'y manque. Mais ce n'est point seulement pour son élégance que ce livre se recommande au public éclairé. Son mérite est plus solide; de tous les écrits sur la peinture espagnole, c'est le plus complet. Je dis sur la peinture et non pas sur les arts de l'Espagne, comme un titre moins exact qu'ambitieux autorise à le croire. L'auteur y parle peu de l'architecture, et encore moins de la sculpture, de tout temps si négligée en Espagne : omission qu'il rachète par des vues générales que je ne puis passer sous silence.

La peinture en Espagne n'est point un fruit du sol : c'est une importation de provenance italienne. Son originalité est incontestable, mais cette originalité, sans noblesse, touche à la trivialité. Loin de rechercher le beau, comme les maîtres des écoles romaine et florentine, les maîtres espagnols se sont appliqués à rendre la nature qu'ils avaient sous les yeux, sans délicatesse et sans choix. En revanche, leurs œuvres brillent par la vérité, l'expression et la vigueur du coloris. Ne l'oublions pas, les qualités et les défauts de l'école espagnole ont leurs racines dans les mœurs, les habitudes nationales, le despotisme du clergé, l'étiquette des cours et les scrupules du peuple. Pour les dévots des XVIe et XVIIe siècles, la représentation d'une figure nue aurait été un sacrilége, préjugé qui semble exister encore dans les classes inférieures : demandez plutôt aux peintres qui habitent Madrid. La vigueur du coloris de l'école espagnole dénote les leçons des maîtres vénitiens et flamands; mais, en acceptant le don de la couleur, elle a accueilli l'indifférence pour la forme, indifférence qui, poussée à l'excès, amène fatalement la décadence de l'art.

L'auteur ne s'est pas contenté d'envisager l'ensemble, il est descendu dans le détail, comme le prouvent les biographies si attachantes de Murillo et de Velasquez. Au résumé, il est impossible de trouver un meilleur guide, et son livre est un service rendu à tous les amis d'une des plus grandes écoles d'art des temps modernes.

1360. PASSAVANT (Joh.-David). *Die christliche Kunst in Spanien.* — L'Art chrétien en Espagne. — Leipzig, 1853, in-8, VII-184 pp. (1 à 2 fr.).

Voici l'appréciation d'un des hommes qui se sont le plus occupés de l'architecture du moyen âge en Espagne : « Passavant, dit M. Edmond « Street, se prononce sur l'art espagnol d'une fa- « çon si injurieuse et si burlesque, que l'on est « autorisé à penser que c'est moins à l'impartial « examen des faits qu'il s'est confié qu'à un sen- « timent passionné. » (*Some Account of gothic Architect. in Spain.*) — Pour traiter de l'architecture, de la sculpture et de la peinture espagnoles, sans compter les écoles étrangères, un petit volume suffit à Passavant.

1361. LAFORGE (Édouard). Des Arts et des artistes en Espagne jusqu'à la fin du XVIIIᵉ siècle. — Lyon, 1859, gr. in-8 (publié à 12 fr., se vend 20 à 30 fr.).

Abrégé de l'histoire de l'art en Espagne, voilà

quel serait le vrai titre. Cet abrégé serait plus utile s'il était écrit plus simplement.

1362. RACZYNSKI (le comte Athanase). Les Arts en Portugal. Lettres adressées à la Société artistique et scientifique de Berlin et accompagnées de documents. — Paris, 1846, in-8 (5 à 6 fr.).

Ce livre, très-curieux, est le résultat d'une enquête sur l'art portugais, cet art si peu connu, enquête demandée par quelques-uns des membres de la Société artistique de Berlin. Pour remplir dignement cette mission, le comte Raczynski n'a pas employé moins d'une année ; en voici les principaux résultats :

1° Plusieurs extraits des manuscrits de François de Hollande, architecte et enlumineur, contemporain de Michel-Ange, en relation avec lui ; manuscrit faisant partie de la bibliothèque de Jesu, à Lisbonne.

2° Compte rendu de la dernière exposition de peinture à Lisbonne (décembre 1843).

3° Recherches sur une sorte de Giotto Portugais, sur le célèbre Vasco, plus connu sous le nom du grand Vasco (Gran Vasco), personnage longtemps mythique, Hercule de la peinture méridionale, considéré comme l'auteur de toutes les peintures sur bois et de style gothique qui se voient en Portugal, et même d'un certain nombre de morceaux que l'Allemagne possède. De ces recherches très-savantes, il ressort qu'il ne faut pas confondre François Fernandez, surnommé Gran Vasco, né à Vizeu en 1552, avec un autre Vasco, enlumineur en 1540 ; que c'est dans les dernières années du règne de don Sébastien et dans la première moitié de la domination espagnole que Vasco déploya toute son activité ; enfin que c'est l'influence d'Albert Dürer, et non l'influence italienne, qui domine dans ses tableaux.

4° Notice sur l'ancienneté de l'art en Portugal, qui, du reste, atteste l'influence flamande ou allemande aux XVe et XVIe siècles.

5° Notice sur l'architecture portugaise ; cette architecture a été caractérisée en ces termes : résistance du style gothique contre le style de François Ier.

6° Sur la sculpture en pierre, en bois, en terre cuite.

7° Extrait d'un journal de voyage : Caldas, Alcobaça, Bathala, Leiria, c'est-à-dire là où se trouvent les plus célèbres parmi les monuments portugais.

1363. RACZYNSKI (le comte A.). Dictionnaire historico-artistique du Portugal, pour faire suite à l'ouvrage ayant pour titre les Arts en Portugal. — Paris, 1847, in-8, avec 2 pl. (5 fr.).

1364. REYNTIENS (N.). De l'Art en Portugal et de l'influence de l'école flamande dans ce pays. Extrait de la *Renaissance illustrée*. XIIe année. — Bruxelles, 1851, in-8.

E. — FRANCE.

1. *Généralités.*

Cette section de l'art français est bien maigre ! si maigre que nous sommes obligés de signaler ici les causes de cette déplorable stérilité.

Il y a cinquante ans, on dédaignait les vieux monuments de l'art français ; pour mieux dire, on ne les connaissait pas. Gothique et barbarie, c'était tout un aux yeux d'un Quatremère de Quincy. On sait que, dans le siècle dernier, Falconet faisait partir la sculpture française de Pigalle et de Puget. A présent, c'est l'inverse : on est idolâtre du vieil art français ; il est à la mode, peut-être a-t-on raison, car cet art a eu sa grandeur et sa puissance, parfois des qualités charmantes, surtout la sincérité et la naïveté.

Chose étrange ! personne jusqu'ici n'a embrassé cet art dans son ensemble ; personne n'a entrepris d'écrire l'histoire de notre art national, depuis ses origines jusqu'à nos jours. O honte ! ce sont les Allemands qui, dans de fort bons manuels, nous racontent cette histoire ; c'est chez eux que nous sommes condamnés à l'aller chercher !

En pareil cas, que doit faire le bibliographe ? Rien, si ce n'est d'indiquer les études partielles et les monographies : ce sont les matériaux avec lesquels on construira, sans trop de retard, le grand monument qui manque à la France et qu'il est urgent d'élever. — (Voy. aussi plus haut : *Expositions des Beaux-Arts* (nos 914 à 1208) et plus loin, aux divisions : *Architecture, Peinture, Sculpture, Gravure.*)

1365. BRUUN-NEERGAARD (T.-C.). Sur la Situation des Beaux-Arts en France, ou Lettres d'un Danois à son ami. — Paris, 1801, in-8, 190 pp. et pl. grav. (1 à 2 fr.).

1366. HERBÉ. Histoire des Beaux-Arts en France par les monuments, spécialement de la sculpture et de la peinture, depuis la domination romaine jusqu'à l'époque de la Renaissance. Dessins gravés par Aug. Garnier. — Paris, (1842), in-4, avec 48 pl. gr. s. acier (25 fr.).

1367. LABORDE (le comte [Léon] de), membre de l'Institut. La Renaissance des arts à la cour de France. Etudes sur le seizième siècle. T. Ier. Peinture. — Paris, 1850, gr. in-8. = Additions au tome Ier. — Paris, 1855, gr. in-8. — Ces 2 vol., publ. au prix de 24 fr., et 30 fr. sur pap. de Holl., se vendent aujourd'hui 120 fr. et plus. (Tiré à 134 exempl. dont 26 sur pap. de Holl. et 1 sur pap. vert.)

C'est à ces deux tomes, ou plutôt à un seul, car le second n'est qu'un supplément, que se borne aujourd'hui la publication du feu comte de Laborde. L'ouvrage devait avoir quatre tomes. Le premier, c'est celui que nous possédons avec un supplément, était consacré à la *Peinture* ; le second devait comprendre la *Sculpture*, le troisième, l'*Architecture*, le quatrième, les *Mélanges*.

Un des principaux caractères de cet ouvrage, c'est d'être écrit sous le coup d'une prévention excessive en faveur de la monarchie. Le comte de Laborde accepte tout d'elle ; il va même jusqu'à se faire l'apologiste de ses vices : il les excuse, il les défend. Pour lui, il n'y a qu'une forme de gouvernement favorable à la culture des arts, à leurs progrès : c'est la monarchie. Pour bien établir sa thèse, il remonte jusqu'à la fin du moyen âge, c'est-à-dire à Louis XI, passe en revue notre vieille école de peinture, et nous montre quelle était la place des artistes, à cette date, dans les rangs de la société.

Les rois, les princes, les grands seigneurs, avaient un peintre à leur cour, pendant le moyen âge. A la vérité, ce peintre était confiné dans les derniers rangs de la domesticité ; hiérarchiquement, il était au-dessous des palefreniers et des marmitons, parmi les gens de métier. Van-Eyck et Jehan Fouquet furent des gens de métier. Quelques égards, quelques faveurs, mérités par leurs talents, ne les firent pas sortir de cette basse condition ; les préjugés du siècle les condamnèrent à y rester.

Quand les mœurs devinrent moins grossières, les peintres, comme les poëtes, montèrent en grade, bien qu'ils restassent toujours fort au-dessous de la maison ecclésiastique ou financière ; on en fit des *varlets de chambre* : l'un des trois Clouet fut valet de chambre ordinaire du roi. Leurs attributions étaient médiocres : décorer la chambre du seigneur, peindre les selles des chevaux, orner les pâtés, voilà à quoi le plus souvent on employait le talent de l'artiste. Le peintre aurait cessé de l'être, si on n'eût mis son talent à contribution pour les portraits. Le portrait ! voilà ce qui devint la sauvegarde des plus beaux talents fort mal employés. Holbein et les Clouet sont là pour le dire.

Mais l'art français, par bonheur, ne devait pas rester confiné dans cet étroit domaine. Le courant électrique qui traversa le XVᵉ siècle devait le porter vers de plus hautes destinées. « Après François Clouet, dit M. de Laborde, l'art du portraitiste fit une halte. » A ce moment, l'activité des artistes français recevait un autre aliment. *Les officiers domestiques de l'ostel du Roy* se trouvèrent attachés aux travaux d'embellissement des maisons royales, soit spécialement, soit occasionnellement : par exemple à la décoration de Fontainebleau ou de Madrid, et l'on sait que ceux d'entre eux qui n'étaient pas portés sur les comptes de l'*ostel* étaient payés au mois, à la semaine, à la journée, comme de simples ouvriers ; dépenses portées dans les comptes des bâtiments royaux.

Ce mot, les *comptes royaux*, nous amène à parler d'un des traits les plus saillants du livre singulier dont j'essaye de donner une idée. Les listes et la publication d'un grand nombre de ces comptes royaux non-seulement nous permettent de voir clair dans les ténèbres de ce temps pour ce qui concerne certains artistes, mais nous autorisent même à revendiquer la part de nos compatriotes, trop longtemps et injustement attribuée aux artistes italiens, dans les travaux de Fontainebleau. Ainsi, dans ces comptes, on trouve trois ou quatre noms français, et même plus, pour un nom italien ; et ne voyez-vous pas là le moyen de rendre à notre vieille école un des titres de sa gloire ?

Il est regrettable que des recherches si intelligentes, si patientes, dans de poudreux dossiers, soient encore si peu accessibles pour les lecteurs pressés de récolter. Feu Léon de Laborde, si actif, si sagace, a été toute sa vie brouillé avec la méthode. Merveilleusement disposé à parcourir les sentiers peu battus, à faire des découvertes, la surexcitation habituelle de son cerveau l'empêchait de mettre de l'ordre dans ses découvertes. Ardent à entreprendre, il ne savait pas finir. En toute chose, le talent de perfectionner et de mettre la dernière main à l'œuvre lui a manqué.

1868. Archives de l'art français. Recueil de documents inédits relatifs à l'histoire des arts en France, publié sous la direction de Ph. de CHENNEVIÈRES (et continué, à partir du t. IV, par Anatole de MONTAIGLON). — Paris, 1851-1860, 12 vol. in-8 (60 à 80 fr.). = Deuxième série : publiée sous la direction d'Anatole de Montaiglon. — Paris, Tross, 1861-1866, 2 vol. in-8 (15 à 20 fr.). = Nouvelles Archives de l'art français. Recueil de documents inédits publiés par la Société de l'Histoire de l'art français. — Paris, Baur, 1872 et suiv., in-8. — 20 fr. par an.

« L'histoire des arts, suivant M. de Chenne-« vières, se trouve partout et dans tout, dans les « follicules les plus badins, comme dans les récits « les plus austères. On la trouve dans les églises, « en feuilletant les registres baptismaux et les « comptes de la fabrique ; dans les chartriers des « châteaux et dans les livres des bollandistes, « dans les descriptions des archéologues et des an-« ciens historiens de nos villes, dans les préfaces « des grammairiens, dans les recettes des moines « alchimistes, dans les sonnets des poëtes : elle « est dans tous, elle est partout. »

D'autres documents moins variés, mais d'un caractère plus positif ou tout à fait officiel, constituent pour la chronologie et l'histoire de l'art de solides points d'appui : je parle des actes de naissance ou de mort et des testaments d'artistes ; des comptes des rois, princes ou abbés, leurs protecteurs ; des marchés conclus entre les artistes et les acquéreurs de leurs œuvres, et les reçus et payements qui s'y rattachent ; enfin des documents d'un caractère plus intime, et qui font entrer très-avant dans la vie des artistes, c'est-à-dire leur correspondance, offrent à l'histoire de l'art un nouvel élément et des plus précieux.

De telles sources d'information, sources si abondantes et si pures, de tels moyens de compléter tant de renseignements incomplets, de rectifier tant d'erreurs chez les écrivains les plus accrédités, devaient tenter le zèle d'une certaine classe d'érudits : de là, le *Carteggio* de Gaye, les *Memorie originali risguardanti le belle arti*, de Gualandi, les *Ducs de Bourgogne*, du comte Léon de Laborde, etc., etc. Malheureusement, l'histoire de l'art français restait oubliée, et les publications dont nous venons de parler concernaient principalement l'étranger.

C'est afin de combler une lacune fâcheuse pour l'honneur national que M. de Chennevières a entrepris les *Archives de l'art français* ; entreprise d'autant plus délicate, qu'en France la révolution de 1789 a bouleversé nos archives et surtout celles des établissements publics. Or pour atteindre au but qu'il se proposait, il s'est adressé non-seulement aux chartriers publics, mais aux chartriers particuliers ; il s'est fait ouvrir les portefeuilles des amateurs ; il s'est adressé aux collectionneurs d'autographes ; il a réclamé le concours de ces respectables érudits de province qui fouillent dans les archives municipales et départementales, dans les registres des fabriques, dans les dossiers des notaires, dans les vieux parchemins ; tous ont répondu avec empressement à son appel ; la plupart lui ont fourni de ces pièces, presque introuvables, qui jettent parfois une si vive lumière sur un point de l'histoire ; car, il faut bien le dire, un bon nombre de nos grands artistes sont nés en province, beaucoup y ont vécu, beaucoup sont retournés y mourir, et, de ces mille pièces éparpillées, il est parvenu à former un faisceau.

Ce livre, en réalité, n'est pas un livre ; ce n'est pas non plus une revue ; ce sera plutôt un magasin, qui s'est amplement approvisionné pendant plus de vingt années, et qui offre aujourd'hui aux critiques et à tous ceux qui seront tentés d'écrire l'histoire de notre art national des matériaux aussi solides que variés. Déjà, grâce aux pièces qu'il publie, non-seulement nous nous faisons maintenant une idée plus exacte de la condition sociale et de la vie pratique de ces artistes dont les ouvrages sont l'honneur de notre nation, mais nous assistons, pour ainsi dire, à la résurrection de plusieurs légions de peintres et sculpteurs. Leurs œuvres ont disparu, mais leurs noms resteront désormais comme un témoignage de l'ardeur avec laquelle, avant la Renaissance, et parfaitement alors indépendante de l'Italie, la France artiste travaillait et florissait. (Voy. aussi plus loin, section : *Lettres d'artistes, d'amateurs*, etc.)

La première série de ce recueil est divisée en deux parties : l'*Abcedario* de Mariette, formant six volumes, et dont je parlerai aux Biographies, et les *Documents*, qui occupent les six autres volumes.

1369. DUSSIEUX (Louis). Les Artistes français à l'étranger. — Paris, 1852, in-12, 160 pp. (2 fr.); — nouv. édit.: Les Artistes français à l'étranger. Recherches sur leurs travaux et sur leur influence en Europe, précédé d'un essai sur les origines et le développement des arts en France. — Paris, 1856, gr. in-8 (5 à 7 fr.). — (Voir aussi plus haut, n° 311.)

Ce livre est excellent. Il est impossible de montrer en moins de mots et avec plus de netteté l'influence de la France sur l'art des divers peuples, depuis le moyen âge jusqu'à nos jours. L'auteur combat ces traditions menteuses qui attribuent à des artistes italiens des œuvres toutes françaises, comme le prouve l'étude attentive des actes, des comptes, des manuscrits. « La France, « dit-il, a créé l'architecture gothique, construit « les plus anciens monuments de l'Angleterre, de « l'Espagne, de l'Italie, de la Suède, donné un dé-« veloppement prodigieux à la sculpture monu-« mentale, à la sculpture en bois, à la peinture « sur verre et sur émail, à l'art de la tapisserie. » — Ce livre est une revendication appuyée sur des preuves, et j'ai eu raison de dire qu'il est excellent.

1370. GONCOURT (Edmond et Jules de). L'Art au XVIII° siècle : Les Saint-Aubin, Watteau, Prudhon, Greuze, Chardin, Fragonard, Debucourt, La Tour, Les Vignettistes : Gravelot-Cochin, Moreau, Eisen, Boucher. — Paris, Dentu, 1859-70, onze monographies séparées, in-4, chacune avec quatre eaux-fortes. — Publ. au prix de 55 fr., mais se vendent aujourd'hui 200 fr., n'ayant été tirées qu'à 200 ex.— 2° édition, revue et augm., sous ce titre : L'Art au XVIII° siècle : Watteau, Chardin, Boucher, La Tour, Greuze, les Saint-Aubin, Gravelot, Cochin, Eisen, Moreau, Debucourt, Fragonard, Prudhon. — Paris, Rapilly, 1873-74, 2 vol. in-8. — 20 fr. sur pap. teinté ; 30 fr. sur pap. de Holl.

Les auteurs de ce livre sont-ils bien nos contemporains ? n'appartiennent-ils pas plutôt au siècle dernier ? Ce siècle, personne ne le connaît comme eux ! C'est à croire qu'ils ont vécu dans la plus étroite intimité avec Watteau, Boucher, Chardin, La Tour, Prudhon, Greuze ou Fragonard. Disons-le, ces biographies-là sont des merveilles des portraits achevés. Mais, quand on a fermé le livre, quand le charme de cette lecture attrayante est dissipé, on s'aperçoit que la physionomie de l'art du XVIII° siècle n'est pas nette dans l'esprit. Quel est le trait caractéristique de cet art? en quoi se distingue-t-il de celui du XVII° ou du XIX°, du premier coup d'œil, on ne le voit point. Critiques raffinés dans le détail, les auteurs négligent l'ensemble et ne prennent point les choses de haut. Torturer leur prose, pour montrer par quels procédés particuliers chacun des artistes dont ils parlent arrive avec le crayon ou le pinceau à produire certains effets sur le papier ou sur la toile, voilà ce qu'ils ambitionnent. Est-ce de la bonne critique? Non.

1371. PICHAT (Laurent). L'Art et les artistes en France. — Paris, s. d. (1859), in-16, 188 pp.; — 2° édit., *ibid.*, Pagnerre, s. d. (1861), gr. in-32, 188 pp. — 60 c.

1372. HOUSSAYE (Arsène). Histoire de l'art français au XVIII° siècle. Coustou, Bouchardon, Houdon, Pigalle, Clodion, Rigaud, Largillière, Watteau, Lancret, Santerre, van Loo, La Tour, Chardin, Greuze, Vernet, Boucher, Fragonard, David, Prudhon, Campra, Rameau, Grétry, etc. — Paris, Plon, 1860, in-8, front. — 6 fr.

Les aventures galantes d'une vingtaine d'artistes, méritent-elles le nom d'histoire de l'art français ? On ne sait où prendre la vérité dans ces anecdotes racontées d'une façon si romanesque, et qui présentent ceux auxquels on y donne un rôle sous le jour le plus faux. L'admiration dans ce livre est sans choix et sans mesure. L'influence de Watteau sur le siècle est égalée à celle de Voltaire. L'esthétique de l'auteur ne vaut guère mieux ; plus d'écoles, plus de règles, plus d'études, voilà ce qu'il demande. L'artiste doit pousser seul comme un champignon, s'il est protégé par le bon Dieu. Le style est à l'avenant. Parlant de la sculpture des trois Coustou, l'auteur s'exprime ainsi : « Le marbre devient « chair ; il a tous les frémissements et toutes les « morbidesses des bras et des seins vivants. Ces « femmes, — les filles de marbre de Nicolas « Coustou, — sont les petites-filles pâlies dans la « mollesse des courtisanes lascives qui ont tété « avec les bacchantes aux grappes de l'Illis-« sus ; ce sont les pécheresses de la cour de « Louis XIV et de Louis XV, etc., etc. » Que dites-vous de cette critique voluptueuse qui fait penser à toute autre chose qu'à la grandeur de l'art ?

1373. RENAN (Ernest). Discours sur l'état des Beaux-Arts en France au quatorzième siècle. (Histoire littéraire de la France, t. XXIV ; Paris, 1862, in-4) ; — 2° édit., à part ; Paris, Michel Lévy, 1865, 2 vol. in-8. — 16 fr.

Ce discours fait suite à un morceau capital de M. Victor Leclerc sur l'état des lettres au même siècle.

M. Renan a divisé son sujet en deux parties, elles-mêmes subdivisées. Dans la première, il examine la naissance et le développement de ce qu'il nomme l'art profane, c'est-à-dire l'art qui n'est plus inspiré seulement par l'idée religieuse, l'art qui consent à se prêter aux exigences de la vie mondaine. L'éminent écrivain expose ensuite la liaison des beaux-arts avec la société d'alors et les événements politiques; il les suit dans les provinces, il énumère les œuvres qu'ils y ont laissé; il note les influences sous lesquelles ils vivent : influence du clergé, influence des rois, influence des grands seigneurs. Il dépeint la basse condition des artistes, considérés comme de simples ouvriers, quand ils n'ont pas le bonheur d'être placés comme domestiques dans la maison des grands ; enfin il montre l'art français faisant le tour de l'Europe. « L'influence italienne, dit « M. Renan, ne se fit sentir qu'assez tard. Ce « n'est que sous Louis XI que la supériorité de « l'Italie en peinture fut reconnue en France, et « qu'on se mit à chercher au-delà des Alpes un « enseignement fécond. »

M. Renan dit, pour conclure, que le XIVᵉ siècle est le moment où l'art, dénué depuis plus de cent ans de l'inspiration religieuse, devient vulgaire et laid. Quand le goût reparaît, ce n'est point la vieille tradition nationale qu'il reprend, c'est un autre idéal qu'il poursuit, et de là, le dédain du passé.

1374. VERNEILH (Félix de). L'Art du moyen âge et les causes de sa décadence d'après M. Renan. — Paris, Didron, 1862, in-4, 31 pp. (Réponse à l'article publié sous ce titre par M. Renan dans *la Revue des Deux-Mondes,* **1ᵉʳ juillet 1862.)**

Dans cet opuscule fort savant et fort bien fait, mais non exempt d'aigreur, l'auteur s'attache à réfuter quelques-unes des opinions de M. Renan. Il reconnaît que l'éminent académicien professe beaucoup de respect pour le moyen âge ; il reconnaît encore que M. Renan partage l'opinion très-fondée de ceux qui admettent que l'architecture ogivale ou gothique est née dans le nord de la France; mais il ajoute : « N'allez pas croire que « M. Renan ne commette aucune erreur et qu'il « rend justice complète à l'art chrétien du moyen « âge; avec ses antécédents et ses tendances, ce « serait trop d'études et de vertu pour une « fois. »

Félix de Verneilh, mort il y a quelques années, était l'un des soutiens les plus ardents de l'école néo-gothique. C'est bien de lui qu'on pourrait dire qu'il n'avait d'yeux que pour le moyen âge. Il n'a pas compris l'art grec. Lisez ceci : « Il y a « à Paris un chapiteau du Parthénon ; on trou- « vera qu'il se rapporte presque à l'enfance de « l'architecture, et que le plus mauvais des mille « chapiteaux de Notre-Dame lui est infiniment « supérieur. » Cela suffit pour le juger.

1375. PERRIER (Ch.). Etudes sur les Beaux-Arts en France et à l'étranger. — Paris, Hachette, 1863, in-8, portr. — 6 fr.

1376. RENOUVIER (Jules). Histoire de l'art pendant la révolution, considéré principalement dans les estampes. Ouvrage posthume. Suivi d'une Etude du même sur J.-B. Greuze; avec une notice biographique et une table par M. Anatole de Montaiglon. — Paris, veuve J. Renouard, 1863, in-8. — 16 fr.

La Révolution a eu un art marqué d'une empreinte profonde, et cependant personne n'a réel-

lement envisagé cet art. Les faits politiques se sont placés entre lui et les historiens de cette terrible époque. Les uns, satisfaits d'une phrase académique—Quatremère de Quincy— ont passé rapidement sur cette terrible époque; les autres, comme Delécluse, aveuglés par des principes exclusifs, n'ont rien vu. Le comte Léon de Laborde a été plus loin : il a accusé l'esprit révolutionnaire d'avoir tué la poésie et les arts; or c'est contre cette opinion très-répandue que s'est élevé Renouvier. Selon lui, c'est précisément au milieu de la tourmente que l'art s'est renouvelé; c'est là qu'il a su acquérir un idéal inconnu, des types de beautés rajeunies, des réalités plus saisissantes, des conceptions plus vastes, et, pour protester avec plus d'avantage, il a parcouru les faits généraux, les institutions, les concours, les expositions de la République, et passé en revue les artistes qui se sont produits dans les divers genres de gravure. Bien pensé, convenablement écrit, le livre de Renouvier est un excellent livre, et on souhaiterait d'en trouver plus souvent de pareils dans le domaine de la critique d'art.

1377. CHESNEAU (Ernest). L'Art et les artistes modernes en France et en Angleterre. — Paris, Didier, 1864, in-18 j. — 3 fr. 50.

On trouve dans ce volume les morceaux suivants: L'École française; — la moyenne de l'école française ; — l'École française au Salon de 1853 ; — l'ensemble de l'École française ; — la sculpture française ; — Eugène Delacroix.

1378. DELABORDE (le vicomte Henri). Etudes sur les Beaux-Arts en France et en Italie. — Paris, Renouard, 1864, 2 vol. in-8. — 15 fr.

La peinture en Italie avant le XVIᵉ siècle ; — les Écoles italiennes et l'Académie de peinture en France ; — les Arts et les Lettres à la cour d'Urbin ; — Raphaël et les préraphaélites ; — les Carraches et leur École ; — la Peinture française et son histoire ; — la Peinture religieuse en France, etc., etc., tels sont, à peu de chose près, les articles principaux contenus dans ces deux volumes très-intéressants, très-instructifs et qu'il faut avoir lu quand on s'occupe des choses de l'art. Savante et timorée, la plume de M. Delaborde présente le plus parfait contraste avec les plumes légères et étourdies qui ne font qu'effleurer tous les sujets. Elle va au fond des choses et ne se refuse point les plus longs développements.

1379. CLÉMENT (Charles). Études sur les Beaux-Arts en France. — Paris, Michel Lévy, 1865, in-18. — 3 fr.

Toutes les qualités du judicieux critique du *Journal des Débats* se retrouvent ici : sa diction claire, ses idées saines, ses vues élevées. Poussin, Decamps, Delacroix, H. Flandrin, Gleyre, Meissonier, et les paysagistes contemporains défilent devant lui. Il les reprend à nouveau, il les ausculte et formule son opinion. Assez souvent, on peut être d'un autre avis, mais on reconnaîtra que ses jugements sont bien motivés.

2. *Provinces.*

1380. RIGOLLOT (Marcel-Jérôme). Essai historique sur les arts du dessin en Picardie, depuis l'époque romaine jusqu'au XVIᵉ siècle. — Amiens, 1840,

2 vol. in-8, avec un atlas de 40 pl. (20 à 25 fr.).

Extrait des *Mémoires des Antiquaires de Picardie*.

1381. ASSELIN (A.) et DEHAISNES (l'abbé). Recherches sur l'art à Douai aux XIVᵉ, XVᵉ et XVIᵉ siècles, et sur la vie et l'œuvre de Jean Bellegambe, auteur du rétable d'Anchin. — (Paris), imprimerie impériale, 1864, in-8, 22 pp.

1382. GACHET (E.). Un Coin perdu (Lille) dans le monde des arts. — Bruxelles, 1856, pet. in-8 (1 fr.).

———

1383. Documents inédits, pour servir à l'histoire des arts en Touraine, recueillis et publiés par M. Char. L. GRAND-MAISON, président de la Société archéologique de Touraine, archiviste d'Indre-et-Loire. — Paris, Dumoulin, 1870, gr. in-8. — 8 fr.

A voir ce travail important et neuf, on dirait un rameau détaché du tronc verdoyant des *Archives de l'art français* : il est de même espèce et de même culture, et il nous donne, lui aussi, de véritables primeurs. La contrée qui a doté la France d'admirables artistes, de Jehan Fouquet, de Jehan Poyet, le peintre des Heures d'Anne de Bretagne, de Michel Colomb ; la contrée où la Loire, le Cher et l'Indre sont bordés par de si charmants édifices ; cette contrée, dis-je, prédestinée par les arts, a dû bien certainement avoir une école. De si rares talents ne croissent pas dans l'isolement ; ils ont vécu dans un milieu qui les a préparés ; ils ont eu des maîtres et plus tard des élèves ; on les a précédés, on les a suivis ; en un mot, ils sont sortis du sein d'une école. Mais quelle est cette école ? Or c'est à découvrir les artistes inconnus dont elle était composée que M. Grandmaison s'est appliqué avec ardeur. Son livre est le fruit de plus de dix années de recherches poursuivies principalement dans les archives départementales et municipales. Les comptes de la ville de Tours, qui remontent au quatorzième siècle, ont fourni à l'auteur de nombreux matériaux.

Maintenant, si le lecteur demande quels sont, en définitive, les résultats de cette longue recherche, l'auteur lui dira qu'ils ne donnent le plus souvent que des noms et des indications de travaux. Comment aurait-il pu retracer la biographie d'hommes restés jusqu'à ce jour ensevelis dans l'oubli ? « Mais, ajoute-t-il, c'est faire « quelque chose que de les en tirer. Il y a vingt « ans que savait-on de Fouquet ? Son nom tout « simplement. » !

On peut recommander l'introduction sans crainte ; l'auteur y trace le tableau de tous les arts et de toutes les industries de la Touraine, aux XIIIᵉ et XIVᵉ siècles, et traite fort savamment une question difficile, celle de savoir quelle est la part de l'influence italienne dans notre renaissance. Se plaçant à égale distance de ceux qui veulent tout attribuer à l'Italie dans ce magnifique mouvement, et de ceux qui veulent tout lui refuser, il pense que l'Italie, et cela contrairement à l'opinion de Charles Lenormant, avait déjà pris pied dans la Touraine avant le traité de Cambrai, c'est-à-dire avant 1529.

1384. GIRARDOT (le baron de). Les Artistes de la ville et de la cathédrale de Bourges. — Nantes, autographie Merson, 1861, in-fol., 61 pp. lith. et 6 pl. — 10 fr.

1385. GIRARDOT (le baron de). Les Artistes de Bourges depuis le moyen âge jusqu'à la révolution. — Paris, Tross, 1861, in-8, 88 pp. et 1 pl.

Extrait des *Archives de l'art français*.

———

1386. ADVIELLE (Victor), d'Arras. Les Beaux-Arts en Rouergue à diverses époques. — Rodez, imp. Ratery, 1868, in-4, 66 pp. (Tiré à 100 ex.)

1387. LA FONTENELLE DE VAUDORÉ (Arm.-Désiré de). Les Arts et Métiers à Poitiers, pendant les XIIIᵉ, XIVᵉ et XVᵉ siècles. — Poitiers, 1837, in-8, 32 pp.

1388. DELPIT (Jules). Fragment de l'histoire des arts à Bordeaux. Académie de peinture et sculpture sous Louis XIV. (Extrait des *Actes de l'Académie de Bordeaux*.) — Bordeaux, 1853, in-8 (3 à 4 fr.).

1389. LAFFORGUE (Prosper), conservateur du musée d'Auch. Recherches sur les arts et les artistes en Gascogne au XVIᵉ siècle. — Paris, Renouard, 1868, in-8, 70 pp. — 4 fr. (Tiré à 80 ex.)

F. — HOLLANDE ET BELGIQUE.

1390. COLLOT D'ESCURY (Hendrik, Baron Heer van Heinenoord). *Holland's Roem in Kunsten en Wetenschappen,* etc. — Les Gloires de la Hollande dans les arts et les sciences, etc. — La Haye, ('s Gravenhage) et Amsterdam, 1825-44, 10 part. gr. in-4 (15 fr.).

1391. RATHGEBER (G.). *Aufbau der niederländischen Kunstgeschichte und Museologie. Annalen der Baukunst und Bildnerei,* etc. — Essai d'une histoire de l'art et des musées de la Hollande ; annales d'architecture et de sculpture, publié par J.-J. Leitzmann. — Weissensee, 1839, in-fol.

1392. RATHGEBER (G.). *Annalen der niederländischen Malerei, Formschneide- und Kupferstecherkunst,* etc. — Annales de la peinture, de la gravure sur bois et sur cuivre dans les Pays-Bas. 1ʳᵉ part. Depuis les frères Van Eyck jusqu'au séjour d'Albert Dürer dans les Pays-Bas (1400-1520). 2ᵉ part.

Jusqu'à la mort de Fr. Floris (1521-1570). 3ᵉ part. Jusqu'au départ de P.-P. Rubens pour l'Italie (1571-1600). Gotha, 1842, 1843, 1844, 3 vol. in-fol. — 4ᵉ part. Depuis le voyage de Rubens en Italie jusqu'à la mort de Rembrandt [1600-1669]. — Gotha, 1839-40, in-fol. (les 4 vol., 25 fr.). — La première partie a été traduite en hollandais et annotée : *Beredeneerde Geschiedenis de nederl. schilder, houtsnij- en graveerkunst*, etc. ; Amsterdam, 1844, in-8 (4 fr.).

1393. THORSON (A.-B). *Den nederlandske og tydske Kunst i Slutningen af det* 15ᵈᵉ *og Begyndelsen af det* 16ᵈᵉ *Aarhundrede*. — L'Art néerlandais et danois à la fin du xvᵉ et au commencement du xvɪᵉ siècles. — Copenhague, 1865, in-8, 80 pp.

1394. BOGAERTS (Félix). Esquisse d'une histoire des arts en Belgique depuis 1640 jusqu'à 1840. T. Iᵉʳ. — Anvers, 1841, in-8.

1395. LABORDE (Léon-Emman.-Simon-Jos., comte de), membre de l'Institut. Les Ducs de Bourgogne. Études sur les lettres, les arts et l'industrie pendant le xvᵉ siècle, et particulièrement dans les Pays-Bas et le duché de Bourgogne. IIᵉ partie. Preuves. — Paris, 1849-52, 3 vol. in-8 (22 fr. 50).

Cet ouvrage, qui s'arrête à la fin du règne de Louis XI, sert d'introduction à un autre ouvrage du même auteur, *la Renaissance des arts à la cour de France*, qui ne commence qu'au règne de Charles VIII. Il est inachevé. Il devait avoir six volumes : deux pour le texte et quatre pour les *preuves*. Le texte n'a point paru, et, suivant l'usage du comte de Laborde, qui aimait à commencer par la fin, les trois premiers volumes des *preuves* ont seuls été publiés.

Le premier volume contient une introduction, le dépouillement des archives de Lille, Dijon, Bruxelles, Namur, Tournai, Bruges, Gand, Louvain, Ypres, Liége, Anvers, Mons, Malines, Audenarde, Courtrai, Nieuport, Dinan, Furnes, Alost, et de plus celui des bibliothèques et archives de Paris, sans parler des registres de l'ancienne chambre des comptes de Lille.

Dans le second volume, on trouve, entre autres documents, l'inventaire de Charles le Téméraire, le compte des ouvrages et aussi des *entremets* et peintures faites à Bruges aux noces de Mᵍʳ le duc Charles, etc., etc.

Le troisième volume nous offre le dépouillement des archives de l'ancienne chambre des comptes de Blois, dispersées en Belgique, en France, en Angleterre ; les documents tirés des collections publiques de Paris ; le commencement des comptes des rois de France, extraits faits par l'auteur dans les grandes archives et dans le cabinet des manuscrits de la Bibliothèque nationale.

Une table méthodique donne les noms de trente-neuf peintres et enlumineurs, et de huit peintres-verriers (et parmi les peintres figure Jehan Fouquet), noms extraits d'un grand nombre de pièces comptables.

Quand on a parcouru ces trois volumes, une réflexion se présente inévitablement : l'auteur, se dit-on, n'aurait-il pas été mieux inspiré s'il n'avait pas cherché avant tout à trier ses matériaux et à les rapprocher afin d'en tirer un texte intéressant? Je prends au hasard un exemple entre mille : était-il bien nécessaire de nous apprendre qu'*Oudot le Huchier* a reçu une gratification pour avoir visité *les sieges du cuer et rapparciller ceux qui en avoient métier* ? Certes il y a à récolter parmi ces documents familiers et domestiques, mais encore faut-il y apporter un certain goût et une dose de critique. Est-il si nécessaire de les reproduire intégralement, et n'a-t-on pas le droit de choisir ? Lorsque le nombre des livres, une énormité! nous menace, faut-il entasser volumes sur volumes? Si on s'adonnait trop autrefois à une esthétique nuageuse et sans points d'appui, ne tombons-nous pas dans l'excès contraire? Prenons garde de trop accorder à la paperasserie et de nous claquemurer dans les officines de l'érudition !

1396. COUVEZ (Alex.). Inventaires des objets d'art qui ornent les établissements publics de la Flandre occidentale, ... précédés d'une introduction ou précis de l'histoire de l'art dans cette province. — Bruges, 1852, gr. in-8.

1397. DEVIGNE (Félix). École de peinture et de sculpture à Gand aux xɪvᵉ, xvᵉ et xvɪᵉ siècles. — Gand, 1853, gr. in-8 (4 à 5 fr.).

1398. DUPONT (L.). Les Artistes belges. — Anvers, 1857, in-8 (1 fr. 25).

1399. JOLY (Victor). Les Beaux-Arts en Belgique de 1848 à 1857. — Bruxelles, 1857, in-8 (2 à 3 fr.).

1400. GENS (G.). Esquisse d'une histoire des Beaux-Arts à Anvers (xvᵉ-xvɪɪᵉ siècles). — Anvers, Van Mol-Vanloy, 1861, pet. in-8, fig. — 1 fr.

Extrait de l'*Histoire de la ville d'Anvers*, du même auteur.

G. — ITALIE.

1. *Généralités.*

1401. SPETH (B.). *Die Kunst in Italien*. — Les Arts en Italie. — Munich, 1819-23, 3 vol. pet. in-8, avec 2 lith. (8 à 10 fr.).

Le tort de ce livre, c'est de remonter à cinquante-deux ans ; le tort de l'auteur, c'est d'avoir passé un des premiers dans un sentier depuis battu et rebattu ; c'est d'en être aux vieilles admirations pour l'Apollon du Belvédère et le Laocoon, auquel il consacre vingt pages. La marche des idées et la disposition de ces notes de voyages, car, à vrai dire, ce ne sont que des impressions de voyages, nous rappellent de loin un livre très-bien fait, les *Voyages en Italie*, de Valery; mais combien Valery est supérieur !

1402. (QUILLIET, F.) *Le Arti italiane in Ispagna, ossia Storia di quanto gli artisti italiani contribuirono ad abbellire le Castiglie.* — Rome, 1825, in-fol., 116 pp. (4 à 5 fr.).

1403. RUMOHR (Carl.-Fried. von). *Italienische Forschungen.* — Recherches sur l'Italie. — Berlin, 1827-31, 3 vol. in-8 (7 à 8 fr.).

Les recherches de Rumohr sur les grands artistes de l'Italie sont du même ordre que celles entreprises par MM. de Chennevières et de Montaiglon dans les *Archives de l'art français*, et si bien du même ordre, qu'elles ont servi de modèle à ce dernier ouvrage. Après quelques considérations sur les origines de l'art moderne, sur les résultats de l'invasion des Goths et des Lombards et sur les développements de l'art romano-chrétien dans toute l'Italie, Rumohr examine ensuite ce que furent les arts du dessin dans la période qui s'étend de Charlemagne à Frédéric 1er : le mouvement des esprits, les progrès de la technique, l'élan du génie italien, les influences byzantines, la peinture s'épanouissant sur un sol fécond, tels sont au commencement du livre les sujets effleurés par l'auteur. Le second et troisième volumes renferment des mémoires sur les maîtres primitifs, et en dernier lieu sur Raphaël et sur les commencements de l'architecture au moyen âge.

Le mérite de Rumohr, c'est d'avoir introduit la critique dans des recherches où avant lui elle ne présidait guère. Son livre, dit Nagler, dans le Dictionnaire des artistes (*Neues allgemeines Künstler Lexicon*), a été pour nous un des meilleurs moyens d'information. Du reste, il n'y a pas lieu de s'en étonner quand on se représente le zèle de Rumohr, ses nombreux voyages en Italie, et les preuves de la justesse de son esprit.

Un mot maintenant sur la vie de ce critique distingué. Carle-Louis-Félix baron de Rumohr est né dans les environs de Dresde, le 6 janvier 1785. Il n'était qu'un enfant quand ses parents allèrent habiter aux environs de Lubeck. A Gœttingue, une collection de gravures lui inspira le goût des arts ; à Dresde, ce furent des conversations avec Tieck. Son père meurt, et il s'empresse d'aller visiter l'Italie, qu'il retourne voir en 1816, après la chute de Napoléon. En 1832, on le trouve en Italie ; en 1842, nous le voyons établi à Lubeck au milieu d'une bibliothèque et d'un petit musée privé ; enfin il était à Dresde au printemps de 1843 : c'est là qu'il a été surpris par la mort. Le baron de Rumohr ne s'est point contenté d'écrire sur l'art : il a pratiqué. Artiste dans toute l'acception du mot, dessinateur habile, il a, de plus, peint et gravé, mais il s'est borné au paysage et au genre.

1404. *Carteggio inedito d'artisti,* etc.— Correspondance inédite d'artistes (des XIVe-XVIIe s.), publiée et illustrée, avec des documents inédits, par le Dr Giov. GAYE. T. Ier, 1326-1500. T. II, 1500-1557. T. III, 1501-1672. — Florence, 1839-40, 3 vol. in-8, fac-sim. (40 à 50 fr.).

Au moment où le docteur Gaye recueillit cette correspondance dans les archives de la Toscane, il voulait écrire l'histoire des beaux-arts en Italie : la mort l'a empêché de réaliser ce projet. Publier, comme un ballon d'essai, les matériaux qu'il avait rassemblés (je devrais dire une partie seulement de ces matériaux), voilà tout ce qui lui a été permis ; ses amis ont fait le reste. Cette correspondance n'a point été placée dans la section des lettres d'artistes (voy. plus loin), par cette raison que le *Carteggio*, recueil très-important pour l'histoire de l'art italien, ne renferme pas que des lettres, lettres officielles pour la plupart, mais qu'on y trouve aussi des pièces d'une autre nature, par exemple les statuts de certaines confréries, des contrats, des testaments d'artistes, des mémoires et marchés, et tout un bagage analogue à celui que renferment les *Archives de l'art français*.

Le Dr Giovanni Gaye lui-même est très-peu connu ; son nom ne figure pas dans les meilleures biographies, raison de plus pour en parler. Gaye était Danois. Il est de 1804, et c'est dans une petite ville du duché de Schleswig qu'il est né. Après avoir fait ses études à l'université de Kiel, continué ces mêmes études à Berlin ; après avoir, de retour dans le duché, obtenu le grade de docteur, Gaye, en 1830, prit le chemin de l'Italie. Pendant cinq ans, il parcourut la péninsule. En 1835, il se fixa à Florence : ce fut son quartier général. De là, il se lança dans toutes les directions à la poursuite des documents qui pouvaient être utiles à son histoire. Neuf années entières, on le vit voyageant sans cesse, visitant les couvents et les églises pour dépouiller leurs archives, traversant les montagnes à pied, explorant les contrées les plus inaccessibles, n'étant arrêté ni par la fatigue, ni par la faim, et toujours sous l'empire d'une idée : celle d'accroître sa collection. Tant de zèle, tant de dévouement ne devaient pas être récompensés. Victime de son ardeur, Gaye est mort à trente-six ans, avant d'avoir terminé sa tâche, et ses restes sont enfouis sous le sol italien, dans cette terre classique qu'il avait tant aimée.

1405. *Memorie originali italiane risguardanti le Belle Arti.* — Pièces originales concernant les Beaux-Arts en Italie. (Publiées par M. A. GUALANDI.) — Bologne, 1840-46, 6 séries in-8 (20 à 25 fr.). —(Voy. aussi plus loin, dans la section des *Lettres d'artistes*, etc., les Recueils publiés par BOTTARI, TICOZZI et GUALANDI.)

Les étrangers qui s'arrêtent à Bologne ne manquent pas d'aller visiter le palais Fava, dont les voûtes, suivant Valery, resplendissent de la gloire d'Augustin et d'Annibal Carrache. C'est dans ce palais qu'en 1858, entouré de tableaux, de gravures, de livres d'art, de parchemin et d'autographes, vivait Gualandi. Issu d'une ancienne famille originaire de Pise, riche, titré, chercheur infatigable, Gualandi est arrivé à réunir une foule de documents précieux. De là, les trois volumes cités plus haut et dont l'importance est grande. De même que le *Carteggio inedito d'artisti*, de Gaye, de même que les *Archives de l'art français*, de MM. de Chennevières et de Montaiglon, ces volumes contiennent la reproduction d'un grand nombre de pièces originales, accompagnées de notes et de commentaires qui non-seulement expliquent divers points obscurs de l'histoire, mais qui donnent sur la condition sociale des artistes et sur leur vie privée des détails nouveaux, piquants, dignes d'intérêt, et qui sont autant de matériaux pour l'histoire de l'art italien.

1406. ARCO (Carlo d'). *Intorno al carattere nazionale che aver debbono le arti italiane,* etc. — Sur le Caractère national que doivent avoir les Beaux-

Arts en Italie. Suivi de quelques observations pratiques au sujet de diverses œuvres exposées à Milan de 1837 à 1842. Mémoire. — Mantoue, 1842-43, 2 part. in-8 (3 à 4 fr.).

1407. DUMESNIL (Alfred). L'Art italien. — Paris, 1854, in-18 (2 fr.).

Voici le contenu de ce volume : les Initiateurs : Dante, Giotto. — Les Précurseurs : le Mantegna, Brunelleschi, Masaccio. — Les Maîtres : Léonard de Vinci, Raphaël, Michel-Ange, le Corrége, le Giorgion, le Titien. — La Décadence : l'Art théâtral, le Vertige, les Éclectiques.

1408. RANALLI (Ferd.). *Storia delle Belle Arti in Italia.*—Florence, 1845, gr. in-8, 1282 pp. (15 fr.); — 2e édit., corr. et augm.; *ibid.*, 1856, 2 vol. in-8 ; — 3e édit., revue par l'auteur, avec un appendice contenant un Essai historique et moral pour défendre l'histoire de l'art ; un dialogue sur la peinture religieuse ; un discours sur Léonard de Vinci, lu à l'académie de Florence ; un second pour l'inauguration d'un cours d'histoire; un troisième prononcé à Ravenne ; une lettre au professeur Betti; *ibid.*, 1869, 3 vol. in-12.

Je ne certifie point que l'esthétique du professeur Ranalli ait toute la profondeur et toute la finesse désirables; mais ce qu'il y a de certain, c'est que son livre, arrivé à une troisième édition, jouit de l'estime de tous ceux que l'esprit de secte ou de parti laisse libre de juger. Ce livre est commode et usuel ; des sommaires, une table des matières, une plume assez alerte en rendent la lecture facile. Il embrasse les trois grands arts, ce qui est presque une nouveauté, et les suit depuis l'origine jusqu'à présent. Et comme l'auteur est convaincu de l'influence du milieu dans lequel ils vivent, de leur liaison avec la marche de la société, il a grand soin d'indiquer quels sont les événements politiques qui correspondent à chacune des étapes de l'art. — La défense indiquée plus haut a été provoquée par les accusations de la feuille qui s'intitule *Civiltà cattolica*. Le professeur Ranalli paraît trop libéral à un journal qui l'est trop peu.

1409. FÖRSTER (Ernst). *Geschichte der italienischen Kunst*, etc. — Histoire de l'art italien. — Leipzig, T. O. Weigel, 1869-75, 4 vol. in-8. — 35 fr.

Exprimer une opinion sur un livre inachevé, c'est toujours plus difficile ; cependant, dès le début, on peut juger de la valeur de la critique de M. Förster. Ainsi, après avoir établi que, dans l'histoire de l'art moderne, l'art italien occupe la première place; après avoir montré l'art byzantin s'arrêtant quand il fut arrivé à un haut degré de culture et se laissant surpasser; après avoir constaté que l'art des Français, des Italiens, des Espagnols, n'a jamais pu rivaliser avec l'art italien, — il eût été sage d'ajouter seulement dans la peinture. — M. Förster établit que l'art tudesque déploya, bien longtemps avant l'art italien, sa grandeur et sa magnificence... Il oublie, puisque le mot art comprend l'architecture, que l'architecture ogivale, dite gothique, est née dans le nord de la France, et que de là elle s'est répandue dans toute l'Europe, l'Allemagne comprise ; il oublie que Giotto, comme l'heureuse remarque en a été faite, est un artiste gothique dont les personnages ressemblent bien plus aux statues françaises de la fin du XIIIe siècle qu'aux figures trapues des sarcophages romains. Mais ces oublis proviennent de ce qu'il est Allemand ; son livre fait partie d'un ouvrage essentiellement national : *Das deutsche Volk* (le Peuple allemand); aussi a-t-il le goût du terroir.

Ajoutez que l'art et la critique se disputent le cœur de M. Förster : il est peintre autant qu'écrivain. Des fresques, des tableaux, des dessins prennent place à côté de ses manuels, de ses guides, de ses histoires de l'art; tous sont également ses enfants.

2. *Provinces de l'Italie.*

1410. ZANETTI (Girolamo). *Dell'Origine di alcune arti principali appresso i Veneziani.* — Venise, 1758, in-4, avec 1 pl. grav. s. c. (1 fr. 25) ; — *ibid.*, 1841, in-8.

1411. (FEDERICI, Fr.-Dom.-Maria.) *Memorie Trevigiane sulle opere di disegno dal 1100 al 1800, per servire alla storia delle belle arti d'Italia.* — Venise, 1803, 2 vol. in-4, avec 1 pl. grav. s. c. (4 à 10 fr.).

1412. MANIAGO (conte Fabio di). *Storia delle Belle Arti Friulane.* — Histoire des Beaux-Arts dans le Frioul.—Venise, 1819, in-4, 287 pp., avec portr. d'Irène di Spilimbergo, d'après le Titien (6 à 8 fr.); — 2e édit., corr. et augm.; Udine, 1823, in-8 (5 fr.).

1413. PARMA (cav. Giac.). *Arti Belle dei Veneziani. Memoria.* — Padoue, 1837, in-8, 2 pl. (2 fr.).

1414. BOULLIER (Aug.). L'Art vénitien : architecture, sculpture, peinture. — Paris, Dentu, 1870, in-8, 111 pp. — 2 fr.

1415. ARCO (Carlo d'). *Delle Arti e degli artefici di Mantova. Notizie raccolte ed illustrate con disegni e con documenti.* — Mantoue, 1857-58, 2 vol. gr. in-4, 59 pl. lith. et 2 pl. de fac-simile.

1416. CITTADELLA (L.-N.). *Documenti ed illustrazioni risguardanti la storia artistica Ferrarese.* — Ferrare, 1868, in-8.

1417. MACCHIAVELLI (Aless.). *Della Origine e progressi in Bologna della pittura, scoltura ed architettura.* — Bologne, 1736, in-4 (3 fr.).

1418. RICCI (Amico). *Compendio delle memorie istoriche delle arti*, etc. — Abrégé d'un travail historique sur les arts et les artistes de Bologne. — Bologne, 1855, in-8.

1419. MASINI (Cesare). *Del Movimento artistico in Bologna dal 1855 al 1866... in occasione della Esposizione universale di Parigi del 1867.* — Bologne, 1867, in-8, 71 pp.

1420. MORENI (Dom.), chanoine. *Memoria intorno al risorgimento delle Belle Arti in Toscana, e ai ristoratori delle medesime.* — Florence, 1812, in-8 (1 fr. 25).

1421. SELVATICO (P.), Estense. *Dell' Arte moderna in Firenze. Cenni critici. Con Appendice intorno alla Storia della pittura del prof. G. Rosini.* — Milan, 1843, in-8.

1422. *Documenti per la storia dell'arte Senese*, etc. — Documents pour servir à l'histoire de l'art à Sienne, recueillis et expliqués par le Dr Gaëtano MILANESI. (T. Ier, XIIIe et XVIe s. T. II, XVe et XVIe s. T. III, XVIe s., appendice et index.)—Sienne, 1854-56, 3 vol. in-8 (20 à 25 fr.).

1423. RICCI (marchese Amico). *Memorie storiche delle arti e degli artisti della Marca di Ancona.* — Macerata, 1834, 2 vol. in-8 (8 à 10 fr.). = *Compendio delle memorie*, etc. — Bologne, 1835, in-8 (2 à 3 fr.).

1424. MARZO (Gioacchino di). *Delle Belle Arti in Sicilia*, etc. — Les Beaux-Arts en Sicile depuis les Normands jusqu'à la fin du XIVe siècle. — Palerme, 1858-59, 2 vol. in-4 et 26 pl. ; — nouv. édit., continuée jusqu'à nos jours ; *ibid.*, 1861-62, 3 vol. gr. in-8, fig. (25 à 30 fr.).

Les beaux-arts en Sicile !... Voilà un thème qui ne semble pas neuf. C'est pour la première fois cependant qu'il est abordé. Entendons-nous : Hittorff et L. de Zanth, ainsi que Gally Knight, ont parlé de l'architecture en Sicile, mais de la peinture et de la sculpture, pas un mot. Avec une curiosité érudite et patriotique, le savant conservateur de la bibliothèque communale de Palerme a comblé cette lacune. Il est entré dans le sujet en puisant aux sources mêmes. Il a suivi la marche des trois sœurs à travers les siècles, et en s'appuyant sur tous les moyens d'information. De là, un livre sérieux, instructif : je n'aurais qu'à citer la discussion sur l'origine de l'ogive. Cette discussion gagnerait certainement à être moins longue. A vrai dire, ce n'est pas par la précision et le nerf que brille le style de M. Mazzo. Les quelques planches ajoutées au texte sont très-médiocres.

IV. — MATÉRIAUX POUR SERVIR A L'HISTOIRE GÉNÉRALE DE L'ART.

1. ARCHÉOLOGIE CLASSIQUE.

A. — MANUELS D'ARCHÉOLOGIE.

1425. HEYNE (Christ.-Gottlob). *Einleitung in das Studium der Antike, oder Grundriss einer Anführung zur Kenntniss der alten Kunstwerke.* — Introduction à l'étude des antiques, ou Essai d'un traité pour servir à la connaissance des œuvres de l'antiquité. — Göttingue et Gotha, 1782, in-8.

1426. MILLIN [A.-L.]. Introduction à l'étude des monuments antiques, par Millin, conservateur du Muséum des antiques à la Bibliothèque nationale, professeur d'histoire et d'antiquités, etc. —Paris, 1796, in-8, 72 pp.; — réimpr. dans les : Introductions à l'étude de l'archéologie, des pierres gravées et des médailles. Nouv. édit., revue, mise en ordre avec une table analytique, par B. de Roquefort, précédée d'une Notice sur la vie et les ouvrages de l'auteur, par M. Dacier, et d'un discours préliminaire par M. Champollion-Figeac; *ibid.*, 1826, in-8.

La comparaison de ce petit traité avec le *Manuel* d'Ottfried Müller, est le moyen infaillible de se rendre compte des progrès de l'archéologie dans l'espace de quarante années, personne n'ayant mieux su que Millin déterminer l'état de la science et y jeter un coup d'œil rétrospectif. Ce petit traité, bien que resté très en arrière, n'en a pas moins un certain degré d'utilité. Ainsi l'auteur examine les applications diverses de l'archéologie qu'il divise en neuf classes : édifices, peintures, sculptures, gravures, mosaïques, vases, instruments, médailles, inscriptions. Le but de l'archéologie, son enseignement, son histoire, sa bibliographie, les traités sur la matière sont ensuite l'objet d'un examen rapide. On pourrait s'étonner d'y trouver un chapitre intitulé *de l'agrément* et de *l'utilité de l'archéologie*, si du temps de l'auteur on n'avait pas eu pour habitude d'appeler *arts d'agrément* les arts du dessin. Le point de vue est encore étroit : Millin ne voit pas bien clairement qu'étudier les monuments des arts c'est étudier l'une des formes de l'esprit humain ; que ce sont les monuments qui lèvent le voile dont l'antiquité resta si longtemps enveloppée. De son temps, les textes étaient tout ; aujourd'hui l'importance des monuments rivalise avec celle des textes. Si Millin revenait au monde, son traité serait bien autrement conçu.

1427. GURLITT (H.). *Allgemeine Einleitung in das Studium der schönen Kunst der Alterthums.* — Introduction générale à l'étude des Beaux-Arts dans l'antiquité. 1re partie. — Magdebourg, 1799, in-4.

Ouvrage qui n'a pas été continué.

Cette introduction n'est autre que la reproduction d'un cours fait par Gurlitt, pendant les fêtes de Pâques de cette même année 1799, à l'occasion d'une solennité scolaire, dans le cloître de Berge encore debout à cette époque sur les glacis de Magdebourg.

Ce cours se compose de trois chapitres, c'est-à-dire d'autant de réponses aux questions suivantes, qui se posent invariablement à l'entrée de chaque science : Que veut-on apprendre? — Pourquoi veut-on apprendre? — Que faut-il pour apprendre? — Ces chapitres traitent en outre : le premier, de la définition et de la classification de l'archéologie; le second, de l'utilité de cette science et de son but; le troisième, des moyens de l'étudier.

Classification et méthode, tout a été singulièrement dépassé, mais quelques parties de cette introduction ont été reprises, développées par Petersen, le professeur danois, dans sa propre introduction générale à l'archéologie (voy. plus bas). Né le 13 mars 1754, à Halle, en Prusse, Gurlitt est mort à Hambourg le 14 juin 1827, laissant après lui le renom d'un philologue habile que l'exemple de Heyne enflamma.

1428. SIEBENKEES (Joh.-Ph.). *Handbuch der Archäologie, oder Anleitung zur Kenntniss der Kunstwerke des Alterthums*, etc. — Manuel d'archéologie, ou Introduction à la connaissance des œuvres d'art de l'antiquité et à l'histoire de l'art chez les anciens. — Nuremberg, 1799-1800, 2 vol in-8 (2 fr.).

Né à Nuremberg le 14 octobre 1759, mort à Altdorf en 1782, Siebenkees s'est distingué principalement comme philologue. On lui doit aussi un mémoire sur le temple et la statue de Jupiter à Olympie.

1429. BECK (Chr.-D.). *Grundriss der Archäologie, oder Anleitung zur Kenntniss der Geschichte der alten Kunst und der Kunstdenkmäler und Kunstwerke des classischen Alterthums.* — Traité d'archéologie, ou Introduction à la connaissance de l'histoire de l'art ancien et à celle des monuments et des œuvres d'art de l'antiquité classique. 1re partie. — Leipzig, 1816, in-8 (1 fr.).

C'est tout ce qui a paru.

1430. HEYNE (Christ.-Gottlob). *Academische Vorlesungen über die Archäologie der Kunst des Alterthums*, etc. — Leçons académiques sur l'archéologie de l'art antique, principalement chez les Grecs et chez les Romains. — Brunswick, 1821, in-8.

1431. CHAMPOLLION-FIGEAC. Résumé complet d'archéologie. Monumens d'architecture, de sculpture, de peinture. etc. — Paris, 1825-26, 2 vol. in-32, fig. (6 fr.) (fait partie de l'*Encyclopédie portative*); — nouv. édit. : Traité élémentaire d'archéologie. Monuments d'architecture, de sculpture et de peinture comprenant les inscriptions de tout genre, les statues, bas-reliefs, figurines, tombeaux, autels, vases peints, etc., précédé d'une introduction historique et suivi d'un vocabulaire.

Orné de planches. 2e édit., rev. et augm.; *ibid.*, 1843, 2 vol. in-32 (le second volume a pour titre : Traité élémentaire d'archéologie, pierres gravées, inscriptions, médailles, ustensiles, etc.; suivi de la biographie des plus célèbres antiquaires, de la bibliographie archéologique et d'un vocabulaire (6 fr.); — trad. en allem. par M. Fritsch : *Abriss der gesammten Archäologie;* Leipzig, 1828, in-16, 2 vign. et 3 pl. grav. (Fait partie de la *Taschen-Encyclopädie.*)

Ce petit ouvrage, si gros de promesses, et très-insuffisant aujourd'hui, renferme des opinions erronées. Il y est dit, par exemple, que l'histoire de l'art des anciens diffère de l'archéologie dont le rôle se borne à décrire et à expliquer les monuments des anciens peuples. Champollion oublie que décrire et expliquer des monuments des anciens peuples, c'est nécessairement toucher à l'histoire de l'art.

1432. PETERSEN (Fr.-Ch.). *Almindeligt Inledning til Archæologiens Studium.* — Introduction générale à l'étude de l'archéologie. — Copenhague, 1825, in-8; — trad. en allem. par P. Friedrichsen : *Allgemeine Einleitung in das Studium der Archäologie;* Leipzig, 1829, gr. in-8.

Frederik-Christian Petersen a occupé le premier rang parmi les philologues et les érudits danois, et son *Manuel de l'histoire de la littérature grecque*. lui a assuré une grande notoriété. Né le 9 décembre 1786 à Antvorslow, en Seeland, Petersen est mort le 20 octobre 1859.

1433. RAOUL-ROCHETTE. Cours d'archéologie professé à la Bibliothèque du Roi, tous les mardis, publié par la sténographie avec l'autorisation et la révision du professeur. — Paris, 1828, in-8. = Cours d'archéologie. Année 1835. — Paris, 1836, in-8.

L'histoire de l'art est l'objet de ce cours. Évitant d'entrer dans le détail, le professeur ne s'arrête qu'aux œuvres capitales et aux imitations qui en ont été faites; arrivé à Phidias, il renvoie à l'année suivante ce qui lui reste à dire sur cet incomparable artiste.

L'Allemagne semble avoir oublié le correspondant des académies de Göttingue, de Munich, de Berlin, mais dans notre pays quelques vieux érudits parlent encore de ses légèretés, de ses ardentes polémiques et de son infatuation. D'autres, au contraire, ne se souviennent que de sa grande connaissance du domaine archéologique, et de son rare talent de professeur. Ce qui a manqué à Raoul-Rochette, ce sont les yeux; il n'était pas artiste, et n'admirait ou critiquait le plus souvent qu'à faux. En revanche, son zèle pour ce genre d'études était extrême. Il était promoteur et initiateur; ses fautes même ne furent point inutiles : elles provoquèrent d'érudites et haineuses réfutations. Il blessait les amours propres qui se vengeaient à cœur joie. La science vivait de tout cela. Raoul-Rochette est mort le 5 juillet 1854, à l'âge de soixante-quatre ans, après avoir beaucoup travaillé, mais, surtout, après avoir beaucoup combattu.

1434. MÜLLER (Karl-Ottfried). *Hand-*

buch der Archäologie der Kunst, etc. — Manuel d'archéologie de l'art. — Breslau, 1830, in-8 ; — 2e édit., augmentée ; *ibid.,* 1835, in-8 (3 fr.) ; — 3e éd., rev. sur l'exemplaire de l'auteur par F.-G. Welcker ; *ibid.,* 1848, in-8 (6 à 8 fr.) ; — trad. en franç. par (Pol) Nicard : Nouveau Manuel complet d'archéologie, ou Traité sur les antiquités grecques, étrusques, romaines, égyptiennes, indiennes, etc.; Paris, 1841, 3 vol. in-12 et atlas obl. (*Manuels Roret*) (10 à 20 fr.) ; = trad. en angl. par J. Leitch : *Ancient Art and its Remains ; or, a Manual of the archæology of art;* Londres, 1847, in-8 ; — nouv. édit., *ibid.,* 1852, in-8 (15 fr.).

Archéologie de l'art grec serait le vrai titre, puisque les arts des autres peuples sont rejetés dans l'appendice. Voyez plutôt : sur 240 paragraphes, l'Égypte, l'Inde et la Perse n'en ont que 25. Et à vrai dire, Ottfried Müller ne s'intéresse foncièrement qu'à la Grèce. Là il est chez lui ; aussi personne n'a-t-il fouillé plus avant et avec une intuition plus sûre dans le génie hellénique. Nourri d'abord d'érudition et de philologie, éloigné des musées et des chefs-d'œuvre, ce lettré devient à l'occasion un grand archéologue ; il a le flair de l'antique, il juge, il apprécie les hommes et les époques avec une remarquable précision ; il sait voir.

Par ses écrits, surtout par son *Manuel,* Ottfried Müller a souverainement contribué au progrès de la science dont il est resté l'un des plus brillants promoteurs, et, ce qui lui a donné un nouveau relief, c'est d'être allé mourir en Grèce, atteint, a dit Welcker, par l'une des flèches de l'Apollon Dorien. Né le 28 août 1797, à Brieg, en Silésie ; professeur à Göttingue, il fut enterré en 1839, à Castri, au pied du mont Parnasse.

1435. KRAUSE (Joh.-Heinr.). Ἑλληνικά, *oder Institute, Sitten und Braüche des alten Hellas,* etc. — Les Helléniques, ou Traité des institutions, des mœurs et des usages des Grecs dans l'antiquité, vus particulièrement par le côté de l'archéologie d'art. — Leipzig, 1841, 3 vol. gr. in-8, avec 204 fig. sur 90 pl. (20 à 25 fr.).

A ce titre général, l'auteur a cru devoir ajouter un sous-titre qui précise l'objet de ses recherches : *Die Gymnastik und Agonistik der Hellenen,* etc. (la Gymnastique et l'agonistique des Grecs, exposées scientifiquement d'après les textes et les monuments, et illustrées par des figures). Faisant ensuite converger ses recherches sur un point déterminé, l'auteur, dans son troisième volume, s'est appliqué à parler des jeux pythiens, néméens et isthmiques.

Cet ouvrage est très-savant et définitif. Il sera difficile, je crois, de revenir après lui sur la matière. On souhaiterait, cependant, une érudition moins épaisse ; c'est le cas de le dire ici : les arbres empêchent de voir la forêt. Remercions toujours un homme qui sait tant de grec d'avoir compris l'étroite relation de la statuaire avec l'agonistique.

1436. HERMANN (Karl-Fried.). *Schema Academischer Vorträge über Archäologie, oder Geschichte der Kunst,* etc.

— Précis de leçons sur l'archéologie, ou l'Histoire de l'art et de l'antiquité classique. — Göttingue, 1844, in-8.

C'est à l'un des savants les plus distingués de l'Allemagne d'il y a trente ans, que l'on doit ces leçons ; elles ont fait partie de son enseignement à Göttingue où, à partir de 1842, il donna des leçons d'éloquence et fonda un institut archéologique.

1437. CASTELLANOS DE LOSADA (Basilio-Sebastian). *Compendio elemental de Arqueologia artistica y monumental.*—Madrid, 1844-45, 3 vol. in-24.

1438. CREUZER (Fr.). *Zur Archäologie oder zur Geschichte und Erklärung der alten Kunst.* — Archéologie pour servir à l'histoire et à l'explication de l'art ancien. Publiée par J. Kayser. — Darmstadt, 1846-47, 3 vol. gr. in-8, avec 23 lith. (15 à 25 fr.).

B. — ÉCRITS PÉRIODIQUES.

1439. *Archæologia : or miscellaneous tracts relating to antiquity.* — Archéologie ou divers traits relatifs à l'antiquité, publiés par la Société des antiquaires de Londres. — Londres, 1770-1863, 39 vol. in-4, fig. = Index (t. I-XV, t. XVI-XXX) ; Londres, 1809, 1844, 2 vol. in-4 (600 à 800 fr.).

Publication importante, consacrée à l'étude des objets et des monuments de l'antiquité classique et à l'archéologie du moyen âge principalement dans la Grande-Bretagne. Les premiers volumes ont été réimprimés en 1779 et en 1804.

1440. *Annali dell' Instituto di corrispondenza archeologica di Roma.* — Rome et Paris,. 1829-53, et 1857-76, 45 vol. iu-8, fig. = *Bullettino degli Annali dell' Instituto.* — *Ibid.,* 1829-53, et 1856-76, 46 vol. in-8. = *Monumenti inediti pubblicati dall' Instituto,* etc. —*Ibid.,* 1829-53, et 1857-76, 10 vol. in-fol., de 60 pl. chacun. = *Monumenti, Annali e Bullettini* (réunis). — *Ibid.,* 1854-56, 3 vol. pet. in-fol., fig. (48 fr. par an pour les trois public.) = Nouvelles Annales publiées par la section française de l'Institut archéologique (MM. le duc de Luynes, Lajard, Letronne, Lenormant, de Witte, Quatremère de Quincy, Raoul-Rochette).—Paris, 1836 et 1839, 2 vol. in-8.= *Memorie,* etc. — Rome et Leipzig, 1832, 1865, 2 vol. iu-8, fig. = Tables des matières : *Indice generale* (1829-1833) (à la fin du t. V des *Annales*). — *Repertorio universale* (1834-43, 1844-53, 1864-73). — Rome, 1848, 1856, 1875, 3 vol. in-8.

Fondé en 1829, à Rome, par un antiquaire allemand, Édouard Gerhard, et quelques-uns de ses amis, l'Institut de correspondance publie depuis quarante-cinq ans, sous les trois formes que je viens de signaler : 1° Les Mémoires archéologiques, redigés tantôt en italien, tantôt en français, que l'Europe lui envoie; de là, le titre d'*Institut de correspondance ;* — 2° Les Fouilles et découvertes opérées dans les limites du sol classique; de là, le *Bulletin mensuel ;* — 3° La Reproduction par la gravure, ou même par la photographie, des résultats de ces mêmes fouilles, et de tous les débris de l'antiquité dignes d'être mis en lumière; de là, les *Monuments inédits.* Il paraissait douze planches par an, et cinq années forment un volume.

Pendant les années 1854 et 1855, la direction de l'Institut a réuni les trois publications distinctes en un volume petit in-folio, et l'impresssion en fut faite à Gotha; mais depuis 1856, on est revenu à la forme primitive.

Cosmopolite au début, l'Institut de correspondance s'empressa d'appeler à lui toutes les notabilités de l'Europe dans le genres d'étude qu'il voulait développer. Ainsi nous voyons figurer sur ses premières listes les noms des ducs de Luynes et de Blacas, de Millingen, de Welcker, de Raoul-Rochette, de Letronne, de Quatremère de Quincy, etc., etc. Mais, peu à peu, cette belle création a fini par perdre son universalité; à la fin, d'européenne qu'elle était, elle s'est transformée en une société purement allemande. Le décret du mois de mars 1871, décret si fatalement daté de Versailles, et qui transporte de Rome à Berlin la direction de l'Institut de correspondance, est venu avertir les savants français qui en faisaient encore partie qu'il était temps de se retirer.

1441. Ἐφημερὶς ἀρχαιολογική, etc. — Journal archéologique concernant les antiquités découvertes en Grèce et publiées, selon l'ordre du roi, par l'administration des antiquités. — Athènes , 1837-60 , 1860, 1869-74, 55, 12 et 5 cahiers, fig.

1442. *Archäologische Zeitung.* — Journal archéologique publié par Edouard Gerhard, codirecteur de l'Institut archéologique de Rome. — Berlin, 1843-46, 1847-67, 1868-75, 33 années, formant 3 séries gr. in-4, lith. (Trimestriel : 15 fr. par an.)

Occupons-nous d'abord du titre. Nous connaissons le titre général qui figure au début, et si les sous-titres ont été modifiés dans l'espace de trente et un ans, il n'y a là rien qui puisse nous surprendre. — En 1847, ce recueil s'appelle : *Journal archéologique publié par Gerhard avec le concours de l'Institut archéologique de Rome, et de la Société archéologique de Berlin. Nouvelle suite.* En 1861, autre sous-titre : *Denkmäler, Forschungen und Berichte,* etc. (*Monuments, recherches et mémoires, publiés gar Edouard Gerhard, secrétaire de l'Institut archéologique de Rome*) comme continuation du *Journal archéologique de Berlin.* Sept ans plus tard, en 1868, E. Gerhard, ayant été enlevé à son journal et à la science, la couverture portait ce titre : *Journal archéologique publié par E. Hubner, avec le concours de E. Curtius et de Ch. Friederic.*

Ce qui distingue le *Journal archéologique* de notre *Revue archéologique,* c'est de ne publier rien de relatif au moyen âge, et de rester presque toujours sur le terrain classique. De même que la revue française, la revue allemande se divise en trois parties : les mémoires et articles courants, les découvertes et nouvelles, la bibliographie. De distance à distance, on y trouve le tableau des fouilles et de leurs résultats, et dans

une période de temps donné, la muséographie, c'est-à-dire la description de tous les musées de l'Europe et de leurs acquisitions, est donnée aux lecteurs. Si la méthode s'y faisait plus sentir, si les suppléments ne venaient pas se greffer sur les suppléments ; si un index général bien fait embrassait l'ensemble de la publication; si on pouvait facilement s'y reconnaître, ce recueil serait on ne peut plus précieux. Disons toutefois que les nouveaux éditeurs ont compris qu'un ordre plus méthodique leur devenait nécessaire. Espérons que leurs efforts aboutiront et qu'ils pourront rendre plus faciles des recherches qui demandaient tant de patience, quand on en était réduit à consulter un *Anzeiger.* Déjà le progrès se fait sentir, les tables des matières sont mieux ordonnées, et l'emploi de la photographie dans plusieurs cas nous donne des garanties pour l'exactitude de reproductions, garanties qui n'existaient pas précédemment.

1443. *Bulletino archeologico napoletano* (publié par Francesco M. Avellino, directeur du Musée Bourbon). — Naples, 1843-48, 6 vol. in-4, fig. = Nouvelle série, publiée par Raffaele Garrucci et Giulio Minervini ; Naples, 1853-59, 8 vol. in-4, fig. = *Bulletino archeologico italiano* (publié par les soins de Giulio Minervini). — Naples, 1862-63, 1 vol. in-4, fig.

Ce bulletin contient : 1° L'inventaire des fouilles les plus récentes ; soit celles de Pompéi, soit les fouilles de tout autre point du royaume; — 2° la notice des monuments trouvés sur le territoire napolitain et qui sont restés inédits; — 3° des extraits des ouvrages publiés sur les monuments napolitains figurés; — 4° des notices et mélanges pour vulgariser les antiquités du royaume de Naples. A la fin de 1863, le Bulletin napolitain a cessé de paraître.

1444. *Archæological Journal,* etc. — Journal archéologique. Publié, pour la Société des archéologues, par M. Parker. — Oxford, mars 1844 - janvier 1845, 5 n°s in-8. = *Journal of the British Archæological Association.* — Londres, avril 1845-déc. 1863, 19 vol. in-8, pl. grav. et fig. s. b. (150 à 200 fr.)). — *The Archæological Journal, published under the direction of the Central Committee of Archæological Institute of Great Britain and Ireland.* — Oxford, 1845-1848, 5 vol. in-8, et Londres, 1849-1874, 29 vol. in-8. Ens. 34 vol. in-8, pl. grav. et fig. s. b. (400 fr.).

Dès 1843, il se forma à Londres une société d'antiquaires pour encourager et provoquer la recherche des monuments de l'antiquité et du moyen âge : elle prit le nom d'*Archæological Association* et fonda une revue dont il ne parut que cinq numéros. Au commencement de l'année 1845, une scission se produisit au sein de cette société, qui finit par se diviser en deux groupes indépendants, dont l'un continua ses travaux sous la dénomination de *British Archæological Association,* et l'autre se reforma sous le nom d'*Archæological Institute of Great Britain and Ireland.* Chacune de ces deux sociétés eut son organe propre dont le titre est donné ci-dessus, et qui paraissait par fascicules trimestriels. M. Parker, éditeur primitif de l'*Archæological Institute,* a fait paraître en 1849 une table détaillée pour les cinq premiers volumes du journal de cette société. — Voir la liste des publications respectives de ces deux associations dans l'*Appendix* au *Bibliographer's Manual* de Lowndes.

1445. Revue archéologique, ou Recueil de documents et mémoires relatifs à l'étude des monuments et à la philologie de l'antiquité et du moyen âge, publiés par les principaux archéologues français et étrangers et accompagnés de planches gravées d'après les monuments originaux. — Paris, 1844-76, 50 vol. in-8, fig. (Mensuel : 25 fr. par an.)

Cette collection se divise en deux séries : la première de 1844 à 1859, 16 vol.; la seconde, de 1860 à 1876, 34 vol., et l'on trouve dans l'année 1853 la table des matières des dix premières années.

Trois hommes, à des étages bien différents, ont concouru à la fondation de cette revue qui se publie depuis trente ans sans la moindre interruption : Gaillabaud, Letronne et Leleux ; le premier comme promoteur, le second comme conseil, le troisième comme éditeur. Bientôt Gaillabaud abandonna la partie, et Letronne, resté seul, mais d'une manière non ostensible, donna à la revue l'impulsion et la direction. A sa mort, l'éditeur voulut conduire lui-même la revue, ce qu'il fit plusieurs années sans échec et sans déchoir, et jusqu'au moment où il a été enlevé lui-même à des occupations qu'il aimait. La maison Didier a acheté ce recueil et elle en a confié la direction à un des hommes qui honorent le plus la jeune érudition française : j'ai nommé M. Georges Perrot.

Le plan adopté il y a trente ans a été suivi jusqu'à nos jours. Trois grandes sections se partagent la revue : les documents et mémoires, les découvertes et nouvelles archéologiques, la bibliographie. Chaque volume renferme en moyenne de huit à dix gravures. La liste de ses collaborateurs est longue, et présente plus d'un nom faisant autorité dans la science. Ceux de Letronne, de Raoul-Rochette, de Ch. Lenormant, d'Alfred Maury, figurent en tête de cette liste.

Au résumé, la *Revue archéologique* a été utile à l'art et à la science : dans un cadre restreint, elle reproduit les *Annales de l'Institut de correspondance archéologique de Rome* et les *Annales* de Didron. Plus modeste, plus accessible au commun des lecteurs que les grands recueils, elle a servi à vulgariser les questions dont ils s'occupent : plus méthodique que le journal archéologique de Berlin (*Archæologische Zeitung*), elle a rendu les recherches plus faciles et se fait lire plus aisément. C'est une qualité que les hommes spéciaux se donnent le tort de dédaigner.

1446. Compte rendu de la Commission impériale archéologique de Saint-Pétersbourg. Années 1859-73 (texte allemand et français). — Saint-Pétersbourg et Leipzig, 1860-76, 15 vol. in-4, fig. dans le texte, et planches, avec 15 vol. d'atlas in-fol. (18 fr. 75 par an).

L'objet de cette superbe publication est de faire connaître les résultats des fouilles opérées dans les tombeaux situées aux environs de Kertch (Crimée). On sait que Kertch a remplacé la capitale du royaume du Bosphore, la vieille Panticapée, fondée par une colonie de Milet. Les vases, les terres cuites, les bijoux découverts dans ces tombeaux rivalisent le plus souvent, par le style et l'élégance, avec ce que les fonds classiques peuvent offrir de plus intéressant et de plus parfait. Or pour expliquer ce phénomène, il semble qu'il faille se souvenir et de la richesse des rois du Bosphore, de la situation commerciale de Panticapée et de son origine milésienne. (Voy. plus loin, n° 1483, *Antiquités du Bosphore cimmérien.*)

1447. *Giornale degli scavi di Pompei,* etc. — Journal des fouilles de Pompéi; nouvelle série publiée par plusieurs membres de l'École archéologique. — Naples, 1868, in-4, fig.

Cette école archéologique fondée en 1866 par les soins de M. Fiorelli, aujourd'hui surintendant du musée et directeur général des fouilles, à dessein de maintenir vivante en Italie la tradition saine et féconde de l'étude de l'antiquité, cette école, nous le répétons, a été chargée de publier toutes les découvertes opérées journellement dans la cité gréco-romaine et dans l'ordre indiqué par M. Fiorelli, qui a divisé Pompéi en neuf régions, subdivisées chacune en groupes ou îles composés d'édifices publics et de maisons. C'est au mois d'août 1868 que cette nouvelle série a commencé.

C. — RECUEILS DE MONUMENTS FIGURÉS DE L'ANTIQUITÉ EN TOUT GENRE.

1448. LA CHAUSSE (M.-A. de). *Romanum Museum, sive Thesaurus eruditæ antiquitatis in quo proponuntur ac dilucidantur Gemmæ, Idola, Insignia Sacerdotalia, Instrumenta Sacrificiis inservientia, Lucernæ, Vasa,* etc., *opera et studio* Mich.-Ang. Causei de la Chausse. — Romæ, 1690 ou 1707, in-fol., avec 170 pl. (10 à 12 fr.);—3° édit., *ibid.*, 1746, 2 vol. in-fol., avec 218 pl. (10 à 15 fr., et plus en gr. pap.);—trad. en franç., avec des remarques par dom Joach. Roche : Le Grand Cabinet romain, ou Recueil d'antiquités romaines qui consistent en bas-reliefs, statues des dieux et des hommes, instruments sacerdotaux, lampes, urnes, sceaux, brasselets, clefs, anneaux et phioles lacrimales, que l'on trouve à Rome. Avec les explications de M. A. de la C.; Amsterdam, 1706, in-fol., fig. (8 à 12 fr.).

On a suspecté l'authenticité des objets représentés dans ce recueil, néanmoins Grævius a fait entrer une grande partie de ce travail dans son *Thesaurus.*

1449. BELLORI (Giov.-P.) & BARTOLI (P.-Santi). *Le Antiche Lucerne sepolcrali figurate, raccolte dalle cave sotterranee e dalle grotte di Roma, disegnate ed intagliate..... da* P. Santi Bartoli, *con l'osservationi di* G. Pietro Belleri.—Rome, 1691, 3 part. en 1 vol. in-fol., 116 pl. (15 à 20 fr.); — nouv.

édit., *ibid.*, 1729, in-fol., fig. (12 à 15 fr.) ; — édit. avec texte latin : *Lucernæ veterum sepulcrales, ex cavernis Romæ subterraneis collectæ.... ex italico in latinum... studio et impensis* L. BEGERI ; Coloniæ Marchicæ (Berlin), 1702, in-fol., avec 118 pl. (7 à 8 fr.).

Dans quelques exemplaires de la première édition, on trouve en plus six ou même douze planches supplémentaires, non numérotées.

1450. MONTFAUCON (D. Bernard de). L'Antiquité expliquée (en franç. et en latin) et représentée en figures. — Paris, 1719, 5 t. en 10 vol. in-fol. = Supplément. — *Ibid.*, 1724, 5 vol. in-fol., fig. (les 15 vol. 200 à 250 fr.); — l'ouvrage a été réimprimé à Paris en 1772, et le supplément en 1757 (les 15 vol. 100 à 120 fr.). (Pour le nombre détaillé des planches, voir Quérard et Brunet.) = Trad. en angl. par Humphreys : *Antiquity explained, and represented in sculptures;* Londres, 1721-25, 10 vol. in-fol. = Une réduction en a été publiée sous ce titre : *Antiquitates græcæ et romanæ in compendium redactæ a J.-Jak. Schatzio. Notas criticas adjecit* J. Sal. Semler ; Nuremberg, 1757, in-fol., fig.; — nouv. éd., *ibid.*, 1767, in-fol., fig. (20 à 30 fr.). — Le même en allem. : *Griechische, römische und andere Alterthümer für Studirende... in einen deutschen Auszug gebracht von* J.J. Schatz. — Nuremberg, 1807, in-fol., 150 pl. grav.

L'étude philosophique et historique de l'antiquité embrasse deux grands sujets : la religion et les mœurs. Pendant longtemps, ce fut la philologie qui eut le privilége de cette belle étude. Depuis un siècle, celle-ci a appelé à son aide l'archéologie. Winckelmann est le vrai, l'unique fondateur de la science de l'antiquité figurée, mais avant lui, un moine français, un bénédictin, avait tenté une entreprise tout à fait extraordinaire pour le temps où il vivait : l'explication des religions et de la civilisation antiques par les œuvres de l'art. Ce moine, c'est notre grand dom Bernard de Montfaucon. Malheureusement, à l'époque où il commençait une œuvre colossale, la critique des monuments n'était pas née. L'immense recueil qu'il a fait graver, d'après des dessins trop souvent infidèles ou des monuments douteux, ne peut plus satisfaire aux exigences de la critique moderne ; bien plus : il peut nous égarer.

Toutefois, en dépit de son insuffisance actuelle, et en présence de tant d'informations, d'explorations et des découvertes qui lui sont postérieures, cette œuvre romaine mérite encore tous nos respects. Songez qu'elle a cent cinquante ans de date, et que pour l'époque où elle a paru son exécution est parfaite. Serait-il possible de ne pas admirer ce qu'il a fallu d'efforts pour réunir tant d'éléments jusque-là dispersés, et former un corps d'ouvrage de tout ce que l'on connaissait alors de l'antiquité figurée ?

« Quand l'*Antiquité figurée* parut, dit M. Hauréau, l'Europe savante fut saisie d'une véritable émotion. Le succès de cet ouvrage fut tel, « que tout le monde voulut le lire, même les « ignorants. Dans l'espace de deux mois, l'édition, tirée à dix-huit cents exemplaires, fut « épuisée. »

Né le 13 janvier 1655, au château de Soulage, diocèse de Narbonne, Montfaucon est mort à Paris, dans l'abbaye de Saint-Germain des Prés, le 21 décembre 1741. Il avait alors 86 ans.

1451. (CAYLUS Ant.-Cl.-Phil. DE TUBIÈRES, etc., comte de). Recueil d'antiquités égyptiennes, étrusques, grecques et romaines. — Paris, 1752-67, 7 vol. in-4, 107, 126, 121, 125, 120, 130 et 97 planches gr. (45 à 70 fr. et plus); le 1er vol. a été réimprimé en 1761 ; — trad. en allem. (par G.-W. Panzer) : *Des Grafen von Caylus Sammlung,* etc.; Nuremberg, 1766, t. Ier, in-4, fig. (c'est tout ce qui a paru).

« Lorsque j'ai commencé à faire graver cette « suite, dit le comte de Caylus dans l'avertissement, j'ai eu d'abord en vue l'homme de lettres qui ne cherche dans les monuments que les « rapports qu'ils ont avec les témoignages des anciens. J'ai saisi ces rapports quand ils se sont « présentés naturellement, et qu'ils m'ont paru « clairs et sensibles; mais, n'étant ni assez sçavant, ni assez patient pour employer toujours « cette méthode, je lui en ai souvent préféré une « autre qui intéressera peut-être ceux qui aiment « les arts : elle consiste à étudier fidèlement l'esprit et la main de l'artiste, à se pénétrer de ses « vues, à le suivre dans l'exécution, en un mot à « regarder ces monumens comme la preuve et « l'expression du goût qui régnoit dans un siècle « et dans un pays. »

Cette citation est un peu longue, mais elle peut servir à marquer nettement ce que voulait le comte de Caylus. Malheureusement, il avait moins de talent que de zèle, et l'on serait fort en peine de reconnaître « l'expression du goût » grec et romain dans les planches de son recueil. L'exactitude, la fidélité absolue dans la reproduction des monuments sont absentes à cette époque.

C'est comme initiateur que la mémoire du comte de Caylus nous est chère : multiplier les amateurs, encourager les artistes, amener les savants, et même les gens du monde, à l'étude de l'antiquité figurée, la seule qui puisse nous conduire à une vive et complète intelligence du passé hiératique, héroïque ou poétique, tel fut l'emploi de sa vie et le bel exemple qu'il donna à ceux de sa caste.

La mort l'a empêché de mettre au jour le septième volume de son recueil, qui fut publié, d'après ses papiers, par M. de Bombarde.

On ajoute quelquefois au recueil de Caylus un *Recueil d'antiquités dans les Gaules*, par Félix-F. de La Sauvagère ; Paris, 1770, in-4°, avec 29 pl.; nous le renverrons à la section : *Archéologie gallo et germano-romaine.*

1452. WINCKELMANN (Giov.). *Monumenti antichi inediti, spiegati ed illustrati,* etc. — Rome, 1767, 2 vol. in-fol., avec 208 fig. sur 67 pl. grav. (30 à 40 fr.); — 2e édit. : *aggiunteri alcune erudite addizioni;* Rome, 1821, 2 vol. in-fol., 208 fig. (40 à 50 fr.) = *Annotazioni di Clemente* CARDINALI *sulla seconda edizione de' Monumenti ine-*

diti. — Rome, 1825, in-8. = Trad. en
franç. : Les Monuments inédits de l'antiquité, expliqués par Winckelmann,
gravés par David et mademoiselle Sibire, avec des explications françaises
par A.-F. Desodoards. — Paris, 1809,
3 vol. in-4, fig. au bistre (20 à 30 fr., et
plus sur pap. vél.). — Trad. en allem.
d'abord (par Biester) : *Alte Denkmäler
der Kunst*; Berlin, 1780, 1re livr., gr.
in-fol., avec 40 pl. — ensuite par F.-L.
Brunn; Berlin, 1791-92, 2 vol. in-fol.,
208 pl. et 18 vign. (15 fr.); 2e édit.;
ibid., 1804, 2 vol. in-fol., fig. — Index
quadruple (*Vierfaches Hauptregister*);
Berlin, 1800, in-fol.

Moins célèbre que l'*Histoire de l'art chez les
anciens*, même presque inconnu à la majorité des
lecteurs, ce recueil est auprès des savants le véritable titre de Winckelmann à leur admiration.
C'est dans cette œuvre qu'il se montre réellement
comme fondateur de la science de l'antiquité
figurée; c'est là qu'il établit les principes fondamentaux de la critique moderne pour l'interprétation des monuments; c'est là qu'il démontre
que ce n'est point, comme on le faisait, dans
l'histoire romaine qu'il faut chercher l'explication des marbres, des bronzes, des vases, des miroirs, des pierres gravées, mais dans Homère et
dans les traditions de la Grèce; c'est là enfin qu'il
a fait jaillir la lumière dans un domaine plein
d'obscurité et de confusion.

On ajoute quelquefois à l'édition originale de
ce recueil sept dissertations d'Etienne Raffei sur
quelques sculptures de la villa Albani (Rome,
1772 à 1779, 7 part. in-fol.), et à la seconde édition, les mêmes monographies réunies en 1 vol.,
sous le titre de *Ricerche* (Rome, 1821, in-fol.,
fig.).

1453. PIRANESI (Giov.-Batt. & Franc.).
*Vasi, candelabri, cippi, sarcofagi,
tripodi, lucerne ed ornamenti antichi.*
— Rome, 1778, 2 vol. gr. in-fol., avec
107 pl., ou 112, dont 5 pl. suppl. ajoutées (180 à 200 fr.); — nouv. édit., s. l.
(Paris), ..., 2 vol. gr. in-fol., avec
112 pl. numérotées et 15 pl. suppl. (80
à 120 fr.); — édit. réduite : *Raccolta di
vasi,* etc.: Milan, 1825, gr. in-4, 112 pl.
grav. au trait.

Ces deux volumes forment les t. XII et XIII de
la collection de Piranesi, et ils en sont les plus
recherchés. L'édition originale n'a jamais eu que
107 pl., mais plusieurs d'entre elles, ayant deux
sujets sur une feuille, ont été comptées comme
deux, c'est pourquoi on la désigne souvent comme
étant ornée de 114 pl. La seconde édition se
trouve rarement avec texte, et est pour cela
bien moins recherchée. Quaritch signale une
édition de Rome, 1794, avec 114 pl.

1454. GUATTANI (Gius.-Ern.). *Monumenti antichi inediti, ovvero notizie
sulle Antichità e Belle Arti di Roma*
— Rome, 1784-89, 1805, 7 vol. in-4,
200 pl. grav. (30 à 50 fr.). = *Memorie
enciclopediche romane sulle Belle Arti,
antichità,* etc. — *Ibid.*, 1806-19, 7 vol.
in-4, 83 pl. (60 à 80 fr.).

Dix-sept ans après la publication des *Monuments inédits* de Winckelmann, livre admirable qui créait l'interprétation de l'antiquité
figurée, Guattani fondait une sorte de revue de
tous les morceaux importants trouvés dans les
fouilles à Rome, revue où ils étaient reproduits
par des gravures accompagnées d'explications,
et qui formait une suite aux *Monuments inédits*
de Winckelmann.

Les *Monumenti antichi* de Guattani, bien que
très-médiocrement exécutés, ont servi de modèle
à tous les recueils qui depuis ont vu le jour : au
Bulletino de l'Instituto di correspondenza archeologica, au *Bulletino napoletano*, à la *Revue
archéologique*, à l'*Archæologische Zeitung*, en
un mot, à toutes les publications dont l'objet a
été de tenir mensuellement les savants au courant des conquêtes de la science.

La vie de Guattani est assez accidentée. D'abord secrétaire de Piranesi, il parcourut ensuite
l'Europe. En 1811, nous le trouvons directeur du
théâtre italien à Paris; rentré au bercail, il devint
secrétaire perpétuel de l'Académie romaine et
professeur d'histoire et d'archéologie. Né à Rome
le 18 septembre 1748, il est mort à Milan le 29 décembre 1830.

1455. Choix des monuments les plus remarquables des anciens Egyptiens, des
Persans, des Grecs, des Volsques, des
Étrusques et des Romains, consistant en
statues, bas-reliefs et vases. — Rome,
1788-89, 2 vol. in-fol., 234 pl. et explic.

Cet ouvrage comprend en tout au moins quatre
cents sujets. Cicognara stigmatise cette publication en ces termes : « Bouchard et Gravier, libraires de Rome, ont imprimé ces deux volumes dans un but de basse spéculation. Ils ont
pillé, sans goût, sans choix et sans méthode,
tous les ouvrages d'antiquité, et ont produit, à
vil prix, un nombre excessif de planches, horriblement dessinées et gravées encore pis. »

1456. MILLIN (A.-L.). Monumens antiques inédits ou nouvellement expliqués.
Collection de statues, bas-reliefs, bustes, peintures, mosaïques, gravures,
vases, inscriptions et instruments, tirés
des collections nationales et particulières
et accompagnés d'un texte explicatif. —
Paris, 1802-6 (? 1802 ou 1803-1804),
2 vol. in-4, avec 92 pl. (25 fr.)

Millin, dans ce livre, se donne comme le continuateur de Caylus et de Guattani : « J'ai travaillé,
dit-il, non-seulement pour les antiquaires, mais
aussi pour les artistes et les amateurs. » Serait-ce pour cette raison que cet ouvrage pèche
un peu par le défaut de profondeur? Serait-ce ce
qui l'aurait conduit à des légers manques d'exactitude? Disons-le, Millin n'est pas de ces auteurs
que l'on peut lire en toute sécurité, ce qui ne diminue point son rare mérite. Ses efforts pour
faire fleurir en France l'étude de l'antiquité figurée ne peuvent être oubliés.

1457. MOSES (Henry). *A Collection of
antique Vases, Altars, Pateræ,* etc. —
Recueil de vases antiques, autels, patères, trépieds, candélabres, sarcophages, etc., tiré des divers musées et collections, gravé au trait en 170 planches
par H. M., et accompagné d'un texte
historique (par H.-H. BABER). — Lon-

dres, 1814, pet. in-4, fig. (25 fr., et plus en gr. pap.).

1458. MILLINGEN (James). *Ancient Unedited Monuments principally of grecian art illustrated*, etc. — Monuments antiques inédits, grecs principalement, reproduits et expliqués. — Londres, 1822-26, 2 vol. gr. in-4, 62 pl. color. et fig. noires (40 à 60 fr. et plus). — Le premier vol. a été réimprimé à Londres, 1853, in-4.

Excellent ouvrage, divisé en deux parties : 1° Peintures de vases grecs, recueillies dans diverses collections, et notamment dans celles de la Grande-Bretagne, illustrées et expliquées ; — 2° Statues, bustes, bas-reliefs et autres débris recueillis dans les collections, illustrés et expliqués. — Quand ce livre parut à Londres, à peine put-il trouver dix souscripteurs. L'éducation des Anglais n'était pas faite. Le but de l'auteur avait été de révéler les trésors d'art antique cachés et dispersés chez les amateurs. C'était un noble projet, mais, loin de s'y prêter, les amateurs, en sultans jaloux, barricadèrent leur harem. Millingen fut plus heureux sur le continent. On apprécia tous les mérites de son livre, sa réputation fut décidément assise, et l'on commença à voir en lui, dans l'ordre d'idées qu'il cultivait, un véritable classique. Millingen nous a montré la fusion de deux grandes qualités qui ne sont pas souvent réunies : le bon sens anglais accolé à la sûreté de goût français. Son système d'interprétation est simple et lucide. S'il ne s'élève pas très-haut, au moins il ne s'égare pas ; cette tête froide et saine a beaucoup contribué aux progrès de l'archéologie.

1459. RAOUL-ROCHETTE (D.). Antiquités grecques du Bosphore cimmérien. — Paris, 1822, gr. in-8, avec 11 tabl. et 4 pl. grav. (3 à 5 fr., et plus sur papier vélin).

Voilà un livre qui doit sa célébrité bien plus à ses défauts qu'à son mérite. Supposons que Kœhler, un philologue allemand dont la main était lourde, n'eût pas procédé à l'éreintement (qu'on me passe ce mot) du jeune antiquaire français (voy. *Remarques sur un ouvrage intitulé : Antiquités*, etc.; Saint-Pétersbourg. 1823, in-8, 148 pp.), ce livre restait dans l'ombre. Des omissions, des méprises, erreurs inévitables quand on travaille vite, quand on veut trop embrasser, furent relevées avec une aigreur pédantesque, et Dieu sait si les émules et les ennemis de Raoul-Rochette s'en donnèrent à cœur joie ! On oublia qu'il débutait, que le terrain sur lequel il se plaçait était presque inconnu : on fut inexorable.

1460. GERHARD (Eduard). *Antike Bildwerke zum ersten Male bekannt gemacht*, etc. — Monuments antiques publiés pour la première fois. — Munich, Stuttgart et Tubingue (1827-37), texte (1831-44) in-4, et atlas in-fol. (80 à 100 fr.).

Tenter l'explication des religions et de la civilisation antique par les œuvres de l'art, telle fut l'idée caressée par un homme supérieur, par dom Bernard de Montfaucon ; mais cette idée était venue trop tôt.

Reprendre le programme de Montfaucon, voilà ce qu'il y avait à faire et ce qui a été fait par Edouard Gerhard, avec toute l'autorité du plus vaste savoir et en homme dont les portefeuilles regorgeaient de monuments inédits. Après nous avoir montré les religions dans les œuvres de l'art, il voulait nous offrir, sur le même terrain, le spectacle de la vie civile, les travaux de la guerre et de la paix, les naissances, les mariages, les funérailles, etc.; les circonstances ne lui ont pas permis de réaliser ce projet. A l'exception d'un petit nombre de monuments, tous ceux qui ont été publiés dans les *Antike Bildwerke* se rattachent aux divinités et aux mystères du polythéisme ; et malgré cela, ce recueil est encore très-considérable, car il se compose de trois cent vingt-deux planches et de plus de six cents figures.

1461. REVEIL et DUCHESNE. — MÉNARD. Musée de peinture et de sculpture, ou Recueil des principaux tableaux, statues et bas-reliefs des collections publiques et particulières de l'Europe, dessiné et gravé à l'eau-forte par Reveil, avec des notices descriptives, critiques et historiques par Duchesne aîné (en français et en anglais). — Paris, 1828-1834, 16 vol. pet. in-8, fig. ; — nouv. édition : Musée de peinture et de sculpture..... avec des notices descriptives, critiques et historiques, par Louis et René Ménard. — Paris, V° A. Morel, 1872, 10 vol. in-18, 872 pp. et 1172 pl. et portr. — 120 fr.

Petit par le format et par la dimension des planches, ce recueil est important et considérable par le grand nombre d'œuvres d'art, anciennes et modernes, qui s'y trouvent réunies. En effet, on y trouve 1080 planches dont le numérotage se suit jusqu'à la planche 1026. Le quinzième vol. contient 36 pl. d'après les peintures de Raphaël à la Farnésine. La gravure au trait y est assez fine et assez nette pour donner une idée des compositions les plus embrouillées ou les plus vastes.

1462. INGHIRAMI (cav. Franc.). *Galleria Omerica o Raccolta di monumenti antichi... per servire allo studio dell'Iliade e dell'Odissea.* — Florence, 1831—29—36, 3 vol. de texte, et un atlas de 240 pl. pour l'Iliade et de 128 pl. pour l'Odyssée (100 à 120 fr.).

La *Galerie Homérique* d'Inghirami n'est autre au fond que la *Galerie mythologique* de Millin, circonscrite dans les poèmes d'Homère. On apprécierait davantage le service rendu à la science par cette ingénieuse façon de mettre en présence le génie plastique de la Grèce et son génie poétique, si l'auteur n'avait pas gâté plusieurs de ses interprétations par des idées mystiques et symboliques étrangères à l'esprit grec et qui, du reste, ne se manifestèrent qu'à une époque très-tardive et toute de décadence.

1463. *Denkmäler der alten Kunst*, etc. Monuments de l'art antique, d'après le choix et l'arrangement de Ch. O. Müller, dessinés et gravés par Ch. Oesterley. (Continué depuis la 8° livr. par F. Wieseler.) — Göttingue, 1832-1856, 2 vol. (en 10 livr.), gr. in-4 obl., avec 150 pl. grav. (20 fr.).

Simultanément il en paraissait une édition avec

le texte en rançais, sous le titre ci-dessus, mais elle ne paraît avoir été poursuivie jusqu'au bout.

1464. RAOUL-ROCHETTE. Monumens inédits d'antiquité figurée, grecque, étrusque et romaine, recueillis... et publiés par Raoul-Rochette, conservateur du Cabinet des médailles et antiques, professeur d'archéologie, membre de l'Institut, etc., etc. — Paris, (1828-) 1833, gr. in-fol., 80 pl. lith. (30 à 40 fr., et plus avec fig. sur chine).

Ces Monuments inédits ont été recueillis en Italie et en Sicile, en 1826 et 1827, et dans le cours d'une mission scientifique. L'auteur voulait le publier en deux vol.; un seul a paru. C'est aux monuments du cycle héroïque que ce premier volume est consacré. L'auteur les a rangés dans trois séries : l'*Achilléide*, l'*Orestéide*, l'*Odysséide*, suivies d'un appendice. Il y aurait beaucoup à dire sur cette publication fastueuse et médiocre : on pouvait faire mieux à moins de frais. Lourdement exécutées, les planches ne rendent que très-mal le caractère des monuments; ajoutez que le texte est aussi lourd que les planches. Raoul-Rochette, qui savait beaucoup, ne savait pas se borner. Sa phrase est longue et vide, et son érudition déborde. Cependant on ne saurait lui refuser un mérite peu commun : il était enthousiaste, de plus ardent au travail, curieux d'archéologie. Ce gros livre, malgré tout, prouve à chaque page à quel point il aimait et respectait la science qu'il cultivait.

1465. STACKELBERG (Otto - Magnus baron von). *Die Gräber der Hellenen in Bildwerken u. Vasengemälden,* etc. — Les OEuvres d'art et les vases peints provenant des tombeaux des Grecs. — Berlin, (1835-)1837, in-fol., 80 pl. et 4 vign. (60 à 80 fr.).

Die Gräber der Hellenen! Et pourquoi? Il s'agit ici du contenu et non du contenant; de ce que renferment ces tombeaux et non des tombeaux eux-mêmes. Pourquoi ajouter : *OEuvres d'art et vases peints?* On le sait, ce n'est que dans les tombeaux que se trouvent les vases peints, et tout un genre d'œuvres d'art: terres cuites, bijoux, etc. Le titre est mauvais, soit, mais l'ouvrage est excellent. Stackelberg n'était pas seulement un antiquaire : c'était un homme de goût, deux conditions qui ne sont pas toujours réunies. Son nom reste attaché à deux belles découvertes : voyageant en Grèce en 1810 avec Bröndsted, Robert Cockerell, Linck et Haller de Hallerstein, il eut le bonheur de retrouver les marbres d'Egine, et à Bassæ, en Morée, les ruines du temple de l'Apollon de Phigalie. Après bien des recherches, des voyages et des travaux, Stackelberg est mort à Saint-Pétersbourg en 1837, à l'âge de 50 ans.

1466. Antiquités publiées par la commission archéologique provisoire de Kief. T. Ier. — Kief, 1846, in-fol., fig.

Texte en russe et en français, planches chromolithographiées des antiquités trouvées dans le voisinage de Kief.

1467. WELCKER (Fr.-G.). *Alte Denkmäler erklärt,* etc. — Les Monuments de l'antiquité expliqués. — Göttingue,

Dieterich, 1849-64, 5 vol. gr. in-8, fig. — 52 fr.

Ce livre n'a pas été moins de quinze années en voie de publication. C'est avec des articles de revues et journaux qu'il a été fait. Welcker, malgré tout son zèle, n'a pas eu le privilége de pouvoir publier soit des musées, soit des monuments inédits, la plus grande partie de sa vie s'étant écoulée dans une petite ville d'Allemagne où le retenaient les devoirs du professorat. Pour se dédommager, il s'est rabattu sur des œuvres célèbres et déjà interprétées, et c'est avec infiniment de savoir et de critique qu'il les a expliquées et commentées de nouveau.

Welcker a foi dans la science des monuments figurés. Leur juste interprétation lui paraît fondée sur des méthodes éprouvées et d'une marche certaine. Il signale ses progrès dans le cours de notre siècle. Il se sépare de l'Ecole négative : il combat Robert Cockerell et Léon de Laborde qui ne voient dans ces études qu'un amas de conjectures. « Pourquoi, dit-il, n'arriverait-on « pas à donner à la science des monuments cette « clarté et cette exactitude que possède aujour-« d'hui la science de l'histoire? N'en est-on pas « là pour certaines parties de l'antiquité ? » Son livre est l'application de ses principes, applications nombreuses et variées, comme on va le voir.

Cinq sections, formant chacune un volume, divisent cet ouvrage, et chaque section est composée de la manière suivante :

I. *Sculpture de ronde bosse* : frontons des temples ; le Parthénon, Egine, Olympie, etc. — *Groupes célèbres* : le Laocoon, le Taureau Farnèse. — *Statuaire proprement dite :* Apollon du Belvédère, Vénus de Milo, Pallas Ludovici ;

II. *Bas-reliefs* ;

III. *Vases peints* ;

IV. *Peintures murales* de Pompéi et d'Herculanum ;

V. *Complément.*

C'est le domaine de l'antiquité figurée tout entier que l'auteur nous fait parcourir.

Chacun de ces cinq volumes a paru aussi avec un titre particulier : I. *Die Giebelgruppen und andere griechische Gruppen und Statuen* (1849, avec 7 pl. lith.); II. *Basreliefs u. geschnittene Steine* (1850, avec 15 pl. lith.); III. *Griechische Vasengemälde* (1851, avec 33 pl. lith.); IV. *Die Terniteschen Wandgemälde von Herculanum und Pompeji* (1861, avec 2 pl. grav. s. c.); V. *Statuen, Basreliefe und Vasengemälde* (1864, avec 2 pl. grav. s. c. et 23 lith.).

1468. ROBERTSON. *Photographs of grecian Antiquities at present remaining in Greece.* — Photographies des antiquités grecques qui restent actuellement en Grèce. — Athènes, 1854, in-4, 55 pl.

1469. M'PHERSON (Duncan). *Antiquities of Kertch and Researches on the Cimmerian Bosphorus,* etc. — Antiquités de Kertch et recherches sur le Bosphore Cimmérien... par D. M.., de l'armée de Madras. — Londres, 1857, gr. in-4, 11 pl., vign. s. b., etc. (20 fr.).

1470. SAINT-SYLVESTRE (P. de). Chefs-d'œuvre de l'art antique, avec un texte explicatif en regard. — Paris, Parent-Desbarres, 1860, in-fol., 96 pp. et 46 pl. — 100 fr.

1471. LENORMANT (Franç.) et ROBIOU. Chefs-d'œuvre de l'art antique. Architecture, peinture, statues, bas-reliefs, bronzes, mosaïques, vases, médailles, camées, bijoux, meubles, etc., etc., tirés principalement du Musée royal de Naples, dessinés et gravés par les principaux artistes italiens. Mis en ordre avec un texte. 1re série : Monuments de la vie des anciens; texte par M. Robiou. 2e série : Monuments de la peinture et de la sculpture ; texte par M. F. Lenormant. — Paris, A. Lévy, 1867-68, 2 séries en 7 vol. in-4, avec 900 pl. — 225 fr.

D. — MUSÉES ET GALERIES, OU RECUEILS D'ANTIQUITÉS D'APRÈS DES COLLECTIONS CÉLÈBRES, EN GÉNÉRAL ET EN PARTICULIER.

(Voir aussi aux sections suivantes.)

1. *Allemagne et Pays du Nord.*

1472. (LE PLAT, B.) Recueil des marbres antiques et modernes qui se trouvent dans la Galerie du roi de Pologne à Dresde, en 1733 (gravés sous la direction de B. Le Plat).— Dresde, 1733, de l'imprimerie de la Cour, chez la veuve Stossel, gr. in-fol., front. dessiné par A. Wernerin, gravé par Bernigeroth, et 230 pl. (50 à 80 fr.).

Ce fut principalement sous Auguste II, roi de Pologne et électeur de Saxe, que se forma la grande collection de Dresde qui de 1720 à 1730 prit un rapide accroissement. A cette date, elle s'enrichit de la collection du prince Chigi à Rome, collection à laquelle elle dut particulièrement de prendre le premier rang en Allemagne. Sur 230 pl. de cet ouvrage, il y en a 198 de monuments de la sculpture antique. Ces planches mollement dessinées et gravées accusent le goût du temps, si inintelligent de l'antique.
Cet ouvrage est devenu rare.

1473. LIPSIUS (J.-G.). Collection d'estampes pour la description de la Galerie électorale des antiques, servant de supplément au Recueil de marbres antiques de Leplat.—Dresde, 1803, in-fol., 52 pl.

1474. BECKER (Guill.-Gotl.). Augusteum, ou Description des monumens antiques qui se trouvent à Dresde, par Guill.-Gotl. Becker. (Texte français par S.-E. Bridel.) — Leipzig, 1804-8-11, 3 vol. gr. in-fol., 154 pl. (publ. à 500 fr., se vend auj. 60 à 80 fr.);—édit. allem.: *Augusteum. Antike Denkmäler Dresdens;* Dresde, 1805-12, 3 vol. in-fol., fig.;—2e édit. : *Augusteum, Dresdens antike Denkmäler enthaltend. Besorgt*

u. durch Nachträge verm. von Wilh. Ad. Becker; Leipzig, 1832-37, 3 vol. gr. in-8 et 162 pl. in-fol.

Recueil fort bien exécuté. On pourrait désirer un dessin plus ferme. Le style est mou, mais en général les figures sont bien gravées. Une teinte plus claire indique les restaurations. L'explication des planches se distingue par la sobriété.
Il y a de la première édition des exempl. avec texte allemand.
Les corrections et additions ajoutées à la seconde édition ont aussi paru à part.

1475. HETTNER (Dr H.). *Die Bildwerke der Königlichen Antikensammlung zu Dresden,* etc. — Collection royale des antiques de Dresde, publiée par le directeur. 24 bois par A. Gaber d'après les dessins de Kirchbach. — Dresde, 1856 in-8.

1476. Antiquités dans la collection de S. M. le roi de Prusse, à Sanssouci. — Berlin, 1769, et Danzig, 1772, 2 part. in-fol., avec front. et 24 pl. grav. par Krüger.

Ces planches médiocrement dessinées et gravées à l'eau-forte, ne donnent qu'une faible idée des bustes et autres objets d'art réunis par Frédéric II.

1477. Recueil de sculptures antiques grecques et romaines, formant autrefois la collection du card. de Polignac. — S. l. (Nancy), 1754, pet. in-fol., titre, 62 pl. grav. par Tardieu, François, Defehrt et autres, et table; — même édit., avec ce nouveau titre : Collection de sculptures antiques, grecques et romaines, trouvées à Rome dans les ruines du palais de Néron et de Marius (d'après les dessins de Lambert-Sigisbert ADAM); Paris, 1755, pet. in-fol., avec 62 pl. (15 à 25 fr.).

Suivant le comte de Clarac, ces statues, au nombre de vingt-cinq, furent acquises plus tard par le roi de Prusse pour le Musée de Berlin. Adam les a dessinées et restaurées avec tant de zèle que maintenant elles sont suspectes. En outre, elles sont fort mal gravées.

1478. PANOFKA (Th.). *Terracotten der Königl. Museums zu Berlin,* etc. — Terres cuites du Musée de Berlin publiées par T. P..., membre de l'Académie des sciences de Berlin, etc. — Berlin, (1841-)1842, in-fol., 64 pl. lithogr., dont quelques-unes en couleur (30 fr. et plus).

Ce bel ouvrage dont les planches rendent assez bien ce qu'il y a de pâteux et de mou dans les terres cuites, est le premier, après les *Antike Bildwerke* d'Edouard Gerhard, où les monuments de cette classe aient été considérés comme l'expression de certaines idées religieuses chez les Grecs. La collection du Musée de Berlin n'est pas sans importance et diverses collections célèbres ont contribué à la former; nous citerons le Musée Bellori, les envois du comte Sack, l'achat de la collection du consul général Bartholdy et de celle du feldmaréchal de Koller, sans parler des acquisitions faites récemment des collections de Dorow-Magnus, du prince Saint-Georges, etc., etc.

1479. KENNER (F.). *Die antiken Thonlampen des k. k. Münz-und Antiken-Cabinets, und der k. k. Ambraser-Sammlung.* — Lampes antiques d'argile du Cabinet impér. et roy. des médailles et antiques et de la collection impér. et roy. d'Ambras. — Vienne, 1858, in-8, 126 pp., avec 18 grav. s. b. et 3 lith. (2 à 3 fr.).

Extrait de l'*Archiv für Kunde österreich. Geschichtsquellen.*

1480. LÜTZOW (Carl-Fr.-A. von). *Münchener Antiken.* — Antiquités du Musée de Munich. — Munich, Merhoff, 1861-69, 7 livr. in-fol., de 6 pl. grav. s. c. et de 6 ff. d'explic. chacune. — 13 fr.

1481. HANFSTÆNGL (Franz). *Die Vorzüglichsten Sculpturen der königl. Glyptothek in München,* etc. — Les Sculptures les plus remarquables de la Glyptothèque de Munich, photographiées d'après les originaux. — Munich, 1868, in-fol., 60 pl.

1482. (FREDENHEIM.) *Ex Musæo regis Suecix antiquarum e marmore statuarum, Apollinis Musagetx, Minervæ pacificarix, ac novem Musarum, series integra cum aliis priscx artis monumentis; adcurante* C.-F. F. — S. l. (Stockholm), 1794 ou 1795, pet. in-fol., 22 ff. grav.

Rare.

1483. Antiquités du Bosphore Cimmérien conservées au Musée impérial de l'Ermitage. Ouvrage publié par ordre de Sa Majesté l'Empereur (préface signée par Gilles, conseiller d'État, bibliothécaire de Leurs Majestés impériales, et chef de la 1re section du Musée de l'Ermitage; texte russe et français). — St-Pétersbourg, 1854, 2 vol. et atlas gr. in-fol., front., 91 pl. lith., chromolith. et au trait, 2 cartes, vignettes dans le texte (250 fr. et plus).

Des fouilles heureuses, commencées en 1821 dans les tombeaux des deux rives du Bosphore Cimmérien, ayant offert des produits de l'art grec le plus pur, ces produits ont été déposés dans une salle du rez-de-chaussée du nouveau Musée de l'Ermitage, inauguré en 1851, et dans un cabinet, dit le cabinet de l'impératrice. Ce cabinet contient quinze cents objets en or : couronnes, bracelets, colliers, pendants d'oreilles, agrafes, etc., et le reste de ce magnifique écrin a été placé dans la salle de Kertch; or cette salle contient 2500 objets classés sous 1500 numéros environ. — Le livre magnifique que nous allons analyser est en quelque sorte le catalogue illustré de cette admirable collection : 88 planches au trait et en chromo reproduisent les objets les plus remarquables, chiffre qui se décompose comme il suit : Bijoux, or et argent, 43 pl. au trait; — Bronzes, 1 pl. en chromo; — Vases peints, 20 pl. idem; — Terres cuites, 14 pl. idem; Objets en verre, 2 pl., idem; — Objets en bois, 6 pl. idem; — Médailles, 2 pl. au trait. A ces planches, il faut ajouter 5 lith. qui nous donnent le plan et la coupe des tumulus dans lesquels ces objets ont été retrouvés, et deux cartes topographiques des rives du Bosphore. Il serait impossible de donner une idée plus fidèle des terres cuites et des vases peints : on les voit, on les touche. Le seul regret que l'on éprouve, c'est de ne pas voir assez clairement sur ces vases, dont la panse tourne si bien sous nos yeux, les scènes mythologiques qui y sont représentées : il faut les deviner.

Les planches ont été exécutées sur les dessins de Rud. Piccard et de Solutzeff, et l'ouvrage n'aurait été tiré qu'à 200 ex.

2. Angleterre.

1484. KENNEDY (James). *Description of the Antiquities and Curiosities of Wilton-House.* — Salisbury, 1769, gr. in-4, 25 grav. (par **J.-A.** Gresse) (15 à 20 fr.).

Statues, bustes et bas-reliefs recueillis par le comte Th. de Pembroke.

Il y a de cet ouvrage plusieurs éditions antérieures et postérieures à celle de 1769, mais elles n'ont pas de gravures.

1485. (WORSLEY, Rich., & VISCONTI.) *Museum Worsleyanum, or, a Collection of antique Basso-reliews, Bustes, Statues and Gems,* etc. — Musée Worsley, ou Collection de bas-reliefs antiques, bustes, statues, pierres gravées, vues du Levant, prises sur place dans les années 1785, 86 et 87 (texte angl. et ital.). — Londres, 1794-1803, 2 vol. gr. in-fol., pap. vélin, fig. (400 à 500 fr. et plus); — 2e édit., *ibid.,* 1823 ou 1824, 12 part en 2 vol. gr. in-4, avec 551 fig., texte angl. et ital. (tiré à 250 ex.: 40 à 100 fr.; pap. impér., 90 à 100 fr. et plus); = trad. en allem. par H.-W. Eberhard et H. Schäfer : *Museum Worsleyanum,* etc.; Darmstadt, 1826-29, in-fol., livr. I à VI, avec 54 pl. (non terminé; 8 à 20 fr.); = trad. en ital. par G. Labus : *Il Museo Worslejano,* etc.; Milan, 1834, gr. in-4, avec 79 pl. (10 fr. et bien plus).

Cette collection est la troisième partie de celle formée par sir Richard Worsley après ses voyages dans le Levant en 1785, et elle fut placée dans une élégante galerie du beau château d'Appuldurcombe, dans l'île de Wight. Le texte est de E.-Q. Visconti. Les dessinateurs de ce musée ont travaillé au grand musée Pio Clementino. On n'estime pas à moins de 675,000 francs les frais d'exécution de cette publication somptueuse, ornée d'environ 150 gravures et dont l'édition originale n'aurait été tirée, quant au texte, qu'à 200 ex. pour le 1er vol. et à 100 ex. pour le 2e. (Voir une note curieuse dans le *Manuel* de Brunet.)

1486. *Engravings and Etchings of the principal Statues,* etc. — Gravures sur cuivre et eaux-fortes, d'après ce que présente de plus remarquable, en statues, bustes, bas-reliefs, monuments funéraires, urnes sépulchrales, la collection de Henry Blundell, Esq., à Ince (près Liverpool). — (Liverpool), 1809, 2 vol. gr. in-fol., 158 pl. (250 fr. et plus).

Tiré à 50 exempl., non mis dans le commerce.

Cet ouvrage n'a d'autre texte que les deux frontispices, la préface de chaque volume, la description de la pl. 78 et l'explication qui se trouve au bas de presque toutes les planches.

Voici ce que pense le comte de Clarac de cette publication : « C'est un recueil que l'on peut et « que l'on doit citer lorsque l'occasion s'en pré- « sente, mais qu'il est inutile de consulter, car il « ne répond à rien de ce que l'on pourrait y cher- « cher sous les rapports de l'érudition et de « l'art. »

1487. *Specimens of the ancient Sculpture Egyptian, Etruscan, Greek and Roman, selected from different collections in Great Britain, by the Society of Dilettanti* (texte descriptif par R.-Payne KNIGHT). — Londres, 1809 et 1835, 2 vol. tr.-gr. in-fol., avec 75 et 58 pl. grav. (publié à 1985 fr., se vend 350 fr. environ).

1488. (COMBE, Taylor.) *A Description of the collection of ancient Terra-cottas preserved in the British Museum.* — Londres, 1810, in-4, avec 40 pl. (10 à 12 fr.; gr. pap.: 25 fr.). = *A Description of the Collection of ancient Marbles in the British Museum* (par Taylor Combe, E. Hawkins et C.-R. Cockerell).—Londres, 1812-45, 10 part. in-4, fig. (200 fr. et plus; gr. pap. : 300 fr. et plus); — le même, 11ᵉ partie publ. par S. BIRCH; *ibid.*, 1861, in-4, fig. (75 à 100 fr.). = *Veterum populorum et regum numi qui in Museo Britannico adservantur* (par Taylor Combe). — Londres, 1814, in-4, avec 14 pl. (20 à 30 fr.).

La reproduction des monuments qui remplissent le Musée Britannique ne s'est pas faite, comme pour notre Louvre, avec unité et méthode. Les trois parties principales de la publication ci-dessus ne concordent que faiblement entre elles. La première ne comprend que les terres-cuites.

La seconde, consacrée à la sculpture, se décompose ainsi : 1ʳᵉ part., 16 pl. et une vue intérieure du Musée ; 2ᵉ p., 45 pl. et 2 vues; 3ᵉ p., 15 pl. et 2 vues ; 4ᵉ p., les marbres de Phigalie, 28 pl., 2 vues de Phigalie et un plan du temple ; 5ᵉ p., les monuments funèbres, 13 pl.; 6ᵉ p., les sculptures du Parthénon, 24 pl. et une vue du Parthénon, 3 gr. pl. de l'architecture du temple et un plan ; 7ᵉ p., les bas-reliefs, 19 pl.; 8ᵉ p., 56 pl.; 9ᵉ p., 43 pl.; 10ᵉ p., 60 pl. ; 11ᵉ p., 52 pl.; ensemble 384. Les marbres du Musée Britannique ont été reproduits par le burin anglais (W. Alexander, Corbould, etc.) avec infiniment de soin, de propreté, de coquetterie, mais entre des mains si habiles la sculpture antique n'est plus ce qu'elle est en réalité : sévère ou simple.

Ces deux parties ont encore été tirées en plus à 12 exempl. de format in-fol. destinés à la famille royale d'Angleterre.

La troisième partie est toute numismatique ; d'autres publications vinrent s'y adjoindre (voir la liste dans Lowndes *Bibliographer's Manual*).

1489. (ELLIS, sir Henry.) *The British Museum. Elgin and Phigaleian Marbles*, etc. — Le Musée Britannique. Marbres d'Elgin et de Phigalie. — Londres, 1833, 2 vol. in-12, fig. s. b. (3 à 5 fr.). = *The British Museum. The Townley Gallery.* — Londres, 1836, 2 vol. in-12, fig. s. b. (3 à 5 fr.).

Avec ces quatre petits volumes, on a une grande partie du Musée Britannique. Ils servent à combler les lacunes que présentent les *Spécimens* des Dilettanti et le *Musée Britannique* de Combe, ouvrages volumineux et pompeux. Les explications de M. Ellis sont très-variées et en même temps simples et claires.

1490. *Museum Disneianum, being a Description of a collection of ancient marbles, specimens of ancient bronzes and various ancient fictile vases,* etc.— Musée Disneyen, ou Description d'une collection de marbres anciens, des spécimens de bronzes antiques et de différents vases anciens en terre cuite, ayant appartenu à John Disney, et faisant actuellement partie du Musée Fitzwilliam, à Cambridge. — Londres, 1846-49, 3 part. gr. in-4, avec 130 pl. dont plusieurs en coul. (publié à 120 fr.; se vend 35 à 40 fr.).

8. *France.*

1491. ROBILLARD-PÉRONVILLE et LAURENT. — Musée français, ou Collection complète des tableaux, statues et bas-reliefs qui composent la collection nationale, avec l'explication des sujets et des discours sur la peinture, la sculpture et la gravure (par S.-C. CROZE-MAGNAN, VISCONTI et ÉMERIC-DAVID). Publié par Robillard-Péronville et Pierre Laurent. — Paris, 1803-1811, 4 vol. gr. in-fol., fig. (publié au prix de 3,840 fr., et le double pour les épreuves avant la lettre; se vend 1,000 à 1,200 fr. et plus; et en épr. avant la lettre : 2,000 fr. et plus); — nouv. édit., sous ce titre : Musée français. Recueil des plus beaux tableaux, statues et bas-reliefs qui existaient au Louvre avant 1815, avec la description des sujets, et des discours historiques sur la peinture, la sculpture et la gravure par M. Duchesne aîné; Paris, impr. de J. Didot, 1829-30, 4 vol. tr.-gr. in-fol., fig., pap. vélin (600 fr. et plus). = Le Musée royal, publié par Henri Laurent..., ou Recueil de gravures d'après les... tableaux, statues et bas-reliefs de la collection royale. Avec description des sujets, notices littéraires et discours sur les arts (par E.-Q. Visconti, Guizot et le comte de Clarac). — Paris, 1816-22, 2 vol. tr.-gr. in-fol., fig. (500 à 600 fr.; avant la lettre : 700 à 1,000 fr.).

Ce splendide ouvrage, le recueil le plus riche qui ait jamais paru, dit le comte de Clarac, a été publié en 80 livr., chacune de quatre planches, dont une pour la sculpture, et offre un ensemble de 344 pl., y compris les portraits ajoutés en supplément. Il contient, en quatre sections, les tableaux et les statues du Musée du Louvre tel qu'il existait avant 1815. Les graveurs les plus habiles de l'époque ont été appelé à y travailler. Les explications des tableaux sont de Croze-Magnan jusqu'à la 16e livraison, les autres d'Émeric-David. Les antiques ont été interprétés par Visconti.

C'est en 1799 que cette brillante publication fut commencée par Pierre Laurent, graveur du roi. Suspendue pendant deux années, elle fut reprise en 1802 avec le concours de Robillard-Péronville, associé de Pierre Laurent. Cette date est celle de la véritable publication — jusque là les travaux avaient été préparatoires — et elle fut continuée jusqu'en 1811, avec le plus grand succès. Toute cette vaste entreprise, dit encore Clarac, a demandé neuf ans de travail et coûté 950,000 fr.

Le *Musée français* contient 75 statues, 4 bustes, 6 bas-reliefs, 2 candélabres et 2 trépieds, en tout 89 monuments antiques. J'ai dit que les graveurs les plus expérimentés avaient été attachés à cette grande entreprise ; il en a été de même des dessinateurs, et sur ce point il me suffira de dire que l'on trouve dans le *Musée* douze planches gravées d'après les dessins de M. Ingres. On sait que c'est pour ce même ouvrage que Bervic a gravé la célèbre planche de Laocoon. — Dans la seconde édition, les sujets sont classés par écoles, et chaque école divisée par maîtres. Le texte est un abrégé, accompagné d'une traduction anglaise, de celui de l'édition originale.

Le *Musée royal* fait suite au *Musée français*, et, comme lui, il est consacré à la peinture et à la sculpture. Il contient 161 planches. C'est encore avec plus de luxe de typographie et de gravure que dans le *Musée français*, qu'Henri Laurent a suivi le plan adopté par son père. Presque tous les grands graveurs du temps y ont travaillé : Richomme, Girardet, Forster, Audouin, Laugier, Massard, et ceux de la nouvelle école, Henriquel-Dupont, A. Prévost. La description des tableaux est de M. Guizot, celle des antiques, d'abord de Visconti, et ensuite du comte de Clarac, successeur de Visconti au Louvre.

Commencée sous le titre de *Musée français*, interrompue en 1812 faute de fonds, reprise sous le titre de *Musée royal*, cette magnifique publication a été terminée grâce à une souscription de 450,000 fr. que lui fit faire M. Decazes, ministre de l'intérieur.

1492. FILHOL, CARAFFE et LAVALLÉE. Galerie du Musée Napoléon, publiée par Filhol, graveur, et rédigée (par Caraffe, et ensuite) par Lavallée (Joseph), etc. — Paris, an XII-1804-1815, 10 vol. gr. in-8, et aussi in-4, fig. (publié à 960 fr. pap. ord., 1,440 fr. pap. vél., avec la lettre grise ; — in-4, pap. vél. épr. avant la lettre, 2,880 fr. ; — se vend 150 à 200 fr. pap. ord., 300 à 400 fr. pap. vél., et 300 à 400 fr., et même moins, in-4 ; — il y a aussi des

exempl. gr. in-8, pap. vél., avec épr. avant la lettre, et des épr. sur pap. de Chine, avec toutes les eaux-fortes : 1200 à 1500 fr.).

Cet ouvrage a été publié en 120 livraisons de 6 pl. chacune, dont une de sculpture. Il contient une assez grande partie des peintures et des sculptures du musée. On y trouve : 92 statues, 12 groupes, 2 torses, 32 bustes et 11 bas-reliefs, en tout 152 morceaux, dont Vauthier a dessiné 134. Laugier, Massard, Lignon, Forster, Richomme, figurent parmi les graveurs, et les nommer c'est tout dire. Le texte des neuf premières livraisons est de Caraffe, et la suite de MM. Joseph Lavallée père et fils. Les planches sont des eaux-fortes, terminées au burin et fort bien exécutées. — En 1816, dit Quérard, MM. Filhol et Grandsire ont publié une table générale de cette collection, in-8.

1493. (JAL, A.) Musée royal de France, ou Collection gravée des chefs-d'œuvre de peinture et de sculpture dont il s'est enrichi depuis la Restauration, publié par Mme veuve Filhol (avec texte par A. Jal). — Paris, impr. F. Didot, 1827, gr. in-8, et aussi in-4, fig. (publié à 120 fr. pap. ord., 180 fr., pap. vél.; — in-4, pap. vél., avant la lettre, 300 fr., et pap. de Chine (tiré à 25 ex.), 360 fr.; — se vend le quart de ces prix).

Ouvrage faisant suite au précédent. Publié en 12 livr. de 6 pl. ; il en avait été annoncé 24 livr.

1494. PETIT-RADEL (Louis) et PIROLI (Th.). Les Monumens antiques du Musée Napoléon, dessinés et gravés par Th. Piroli, avec une explication par J.-G. Schweighaeuser (nom remplacé aux t. II-IV par celui de M. Louis Petit-Radel). — Paris, an XII (1804)-1806, 4 vol. in-4, avec 318 pl. (publié à 310 fr. pap. ord., et à 620 fr. pap. vélin; — se vend 20 à 40 fr., et 40 à 80 fr.)

Le but des éditeurs n'a pas été seulement de satisfaire les simples amateurs des beaux-arts; ils ont voulu offrir une instruction solide aux antiquaires et aux artistes. Ces 318 pl. contiennent : 158 statues, 117 bustes, 48 bas-reliefs, 2 trépieds, 6 autels, 3 candélabres, 3 sièges, 2 vases : total 339 monuments, bien dessinés, sauf certaines négligences et vulgarités, et gravés par une pointe spirituelle et expressive. Le texte jusqu'à la planche 40 est de M. J. G. Schweighæuser, fils du célèbre commentateur d'Athénée, et ensuite de Petit-Radel, de l'Académie des inscriptions. Les frères Piranesi ont été les éditeurs de cet ouvrage intéressant.

1495. BOUILLON (Pierre) et BINS DE SAINT-VICTOR. Musée des antiques, dessiné et gravé par P. Bouillon, peintre, avec des notices explicatives par J. B. de Saint-Victor. — Paris, (1811-1827), 3 vol. gr. in-fol., 280 pl. grav. à l'eau-forte (publié à 940 fr., et à 1880 fr. en tr.-gr. pap. ; se vend 120 à 200 fr., et le double en gr. pap., épr. avant la lettre).

Ce bel ouvrage, publié en 47 livraisons de 6

pl. chacune, contient 274 statues (dont 52 ont été rendues en 1815), 177 bustes, 180 bas-reliefs, etc., en tout 747 morceaux. Il offre une particularité bien rare : peut-être est-il le seul des ouvrages en son genre qui ait été dessiné et gravé par la même main, et une main d'une habileté remarquable. Personne mieux que Bouillon n'a su rendre l'antique : le style, le caractère, la nature du marbre elle-même, son état de conservation, tout est reproduit avec une étonnante fidélité. Ce que le crayon du dessinateur a si bien saisi, se trouve traduit sur le cuivre par la même main, armée d'une pointe aussi fine que légère. Quelques ombres discrètes soutenant un trait savamment accentué, suffisent pour donner le modelé le plus fin et les vigueurs nécessaires. Il y a telle planche dans le *Musée des antiques* qui tout bonnement est un chef-d'œuvre.

Pierre Bouillon, si oublié de la génération actuelle, peut être donné en exemple. Il aurait pu devenir un peintre distingué (une ou deux grandes compositions le prouvent) : il s'est borné à n'être qu'un copiste, mais le copiste le plus courageux, le plus persévérant. « Que de fois, nous « dit M. de Clarac, ne l'ai-je pas vu bravant un « froid très-vif, les pleurésies et les fluxions de « poitrine, dessiner plusieurs heures de suite « dans nos glaciales galeries. » Tant de dévouement, tant de mérite, n'ont pas été suffisamment récompensés. Bouillon est mort en 1831, et dans la force de l'âge.

1496. CLARAC (comte F. de). Musée de sculpture antique et moderne, ou Description historique et graphique du Louvre et de toutes ses parties, des statues, bustes, bas-reliefs et inscriptions du Musée royal des antiques et des Tuileries, et de plus de 2,500 statues antiques, dont 500 au moins sont inédites, tirées des principaux musées et des diverses collections de l'Europe, etc., etc., par le comte F. de Clarac.—Paris, 1841-53, 6 vol. de texte gr. in-8, et 6 vol. de pl. gr. in-4 obl. (200 à 300 fr., et plus sur pap. vélin).

Au moment de la mort de M. de Clarac, le *Musée de sculpture* n'était point terminé. Les trois derniers volumes du texte, rédigés sur les notes de l'auteur par M. Alfred Maury, ont paru en 1850-51-53, avec un titre légèrement modifié ; il en a été de même du t. IV de l'atlas.

Le comte de Clarac est bien la preuve de ce que, à défaut des qualités supérieures, la persévérance et le zèle peuvent produire. Antiquaire sans beaucoup de sagacité, savant de peu de science, écrivain médiocre, il n'en est pas moins arrivé à élever un monument solide et vaste, quoique défectueux dans beaucoup de parties. Peu d'hommes ont aussi bien connu que M. de Clarac le répertoire de la sculpture antique. Il avait vu ou fait dessiner toutes les statues de l'Europe et savait quelle était la conservation de chacune. Ce qui lui a manqué, c'est la méthode, c'est l'habileté nécessaire pour l'emploi de tant de matériaux accumulés ; aussi, malgré la multiplicité des tables et des renvois, les recherches sont très-difficiles. Voilà bien des défauts, sans parler de cette gravure au trait si froide et si sèche qui indique plutôt les morceaux qu'elle ne les représente. Mais ce qui compense ces défauts et les fait oublier, c'est l'utilité d'un pareil livre devenu l'encyclopédie de la statuaire ; c'est le nombre de faits qu'il signale, et la variété des recherches, à ce point qu'il n'est plus de bibliothèque d'art, d'artiste ou d'antiquaire qui puisse se passer d'un Clarac.

Le titre donné ci-dessus est celui qui a été distribué avec la dernière livraison ; le titre primitif était un peu différent. Voir pour le collationnement de cet ouvrage une longue note dans le *Manuel* de Brunet.

1497. LONGPÉRIER (Adrien de). Musée Napoléon III. Architecture, sculpture, ornementation, terres cuites et marbres de l'ex-collection Campana. Cent planches d'après les clichés photographiques de M. L. Laffon. Accompagnées d'une introduction et de tables explicatives par M. A. de Longpérier.—Paris, Morel, 1864, in-fol., livr. 1 à 4.

Annoncé en 25 livr. de 8 fr.

1498. LONGPÉRIER (Adrien de). Musée Napoléon III. Choix de monuments antiques pour servir à l'histoire de l'art en Orient et en Occident. Texte explicatif par A. de Longpérier, membre de l'Institut, conservateur des antiques aux musées impériaux. — Paris, Gide, s. d. (1868-74), in-4, fig. — 4 fr. la livr.

Cet ouvrage doit former 140 livraisons, dont il n'a paru que 29.

———

1499. COMARMOND (A.). Description des antiquités et objets d'art contenus dans les salles du Palais des Arts de la ville de Lyon. Précédé d'une notice sur l'auteur par E.-C. Martin-Daussigny.— Lyon, 1855-57, gr. in-4, avec 28 pl. (25 à 30 fr.).

1500. PANOFKA (Th.). Antiques du cabinet du comte de Pourtalès-Gorgier, décrits par Théodore Panofka, secrétaire dirigeant de l'Institut archéologique. — Paris, impr. Didot, 1834, in-fol., 122 pp., avec 41 pl. (40 à 50 fr.).

Cette magnifique collection que le comte Pourtalès a mis trente ans à former, se composait de bronzes, de marbres, de terres cuites et de vases peints provenant d'Athènes. C'est au point de vue de l'art particulièrement qu'elle a été faite. Elle a renfermé des chefs-d'œuvre et notamment la merveilleuse Minerve en bronze achetée par le duc d'Aumale. Aujourd'hui, dispersée par une vente célèbre, elle n'existe plus, si ce n'est en partie dans la publication de Panofka où l'on trouve des terres cuites admirablement gravées par Mercuri.

1501. WITTE (J. de). Choix de terres cuites antiques du Cabinet de M. le vicomte H^te de Janzé, photographiées par M. Laverdet et reportées sur pierre lithographique par M. Poitevin. Texte explicatif par M. J. de W.. — Paris, Rollin, 1857, in-fol., 9 pp. et 44 pl.

Mauvaise exécution.

1502. CHABOUILLET (Adolphe). Description des antiquités et objets d'art composant le Cabinet de M. Fould, par A. Chabouillet. — Paris, impr. Claye, 1861, in-fol., avec 39 pl. — 250 fr.

Tiré à 300 exempl., dont les 10 premiers avec pl. sur pap. de Chine.—Très-belle publication.

1503. Souvenirs de la Galerie Pourtalès. Tableaux, antiques et objets d'art, photographiés par Goupil et Cie. — Paris, Goupil, 1863, gr. in-fol., 60 pl. sur pap. de Chine, avec titre et une feuille de texte.

4. Italie. — a. Rome.

1504. GIUSTINIANI (march. Vinc.). *Galeria Giustiniana del marchese* Vincenzo Giustiniani. — (Rome, 1631-1640), 2 vol. gr. in-fol., 153 et 169 pl. grav. (ex. avec fig. avant les n^{os}, 300 fr. et plus ; — ex. ordin., 60 à 80 fr.).— On a tiré sur les planches originales des exempl. modernes, qui se vendent à bas prix.

Ce recueil, contenant 322 pièces en tout, nous offre toutes les statues, tous les bas-reliefs d'une collection qui fut à son heure une des plus belles et des plus anciennes de Rome, collection aujourd'hui dispersée. Son défaut est de ne point avoir de texte, et, ce qui est plus regrettable encore, les figures y sont reproduites avec le manque d'exactitude que l'on se permettait dans ce temps-là.

1505. *Museo Capitolino*, etc. — Rome, 1742-48, 2 vol. in-fol., fig. ; — nouv. édit. : *Museum Capitolinum, philosophorum, poetarum, etc., hermas continens, cum animadversionibus, italice primum, nunc latine editis (studio* Joan. BOTTARII *et* Nic. FOGGINII *; ibid.*, 1750-55-83, 4 vol. in-fol., 333 pl. (60 à 80 fr., et plus en gr. pap.) ; les t. III et IV de cette édit. complètent la première ; — nouv. édit. : *Il Museo Capitolino, illustrato da* M. BOTTARI *et* N. FOGGINI, *con osservazioni di* WINCKELMANN *e di* E.-Q. VISCONTI ; *con tavole designate ed incise da* A. LOCATELLI ; Milan, 1819, 3 vol. in-8, fig. (30 à 40 fr.). = On peut y joindre : *Sculture del Museo Capitolino, disegnate ed incise da* Ferd. MORI. — Rome, 1806, 2 vol. in-4, fig. (15 à 30 fr.)

C'est au pape Clément XII (12 juil. 1730-6 févr. 1740) qu'appartient l'honneur d'avoir fondé ce beau musée. Il y réunit en statues, bustes, bas-reliefs et inscriptions antiques tout ce qu'il put réunir pendant la courte durée de son pontificat. Ce musée possède des chefs-d'œuvre ; il n'en est pas qui puisse offrir une aussi belle série de bustes, et l'on sait combien une pareille collection est précieuse pour l'iconologie. La série des statues n'est pas moins importante ; elle fut accrue, ainsi que d'autres séries, par le pape Benoît XIV (17 août 1740-4 mai 1758). Ce fut par l'ordre de ce souverain pontife que Bottari commença la

publication de son grand ouvrage. Il en fit paraître trois volumes, mais, accablé par la vieillesse, il ne put que réunir les matériaux du quatrième dont la rédaction fut confiée à l'antiquaire Foggini. Les planches à l'eau-forte, terminées au burin, sont bien des sinées (par Dom. Campiglia) et bien gravées, et leur exécution l'emporte sur celle d'un grand nombre de recueils. Les hommes illustres (1er vol.) occupent 90 pl.; les bustes impériaux (2e vol.), 83 pl.; les statues (3e vol.), 91 pl.; — le 4e vol. est divisé en deux parties : 35 et 34 bas-reliefs et plusieurs pl. access.

1506. VENUTI (R.) & AMADUZIO (J.-C.). — *Vetera Monumenta quæ in hortis Cœlimontanis et in ædibus Mathæiorum adservantur. Nunc primum in unum collecta et adnotationibus illustrata.* — Romæ, 1776-79, 3 vol. in-fol., front., 106 pl. et vign., front. et 90 pl., front. et 74 pl., en tout 3 front., 270 pl. et vign. (40 à 50 fr.).

Cette collection n'existe plus ; la plupart des marbres dont elle était composée ont pris place au Vatican, au Capitole et dans d'autres collections. Les gravures sont très-mauvaises, sans caractère, et même grossières. La seule chose que l'on puisse faire valoir en faveur de cette triste publication, c'est la collaboration d'Ennius Visconti, et encore se réduit-elle à peu de chose.

1507. VISCONTI & BIONDI. *Il Museo Pio Clementino*, etc. (texte par J.-B. Visconti et E.-Q. Visconti. — Rome, 1782-1807, 7 vol. gr. in-fol., fig. (250 fr.). = *Il Museo Chiaramonti aggiunto al Pio-Clementino da Pio VII, con l'esplicazione de' sigg.* Fil.-Aurel. Visconti e Gius.-Ant. GUATTANI, *pubblicato da* Ant. d'Este e Gasp. Capparone.—Rome, 1808-43, 3 vol. gr. in-fol., fig. (120 fr.). — Réimpr. : *Il Museo Pio Clementino*; Milan, 1818-22, 7 vol. in-4, et aussi gr. in-8, avec 621 pl.; *Il Museo Chiaramonti*; Milan, 1820, in-4, ou gr. in-8, avec 79 pl. — Trad. franç. : Musée Pio Clémentin, trad. de l'ital. par A.-F. Sergent-Marceau. — Monuments du Musée Chiaramonti, décrits et expliqués, servant de suite et de complément au Musée Pio Clémentin. — Milan, 1818-22, 8 vol. gr. in-8, fig. (80 à 100 fr.). = *Monumenti amaranziani, illustrati dal marchese* Luigi Biondi.—Rome, (1849), gr. in-fol., avec portr., plan et 50 pl.

On doit le *Musée Pio Clementino* à un grand pape, à Clément XIV. A la mort de Winckelmann, le Vatican était rempli de statues. Depuis plus de trois siècles, les souverains pontifes prenaient plaisir à en accroître le nombre, et notamment Clément XIII. Mais, si le Vatican possédait déjà des richesses, on n'y trouvait pas à proprement parler un musée. Ce fut Clément XIV qui conçut le projet de donner cette destination aux belles salles du Vatican qui n'étaient pas occupées, et il chargea de cette organisation le trésorier du Capitole, Giangelo Braschi, qui délégua ses pouvoirs au préfet des antiquités, Antoine Visconti. Bientôt après, et en raison de l'élévation de Braschi, sous le nom de Pie VI, ce qui n'était qu'une ébauche de musée, prit une grande extension et un caractère définitif. Aux constructions anciennes, Pie VI en ajouta de nouvelles : la Rotonde, la Salle des muses, le Grand Escalier, la Salle du siége, n'existent que depuis ce pape qui enrichit de plus de deux mille statues les collections de ses prédécesseurs. Ce fut alors qu'un marchand de tableaux, nommé Mirri, sollicita du pape l'autorisation de faire graver le jeune musée, privilége qui lui fut accordé par un bref en date du 4 août 1775. Le texte fut confié à J.-B. Visconti, qui mourut au début de l'entreprise, et fut heureusement remplacé par son fils Ennius-Quirinus Visconti, célèbre déjà par son érudition à un âge où la plupart des jeunes gens ne sont que des écoliers. Si le nom du père figure en tête du premier volume, ce volume n'en est pas moins l'œuvre d'Ennius-Quirinus Visconti qui sut montrer dans le reste de ce grand ouvrage à quel degré de sûreté et d'autorité on pouvait atteindre pour l'interprétation des monuments figurés. «Le succès de ce « lumineux écrit, dit M. Émeric-David (*Biogra-* « *phie* Michaud, art. VISCONTI) fut immense. « Jamais ouvrage ne parut dans des circonstances « plus favorables à sa célébrité et ne répondit plus « complétement à l'attente. »

Le 1er vol. publié en 1782, contient 52 planches de statues et 2 pl. accessoires, marquées A-B ; en tête est le portrait de Pie VI (répété en tête de chaque vol.) et le plan général du musée ; — le IIe vol. (1784), 52 pl. et 2 pl. access.; — le IIIe vol. (1788-90), 50 pl. de statues et 3 pl. access. ; — le IVe vol. (1788), 45 pl. de bas-reliefs, 3 pl. access., et les statues d'Apollon, de Vénus, de Méléagre, gravées par Cunego pour servir d'appendice aux vol. précéd.; — le Ve vol. (1796), 45 pl. de bas-reliefs, 3 pl. access. dont 1 sarcophage; — le VIe vol. (1792), 61 pl. de bustes et 2 access.; — le VIIe vol. (1807), intitulé *Miscellanea del Museo Pio Clementino*, dédié au pape Pie VII, dont le portrait est en tête, 50 pl. et 2 access. — Au total pour ces sept volumes, 380 pl., gravées par Carloni, Mochetti, Cunego, etc., etc., planches dont l'exécution, en dépit de la réputation dont elles jouissent, laisse à désirer.

A ces sept volumes, nous disent les bibliographes, on joint le *Musée Chiaramonti* ; seulement ils oublient de nous apprendre pourquoi il faut l'y joindre. Un mot sur ce point assez peu connu ne sera pas considéré, je l'espère, comme parole superflue.

Le Musée Chiaramonti, ainsi nommé du nom de famille de Pie VII, son fondateur, n'est autre que la collection des statues et des monuments de l'antiquité réunis par ce pape dans certaines salles et galeries du Vatican. Il se compose du corridor Chiaramonti qui continue la galerie Lapidaire et d'une nouvelle galerie appelée : *il Braccio nuovo*. Ce *Bras nouveau*, construit en 1817, est décoré de colonnes et de mosaïques antiques, celles-ci découvertes à Tor-Marancio.

Les 3 vol. du Musée Chiaramonti se décomposent ainsi : I (1808), portr. de Pie VII, 44 pl. et 1 pl. access.;— II (1837), portr. de Grégoire XVI, 51 pl. et 2 pl. access.;— III (1843), même portr. et 43 pl.; le texte de ces deux derniers vol. est de A. Nibby.

Les *Monumenti amaranziani* forment le 11e vol. de cette collection. Ces monuments ont été légués en 1824 au musée Pio Clementino, par la duchesse de Chablais, belle-fille de Charles-Emmanuel, et réunis par le pape Léon XII, à la prière du marquis Biondi, dans une même pièce, située près de la salle des candélabres. La découverte des *Monumenti amaranziani* remonte à 1817. A cette date, la duchesse de Chablais était propriétaire de Tor-Marancio, et le marquis Biondi remplissait près d'elle les fonctions de majordome. Le marquis proposa à la duchesse de faire des fouilles ; commencées en avril 1817, interrompues, reprises, terminées enfin en 1823, ces fouilles ont amené pour résultat la découverte de statues, de bas-reliefs, de mosaïques, de peintures d'une réelle

importance, dont la publication et l'illustration par les soins de Louis Biondi a été faite surtout pour se conformer aux intentions de la duchesse de Chablais.

1508. VISCONTI (E.-Q.). *Sculture del palazzo della villa Borghese detta Pinciana, brevemente descritte.* — Rome, 1796, 2 vol. gr. in-8, avec 258 pl. au trait (25 à 40 fr.). = *Monumenti Gabinj della villa Pinciana, descritti da* E.-Q. Visconti. — Rome, 1797, gr. in-8, avec 57 pl. (15 à 20 fr.). — Ces deux ouvrages ont été réimpr. à Rome, 1808-10, 4 vol. in-8 (30 à 40 fr., et plus en pap. vél.), et les *Monumenti Gabini* seuls ont été réédités par G. Labus : Milan, 1835, pet. in-fol., fig. (8 à 10 fr.).

Le texte du premier ouvrage ci-dessus est un extrait abrégé du grand travail de Visconti publié plus tard (voir le no 1510). Le second ouvrage est divisé en trois parties : la 1re contient les préliminaires, la 2e, les statues, et la 3e, les inscriptions. Voici son origine. En 1797, le prince Marc-Ant. Borghèse traita avec un peintre écossais, nommé Gavino Hamilton, pour que celui fît exécuter des fouilles dans les ruines de Gabie enclavées dans ses domaines. Ces fouilles furent heureuses et la villa Pinciana s'enrichit d'une grande quantité d'inscriptions et de sculptures, principalement, dit Emeric-David, d'inscriptions et de sculptures du temps de Tibère, de Trajan et des Antonins.

1509. PIROLI & ZOEGA. *Li Bassirilievi di Roma, incisi da* Tom. Piroli, *colle illustrazioni di* Giov. Zoëga. — Rome, 1808, 2 vol. tr.-gr. in-4, avec 115 pl. (30 à 50 fr., et plus en pap. vélin); — trad. en allem. et accomp. de notes par F.-G. Welcker : *Die antiken Basreliefs von Rom* ; Giessen, 1812, 2 vol. in-fol., avec 103 pl. (20 à 25 fr.).

Le titre est inexact : ce ne sont point les bas-reliefs de Rome que contiennent ces deux volumes, mais seulement ceux de la belle collection de la villa et du palais Albani ; et cependant, malgré son inexactitude, ce titre nous révèle la première, la véritable pensée du livre. En effet, réunir dans un catalogue critique et complet, illustré par des gravures, tous les bas-reliefs de Rome, tel était le désir de Zoëga, vœu que les circonstances ne lui permirent de voir se réaliser qu'en partie. Ce fut avec l'aide de Piranesi et de l'habile graveur Piroli qu'il parvint à mettre au jour seize des dix-neuf cahiers dont se composent les deux vol. des *Bassirilievi antichi*, œuvre de haute critique qui fait regretter que Zoëga n'ait pas pu appliquer à d'autres monuments son tact, son savoir, sa profondeur de réflexion. Disons aussi qu'il a été vaillamment secondé par Piroli à une époque où la reproduction de l'antique était pour la plupart des artistes lettre close.

1510. VISCONTI (E.-Q.). *Illustrazioni de' monumenti scelti Borghesiani già esistenti nella villa sul Pincio, scritte da* E.-Q. Visconti, *date ora per la prima volta in luce dal cav.* Gio. Gherardo de Rossi *et da* Stefano Pialo, *sotto la cura di* Vincenzo Feoli. — Rome, 1821,

2 part. gr. in-fol., avec 48 et 32 pl. (80 fr.); — réimpr. : *Monumenti scelti Borghesiani... nuovamente pubblicati da* Giov. Labus; Milan, 1835, in-4 et in-8 (20 fr.).

La puissante maison des princes Borghèse a su se distinguer de tout temps entre les autres grandes familles romaines par un goût plus vif encore pour les arts et surtout pour l'antiquité. L'élévation du prince Camille Borghèse, sous le nom de Paul V, au trône pontifical (1605-1621), ayant accru sa richesse, des fouilles heureuses et des acquisitions lui permirent d'augmenter la magnificence des collections qui remplissaient ses palais et ses villas transformés en vastes musées. L'invasion française vint porter un coup funeste à ces beaux développements. Les Borghèse renoncèrent à la plus grande partie de leurs trésors, et en 1805 la collection des marbres Borghèse, acquise par Napoléon Ier, vint enrichir notre musée du Louvre.

A ce grand ouvrage, le seul qui mérite, parmi ceux sur la villa Borghèse, de figurer dans le chapitre consacré aux Galeries et Collections, il faut joindre, comme complément, bien qu'antérieurs en date, les deux ouvrages décrits plus haut, au n° 1508.

1511. CAMPANA (Giov.-Pietro). *Museo Campana. Antiche opere in plastica discoperte, raccolte, e dichiarate dal marchese* Campana. — Rome, (1842-) 1851, 3 part. en 2 vol. gr. in-fol., avec 120 pl. lith. et teintées (80 à 100 fr.).

Cette collection se compose d'une série de bas-reliefs, la plupart d'une date relativement récente et dont les sujets sont empruntés presque sans exception aux légendes de la Grèce. Les planches sont très-soignées, trop soignées même, car cet excès de soin fait disparaître dans la copie la grâce négligée, l'aimable mollesse de la plastique, comparaison facile à faire, car les modèles sont tous au Louvre maintenant. Ce désir de bien faire, poussé aux dernières limites, reparaît dans le texte, où l'auteur, loin de se borner à quelques explications brèves, mais claires, s'engage dans le dédale d'une mythologie abstruse, trouvant partout la personnification des forces génératrices de la nature, saisissant sur une tête de satyre moins grotesque que les autres, le symbole du passage de la sauvagerie à la civilisation; et se livrant à des interprétations grotesques, dans un style tellement hérissé de citations, que son esprit semble ne pouvoir se manifester qu'appuyé sur des béquilles.

1512. ESCAMPS (Henry d'). Description des marbres antiques du Musée Campana, à Rome. (Sculpture grecque et romaine.) — Paris, (1856-) 1862, gr. in-4, de LXXVI-112 pp., et 108 pl. photogr.; — même édit. avec ce titre : Galerie des marbres antiques du Musée Campana, à Rome. Sculptures grecques et romaines, avec une Introduction et un texte descriptif. — Berlin, 1868, in-fol., avec 107 pl. photogr. — 225 fr.

Quand le Musée Campana, avant sa dispersion, brillait encore à Rome, son possesseur l'avait divisé en dix sections : 1° Sculpture antique grecque et romaine; — 2° Bronzes, etc.; — 3° Terres cuites; — 4° Bijoux; — 5° Vases peints; 6° Médailles antiques; — 7° Camées et pierres gravées;

— 8° Verres; — 9° Fresques; — 10° Objets provenant des fouilles de Cumes et de Sorrente.

La première section, c'est-à-dire la sculpture grecque et romaine, est le seul objet auquel se soit attaché l'auteur de cette description. Les planches ont été photographiées et tirées à Rome, et l'ouvrage n'était pas destiné au commerce.

1513. GARRUCCI (R.). *Monumenti del Museo Lateranense, descritti ed illustrati.* — Rome, tip. della S. C. de Prop. Fide, 1861, 2 vol. in-fol., avec 51 pl., dont 40 grav. par Phil. Trojani d'après les dessins de Phil. Severati. — 135 fr.

Et d'abord ces 51 planches ont une incontestable valeur; il est assez rare de voir la sculpture antique rendue avec cette perfection.

Le Musée de Latran se compose de deux musées : le *musée sacré* et le *musée profane*, établis, comme on sait, dans le vieux palais, depuis 1814, par le pape Grégoire XVI qui tenait à exposer la belle statue de Sophocle dont il était admirateur passionné. Non-seulement ce musée renferme le trop plein du musée et des magasins du Vatican, mais c'est une gare pour les arrivages de statues, les produits des fouilles et les nouvelles acquisitions. Aussi les salles du palais — et elles ne sont pas moins de dix-huit — renferment déjà tant de richesses, qu'un jour le Musée de Latran pourra rivaliser avec le Vatican et le Capitole.

1514. BENNDORF (Otto) & SCHÖNE (Rich.). *Die antiken Bildwerke des lateranensischen Museums,* etc. — Monuments antiques du musée de Latran. — Leipzig, Breitkopf et Härtel, 1867, in-8, avec 24 photolith. — 15 fr.

Bien différent en cela de celui de Garrucci (voir le n° précéd.), l'ouvrage allemand ne brille point par les planches qui ne nous offrent, une seule exceptée, que de grossières indications. Son mérite est d'être très- riche d'informations et d'interprétations. Plus *scientifique* que son devancier, il nous fait pénétrer plus avant que la pompeuse publication du père Garrucci.

b. **Florence.**

1515. GORI (Ant.-Fr.). *Museum Florentinum, exhibens insigniora vetustatis monumenta, quæ Florentiæ sunt in Thesauro Mediceo, cum observationibus* Ant.-F. Gorii. — Florentiæ, 1731-66, 12 vol. tr.-gr. in-fol., fig. (400 à 500 fr.).

Ce grand ouvrage se compose de plusieurs parties. Les six premiers volumes sont particulièrement estimés pour les savantes dissertations de Gori. On a distribué les matières dans l'ordre et sous les titres suivants :

— *Gemmæ antiquæ ex Thesauro Mediceo et privatorum Dactyl. Florentiæ, exhibitæ tab.* CC, etc. (1731-32, 2 vol., 200 pl.);

— *Statuæ antiquæ Deorum et virorum illustrium,* etc. (1734, 2 part. en 1 vol., 100 pl.);

— *Antiqua numismata aurea et argentea, aerea maximi moduli,* etc. (1740-42, 3 part. en 2 vol., 121 pl.);

— *Serie di Ritratti degli eccellenti Pittori dipinti di propria mano..... descritti da* Fr. Moücke (1752-62, 4 vol., 220 pl.);

— *Serie di Ritratti originali d'eccellenti Pit-*

tori, *in seguito a quelle già pubbl. appresso Ant. Pazzi, con breve notizie compilate da Oraz.* Marrini (1765-66, 2 vol., fig.).

Les statues, à part quelques planches, sont bien gravées. Les dessins sont tous de Jean-Dominique Campiglia. Aucunes restaurations n'y sont indiquées.

1516. WICAR et MONGEZ. Tableaux, statues, bas-reliefs et camées de la Galerie de Florence et du Palais Pitti, dessinés par Wicar, peintre, gravés sous la direction de C.-L. Masquelier... Avec les Explications par Mongez, membre de l'Institut. — Paris, 1789, 1792, 1802, 1807, 4 vol. (50 livr.) gr. in-fol., 200 pl. grav., impr. sur pap. velin superfin d'Annonay (publié à 1,080 fr., et le double pour les exempl. avec les fig. avant la lettre; se vend 300 à 350 fr., et 600 à 700, fig. avant la lettre); — 2ᵉ édit., *ibid.*, 1789, 1804, 1804, 1814, 4 vol. gr. in-fol., fig. sur pap. de Chine; — 3ᵉ édit., *ibid.*, Féret (1827), 4 vol. in-fol., fig.; — 4ᵉ édit., *ibid.*, Firmin Didot, 1852-56, 4 vol. in-fol., fig. (tiré à 200 ex. : 300 fr.).

Les deux premières éditions n'ont été complétées qu'en 1821, date de la publication des livr. 49 et 50.

Pour la dernière édition, les figures ont été retouchées par Le Maître, et le tirage en est supérieur à celui de l'édition précédente.

1517. *Galleria reale di Firenze illustrata...* Galerie royale de Florence, gravée au trait sous la direction de P. Benvenuti, avec les illustrations de MM. Zannoni, Montalvi et Bargigli. — Florence, 1812-20, 1 vol. de texte in-8, et 3 vol. d'illustr. in-4. = *Galleria reale di Firenze illustrata*, etc. — Florence, 1817-33, 13 vol. in-8, et fig. in-4.

Ces 13 volumes sont composés comme il suit : *Quadri di storia* (1817-28), 3 vol., avec 129 pl.; — *Quadri di vario genere* (1824), 1 vol., avec 42 pl.; — *Ritratti di pittori* (1817-33), 4 vol., avec 249 pl.; — *Statue, Bassirilievi, Busti e Bronzi* (1817-24), 3 vol., avec 157 pl.; — *Cammei ed intagli* (1824-31), 2 vol., avec 54 pl. — Pour la partie des antiquités, le texte est de J.-B. Zannoni, et Lasinio a gravé les planches d'après les dessins de V. Gozzini; pour les tableaux, les planches ont été gravées par le chevalier Ant. Montalvi.

1518. Galerie de Florence gravée sur cuivre et publiée par une société d'amateurs, sous la direction de L. Bartolini, J. Bezzuoli, avec un texte en français par Alex. DUMAS. — Florence et Paris, 1840 et suiv. (1841-44), 6 vol. gr. in-fol. (3 de texte et 3 de pl.), fig. (500 à 1000 fr.). = Édit. ital. : *Imperiale et reale Galleria di Firenze pubblicata con incisioni in rame da una società... e illustrata da* Ferd. RANALLI. — Florence, 1841-45, in-fol.

c. Pesaro, Venise, Padoue.

1519. PASSERI (J.-Bapt.). *Lucernæ fictiles musei J.-B. Passerii illustratæ.* — Pisauri, 1739-51, 3 vol. in-fol., avec 321 pl. grav. (40 à 50 fr.).

On peut y joindre : *Glossæ marginales* (Annib. OLIVIERI) *ad musei* Passerii *lucernas, collectæ anno* 1739, *colle riflessioni* di P. TOMBI. — Pesaro, 1740, in-4.

1520. (ZANETTI, Ant.-Maria-Girol. & Aless.) *Delle Antiche Statue greche, e romane che nell' antisala della libreria di San-Marco, e in altri luoghi pubblici di Venezia si trovano.* — Venise, 1740-43, 2 vol. in-fol., 100 pl. (50 à 80 fr.); — édit. angl. : *Ancient Statues greek and roman*, etc; Londres, 1797-1800 (?), 2 vol. in-fol.

Bel ouvrage dédié à Christiern VI, roi de Danemark et de Norvége, par les deux Zanetti, deux cousins, graveurs et éditeurs de l'ouvrage. Le 1ᵉʳ vol. contient 50 pl., dont 9 statues, 4 chevaux, 3 bas-reliefs, 34 bustes impériaux ; le 2ᵐᵉ vol. a aussi 50 pl. qui contiennent 28 statues, 7 bustes de divinités, 14 bas-reliefs, 1 bœuf, 2 lions, 3 vases, 3 autels. Ces planches sont généralement exécutées avec soin.

1521. WYNNE (J.). Alticchiero, par Mᵐᵉ J. W. C. D. R. (Justine Wynne, comtesse de Rosemberg). — Padoue, 1787, gr. in-4, 5 ff. et 80 pp. de texte, avec un plan et 29 pl. (15 à 20 fr. et même moins).

Volume rare, contenant la description des antiquités qui ornaient la villa d'Alticchiero, près de Padoue, propriété alors du sénateur Angelo Quirini. L'épître dédicatoire est signée par le comte Benincasa, ami de la comtesse. Le texte seul de cet ouvrage avait déjà été imprimé à Genève, à un petit nombre d'exemplaires.

d. Naples, Mantoue, Brescia.

1522. (PISTOLESI.) *Museo Borbonico* [*descritto ed illustrato da* E. Pistolesi]. — Naples, 1824-67, 16 vol. in-4, avec environ 1,000 grav. au trait (publié au prix de 1,100 fr., se vend aujourd'hui 400 à 500 fr. environ).

Dans cet ouvrage, nous avons en petit ce que les académiciens d'Herculanum ont donné en grand, en d'autres termes, on peut y voir leur magnifique publication mise à la portée de toutes les fortunes. Mais que de différences dans leur exécution !

Le *Musée Bourbon* n'a pas été moins de quarante-trois ans sur le métier ! Commencé en 1824, il n'a été terminé qu'en 1867. Il ne donne pas ce que les fouilles de Pompéi, d'Herculanum, de Stabie, lui ont fourni pendant les huit dernières années, et, à ce point de vue, il est très-arriéré. La reproduction des monuments est médiocre ; la gravure au trait, quoique soignée, a toujours une sécheresse qui enlève, aux peintures antiques particulièrement, cette fluidité, cette mollesse qui les caractérisent et qui a été si bien indiqué par les graveurs des *Antiquités d'Herculanum*. Un autre reproche à faire aux éditeurs, c'est d'avoir associé la peinture moderne aux antiques et mêlé tous les tableaux des diverses écoles de l'Italie depuis la renaissance, tableaux possédés par le musée (ancien musée Farnèse), aux bronzes d'Herculanum ou aux arabesques de Pompéi. Pourquoi ne pas avoir publié séparément ces peintures? Ce mélange de l'antique et du moderne trouble le lecteur. Les antiquaires les plus expérimentés de l'ancien royaume des Deux-Siciles ont interprété ces monuments. On sera de cet avis quand nous aurons nommé Fr.-Marie Avellino, Ant. Nicolini, J.-B. Finati, Guill. Bechi, B. Quaranta, Minervini, etc.

L'ouvrage est divisé en huit sections : I. Architecture. II. Sculpture (le nombre de statues est de cent-quinze environ). III. Mosaïques. IV. Peinture antique. V. Pinacothèque (tableaux des écoles de l'Italie). VI. Vases. VII. Monnaies, pierres gravées, travaux d'art en métaux. VIII. Papyrus.

1523. GARGIULO (Raff.). *Raccolta de' monumenti più interessanti del Museo Borbonico e di varie collezioni private, pubblicata da R. G..* — Naples, 1825, 2 vol. in-4, avec 200 pl. grav. s. c. (40 fr. et plus).

1524. LABUS (Giov.). *Il Museo della reale Accademia di Mantova, descritto ed illustrato.* — Mantoue, 1830-1837, 3 vol. gr. in-8, avec 164 pl. grav. à l'aqua-tinta (35 à 50 fr.).

Le 18 juillet 1630, les Allemands saccageaient Mantoue et jetaient aux vents les trésors d'art et d'antiquités recueillis avec tant d'amour par les Gonzague. Or Mantoue devenue lombarde se prit à regretter d'admirables collections. Les nouveaux maîtres, loin d'étouffer ce réveil du patriotisme, le secondèrent habilement. Marie-Thérèse elle-même et l'empereur Joseph II furent les patrons du jeune musée. Des hommes zélés, tels que le peintre Franchi, de Milan, et l'abbé Carli firent des efforts inouïs pour le peupler. Ce dernier se mit en mesure de le décrire, mais il fut empêché par la mort, et, de tant de soins, il n'est resté qu'un livret sous ce titre : *Museo della reale Accademia di Mantova* (Mantoue, 1740). Plus heureux que l'abbé Carli, le docteur Labus a été et est resté l'interprète autorisé du Musée de Mantoue, musée qu'un fin observateur, je parle de Valery, a placé au quatrième rang des musées d'Italie. On n'y trouve point en effet de ces œuvres brillantes qui illustrent une galerie.

1525. (LABUS, Giov.) *Museo Bresciano illustrato.* (Publié par Giov. Labus.) — Brescia, 1838, pet. in-fol., fig. (30 fr. et plus).

Premier vol. contenant les monuments d'architecture et de sculpture en 60 pl. gravées par Anderloni, texte par le docteur Labus, discours préliminaire par l'avocat Salieri.

Ce Musée (*Museo Patrio*) a été créé sur l'emplacement d'un ancien temple d'Hercule. On y remarque le beau bronze représentant la célèbre Victoire, dont le Louvre possède une copie.

E. — VASES PEINTS.

1. *Reproduction des vases des musées et des collections particulières, etc.*

1526. PASSERI (J.-Bapt.). *Picturæ Etruscorum in vasculis, nunc pri-*

mum in unum collectæ, explicationibus et dissertationibus illustratæ. — Romæ, 1767-75, 3 vol. gr. in-fol., avec 300 pl. col. (40 à 50 fr. et plus).

Dans la dédicace de son livre à François Stuppanio', évêque de Prœneste, Passeri s'exprime ainsi : « *Quod diu opteras et vix futurum spe-* « *rabas prodeunt tandem disjecta illa, et late* « *dispersa veteris Etruriæ vestigia quibus ex* « *tota fere Europa simul collectis atque ordina-* « *tis imaginem aliquam gloriosæ nationis res-* « *tauramus.* »

« *Afin de faire revivre l'image d'une nation glorieuse.* » Voilà le grand mot lâché ! Est-ce pour connaître la Grèce et ses mythes ; pour mettre en lumière des esquisses charmantes que Passeri a publié ce grand nombre de vases ? Non, c'est pour y retrouver des vestiges de l'Etrurie, car, suivant le savant Italien, tous les vases peints sont étrusques. Ce pauvre Passeri était atteint de l'étruscomanie, et le mal était assez profond pour lui faire dire que les Étrusques avaient deviné les principaux dogmes de la révélation. Que peut-on attendre d'un esprit aussi malade, et pourrait-on s'étonner après cela de la façon parfois étrange dont les peintures de vases sont reproduites dans ce recueil?

Les vases de Passeri ont été publiés plusieurs fois mais sous des titres différents :

1° *Serie di trecento tavole in rame rappresentanti pitture di vasi degli antichi Etruschi, tratti dalla Biblioteca Vaticana e da altri musei d'Italia.* — Rome, 1787, 3 vol. in-fol., sans texte.

2° *Raccolta di pitture etrusche, tratte da gli antichi vasi esistenti nella Biblioteca Vaticana ed in altri musei d'Italia.* — Rome, 1806, 3 vol. in-fol., fig.

1527. PASSERI (J.-Bapt.). *De Tribus vasculis etruscis encaustice pictis.* — Florentiæ, 1772, in-4, avec 6 pl. grav. (2 fr.).

1528. (HANCARVILLE, P.-F. HUGUES, dit d'.) Antiquités étrusques, grecques et romaines, tirées du cabinet de M. Hamilton (en anglais et en français). — Naples, 1766-1767, 4 vol. gr. in-fol., fig. col. (200 fr. et plus); — autre édit., publiée par F.-A. David; *ibid.*, 1785-1788, 5 vol. in-4, et aussi in-8, avec 360 fig. en coul. (40 fr.); — autre édit., en angl. et en franç.; Florence, 1801-1808, 4 vol. gr. in-fol., fig. col.

Bien que je sois le premier à reconnaître toute la compétence de M. de Witte en ces matières, je ne puis être de son avis quand il ne voit dans le recueil d'Hamilton qu'une transition entre les mauvaises gravures des publications des Gori, des Passeri, des Caylus, et de tous les érudits qui se sont occupés les premiers des vases peints, et les ouvrages publiés depuis. Il y a ici plus qu'une transition, il y a un progrès réel, et c'est ce que sentait Millin quand il faisait partir de la publication de d'Hancarville l'étude un peu sérieuse des vases peints. Si l'uniformité d'exécution, la coloration fantaisiste de certains vases donnent une idée assez fausse de leurs peintures, ces images sont bien supérieures à celles données par Passeri, Montfaucon ou Caylus. Si le luxe de ce livre est mal employé et de mauvais goût, il témoigne de l'importance accordée aux vases peints, précédemment si négligés. Ne l'oublions pas, le chevalier Hamilton a été une sorte d'initiateur de cette branche d'étude. Sa fortune et son temps, pendant les quarante années, ou peu s'en faut, qu'il résida à Naples, comme ambassadeur anglais, furent employés à faire des fouilles, à récolter des vases, à former deux superbes collections et à les mettre en lumière. Il vendit la première au Musée Britannique, où elle est encore, mais avant de l'envoyer, il chargea d'Hancarville, homme d'esprit et d'imagination vive, de la publier, et de là le livre ci-dessus. La seconde collection fut confiée à Tischbein et publiée un peu plus tard (voir le n° suiv.); une partie de cette collection qu'Hamilton envoya dans son pays, et ce fut la première, a péri dans un naufrage; Thomas Hope acheta ce qu'on put sauver.

1529. TISCHBEIN (Wilh.). *Collection of Engravings from ancient Vases,* etc. — Recueil de gravures d'après des vases antiques, la plupart d'un travail grec, trouvés dans des tombeaux du royaume des Deux-Siciles, mais principalement dans les environs de Naples, en 1789 et 1790, tirées du cabinet de sir William Hamilton, envoyé extraordinaire et plénipotentiaire de S. M. Britannique à Naples, avec des observations sur chacun des vases, par l'auteur de cette collection. (Publié par Tischbein, directeur de l'Académie royale de peinture à Naples, précédé d'une Lettre à milord Leicester, membre de la Société des antiquaires de Londres). (Texte angl. et franç.) —Naples, 1791-95, 4 vol. gr. in-fol., avec 240 pl. grav. au trait (publié à 400 fr. et se vend 40 à 50 fr.); — autre édit. : *Pitture de' vasi antichi* (texte ital. et franç.); Florence, 1800-3, 4 vol. gr. in-fol., avec 240 pl.; — édit. franç., sous le titre rapporté plus haut : Recueil de gravures, etc.; Paris, 1803-10, 4 vol. gr. in-fol., avec 240 pl. (publié à 108 fr. et se vend 50 à 80 fr.).

Les gravures de l'édition française ont été calquées sur celles de Naples. Le texte des trois premiers volumes est d'Italinski, et celui du quatrième, de Fontani. Toutefois le t. IV de l'édition anglaise n'a point d'explications. Un cinquième volume avait été préparé, mais n'a jamais vu le jour; les cuivres de ce volume se trouvent à la librairie Cotta, à Stuttgart (voy. de Witte, *Etudes sur les vases peints*, p. 18).

La lettre au lord Leicester est fort intéressante; on y voit que la facilité avec laquelle Hamilton put se refaire une très-belle collection, après avoir vendu la première, a tenu surtout à ce que la défense de faire des fouilles fut levée à cette époque par le gouvernement napolitain; liberté nouvelle dont les propriétaires de Nola, de Santa Agata de Goti, et de beaucoup d'autres localités s'empressèrent de profiter; on y voit encore qu'Hamilton considère comme œuvres grecques les mêmes vases que précédemment, d'accord avec d'Hancarville, il supposait étrusques; on y voit, enfin, qu'il regrette le luxe inutile de la première publication, et que, comme il cherche avant tout l'utilité des artistes, trop pauvres pour se procurer des livres fabriqués à grands frais, il ne donnera dans celle-ci que des figures au trait.

Hamilton a trop bien réussi. Pour mieux dire, emportés par le zèle, Tischbein et ses élèves, songeant bien plus à ce qu'ils croyaient être de l'intérêt des artistes, qu'à la vérité réclamée par les archéologues, se mirent en tête de corriger dans leurs dessins celui des peintres de vases, et de terminer ce que ces derniers n'avaient fait qu'indiquer. De là, le peu de confiance que méritent leurs planches au point de vue du style. Le moment où l'on serait imitateur scrupuleux n'était pas encore arrivé.

1530. KIRK [Thomas]. *Outlines from the Figures and Compositions upon the Greek, Roman, and Etruscan Vases of the late sir William Hamilton,* etc. — Figures et compositions au trait d'après les vases grecs, romains et étrusques de feu sir William Hamilton, avec encadrements, dessinés et gravés par Kirk. — Londres, 1804, in-4, 62 pl. (15 à 20 fr.).

Recueil d'esquisses d'après les deux collections de vases d'Hamilton. Il y a des exempl. avec les planches doubles, coloriées.

1531. VISCONTI (E.-Q.). *Le Pitture di un antico vaso fittile, trovato nella Grecia, appartenente al principe Poniatowski,* esposte da E.-Q. V. — Rome, 1794, gr. in-fol., avec 4 pl.

1532. BÖTTIGER (K.-A.). *Griechische Vasengemälde,* etc. — Peintures de vases grecs, avec l'interprétation archéologique et artistique de gravures faites d'après les originaux. — Weimar, 1797-1800, 3 livr. gr. in-8. == (Atlas :) *Umrisse griechischer Gemälde auf Antiken, in den Jahren 1789-90 in Campanien und Sicilien ausgegrabenen Vasen, jetzt im Besitze des Ritters W. Hamilton, herausgegeben von W. Tischbein zu Neapel.* — Gravures au trait de vases antiques découverts en Sicile et en Campanie dans les années 1789-90, appartenant aujourd'hui au chevalier W. Hamilton; publiées par W. Tischbein, de Naples. — Weimar, 1797-1800, livr. 1 à 3, gr. in-fol.

1533. (CHRISTIE, James.) *A Disquisition upon the Etruscan Vases,* etc. — Recherches sur les vases étrusques, où l'on démontre leur connexité probable avec les mystères d'Éleusis et les fêtes de lanternes en Chine, avec l'explication de quelques-unes des principales allégories peintes sur ces vases. — Londres, 1806, gr. in-4, 99 pp. (100 à 150 fr.); — nov. édit. sous ce titre : *Disquisitions upon the painted Greek Vases and their probable connexion with the shows of the Eleusinian and other mysteries,* etc.; ibid., 1825, in-4, avec 16 pl. (12 à 15 fr.).

La première édition de cet opuscule anonyme et fantaisiste n'a été tirée qu'à 100 ex. distribués en présents, d'où vient sa grande rareté et son prix qui s'est élevé à un moment jusqu'à 375 fr.

A quelques exemplaires, se trouve jointe la figure d'un vase ayant appartenu au libraire J. Edwards.

1534. MILLIN (A.-L.) et DUBOIS-MAISONNEUVE. Peintures de vases antiques, vulgairement appelés étrusques, tirées de différentes collections, dessinées par Dubois-Maisonneuve, et gravées par A. Clener, accompagnées d'explications par A.-L. Millin, membre de l'Institut, etc., publiées par M. Dubois-Maisonneuve. — Paris, impr. Didot, 1808-10, ou Paris, Dubois-Maisonneuve, 2 vol. gr. in-fol., avec 150 pl. (la première édition a été publiée au prix de 375 fr. avec pl. noires, et de 1,125 fr. avec fig. color. au pinceau; se vend aujourd'hui le quart de ces prix).

De très-belles planches, une belle impression, une introduction très-savante de Millin dans laquelle il passe rapidement en revue toutes les tentatives faites jusqu'à lui pour la vulgarisation et l'explication des vases, tels sont les mérites principaux de cette remarquable publication, où l'éditeur s'est proposé de rivaliser avec les ouvrages de luxe qui paraissaient à cette date, et de mettre en lumière les nombreuses collections encore inédites qui se trouvaient à Paris. Aussi trouve-t-on dans son livre des reproductions des vases de la Malmaison, de la Bibliothèque impériale, du Musée Napoléon, de la manufacture de Sèvres, du duc de Dalmatie, de la princesse Galitzin et de M. Tochon d'Annecy, etc., etc.

1535. NICOLAS (Felice). *Illustrazioni di due vasi fittili ed altri monumenti recentemente trovati in Pesto.* — Rome, 1809, gr. in-fol., avec 3 pl. (8 à 15 fr.).

1536. BUCK (Adam). *One hundred Engravings from Paintings on Greek Vases which have never been published,* etc. — Cent Gravures d'après des peintures de vases grecs complétement inédites, gravées à l'eau-forte par A. B., sur des originaux conservés dans des collections privées en Angleterre. — Londres, 1812, in-fol.

On sait peu de choses sur cet artiste : il était Anglais et fut élève du peintre sicilien Minasi. Déjà dans les dernières années du XVIIIe siècle, il jouissait de la réputation d'un graveur habile. Le recueil dont nous donnons le titre, sert de complément aux vases d'Hamilton. Il a été entièrement dessiné et gravé par Adam Buck, et publié dans le format adopté par Tischbein.

1537. LABORDE (comte Alexandre de). Collection des vases grecs de M. le comte de Lamberg, expliquée et publiée par M. le comte [Alex.] de Laborde, membre de l'Institut. — Paris, impr. Didot, 1813-1824, ou 1824-28, 2 vol. gr. in-fol., avec 154 pl. impr. en coul. et 31 vign. dans le texte (publié à 900 fr. avant la lettre, et à 540 fr. avec la lettre ; se vend 80 à 150 fr.).

Ne pourrait-on pas dire que le comte de Lamberg est le chevalier Hamilton de l'Allemagne?

Voyez plutôt : comme Hamilton, il est ambassadeur à Naples; comme lui, et à la même date, il s'enflamme pour les vases; comme lui, il fait faire des fouilles; comme lui, réunissant à ce qu'il a acquis les vases magnifiques dont la reine Caroline de Naples et l'empereur Joseph lui ont fait présent, il se compose une collection de plus de cinq cents vases ; comme lui, enfin, il trouve un d'Hancarville pour expliquer et publier cette belle collection, aujourd'hui possédée par l'empereur d'Autriche. Ce nouveau d'Hancarville n'est autre que le comte Alexandre de Laborde qui fut envoyé bien jeune à Vienne, puisqu'il n'avait que 23 ans quand il revint en France en 1797, après le traité de Campo-Formio. Élevé dans un milieu intelligent, passionné pour les arts et pour l'antiquité, il a dû, suivant toutes les probabilités, voir, aimer, étudier une admirable collection. Ce qu'il y a de certain, c'est que c'est lui qui l'a mise en lumière et fait connaître à l'Europe savante, et qu'il n'a rien épargné pour cela. Cent cinquante-quatre planches, reproduction des morceaux importants de la collection, 31 vignettes et culs-de-lampes, un frontispice qui représente le musée du comte de Lamberg, et 192 pp. de texte, constituent une bien belle publication. Une chose à regretter, mais qu'elle est regrettable ! c'est le manque d'exactitude rigoureuse dans la reproduction. Là, comme dans Tischbein et dans les peintures de vases recueillies et expliquées par Millin et publiées par Dubois-Maisonneuve, le copiste, Clener, a substitué, à la franchise et au laissez-aller du style antique, une froide correction et le détail.

1538. MILLINGEN (James). Peintures antiques et inédites de vases grecs tirées de diverses collections, avec des explications par J.-V. Millingen. — Rome, 1813, gr. in-fol., avec 63 pl. au trait (40 à 80 fr.).

La fidélité, voilà ce qui fait le mérite de ces planches, gravées d'un trait un peu lourd et dépourvues de l'attrait de la couleur. Le texte est sobre et savant : il décèle une véritable intuition de cette antiquité. Dans une longue introduction, reprenant le sujet déjà abordé par notre Millin, l'antiquaire anglais traite de l'origine des vases peints, de leur emploi, de leur chronologie, de la diversité des styles, et il applique à ces matières le sens pratique de son pays.

1539. MILLIN (A.-L.). Description des tombeaux de Canosa, ainsi que des bas-reliefs, des armures et des vases peints qui y ont été découverts en 1813. — Paris, impr. Didot, 1816, gr. in-fol., avec 14 pl. en noir et en coul. (publié à 70 fr., et à 200 fr. avec les doubles pl. col.; se vend le tiers de ces prix).

Titre inexact : sur ces 14 planches, il en est 13 qui représentent de fort belles peintures de vases.

1540. DUBOIS-MAISONNEUVE. Introduction à l'étude des vases antiques d'argile peints, vulgairement appelés étrusques, accompagnée d'une collection des plus belles formes ornées de leurs peintures, suivie de planches la plupart inédites, pour servir de supplément aux différents recueils de monuments. — Paris, impr. Didot, 1817-34, tr.-gr. in-fol., avec 101 pl. au trait ou col.

(publié à 306 fr., avec pl. noires, et à 765 fr. avec pl. col.)

Très-bel ouvrage, presque introuvable.

1541. MILLINGEN (James). Peintures antiques de vases grecs de la collection de sir John Coghill, bar^t, publiées par James Millingen, de la société des antiquaires de Londres. — Rome, 1817, gr. in-fol., avec 52 pl. au trait (25 à 30 fr.).

Publication devenue classique.

1542. MOSES (Henry). *A Series of Engravings of antique Vases*, etc. — Recueil des gravures des vases antiques de la collection de sir Henry Englefield, baronnet, dessiné et gravé par H. M.. — Londres, (1819 ou 1822), gr. in-4 et gr. in-8, avec 40 pl. et portr. (25 fr., et plus en pap. imp. avec fig. s. Chine).

1543. GARGIULO (Raff.). *Collezione delle diverse forme de' vasi italico-greci, dette communemente etruschi.* — Naples, 1822, in-4, avec 28 pl. dessin. et grav. par R. Biondi (5 à 6 fr.).

1544. *Sappho und Alkaios. Ein altgriechisches Vasengemälde.* — Sapho et Alcée. Peinture d'un vase antique grec. — Vienne, 1822, in-fol., 5 pl. gr. (10 à 15 fr.).

1545. STEINBÜCHEL (Ant. de). *Dissertazione intorno ad una pittura greco-antica che rappresenta sopra un vaso Alceo e Saffo.* — Padoue, 1824, gr. in-8, avec 5 pl. grav. (2 à 3 fr.).

1546. PANOFKA (Teod.). *Vasi di premio illustrati.* — Florence, 1826, gr. in-fol., avec 6 pl. (4 fr.).

Il n'a paru de cet ouvrage que ce premier fascicule.

1547. BONAPARTE (Luc.). Muséum étrusque de Lucien Bonaparte, prince de Canino. Fouilles de 1828 à 1829. Vases peints avec inscriptions. — Viterbe, 1829, gr. in-4, 211 pp., avec 42 pl. de fac-sim. de caractères; il faut y joindre 5 pl. in-fol., lith. color. consacrées aux vases (25 à 30 fr.).

Ce muséum étrusque n'est autre que la seconde édition du *Catalogo di scelta antichità* (voir plus loin, le n° 1561), traduit en français, complété par la description des objets découverts jusqu'au dernier moment avant la publication, et par l'exacte reproduction des inscriptions des vases, par l'architecte Louis Valadier, qui fit plus encore, car on lui doit les dessins des cinq planches consacrées aux peintures de vases, dessins qui reproduisent les n°s 542, 542 *bis*, 546, 771, 1120 et 1120 *bis*. Ces cinq planches, qui devaient avoir une suite, ont paru à part sous ce titre : *Vases étrusques de Lucien Bonaparte, prince de Canino.* 1830.

1548. PANOFKA (Théod.). Recherches sur les véritables noms des vases grecs et sur leurs différents usages, d'après les auteurs et les monuments anciens. — Paris, imp. Didot, 1830, in-fol., 64 pp. et 9 pl.

Cet ouvrage sert d'introduction au *Musée Blacas*, qui suit. On sait quelle terrible épreuve Panofka eut à subir, quand Letronne exerça sur cet essai sa mordante critique.

1549. PANOFKA (Théod.). Musée Blacas. Monuments grecs, étrusques et romains. T. 1er. Vases peints. — Paris, 1830-33, in-fol., 32 pl. en noir et en couleurs (40 à 50 fr.).

Cet ouvrage devait être publié par livraisons, chacune de 8 pl., avec texte. Les quatre premières seules ont paru. Il est bien regrettable qu'on soit resté en chemin, surtout depuis que le gouvernement impérial a commis l'impardonnable faute de laisser l'Angleterre s'enrichir de ce précieux musée. Panofka était de taille à mener cette publication à bonne fin, et à justifier la confiance du duc de Blacas qu'il avait accompagné à Naples et pour lequel en 1826 il avait fait exécuter des fouilles. Bien qu'incomplet, ce livre ne laisse pas que d'intéresser. Ce n'est qu'une description, mais sous cette description se cache tout un système d'interprétation symbolique : Panofka a su l'appliquer avec une ingénieuse audace aux monuments de l'art. Un geste, une fleur, un bandeau sont pour lui les mots d'une langue qu'il traduit avec beaucoup de finesse et de savoir philologique.

1550. INGHIRAMI (Fr.). *Pitture di vasi fittili, esibite dal cav. Fr. I..., per servire di studio alla mitologia ed alla storia degli antichi popoli.* — Poligrafia Fiesolana, 1831-37, 4 vol. gr. in-4, avec 400 pl. (60 à 80 fr. et plus).

Recueil très-important, exécuté sous la direction d'un homme de haute naissance, à la fois antiquaire et artiste et devenu l'imprimeur de ses propres ouvrages. Après avoir rempli pendant quelque temps les fonctions de bibliothécaire à la bibliothèque Marcelliana, Inghirami alla s'établir avec les élèves, qu'il avait formés, à la *Badia*, superbe fondation de Côme l'ancien, dans la banlieue de Florence, qu'il surnomma *Poligrafia Fiesolana*, après y avoir établi une imprimerie et un atelier de gravure. C'est là qu'il a publié tous ses grands ouvrages. « Ce philosophe plein de « science, de modestie et de résignation, dit Valery, me reçut au milieu des festons d'épreuves « suspendues et séchant sur des cordes, et il ne « m'a point paru dégénérer de la noblesse de sa « race, etc. » Inghirami né en 1772 à Volterra, est mort à Florence le 17 mai 1846.

1551. LEVEZOW (Konr.). *Verzeichniss der antiken Denkmäler im Antiquarium des Königl. Museums zu Berlin,* etc. — Catalogue des monuments antiques du cabinet d'antiquités au Musée de Berlin. 1re part. Galerie de vases. — Berlin, 1834, gr. in-8, avec 24 pl. grav.

1552. GERHARD (Ed.). *Neuerworbene antike Denkmäler des Königl. Museums zu Berlin, beschrieben,* etc. — Description des monuments antiques récemment acquis par le Musée de Berlin. 1re p. Appendice au catalogue de la collection des vases; 2e p. Collection de vases, nos 1630 à 1690. — Berlin, 1836-40, 2 part. gr. in-8, avec 2 pl. gr. chacune (2 fr.).

Suite de l'ouvrage de Levezow, ci-dessus.

1553. LENORMANT (Ch.) **et WITTE** (J. de). Elite des monuments céramographiques. Matériaux pour l'histoire des religions et des mœurs de l'antiquité, rassemblés et commentés. — Paris, (1837-) 1844-1861, 4 vol. in-4, fig. (publié en 145 liv., au prix de 580 fr. avec les fig. noires, et de 942 fr. avec les fig. col.; se vend le quart de ces prix environ).

Cet intéressant et grand ouvrage est terminé sans l'être. En effet, ses auteurs auraient voulu pouvoir embrasser la céramographie tout entière et la diviser comme il suit : les *Dieux*, les *Héros*, l'*Histoire*, les *Mœurs privées*. Les circonstances ne leur ont pas permis de mettre à exécution ce grand programme, et au lieu de 12 vol. et de 1400 pl. qu'ils se promettaient de donner, nous n'avons que 4 vol., 408 pl., et seulement la première section, les *Dieux*, qui n'a paru elle-même qu'au bout de vingt années.

La mort de M. Lenormant, l'absence de sa féconde initiative, ont été en partie cause de ce retard, et il a fallu à M. de Witte beaucoup de courage et de persévérance pour amener à terme une partie importante d'une si lourde entreprise. Publier de nouveau toutes les peintures de vases connues depuis soixante ans et au-delà, où figurent quelques-uns des douze grands dieux; les interpréter avec une vaste érudition, c'est une tâche que très-peu de personnes ont le pouvoir d'accomplir.

1554. GERHARD (Ed.). *Archemoros und die Hesperiden*, etc. — Archemoros et les Hespérides. — Berlin, 1838, gr. in-4, avec 4 pl. gr. s. c. (4 à 5 fr.).

Extrait des *Abhandlungen der Königl. Acad. der Wissenschaften.*

1555. CREUZER (F.). *Zur Gallerie der alten Dramatiker. Auswahl unedirter griechischer Thongefässe*, etc. — Appendice à la galerie des anciens poëtes dramatiques. Choix de vases grecs inédits, tirés du Musée grand-ducal à Carlsruhe. Avec commentaires et lith. au trait. — Heidelberg, 1839, in-8, avec 9 pl. (3 à 4 fr.).

1556. GERHARD (Ed.). *Griechische Mysterienbilder*, etc. — Vases grecs relatifs aux mystères. Publiés pour la première fois (texte allem. et franç.). — Stuttgart et Tubingue, 1839, gr. in-fol., avec 12 pl. lith. (5 à 6 fr.).

1557. JAHN (Otto). *Vasenbilder*, etc. — Peintures de vases publiées et expliquées (I. Oreste à Delphi. II. Thésée et Minotaure. III. Dionysos et son Thiasos. IV. Diomède et Hélène. V. Poseidon et Amymone). — Hambourg, 1839, in-4, avec 4 pl. au trait (2 à 3 fr.).

Le savoir et la notoriété d'Otto Jahn donnent à cette publication une certaine importance. La dissertation relative au cortége de Bacchus et aux noms des suivants du dieu, inscrits sur les vases, est surtout instructive et distinguée.

1558. LUYNES (Honoré d'ALBERT, duc de). Description de quelques vases peints, étrusques, italiotes, siciliens et grecs. — Paris, impr. Didot, 1840, in-fol., avec 44 pl. (50 à 60 fr.).

Très-savante publication, supérieurement exécutée, mais de la plus grande rareté.

1559. GERHARD (Ed.). Notice sur le vase de Midias au Musée Britannique. — Berlin, 1840, gr. in-4, avec 2 pl. (2 fr.).

1560. GERHARD (Ed.). *Griechische und etruskische Trinkschalen*, etc. — Coupes grecques et étrusques du Musée royal de Berlin, publiées et expliquées, etc. (titre allem. et franç.). — Berlin, 1840, gr. in-fol., avec 12 pl. lith.; — nouv. édit., *ibid.*, 1843, gr. in-fol., avec 12 pl. grav. s. c.

1561. GERHARD (Ed.). *Auserlesene griechische Vasenbilder hauptsächlich Etruskischen Fundorts*, etc. — Choix de vases grecs peints, venant principalement des fouilles de l'Etrurie. — Berlin, 1840-1858, 4 vol. in-4, avec 330 pl. en coul. (publié à 375 fr., réduit à 150 fr.; se vend encore moins cher).

Voici une publication des plus remarquables, bien qu'elle soit moins luxueuse que presque toutes celles qui l'ont précédée. Le nombre des planches, le choix des vases, le format réduit, mais sans faire tort à la fidélité des reproductions, la couleur qui fixe bien mieux les objets dans la mémoire que de simples gravures au trait, tout enfin contribue à lui donner une importance incontestable; mais ce qui nécessairement doit y ajouter encore, c'est l'esprit dans lequel elle a été conçue. En effet, ce livre n'est pas seulement un recueil de vases, mais plutôt un traité de mythologie transcendante, illustré par des peintres.

Partant de ce point que le polythéisme raffiné, celui de l'antiquité éclairée, eut pour base le sentiment de l'unité divine et le désir de remonter à cette unité, l'auteur croit qu'il est de l'intérêt de la science de retrouver cette unité sous les formes si variées de l'art, et c'est pour arriver à ce résultat, qu'il a rassemblé les images des dieux.

En terminant, Gerhard semble se féliciter, je dis *semble*, car il est impossible d'écrire, même en allemand, d'une façon plus obscure, de ce que les découvertes faites en Etrurie, — ces joyaux archéologiques du siècle, — lui ont fourni des preuves à l'appui d'un système dont nous n'avons point à examiner ici la valeur.

1562. GERHARD (Ed.). *Tazze dipinte del real Museo di Berlino*, etc. — Vases peints du Musée royal de Berlin provenant des fouilles de l'Etrurie. — Rome, 1842, in-fol.

563. GERHARD (Ed.). *Etruskische und campanische Vasenbilder*, etc. — Vases peints de l'Etrurie et de la Campanie au Musée royal de Berlin, etc. — Berlin, 1843, gr. in-fol., avec 31 pl. s. c., dont 26 en coul. (publié à 90 fr.; se vend 40 à 50 fr.).

1564. GERHARD (Ed.). *Apulische Vasenbilder*, etc. — Vases apuliens du Musée royal de Berlin (texte allem. et franç.). — Berlin, 1845 (ou 1846), avec 21 pl., dont 16 enlum. (publié à 113 fr.; se vend 50 à 60 fr.).

1565. GERHARD (Ed.). *Trinkschalen und Gefässe* (griechische) *der königlichen Museums*, etc. — Vases et coupes du Musée royal de Berlin et d'autres collections (titre allem. et franç.). — Berlin, 1848-50, 2 part. en 1 vol. gr. in-fol., IV, v-60 pp. et 37 pl. lith. et chromolith.

1566. PANOFKA (Th.). *Von den Namen der Vasenbildner in Beziehung zu ihrem bildlichen Darstellungen.* — Les Noms des peintres de vases rapprochés de leurs peintures. —Berlin, 1849, gr. in-4, 88 pp., et 9 pl., en partie color., contenant 58 sujets.

1567. RATHGEBER (G.). *Nikè in Hellenischen Vasenbildern*, etc. — Nikè sur les vases grecs. Dissertation archéologique (1re partie). —Gotha, 1851, gr. in-fol., II-58 pp. (3 à 4 fr.); — réimp. dans la 3e livr. de ses : *Schriften;* ibid., 1857, gr. in-fol.

1568. SCHULZ (Heinr.-Wilh.). *Die Amazonen - Vase von Ruvo erklärt und in kunsthistor. Beziehung betrachtet.* — Les Vases peints de Ruvo, représentant les Amazones, expliqués et examinés au point de vue historique. — Leipzig, 1851, gr. in-fol., IV-16 pp. et 3 pl. grav. (10 à 12 fr.).

1569. JAHN (Otto). *Beschreibung der Vasensammlung König Ludwigs*, etc. — Description de la collection de vases du roi Louis dans la Pinacothèque de Munich. — Munich, 1854, gr. in-8, avec 11 pl. lith. (8 à 20 fr.).

Excellent catalogue précédé d'une belle introduction, riche en informations et en recherches aussi variées qu'étendues, et dans laquelle l'auteur a embrassé avec autant d'autorité que de compétence l'étude entière de la céramographie.

1570. ROULEZ (J.). Choix de vases peints du Musée d'antiquités de Leide, publiés et commentés. — Gand, 1854, in-fol., VIII-92 pp., avec 20 pl. lith. color. (25 à 30 fr.).

Vases très-bien choisis; peintures reproduites avec beaucoup de soin. —Le Musée de Leide s'est formé par des acquisitions successives dont la plus importante est celle de la collection du prince de Canino, Lucien Bonaparte, collection formée à la suite des fouilles qu'il fit exécuter dans sa principauté. Cent pièces environ de cette collection, mise en vente en 1839, ont été achetées par le roi Guillaume Ier pour en faire don au musée de Leide.

1571. FIORELLI (Gius.). *Notizia dei Vasi dipinti rinvenuti a Cuma*, etc. — Notice des vases peints trouvés à Cumes en 1856, appartenant à S. A. R. le comte de Syracuse. — Naples, 1856, in-fol., 30 pp., avec 18 pl. lith. color. (30 à 40 fr.).

Charmante publication par l'intelligent et zélé antiquaire qui dirige aujourd'hui le magnifique Musée de Naples.

1572. GERHARD (Ed.). *Ueber Hermenbilder auf griechischen Vasen.* — Les Représentations d'Hermès sur les vases grecs peints. — Berlin, 1856, gr. in-4, 1 f., 28 pp., et 5 pl. grav. s. c. (2 fr.).

1573. CONZE (Alex.). *Melische Thongefässe*, etc. — Vases de l'île de Milo. — Leipzig, Breitkopf et Härtel, s. d. (1862), in-fol. obl., 8 pp., et 5 pl. lith., dont 4 en coul. — 18 fr. 75.

Voici la dédicace de ce livre : « A MM. Guillaume Henzen et Henri Brunn, souvenir reconnaissant de deux hivers passés à Rome. »

Cette publication minuscule a cela de remarquable : la fidélité de la copie. La reproduction n'est point ici, comme on le voit ailleurs, une indication, un souvenir; c'est le vase même que l'on a sous les yeux.

1574. FRÖHNER (Wilh.). Choix de vases grecs inédits de la collection de S. A. I. le prince Napoléon. Publiés par W. F.. — Paris, impr. Claye, 1867, in-fol., avec 7 pl. chromolith. — 30 fr.

1575. BENNDORF (Otto). *Griechische und sicilische Vasenbilder*, etc. — Vases peints grecs et siciliens. — Berlin, Guttentag, 1869-70, gr. in-fol., livr. 1 à 2, 54 pp. et 30 pl. lith. — 80 fr.

1576. HEYDEMANN (H.). *Die Vasensammlungen des Museo nazionales zu Neapel.* — Les Vases du Musée national de Naples. — Berlin, Reimer, 1872, gr. in-8, avec 22 pl. lith. — 21 fr. 25.

2. *Ecrits sur les vases peints et catalogues de collections de vases.*

1577. LANZI (Luigi). *De' Vasi antichi dipinti volgarmente chiamati etruschi. Dissertazioni tre.* — Florence, 1807, in-8, fig. (8 à 10 fr.).

C'est au savoir et à la sagacité de l'abbé Lanzi que l'on doit d'avoir fait prévaloir les vrais principes et débarrassé l'étude des vases de l'étruscomanie. Dans la première de ces trois dissertations, il démontre que cette dénomination de vases étrusques n'est applicable qu'à un certain nombre d'eux eux; que beaucoup sont grecs et que l'un et l'autre nom ne peut leur être appliqué qu'en raison des lieux où ils ont été découverts. Lanzi conclut en disant que les inscriptions, les sujets, les ornements autorisent à croire que cet art est originaire de la Grèce.

1578. JORIO (Andrea de). *Sul Metodo degli antichi nel dipingere i vasi, e sulle rappresentanze de' più interessanti del Museo*, etc. — Sur les Procédés des anciens pour peindre les vases et sur les représentations les plus intéressantes du Musée royal. Deux lettres du chanoine André de Jorio au chevalier Matteo Galdi. — (Naples, 1813), in-8.

1579. JORIO (Andrea de). *Metodo per rinvenire e frugare i sepolcri degli antichi.* — Méthode pour retrouver et explorer les tombeaux des anciens. — Naples, 1824, in-4, avec 8 pl. (3 à 5 fr.).

1580. AMATI (Girol.). *Intorno ad alcuni Vasi etruschi o italogreci recentemente scoperti. Osservazioni.*—Rome, 1829, in-8:

1581. *Catalogo di scelte antichità etrusche trovate negli scavi del principe di Canino,* etc.—Viterbe, 1829, in-4 (2 fr.).

Ce catalogue est célèbre : il signale une des plus grandes découvertes de l'archéologie, la découverte de Vulci, et il renferme les hypothèses les plus hasardées : il y est dit, entre autres, que ces tombeaux sont antérieurs à la fondation de Rome; que les vases peints, qu'on y trouve par centaines, bien qu'analogues à ceux de la grande Grèce, sont de provenance étrusque. L'auteur est le frère de celui qui fut le maître de l'Europe. Après avoir joué un rôle dans le monde politique, Lucien Bonaparte fait ici son entrée dans le monde savant, mais pour y être combattu. (Voir aussi plus haut, le n° 1547.)

1582. AMATI (Girol.). *Sui Vasi etruschi illustrati da S. E. il sign. principe di Canino. Osservazioni.* — Rome, 1830, 2 part. in-8, 24 et 13 pp.

Réponse à Raoul-Rochette.

1583. GARGIULO (Raff.). *Cenni sulla maniere di rinvenire i vasi fittili italo-greci,* etc. — Indications sur la manière de retrouver les vases de terre italo-grecs, sur leur fabrication, etc., et sur le progrès et la décadence de l'art céramique. — Naples, 1831, in-4, avec 10 pl. (3 fr.) ; — nouv. édit., *ibid.,* 1843, in-4.

1584. BRÖNDSTED (P.-O.). *A Brief Description of thyrty two ancient greek painted Vases,* etc. — Description abrégée de trente-deux vases peints, trouvés récemment dans les fouilles de Vulci, Etats romains, par M. Campanari, et exposés par lui à Londres. — Londres, 1832, in-8.

1585. FEA (Carlo). *Storia dei Vasi fittili dipinti che da quattro anni si trovano nello Stato ecclesiastico,* etc. — Histoire des vases peints découverts depuis quatre années dans l'État ecclésiastique, partie de l'antique Etrurie en relation avec la colonie lydienne établie là pendant plusieurs siècles avant la domination des Romains. — Rome, 1832, in-8.

Histoire fantastique par un savant étruscomane qui veut que tous les vases aient été fabriqués en Étrurie, puis transportés par le commerce dans la grande Grèce et de là en tout pays.

1586. DOROW (Wilh.). *Einführung in eine Abtheilung der Vasensammlung des kön. Museums zu Berlin,* etc. — Introduction à la classification des vases du Musée royal de Berlin. — Berlin, 1833, in-8, avec 4 pl. lith. (1 fr.).

1587. CAMPANARI (Secondiano, marchese). *Intorno i Vasi fittili dipinti, rinvenuti ne' sepolcri dell' Etruria compresa nella dizione pontificia. Disserlazione.* — Rome, 1836, in-4.

1588. WITTE (Jean de). Description des antiquités et objets d'art qui composent le cabinet de feu M. le chevalier E. Durand, par J. de Witte, membre de l'Institut archéologique de Rome. — Paris, 1836, gr. in-8, avec 5 pl. (5 à 10 fr.).

Le plus grand éloge que nous puissions faire de ce catalogue, c'est de dire qu'il est digne de la collection qu'il a fait connaître. Cette collection, pour les vases surtout, a été une des plus belles qu'un amateur puisse posséder. Sa dispersion a enrichi bien des musées.

C'est par ordre de sujets que l'auteur a rangé les vases peints : 1° *sujets mythologiques ;* 2° *sujets héroïques ;* 3° *sujets mystiques et funéraires ;* 4° *vie civile ;* 5° *animaux naturels et monstrueux ;* 6° *formes simples et bizarres;* 7° *vases à reliefs.*

1589. WITTE (J. de). Description d'une collection de vases peints et bronzes antiques provenant des fouilles de l'Étrurie. — Paris, 1837, in-8, 160 pp. et 1 pl.

Voir l'art. de Raoul-Rochette dans le *Journal des Savans,* 1837.

1590. KRAMER (Dr Gust.). *Ueber den Styl und die Herkunft der bemahlten griechischen Thongefässe,* etc. — Du Style et de la provenance des vases grecs peints. Dissertation sur un point de l'histoire de l'art. — Berlin, 1837, in-8 (2 fr.).

Petit traité souvent cité, parce qu'il est fait en conscience, mais dont les vues principales, adoptées par les uns, sont contestées par les autres. Ainsi, suivant l'auteur, tous les vases à figures noires ou à figures rouges ont été fabriquées à Athènes, et portées ensuite par le commerce dans tous les coins du monde grec, opinion que M. de Witte repousse (*Etudes sur les vases peints*, p. 25) par la raison qu'il est impossible d'admettre qu'Athènes ait été dans l'antiquité le seul atelier de la céramographie. Il est à noter qu'Otto Jahn, dans sa belle introduction au catalogue des vases de la Pinacothèque de Munich (voy. ci-dessus, le n° 1600), a repris le système de Gustave Kramer et le fait valoir.

1591. CAMPANARI (Secondiano). *Antichi Vasi dipinti della collezione Feoli descritti.* — Rome, 1837, in-8.

1592. CAMPANARI (Secondiano, marchese). *Descrizione dei vasi rinvenuti nelle escavazioni fatte nell' Isola Farnese (antica Veio).* — Rome, 1839, in-4.

1593. WITTE (J. de). Description des vases peints et des bronzes antiques qui composent la collection de M. de M*** (Magnoncourt). — Paris, 1838, in-8, 104 pp. et 1 pl.

1594. WITTE (J. de). Description de la collection d'antiquités de M. le vicomte Beugnot. — Paris, 1840, in-8, 180 pp. et 1 pl. (1 fr. 50).

1595. FABRONI (Ant.). *Storia degli antichi vasi fittili aretini.* — Arezzo, 1841, in-8, avec 9 pl.

1596. BIRCH (S.). *On a fictile Vase found at Canino.* — Sur un Vase en argile trouvé à Canino. — Londres, 1842, in-4, avec 2 pl.

1597. WESTROP (Hodder-M.). *Epochs of Painted Vases*, etc. — Époques des vases peints. Introduction à leur étude. — Londres, 1845, in-4; — nouv. édit., *ibid.*, 1856, in-4.

1598. MINERVINI (Giulio). *Descrizione di alcuni vasi fittili antichi della collezione Jatta, con brevi dilucidazioni. Parte prima. Divinità.* — Naples, 1846, in-8 (2 fr.).

1599. BIRCH (S.) & NEWTON (Ch.-Th.). *A Catalogue of the Greek and Etruscan Vases of British Museum.* — Londres, 1851, in-8.

Le premier volume seul a paru, et ce défaut de continuation est d'autant plus regrettable que ce même catalogue est rédigé par deux hommes d'une grande compétence.

1600. JAHN (Otto). *Kurze Beschreibung der Vasensammlung Sr. Maj. König Ludwigs in der Pinakothek zu München.* — Courte Description de la collection de vases du roi Louis dans la Pinacothèque de Munich. — Munich, 1854, in-16, 1 f. et 109 pp.

1601. BIRCH (Samuel). *History of ancient Potery.* — Histoire de la Céramique des anciens. — Londres, 1857, 2 vol. in-8, avec pl. color. et nombr. grav.; — nouv. édit., revue; *ibid.*, Murray, 1873, gr. in-8, fig. — 53 fr.

Ouvrage important.

1602. LUTZOW (K.-F.-A.). *Zur Geschichte des Ornaments an den bemahlten griechischen Thongefässen.* — Histoire des ornements qui décorent les vases peints. — Munich, 1858, gr. in-8, 2 ff. et 56 pp., avec 3 pl. lith. (1 fr.).

1603. FRÖHNER (W.). *Die griechischen Vasen und Terracotten der Grossherzoglichen Kunsthalle zu Karlsruhe.* — Les Vases et les terres cuites grecs du Musée grand-ducal de Carlsruhe. — Heidelberg, Mohr, 1860, in-8, VIII-119 pp., et 1 pl. in-fol. — 2 fr.

1604. WITTE (J. de). Notice sur les vases peints et à reliefs du Musée Napoléon III. — Paris, 1862, in-8.

1605. WITTE (J. de). Notice sur quelques vases peints de la collection de M. Alex. Castellani. — Paris, Rollin et Feuardent, 1865, in-8, 40 pp.

1606. WITTE (J. de). Études sur les vases peints, par J. de Witte, membre de l'Institut. — Paris, Bureaux de la *Gazette des Beaux-Arts*, 1865, in-8, 4 ff. et 122 pp., fig.

Extrait de la *Gazette des Beaux-Arts*, sept. et déc. 1862, mars, avril et nov. 1863, février et mai 1864, et août 1865.

L'auteur s'exprime ainsi, dans un très-court avertissement : « On le voit, la collection Campana « a été le prétexte de ces articles ; mais en défini-« tive, j'ai tâché de donner un aperçu rapide de « l'état actuel des connaissances acquises sur l'art « céramographique chez les Grecs. J'ai été obligé « par la nature du recueil dans lequel étaient pu-« bliées ces études, de laisser de côté les questions « les plus ardues, et surtout tout ce qui se rap-« porte à l'épigraphie. »

Ce que M. de Witte ne pouvait pas ajouter, nous le dirons à sa place. Nous dirons que ce rapide aperçu est le fruit de la plus longue et la plus rare expérience. Les vases peints et M. de Witte c'est tout un; ces deux idées sont étroitement liées et soudées par trente ans de travaux et par une prédilection archéologique presque exclusive.

F. — PIERRES GRAVÉES.

Une Bibliographie des Beaux-Arts, voilà notre cadre, de là, l'obligation de choisir dans les centaines d'ouvrages dont la glyptique ancienne et moderne a été l'occasion. Beaucoup, dans ce nombre, ne sont autres que de petites monographies où la sagacité de quelques érudits s'est exercée sur un sujet bien mince. Ajoutez que, grâce aux empreintes, les pierres gravées n'ont pas besoin du burin pour être reproduites, ce qui enlève aux livres sur la glyptique, au point de de vue de l'art surtout, une partie de leur importance. Nous ne signalerons donc que les collections célèbres et les ouvrages exécutés avec luxe. On peut d'ailleurs consulter : *Bibliothèque glyptographique*, par Chr.-Th. de Murr (Dresde, 1804, in-12), et la *Bibliographie dactyliographique*, de Mariette, dans son *Traité des pierres gravées*, ci-dessous, n° 1620.

1607. VICO (Aeneas). *Monumenta aliquot antiquorum ex gemmis et cameis incisa.* — Romæ, s. d. (v. 1550), pet. in-fol., 37 pl. numér. (10 à 15 fr.).

1608. LE POIS (Ant.). Discours sur les médalles (*sic*) et graveures antiques, principalement romaines, etc. — Paris, 1579, in-4, fig. s. b., et 20 pl. grav. k. cuivre (30 à 100 fr. et plus).

Quoique n'étant pas consacré spécialement aux pierres gravées, ce livre mérite, tant par sa date que parce qu'il semble avoir créé une nouvelle science, d'être signalé en tête de la section qui, concerne cette classe de monuments. L'auteur, parmi les modernes, est le premier qui, pleinement convaincu de l'intérêt et de l'utilité de cette étude, se soit appliqué à en parler avec réflexion et méthode. L'histoire des bagues ou anneaux, leur emploi chez les Grecs ou les Romains, les genres et les matières, le détail de celles qui conviennent le mieux à la gravure en relief, la liste des plus célèbres, le sens des mots *diaglyphice* (gravure en creux) et *anaglyphice* (gravure en relief) : voilà ce que renferment les trois derniers chapitres de ce discours. Le livre, en outre, est enrichi de la représentation de quarante-huit pierres antiques, tirées presque toutes du cabinet de Le Pois, et gravées par Pierre Woeiriot, le célèbre artiste lorrain. Le duc de Lorraine, Charles II, fit la dépense des planches ; notez que Le Pois était médecin de la duchesse.

1609. GORLÆUS (Abraham). *Dactyliotheca seu annulorum sigillarium quorum apud priscos tam Græcos quam Romanos usus, promptuarium ; cum figuris.* — Delphis Batavorum (Delft), 1601, pet. in-4, avec 148 pl. ; — nouv. édit. : *cum explicationibus* Jac. GRONOVII ; Lugduni Batavorum, 1694-95 (ou 1707, édit. augm.), 2 vol. in-4, avec 283 pl. (10 à 12 fr.). = *Dactyliotheca, sive tractatus de annulorum origine variis eorum generibus et usu apud priscos.* — Lugduni Batavorum, 1672, in-12. == Cabinet de pierres antiques gravées, ou Collection choisie de 216 bagues et de 682 pierres tirées du cabinet de Gorlée et autres. — Paris, 1778, 2 vol. in-4, avec 282 pl. (10 à 12 fr., et plus sur pap. fort).

Les explications de Gronovius donnent seules quelque importance à cet ouvrage dont les planches sont inexactes et mal exécutées. Son unique mérite est d'être le premier dans lequel on trouve réunies un grand nombre de pierres gravées, et par là d'avoir fixé l'attention des savants sur une branche importante de l'antiquité figurée. A partir de ce moment, les publications de ce genre se suivent presque sans interruption.

1610. STEPHANONIUS (Petr.). *Gemmæ antiquitus sculptæ, à P. Stephanon'o, Vicentino, collectæ et declarationibus illustratæ,* etc. — Romæ, 1627, in-4, 51 pl. grav. par Valeriano Regnart ; — réimpr., Padoue, 1646, pet. in-4, fig.; — nouv. édit.: *Hieroglyphica, sive antiqua schemata gemmarum annularium ..... explicata responsis* Fort. LICETI ; Patavii, 1653, in-fol., fig. (2 à 3 fr.).

La première édition est fort rare ; elle n'a, de même que la suivante, d'autre texte que les distiques latins qui accompagnent les figures.

1611. AGOSTINI (Leonardo). *Le Gemme antiche figurate,* etc. — Rome, 1657-69, 2 part. pet. in-4, front., portr. et 214 pl. grav. par J.-B. Galestruzzi, et 51 pl. (10 fr.); — 2° édit., publ. par Martinelli, entièrement refondue par Bellori ; *ibid.*, 1686-88, 2 part. in-4, 115 et 150 pl. (10 à 15 fr.); — trad. en latin par Jac. Gronovius: *Gemmæ et sculpturæ antiquæ*; Amstelodami, 1685, 2 part. in-4, 265 pl. grav. par Abr. Blooteling (6 à 8 fr.); — réimpr., Franequeræ, 1694-99, in-4, avec 265 pl. (10 fr.).

Le recueil d'Agostini est un des plus anciens, et les gravures de Galestruzzi, exécutées avec esprit, et parfois avec un certain sentiment de l'antique, lui donnent une valeur que le texte, bien que corrigé par Bellori et recorrigé par Gronovius, ne saurait lui acquérir. — On sait peu de choses sur la personne de L. Agostini. Quoique toutes les biographies nous parlent de sa célébrité comme antiquaire, elles sont muettes sur la date de sa naissance et de sa mort, et tout ce qu'elles peuvent nous apprendre c'est qu'Agostini a vécu à la cour du cardinal Barberini, sous le pontificat d'Urbain VII, au milieu du dix-septième siècle ; et de plus, qu'il reçut du pape Alexandre mission d'examiner les antiques dans tous les États de l'Église.

1612. CAUSEO DE LA CHAUSSE (Michel-Ang.). *Le Gemme antiche figurate, consecrate al cardinale Cesare Destrées.* — Rome, 1700, in-4, avec 200 pl., par S. Bartoli (3 à 5 fr.) ; — réimpr.: *Raccolta di gemme*; Rome, 1805, 2 vol. in-4, fig. (10 à 12 fr.).

Peu de goût, peu d'exactitude ; puis le style de S. Bartoli est si éloigné de l'antique !

1613. ROSSI (Dom. de') & MAFFEI (Al.). *Gemme antiche figurate, date in luce da* Domenico de' Rossi, *colle sposizioni di* P.-Aless. Maffei. — Rome, 1707-9, 4 vol. in-4, avec 410 pl. (30 fr.).

Parmi les planches, se trouvent toutes celles de l'ouvrage d'Agostini (voir ci-dessus, n° 1611).

1614. BAJERUS (Jo.-Jac.). *Gemmarum affabre sculptarum Thesaurus quem collegit Jos. Mart.* ab Ebermayer, *digessit et recensuit* J. J. B... — Norimbergæ, 1720, in-fol., avec 30 pl. (2 à 5 fr.).

Ouvrage sans valeur et qui est une véritable imposture. On le trouve joint assez souvent à une autre publication des pierres gravées de la même collection. Voy. le n° suivant.

1615. REUSCH (Erh.). *Capita deorum et illustriun hominum, nec non hieroglyphica, abraxea et amuleta quædam in gemmis antiqua partim, partim recenti manu affabre incisa, quæ collegit J. Mart.* ab Ebermayer; *enarravit, observationibusque illustravit* E. R... — Francofurti, 1721, in-fol., avec 17 pl. (3 à 5 fr.).

1616. STOSCH (Phil. baron de). *Gemmæ antiquæ cælatæ scalptorum nominibus insignitæ*, etc. — Pierres antiques gravées sur lesquelles les graveurs ont mis leur nom ; dessinées et gravées sur cuivre, d'après les pierres elles-mêmes, ou d'après leurs empreintes, par Bernard Picart, tirées des principaux cabinets de l'Europe, expliquées par M. de Stosch, et traduites en françois par M. de Limiers (texte lat. et franç.). — Amsterdam, 1724, pet. in-fol., avec 70 pl. (18 à 24 fr., et plus en gr. pap.).

Quel est l'objet de cette publication ? De faire mieux apprécier, par la comparaison des œuvres signées des artistes, le mérite de chacun d'eux, et ce qui est le propre de leur talent. L'idée était excellente, mais le graveur en a empêché la réalisation. Sous la fade élégance du burin de B. Picart, toute originalité a disparu.

1617. GOSMOND. Devonshire's *Cabinet of Gems'*, engraved by Gosmond. — *Collectio figuraria gemmarum antiquarum ex Dactyliotheca Ducis Devonix.* — (Londres, v. 1730), pet. in-fol. (600 fr. et plus).

C'est sous les titres factices ci-dessus qu'on désigne un recueil de planches représentant les pierres gravées de la célèbre collection du duc de Devonshire. Il n'a jamais été rendu public, et les exemplaires en sont fort rares. Les plus complets contiennent cent et une planches. Voir pour plus de détails : *Aedes althorpianæ*, I, pp. 166-172.

1618. (LEVESQUE DE GRAVELLE, Mich.-Phil.) Recueil de pierres gravées antiques. — Paris, 1732-37, 2 t. en 1 vol. in-4, avec 101 et 104 ou 105 pl. grav. en taille douce (10 à 12 fr.).

Pierres reproduites sur une échelle trop grande; dessin mou, incorrect ; texte insignifiant : en un mot, l'œuvre d'un amateur, conseiller au parlement et, ce qu'il y a de pis, auteur dramatique.

Les cinquante premières planches de ce recueil ont été copiées par Cl. du Boscq, et publiées par G. Ogle, avec un texte anglais : *Antiquities explained*, etc. (Londres, 1737, in-4, fig.); — nouv.

édit. sous ce titre : *Gemmæ antiquæ cælatæ, or a Collection of Gems* (ibid., 1741, gr. in-4, fig (4 à 10 fr.).

1619. GORI (Ant.-Fr.). *Thesaurus gemmarum antiquarum astriferarum quæ compluribus dactyliothecis selectæ æreis tabulis* 200 *insculptæ, observationibus inlustrantur adjectis parergis* 60, etc. — Florentiæ, 1750, 3 vol. pet. in-fol. (25 à 40 fr.). — Voir aussi plus haut, le n° 1515.

Le frontispice représente deux génies sur un socle occupés à soutenir un globe où le titre du livre est inscrit. On lit sur le socle : *J. B. Passerio cura et studio Ant. F. Gori.* En effet, le livre de Gori est enrichi de quinze dissertations de Passeri. Le mot enrichi est peut-être ambitieux. Il y a bien du vague dans l'explication de ces pierres gravées astrifères, qui tirent leur nom de ce qu'on y voit des constellations. En voici deux exemples : je tombe sur la planche 133 qui représente deux cornes d'abondance disposées en sautoir ; au-dessus, deux constellations, le Soleil et la Lune : cela signifie, selon Passeri, que ces astres sont pour l'humanité la source des biens. Planche 134, je vois une Sirène; elle aussi a son étoile qui nous apprend que le Soleil préserve non-seulement les navigateurs, mais l'humanité toute entière des dangers qui la menacent. Le savant interprète envisage cette pierre comme un amulette utile aux jeunes gens ; grâce à elle, les séductions féminines, cette peste du monde, ne pourront rien sur eux. Le vicaire général de Pesaro ne pouvait pas tenir un autre langage.

1620. MARIETTE (P.-J.). Traité historique des pierres gravées du cabinet du Roi, avec des explications. — Paris, 1750, 2 vol. pet. in-fol., avec 257 pl., d'après Bouchardon (30 à 70 fr., et plus en pap. de Holl.).

Ce traité a été, et il l'est encore aujourd'hui, l'œuvre classique sur la matière. On y trouve non-seulement des vues sur l'origine et les progrès de la gravure chez les anciens ; sur l'usage qu'ils faisaient des pierres gravées ; sur les différentes manières de graver des Grecs, des Romains, et des autres peuples de l'antiquité; sur la gravure chez les modernes et sur les diverses sortes de pierres fines ; sur les procédés employés et les contrefaçons, en un mot sur tout ce qui se rapporte à la technique ; mais on y trouve en outre, ce qui était alors nouveau, l'histoire des graveurs sur pierre dure, semée de remarques pleines d'érudition et de goût, et suivie d'une *Bibliographie dactyliographique*, où sont examinés et appréciés tous les écrits publiés antérieurement.

Le second volume se compose d'une introduction historique sur les intailles du cabinet du Roi, et d'une série de 132 pierres gravées à sujets, avec leurs explications, et enfin 125 têtes. L'exécution des planches, gravées sur les dessins de Bouchardon, est très-soignée et très-élégante; malheureusement le style du dessinateur domine ici bien plus que celui de l'antique.

La publication du *Traité des pierres gravées* valut à son auteur de très-vives attaques, surtout de la part d'un certain Giulianelli, dans les *Memorie degli intagliatori moderni in pietre dure, cammei*, etc. (Livourne ou Venise, 1773, in-4), et du célèbre Natter. Celui-ci, dans son *Traité de la méthode antique de graver en pierres fines* (voy. ci-dessous, n° 1626), s'en prit surtout à la partie du livre de Mariette relative aux graveurs modernes. De là, un échange de lettres dont on trouvera la traduction dans les *Lettere pitto-riche*, t. VI, p. 259 et 265.

1621. ZANETTI (Ant.-Mar.) & GORI (Ant.-F.). *Gemmæ antiquæ* Ant. Mar. Zanetti, *Hieronymi filii*; Ant. Fr. Gorius *notis latinis illustravit; italice eas notas reddidit* Hieron. Fr. Zanetti (texte latin et ital.). — Venetiis, 1750, in-fol., avec 80 pl. grav. (12 à 15 fr.).

Les planches se trouvent quelquefois séparément, avec un frontispice gravé, portant ce titre : *Dactyliotheca Ant. Mar. Zanetti*, et la date de 1749.

1622. BARTOLI (Pietro-Sante). *Museum Odescalcum, sive Thesaurus antiquarum gemmarum, cum imaginibus in iisdem insculptis, quæ à seren. Christina Suecorum regina collectæ in museo Odescalco adservantur, et a P. S. B... quondam incisæ, nunc primum in lucem proferuntur* (avec texte par Nic. GALEOTTI). — Romæ, 1751-52, 2 vol. in-fol., avec 49 et 53 pl. (10 à 15 fr., et plus en gr. pap.).

Cet ouvrage, et celui d'Havercamp, *Nummophylacium Reg. Christinæ* (La Haye, 1742, in-fol., 63 pl.), suffisent pour donner une idée de la richesse des collections acquises à la mort de l'ex-reine de Suède par Livio Odescalchi, duc de Bracciano et neveu d'Innocent X. Bartoli a mis ici son talent brillant et facile; les pierres sont sur une grande échelle et gravées à l'eau-forte par un burin aussi souple que le crayon.

Les planches seules de cet ouvrage avaient paru à Rome, avec la date de 1747 ou 1750, et une partie de ces mêmes planches avait déjà circulé avec un frontispice de 1702.

1623. LIPPERT (Phil.-Daniel). *Gemmarum anaglyphicarum et diaglyphicarum ex precipuis Europæ museis selectorum ectypa M. ex vitro obsidiano, et massâ quadam, studio P. D. L... fusa et efficta.* — Dresde, 1753, in-4, 52 pp.

Dans ce catalogue, le premier de tous ceux donnés par Lippert, on trouve la description du premier millier d'empreintes de pierres gravées antiques, en pâte blanche, recueillies par ce glyptographe. Divisé en deux parties, l'une pour les pierres mythologiques, l'autre pour les pierres historiques, et imprimé sur quatre colonnes, ce catalogue indique le sujet, la qualité de la pierre, le possesseur actuel et l'ouvrage qui en a traité. Autorisé par Lippert, J. Christ, professeur à Leipzig, donna une nouvelle description de ce premier millier d'empreintes, sous le titre suivant : *Dactyliothecæ universalis... Chilias, sive scrinium milliarium*, etc. (Leipzig, 1755, in-4). Un second millier d'empreintes, également recueilli par Lippert et décrit par Christ, parut en 1756, mais Christ étant mort cette même année, ce fut Heyne qui se chargea du catalogue explicatif du troisième millier recueilli également par Lippert. Ce dernier mille parut en 1763. Plus tard, Lippert ayant conçu le projet de faire un choix dans sa collection et de l'accompagner d'un texte en allemand, ce choix parut sous ce titre : *Dactyliothek, das ist Sammlung geschnittener Steine der Alten aus den vornehmsten Museis in Europa, zum Nutzen der schönen Künste und Künstler in zwey Tausen*

Abdrücken, etc. (Leipzig, 1767, 2 part. gr. in-4) et fut suivi d'un supplément (Leipzig, 1776, gr. in-4). « Lippert, dit Gurlitt (Introduction à l'étude « de l'art dans l'antiquité, n° 1427 ci-dessus), a « su donner par ses travaux non-seulement une « vive impulsion à l'étude des pierres gravées, « mais, en facilitant l'étude de l'antique, il a fait « pénétrer en Allemagne le goût de l'art et le « sentiment de la beauté. »

1624. (CAYLUS, comte de.) Recueil des pierres gravées du cabinet du Roi. — S. l. n. d. (Paris, 17..), pet. in-4, 306 pl. à l'eau forte; — nouv. édit. publ. par Basan : Recueil de trois cents têtes et sujets de composition gravés d'après les pierres gravées antiques du cabinet du roi; s. l. n. d. (Paris, 17..), pet. in-4, avec 300 pl. (6 à 12 fr.).

La première édition n'a ni titre, ni texte, ni numéros d'ordre aux planches, et il n'en a été tiré que quelques exemplaires. Basan, devenu propriétaire de la presque totalité des planches, y ajouta des numéros et une légende, et remplaça par d'autres gravures celles de la première édition qui lui manquaient.

1625. CHEREAU (Jean-Franç.). Livre de têtes antiques gravées d'après les pierres et les cornalines du cabinet du Roi. — Paris, 1754, in-4, avec 20 pl.

1626. NATTER (Laurent). *A Treatise on the ancient Method of Engraving on precious Stones, compared with the modern.* — Londres, 1754, in-fol., 38 pl.; — trad. en franç. : Traité de la méthode antique de graver en pierres fines, comparée avec la méthode moderne et expliquée en diverses planches; *ibid.*, 1754 ou 1781, pet. in-fol., fig. (6 à 12 fr.).

Né à Biberach, dans le Wurtemberg, en 1705, mort à Saint-Pétersbourg en 1763, Natter fut un des plus célèbres graveurs en pierres fines parmi les modernes. Goethe (*Winckelmann et son siècle*) s'est appliqué à signaler les rares qualités de cet habile artiste. Natter connaissait bien l'histoire et la mythologie, et s'en est servi pour écrire son traité. Critique violent, il fut injurieux dans sa polémique contre Mariette (voy. ci-dessus, n° 1620).

1627. FICORONI (Fr.) & GALEOTTI (Nic.). *Gemmæ antiquæ litteratæ, aliæque rariores. Accesserunt vetera monumenta ejusdem ætate reperta, quorum ipse in suis commentariis mentionem facit. Omnia collecta, adnotationibus et declarationibus illustrata a P. Nicolao Galeotti.* — Romæ, 1757, in-4, avec 26 pl. grav. (6 à 8 fr.)

1628. WINCKELMANN (J.-J.). Description des pierres gravées de feu baron de Stosch, dédiées à Son Éminence Mgr le cardinal Alex. Albani, par M. l'abbé Winckelmann, bibliothécaire de Son Éminence. — Florence, 1760, in-4, fig.

(10 à 20 fr.); — Nuremberg, 1775, in-4. (Voir aussi plus loin, le n° 1646.)

Ce livre est célèbre, il est même classique. La richesse infinie de la collection du baron de Stosch et le grand nom de Winckelmann lui ont valu pendant longtemps une autorité incontestée ; mais voilà qu'un beau jour, un habile antiquaire, ayant pris à tâche de faire le catalogue des pierres gravées du Musée de Berlin, collection dans laquelle celle de Stosch a été fondue, s'avise d'y regarder de plus près, et reconnaît, non sans étonnement, que cette fameuse description est remplie de fautes, et parfois si grossières, qu'on se demande si le génie de Winckelmann n'était pas en baisse quand il se livra à ce travail. Ouvrez le catalogue de H. Toelken (voy. ci-dessous, n° 1656), et vous trouverez indiquée dans la préface toute une série de fausses attributions et de lourdes méprises, dont voici quelques exemples : d'un Satyre, Winckelmann fait une Junon Sospita ; il prend le devin Polydos, près de la cuve où Glaucus est tombé, pour Diogène et son tonneau. D'Harpocrate, il fait une Iphigénie ; d'Iris, une déesse Fortune ; d'Amymone, une Psyché ; d'Osiris, un Priape ; de Cérès, une Hygie ; de Jason, un simple soldat, etc., etc., et ce relevé pourrait tenir deux pages. Ouvrez maintenant la *Biographie universelle*, publiée par Michaud, et vous y lirez ce qui suit, art. Winckelmann : « Cet ouvrage « (*Description des pierres gravées*, etc., etc.) ; un « de ceux que l'auteur cite le plus souvent, n'est « point susceptible d'analyse. Il nous suffira de « dire que la classification en est parfaite et les « *descriptions fort exactes.* » Fiez-vous maintenant au jugement des biographes !

1629. GORI (Ant.-Fr.). *Dactyliotheca Smithiana, cum enarrationibus.* — Venetiis, 1767, 2 vol. pet. in-fol., fig. (25 à 40 fr.).

Cet ouvrage a été publié à Venise, aux frais de George III, acquéreur de la collection formée dans cette ville par le consul Smith. Le 1er vol., consacré, comme le titre l'indique, à une précieuse série de bagues antiques, renferme cent planches gravées sur cuivre. Le 2e traite de l'histoire de la glyptique, et, par une innovation assez rare chez les érudits de cette époque, on y trouve des renseignements précieux sur l'art même et sur les artistes.

1630. KLOTZ (Christian-Adolphe). *Ueber den Nutzen und Gebrauch der Alten geschnittenen Steine*, etc. — De l'Utilité et de l'emploi des pierres antiques gravées et de leurs empreintes. — Altenbourg, 1768, gr. in-8, fig.

1631. WORLIDGE (Thomas). *A Select Collection of Dravings from curious antique Gems*, etc. — Londres, 1768, in-4, portr. et 182 pl. (150 à 200 fr.) ; — nouv. édit., avec texte anglais, et aussi avec texte franç. : Collection choisie de dessins tirés des pierres précieuses antiques, pour la plupart dans la possession de la grande et petite noblesse de ce royaume, gravés dans le goût de Rembrandt ; *ibid.*, 1768 (mais réellement après 1780), 2 vol. gr. in-4, portr. et 182 pl. (60 à 75 fr.).

1632. (HANCARVILLE, P.-Fr. HUGUES, dit d'.) *Veneres (et Priapi) uti obser-*

vantur in gemmis antiquis (texte franç.). — Lugduni Batavorum, s. d., 2 t. en 1 vol. pet. in-4, avec 25 et 30 pl. (50 à 100 fr.) : — nouv. édit. (texte angl. et franç.), *ibid.*, s. d., in-8, 72 pp. et 70 pl. (30 à 50 fr.).

Un volume porte pour titre : *Veneres*, etc. l'autre, *Priapi*, etc. Le texte est gravé et imprimé en rouge ; les planches sont parfois coloriées. On a attribué, avec beaucoup de certitude, à P.-F. Hugues, dit d'Hancarville, cet ouvrage licencieux qui aurait été publié à Naples vers 1771. Le seconde édition, d'un format plus petit, aurait paru en Angleterre. Le titre est trompeur ; les gravures sont tout à fait imaginaires et ne reproduisent nullement les sujets des pierres antiques.

1633. (HANCARVILLE, P.-Fr. HUGUES, dit d'.) Monumens de la vie privée des douze Césars, d'après une suite de pierres gravées sous leur règne. — A Caprées, chez Sabellus, 1780, in-4, front. et 50 pl. grav. = Monumens du culte secret des dames romaines, pour servir de suite aux Monumens de la vie privée des douze Césars. — *Ibid.*, 1784, in-4, front. et 50 pl. grav. (les deux vol., 200 à 250 fr. et plus).

Il y a une réimpression sous la date de 1780 de ces deux volumes ; le titre du premier volume n'y occupe que dix lignes, tandis qu'il en compte onze dans l'édition originale ; en outre, les *s* sont longues dans la première et courtes dans la seconde édition. Cet ouvrage a encore été réimprimé plusieurs fois, et accompagné de copies des gravures originales (voir Brunet). Il est dû, de même que le précédent, à Hugues, dit d'Hancarville, qui l'aurait fait imprimer à Nancy, chez Le Clerc, sous des noms travestis et sous le voile d'anonyme. Les gravures n'ont rien d'authentique et ne sont que le fruit de l'imagination du dessinateur. D'ailleurs, Quérard croit que c'est une édition amplifiée des *Veneres et Priapi* à laquelle l'abbé Leblond aurait eu beaucoup de part.

1634. (LA CHAU, l'abbé de, et LEBLOND, l'abbé.) Description des principales pierres gravées du cabinet de S. A. monseigneur le duc d'Orléans. — Paris, 1780-84, 2 vol. pet. in-fol., 97 et 76 pl., sans compter les 7 pl. de médailles spintriennes (40 à 50 fr., et plus en gr. pap.).

Publication fastueuse et coûteuse, sans véritable profit pour la science ; publication de grand seigneur. Le texte, prolixe à l'excès, ne contient que des banalités. Les pierres, comme le dit un critique anglais, se sont *francisées* sous les doigts des artistes. Ce grec là ressemble beaucoup au grec de l'abbé Barthélemy.

L'abbé La Chau, garde de la dactyliothèque du duc d'Orléans, était appelé de droit à rédiger le texte de cette publication, dont il a signé la préface. Dès lors, pourquoi Barbier, dans son *Dictionnaire des anonymes*, lui substitue-t-il l'abbé Fr. Arnaud, membre de l'Académie française et de celle des inscriptions, et à l'abbé Leblond, Henri Coquille, administrateur de la Bibliothèque Mazarine ?

1635. (BARTOLOZZI.) *Gemmarum antiquarum delectus, ex præstantioribus desumptus , quæ in dactyliothecis ducis* Marlburiensis *conservantur* (texte latin et franç.). — Londini, (1780-91), 2 vol. gr. in-fol., 2 front. et 100 pl. grav. (400 à 1,800 fr.); — réimpr., *ibid.*, 1845 (250 fr.).

Ouvrage consacré à une collection dactyliographique célèbre en Angleterre, celle formée par George Spencer, troisième duc de Marlborough, et où sont venus se fondre le cabinet de lady Betty Germaine et celui de W. Ponsonby, comte de Besborough, achetés, le premier 175,000 fr. et le second 125,000 fr.

Les planches (dont une description détaillée se trouve dans *Aedes althorpianæ*, I, pp. 148-154), ont été exécutées par Bartolozzi et autres. Le texte latin du premier vol. est de Jacques Bryant, et la trad. franç. du Dr Maty ; au second vol., le texte latin est du Dr W. Cole, et la trad. franç. de Louis Dutens.

Cette magnifique publication, faite aux frais du noble lord, n'aurait été tirée qu'à 50, d'autres disent à 100 ex., destinés à être offerts en présents, d'où vient son prix élevé.

1636. (PASSERIUS, J.-B.) *Novus Thesaurus gemmarum veterum ex insignioribus dactyliothecis selectarum, cum explicatione.* — Romæ, 1781-83, 3 vol. in-fol., avec 108 pl. chacun (30 à 40 fr.) ; — reproduits sous de nouveaux titres ; *ibid.*, 1797. = On y joint un quatrième vol. ; *ibid.*, 1797, in-fol. , 100 pl., avec un texte par Giov.-Mar. CASSINI.

Ouvrage anonyme, de peu de valeur.

1637. Collection des pierres antiques dont la châsse des trois rois mages est enrichie à Cologne, avec un discours historique par J. P. N. M. V. — (Bonn, 1782), pet. in-4, front. et 12 pl.

Très-rare.

1638. BRACCI (Domin.-Aug.). *Commentaria de antiquis scalptoribus qui sua nomina inciderunt in gemmis et cammeis, cum pluribus monumentis antiquitatis ineditis, statuis, anaglyphis, gemmis,* etc. (texte latin et ital.). — Florentiæ, 1784-86, 2 vol., avec 160 pl. (20 à 50 fr.).

Les planches qui représentent les pierres gravées sont au nombre de 114 ; celles qui reproduisent les autres monuments ne dépassent pas le chiffre de 46. Érudition lourde et diffuse, absence de critique, reproductions médiocres, tel est ce livre, qu'il faut connaître cependant, mais qui ne doit être consulté qu'avec défiance. Critiqué par Winckelmann, Bracci lui répondit avec une vivacité malheureuse, reprochant à ce créateur de la véritable archéologie de n'être qu'un antiquaire inexpérimenté, et de *testa ridicola*.

1639. PONCELIN DE LA ROCHE-TILHAC (Jean-Ch. de). Chefs d'œuvre de l'antiquité sur les Beaux-Arts et les monuments précieux de la religion des Grecs et des Romains... tirés des principaux cabinets de l'Europe ; ouvrage orné d'un grand nombre de planches en taille-douce , dont soixante-dix ont été gravées par B. Picart ; publié par P. de la R.-T... — Paris , 1784-85, 2 vol. in-fol., fig. (12 à 15 fr., et plus en gr. pap.).

Sous ce titre mensonger, se retrouvent les planches gravées pour l'ouvrage du baron de Stosch, décrit ci-dessus (n° 1616), avec l'adjonction d'un nouveau texte, des plus médiocres.

1640. SPILSBURY (John). *Collection of fifty Prints from antique Gems,* etc. — Recueil de cinquante empreintes d'après les pierres gravées antiques faisant partie de la collection du comte Percy, de celle de C.-F. Greville et de celle de T.-M. Slade. Gravé par J. S... — Londres, 1785, in-4, 50 pl. (15 à 30 fr.).

1641. RAPONI (l'abbé Ign.-Marie). Recueil de pierres antiques gravées, concernant l'histoire, la mythologie, la fable, les cérémonies religieuses, les coutumes des anciens peuples, et les plus fameux personnages de l'antiquité, avec leur description, etc. — Rome, 1786, gr. in-fol., avec 88 pl., offrant plus de 1,200 fig. (15 à 25 fr.).

Ces 88 planches, tirées au bistre, n'en valent pas une bonne : burin grossier, dessin pitoyable, explications banales.

1642. ECKHEL (l'abbé Jos.-Hil.). Choix des pierres gravées du Cabinet impérial des antiques [à Vienne], représentées en 40 planches décrites et expliquées. — Vienne (en Autriche), 1788, in-fol., fig. (30 à 40 fr., et plus en gr. pap.).

Ce beau livre prouve que ce grand numismate connaissait également toutes les branches de l'antiquité. « Ses descriptions, dit Millin, sont « courtes et précises, claires et satisfaisantes, et « cependant on y trouve une foule de remar- « ques judicieuses et neuves, etc. » Ce texte est un modèle. L'auteur a su tenir le milieu entre les antiquaires qui, voulant tout ramener à la mythologie ou à l'histoire, négligent le côté de l'art ; et ceux, qui ne voyant que l'art dans les pierres gravées, s'inquiètent fort peu de ce qu'elles représentent. C'est avec raison que le mot *choix* est en tête. L'auteur a exclu les sujets indécents et les simples têtes de divinités ou d'empereurs qui ne présentent rien de nouveau, mais il reproduit les pierres d'une grandeur remarquable, et, parmi les petites, celles dont on a toujours admiré l'élégance et la finesse. Les planches n'accusent pas assez le sentiment de l'antique.

1643. CAMPIGLIA (Giov.-Dom.). *Raccolte di Num.* 200 *tavole intagliate, contenente le gemme antiche che si conservano nella Real Galleria di Firenze.* — Florence, 1790, 2 part. in-fol., fig.

1644. RASPE (Rud.-Eric). *A Descriptive Catalogue of a general collection of ancient and modern engraved*

Gems, etc. — Catalogue raisonné d'une collection générale de pierres gravées, antiques et modernes, tant en creux que camées, tirées des cabinets les plus célèbres de l'Europe, moulées en pâtes de couleurs à l'imitation des pierres, émaux blancs et souffres, par Jacques Tassie, sculpteur, mis en ordre et le texte rédigé par R.-E. Raspe, orné de planches gravées; auquel on a ajouté un discours préliminaire sur les différents usages de cette collection ; sur l'origine de l'art de graver les pierres dures et les progrés de l'invention des pâtes (texte angl. et franç.). — Londres, 1791, 2 vol. in-4, avec 57 pl. (20 à 60 fr., et plus en gr. pap.).

Vers la fin du siècle dernier, un Écossais fixé à Londres, où il exerçait ses talents comme sculpteur et modeleur, se trouve à la tête, à force de soins et de persévérance, d'une magnifique collection de quinze mille empreintes, en émail blanc, susceptible de coloration. Se sentant incapable de classer et de décrire ce nombre énorme d'empreintes, Jacques Tassie s'adresse à un Allemand, Rodolphe-Eric Raspe. Ce dernier se met à l'œuvre, et suit, sauf quelques modifications, le plan adopté par Winckelmann dans la *Description des pierres gravées du baron de Stosch*. Toutefois, il y fait entrer l'élément moderne, en réunissant tous les Jupiters, tous les Apollons, toutes les Vénus, tous les Mercures, etc., de quelques mains qu'ils soient sortis, sans se préoccuper de la date, plaçant les copies à côté des originaux, pour montrer de quelle manière, à bien des siècles de distance, le même type a été compris. Qu'en résulte-t-il ? Deux gros in-4 sans critique ; un vrai fouilli où il y a beaucoup à prendre, et dont l'absence ferait une lacune.

Raspe s'est excusé de son mauvais français, « traduit trop littéralement en anglais. » Il aurait dû s'excuser aussi de son manque de décence et de bon goût dans l'explication des sujets scabreux.

1645. MILLIN (A.-L.). Introduction à l'étude des pierres gravées, etc. — Paris, 1796 ou 1797 (ou 1798), in-8; — réimpr. dans les : Introductions à l'étude de l'archéologie, des pierres gravées et des médailles, etc.; *ibid.*, 1826, in-8 (2 fr.). (Voir plus haut, le n° 1426.)

Cette introduction n'est qu'une esquisse, excellente, il est vrai, mais crayonnée à la hâte et pour servir de programme à un cours fait par l'auteur.

1646. SCHLICHTEGROLL (F.). Choix des principales pierres gravées de la collection qui appartenait autrefois au baron de Stosch, et qui se trouve maintenant dans le Cabinet du roi de Prusse ; accompagné de notes et explications relatives à la mythologie et aux Beaux-Arts (texte franç. et allem.). — Nurenlberg, 1798-1805, ou 1797-1806, 2 part. in-fol., et gr. in-4, fig. (10 à 15 fr.).

Ouvrage non terminé. Le titre allemand porte: *Dactyliotheca Stoschiana, oder Abbildung aller geschnittenen Steine*, etc. La description des pierres est de Winckelmann, et les notes, de Schlichtegroll. (Voir aussi plus haut, le n° 1628.)

1647. LEVEZOW (K.). *Ueber den Raub des Palladiums auf den geschnittenen Steinen des Alterthums*, etc. — Le Rapt du Palladium sur les pierres gravées antiques. — Brunswick, 1801, gr. in-4, 2 pl. grav. (2 à 3 fr.).

1648. MILIOTTI (Alphonse). Description d'une collection de pierres gravées qui se trouvent au Cabinet impérial de Pétersbourg. — Vienne, 1803, in-fol., front., titre, 4 pp. et 123 pl., avec texte au bas (publié à 66 fr., pap. ord., 140 fr., gr. pap. et 230 fr., pap. vélin; se vend aujourd'hui la moitié de ces prix).

Le second volume, contenant les planches 126 à 243, aurait été achevé, mais il n'a jamais vu le jour.

1649. DAGLEY (Rich.). *Gems selected from the Antique*, etc. — Pierres gravées antiques illustrées, etc. — Londres, 1804, in-4; — nouv. édit., *ibid.*, 1822, in-12, avec 21 pl. (6 à 8 fr.).

1650. MILLIN (A.-L.). Pierres gravées inédites, tirées des plus célèbres cabinets de l'Europe, publiées et expliquées. — Paris, 1817-25, gr. in-8, 164 pp. et 62 pl. (15 à 20 fr., et plus sur pap. vélin).

Ouvrage resté inachevé; il devait former deux vol., mais il n'en a paru que sept livraisons.

1651. JONGE (J.-C. de). Notice sur le Cabinet des médailles et des pierres gravées du roi des Pays-Bas. — La Haye, 1823, pet. in-8 (1 fr. 50).

1652. JONGE (J.-C. de). Catalogue d'empreintes du Cabinet des pierres gravées du roi des Pays-Bas. — La Haye, 1837, in-8 (1 fr. 50).

1653. STEINBÜCHEL (A.). Scarabées égyptiens figurés du Musée des antiques de S. M. l'empereur, à Vienne. — Vienne, 1826, gr. in-4, fig.

1654. LENORMANT (Charles). Trésor de numismatique et de glyptique, ou Recueil général de médailles, monnaies, pierres gravées et bas-reliefs, tant anciens que modernes, les plus intéressants sous le rapport de l'art et de l'histoire, gravés d'après le procédé de M. Ach. Collas, sous la direction de MM. P. Delaroche et Henriquel-Dupont, avec un texte par M. Ch. Lenormant [et d'autres.] — Paris, 1834-50, 20 vol. in-fol., fig. (Publié à 1,260 fr., et à 3,024 fr. pour les ex. sur pap. de Chine, dont on n'a tiré que douze ; se vend 500 à 1000 fr.).

Ouvrage d'ensemble, très-important, et qui fut signalé lorsqu'il parut à l'attention publique par un procédé de gravure tout nouveau alors. Publié en 252 livr., il se divise en trois parties : *Monuments antiques; — Monuments du moyen âge et de l'histoire moderne; —Monuments de l'histoire contemporaine.* (Voir le *Manuel* de Brunet, pour les détails.)

1655. CREUZER (D' Fr.). *Zur Gemmenkunde. Antike geschnittene Steine vom Grabmahl der heil. Elisabeth in der nach ihr genannten Kirche zu Marburg,* etc. — Pour servir à l'histoire de la glyptique. Pierres gravées antiques du tombeau de S'°-Elisabeth dans l'église de ce nom, à Marbourg, dans la Hesse Electorale. — Darmstadt, 1834, gr. in-8, avec 5 pl. (2 fr.).

La riche parure de ce reliquaire orné de camées antiques, de perles et de pierres gravées, a disparu en 1810 quand les Français le transportèrent à Cassel. On l'a replacé à Marbourg en 1814.

1656. TOELKEN (H.). *Erklärendes Verzeichniss der antiken vertieft geschnittenen Steine,* etc.—Catalogue des pierres gravées du Musée royal de Berlin. — Berlin, 1835, gr. in-8 (1 fr.).

Excellent catalogue, précédé d'une introduction très-savante et très-critique.

1657. MÜLLER (L.). Description des intailles, camées et monnaies antiques du Musée Thorwaldsen. —Copenhague, 1847, in-8, fig. (20 à 25 fr.).

1658. ARNETH (Jos. von). *Die antiken Cameen,* etc. — Les Camées antiques du Cabinet des médailles et antiques de Vienne. — Vienne, 1849, gr. in-fol., XIV-48 pp. et 25 pl. grav. (30 fr.).

Ce livre constitue la première partie de la publication des monuments du Cabinet impérial de Vienne; la deuxième et la troisième parties se composent des œuvres de l'orfévrerie et des vases d'or et d'argent (voir plus bas, n° 1668).

Reprendre la publication des Camées du Cabinet de Vienne, après le savant Eckhel, les reproduire, les interpréter de nouveau, pouvait paraître une entreprise hasardeuse; Joseph Arneth a su prouver le contraire. Les planches en particulier nous donnent une bien autre idée de ces monuments que les planches du livre d'Eckhel (voir ci-dessus le n° 1642), grâce à un burin ferme et sobre; aussi le livre d'Arneth en est-il le complément nécessaire.

1659. KRAUSE (Joh.-Heinr.). *Pyrgoteles, oder die edlen Steine der Alten,* etc. — Pyrgotèles, ou les Pierres précieuses chez les anciens, dans leurs rapports avec la nature et avec l'art, accompagné de considérations sur les bagues et les anneaux, particulièrement chez les Grecs et les Romains, etc. — Halle, 1856, gr. in-8, avec 3 lith. (5 fr.).

Voici l'opinion d'un bon juge sur ce *Pyrgotèles,* titre prétentieux, soit dit en passant : « Véritable élucubration germanique; amas énorme « de lectures dactyliographiques souvent rendues « inutiles par l'absence d'esprit, et par le manque « absolu de connaissances de la matière. L'auteur, « cela est clair, n'a jamais possédé une seule pierre « gravée; et quand il en a vu, c'est seulement à « travers les glaces des vitrines. Toutefois, ce livre « n'est pas dénué de valeur; à la faveur d'un « nombre inouï de citations, on y trouve toute la « littérature de la glyptique. » (C.-W. King, *Antique Gems and Rings,* p. 465.)

1660. PRENDEVILLE (James). *Photographic fac-similes of the antique Gems,* etc. — Reproductions photographiques des pierres gravées antiques ayant appartenu à feu prince Poniatowski, accompagnées d'une description et d'un commentaire poétique de chaque sujet, choisi avec soin dans les auteurs classiques, et d'un essai sur les pierres gravées antiques et leur gravure par J. P.., assisté du D' Magnin. Photographies de L. Collis. — Londres, 1857-59, 2 séries in-4, dont la seconde de 148 pp. et 258 photogr. (publ. à 525 fr.; se vend 250 à 300 fr.).

1661. CHABOUILLET. Catalogue général et raisonné des camées et pierres gravées de la Bibliothèque impériale, etc., par M. Chabouillet, conservateur adjoint du Cabinet des médailles. — Paris, (1858), in-8 (2 à 4 fr.).

Très-bon catalogue.

1662. BALDWIN. *Collection of Gems.* — Recueil des pierres gravées. — S. l. n. d., in-4, avec 54 pl.

Ouvrage resté inachevé et non mis dans le commerce; il est rarissime. Son auteur exerçait les fonctions de consul en Egypte.

1663. KING(C.-W.). *Antique Gems, their Origin, Uses,* etc. — Pierres gravées antiques, leur origine, leur emploi, et leur valeur au point de vue historique, etc.—Londres, 1860, in-8, fig.;—nouv. édit., sous ce titre : *Antique Gems and Rings,* etc.; *ibid.,* G. Bell, 1872, in-8, 1 vol. de texte et un atlas de 52 pl. grav. s. b. et s. c. — 53 fr.

Analyser ce livre, ou plutôt ce manuel si rempli, si touffu, est bien difficile; reconnaître qu'il est très-savant, très-instructif, abondant en notions utiles, l'est beaucoup moins. Dimensions et formes des pierres, manière de les graver, sujets représentés, en un mot la glyptique considérée sous toutes ses faces, voilà ce qu'il nous offre. La partie historique est traitée avec non moins d'ampleur que la technique. Parlant d'abord des cylindres assyriens, babyloniens, persans; passant par l'Inde, l'auteur arrive aux pierres gravées de l'Orient moderne; puis, après être remonté aux scarabées de l'Egypte à ceux des Étrusques, des Grecs et des Phéniciens, il entre en plein dans l'art des Etrusques et dans la glyptique grecque et romaine. Arrivé à ce point, il prend une autre route : les pierres astrologiques, les camées, les cachets, attirent son attention. Des recherches sur les graveurs anciens et modernes, l'examen des écrits sur la glyptique, les collections et les collectionneurs couronnent ce remarquable travail sur les pierres gravées qui prouve, quand on le compare au maigre traité de Millin sur le même sujet, à

BIBLIOTHÈQUE PUBL...

quel point, depuis le commencement du siècle, la science a marché.

Je me reprocherais de ne pas signaler les planches de ce bel ouvrage, sans parler d'une centaine de bois très-bien exécutés qui illustrent le texte. Ces planches ont le rare mérite de reproduire avec fidélité le caractère et le style des pierres gravées. Si peu de publications du même ordre sont dignes de cette louange, qu'elle suffit à elle seule pour assigner au livre de M. King une place à part.

1664. BILLING (Archibald). *The Science of Gems, Jewels*, etc. — La Science des pierres gravées, des bijoux, des monnaies et médailles chez les anciens et les modernes. — Londres, 1867, in-8, pl. phot. — 40 fr.

L'auteur de ce livre est un médecin de beaucoup de renom, un savant amateur, écrivain et grand connaisseur. En sa qualité de médecin, il cherche à guérir d'une grande faiblesse les possesseurs de pierres gravées : nous voulons parler de la confiance qu'ils accordent aux marchands d'antiquités. Ce n'est pas tout. Il tient à les fortifier dans la croyance que le beau est de tous les temps et que, sans faire preuve d'hérésie, on peut à côté d'une gemme grecque admirer une intaille sortie de la main de Pichler. Une autographie de Pistrucchi, le plus célèbre graveur en pierres fines de l'Angleterre, autographie traduite en anglais par M. Billing, complète le volume, mais ce qui lui donne un caractère tout nouveau, c'est l'application de la photographie à la dactyliographie. Les spécimens donnés par M. Billing sont d'une grande fidélité et d'une finesse charmante. Un temps viendra où la gravure et tous les procédés analogues seront abandonnés quand il s'agira de reproduire ces petites merveilles appelées pierres gravées.

1665. GRASER (Bernh.). *Die Gemmen des k. Museums zu Berlin*, etc. — Les Pierres gravées du Musée royal de Berlin, qui représentent des vaisseaux. — Berlin, Calvary, 1867, gr. in-4, 22 pp. et 32 pl. grav. s. c. — 2 fr. 50.

G. — LE VERRE ET LES BIJOUX CHEZ LES ANCIENS.

Cette section n'en est pas une, tant elle est peu fournie. Ceci provient de ce que les bijoux et le verre qui figurent dans beaucoup de publications n'ont presque jamais été l'objet de travaux spéciaux. Dans les *Antiquités du Bosphore cimmérien*, tout un volume est consacré à reproduire les bijoux trouvés dans les tombeaux de Panticapée.

1666. MINUTOLI (Heinr.-Carl. MENU, Baron von). *Ueber die Anfertigung und Nutzanwendung der farbigen Gläser bei den Alten*, etc. — Sur la Fabrication et l'emploi du verre coloré chez les anciens. — Berlin, 1836, in-fol., avec 4 pl. lith. col. (6 à 8 fr.).

1667. DEVILLE (Achille). Histoire de l'art de la verrerie dans l'antiquité, par A. Deville, correspondant de l'Institut, ancien directeur du Musée des antiques de Rouen. — Paris, Morel, 1873, gr. in-4, avec 113 pl. en chromolith. — 150 fr.

On ne peut mieux faire que de reproduire le peu de lignes dans lesquelles M. Deville expose l'objet et le plan de son livre :

« Ce n'est point, dit-il, un traité pratique de la « fabrication du verre et du métier de verrier « proprement dit, pris dans leur acception maté-« rielle, que nous avons entrepris d'écrire. C'est « une histoire, un tableau général de l'art de la « verrerie dans les temps antiques, que nous « avons voulu tracer, sans nous interdire d'entrer « dans les explications techniques nécessaires à « l'intelligence du sujet. »

Cent treize planches supérieurement exécutées en chromo, contenant près de 400 objets, illustrent ce bel ouvrage et complètent les savantes explications de l'auteur.

1668. ARNETH (Jos. von). *Die antiken Gold- und Silber-Monumente*, etc. — Monuments d'or et d'argent du Cabinet des médailles et antiques de Vienne, etc. — Vienne, 1850, gr. in-fol., VIII-92 pp., avec 41 pl. grav. s. c. et en lith. (35 à 40 fr.).

Voir ci-dessus, n° 1658.

1669. (CLÉMENT, Ch.) Catalogue des bijoux du Musée Napoléon III. 2ᵉ édit. — Paris, Didot, 1862, in-12, avec 2 pl.

H. — L'ITALIE PRIMITIVE, NOTAMMENT L'ÉTRURIE.

1670. INGHIRAMI (Curtius). *Etruscarum antiquitatum fragmenta quibus urbis Romæ, aliarumque gentium primordia mores et res gestæ indicantur, reperta Scornelli prope Vulterram.* — Francofurti (Florence), 1637, in-fol., fig. (6 à 10 fr.).

Cicognara loue cet ouvrage pour sa beauté et l'exactitude des planches. Suivant Brunet, cette dissertation reposerait en grande partie sur une imposture.

1671. DEMPSTER (Thomas). *De Etruria regali libri VIII, nunc primum editi. Curante* Thoma Coke. — Florentiæ, 1723-24, 2 vol. in-fol., portr. de Côme III et 92 pl. (30 à 45 fr.). = (On ajoute à cet ouvrage posthume:) PASSERII *Joan-Bapt. in Thomæ Dempsteri libros de Etruria regali paralipomena, quibus tabulæ eidem operi additæ illustrantur.* — Lucæ, 1767, in-fol., avec 7 pl.

1672. GORI (Ant.-Fran.). *Museum Etruscum exhibens insignia veterum Etruscorum monumenta æreis tabulis CC, nunc primum edita et illustrata cum observationibus.* — Florentiæ, 1737

43, 3 vol. in-fol., 299 pl. (40 à 75 fr.). = *Antiquitates etruscæ in compendium redactæ a* M. N. SCHWEBELIO. — Norimbergæ, 1770, in-fol., avec 58 pl. (8 à 10 fr.).

Cet important ouvrage est resté la base et la source principale des recherches sur l'antique Étrurie. Le troisième volume contient cinq dissertations de J.-B. Passeri.

1673. GORI (Ant.-Fr.). *Musei Guarnacii antiqua monumenta etrusca eruta e Volaterranis hypogæis, observationibus illustrata.* — Florentiæ, 1744, in-fol., fig., avec 40 pl. (10 à 12 fr.).

1674. VALESIO, GORI & VENUTI. *Museum Cortonense in quo vetera monumenta complectuntur quæ in Academia Etrusca cæterisque nobilium virorum domibus adservantur in plurimis tabulis æneis distributum atque a* Fr. Valesio, Ant. Fr. Gori et Rud. Venuti *notis illustratum.* — Romæ, 1750, in-fol., avec 85 pl. (15 à 30 fr., et plus en gr. pap.).

Médiocre publication d'un petit musée étrusque établi dans le palais Pretorio. Ce musée a été créé par l'Académie de Cortone, fondée elle-même en 1726 par le savant Venuti. En 1750, cette collection manquait de ce qui lui donne aujourd'hui une véritable célébrité; nous parlons du magnifique lampadaire découvert en 1840 aux environs de la ville et l'un des plus beaux spécimens de l'art étrusque. Il a été publié par Micali, et aussi dans le 3e vol. des *Monuments inédits de l'Institut archéologique de Rome.*

1675. GUARNACCI (Mario). *Origini italiche o sia le memorie istorico-etrusche sopra antichissimo regno d'Italia.* — Lucques, 1767-72, 3 vol. in-fol., fig. (25 à 30 fr.); — 2e édit. augm.; Romæ, 1785-87, 3 vol. in-4, fig. (20 fr.).

On y joint l'ouvrage de Marini, *Esame critico delle origini italiche di Guarnacci;* Venise, 1773, in-4.

1676. CARLONI (Marco). *Bassirilievi Volsci in terra cotta, dipinti a varj colori, trovati nella città di Velletri.* — Rome, 1785, in-fol., 20 pp. et 7 fig. en coul., grav. par M. Carloni (20 fr.).

Le texte de cette dissertation anonyme est attribué au P. Becchetti.

1677. MICALI (Gius.). *L'Italia avanti il dominio de' Romani.* — Florence, 1810, 4 vol. in-8, et atlas in-fol., de 67 pl. (20 à 30 fr.); — 2e édit., *ibid.,* 1821, 4 vol. in-8, et atlas (20 à 30 fr.); — 3e édit., Milan, 1827, 4 vol. in-16 (10 fr.); — 4e édit., Gênes, 1831, 8 vol. in-12; — nouv. édit. refondue: *Storia degli antichi popoli italiani;* Florence, 1832, 3 vol. in-8, et atlas in-fol., de 120 pl., intitulé: *Monumenti per servire alla storia,* etc. (30 fr.); — réimpr. augm.; Milan, 1836, 3 vol. gr. in-8 et atlas (40 à 50 fr.); — trad. en franç. : L'Italie avant la domination des Romains, traduit de l'italien sur la seconde édition (par Joseph Joly et Claude Fauriel), avec des notes et des éclaircissements historiques par M. Raoul-Rochette; Paris, 1824, 4 vol. in-4, et atlas in-fol., 67 pl. et 1 carte (15 à 20 fr.). = *Monumenti inediti a illustrazione della Storia degli antichi popoli italiani, dichiarati da* G. M... — Florence, 1844, in-4, et atlas in-fol., de 60 pl. (60 à 100 fr.).

Dans cette dernière publication, complément des deux premières, l'auteur, ainsi que lui-même l'annonce, n'a pas voulu simplement disserter sur des bronzes, des marbres, des vases peints, mais se servir de ces monuments du passé pour faire mieux comprendre la religion et les mœurs de l'Italie avant les Romains, pour mieux indiquer quelles furent les sources de la civilisation italienne, et le point de départ de cette sage discipline que les Étrusques en Occident pratiquèrent les premiers. Cette discipline devint le principe vital des institutions romaines, et c'est en Orient qu'il faut aller chercher ces origines. L'auteur peut démontrer cette influence à ceux qui la nient, soit par la conformité ou l'identité même d'un grand nombre d'institutions fondamentales et d'ordre politique; soit par la concordance de beaucoup de types d'origine assyrienne, babylonienne, persane, phénicienne et égyptienne avec ceux que nous présente l'Étrurie. C'est là ce qui ressort des reliques trouvées à Cere, Veie, Chiusi, et de toutes les œuvres d'art d'une haute antiquité.

On le voit, Micali est le précurseur de l'archéologie orientale. Il avait deviné que plus tard on y arriverait. Il a été contesté, critiqué, combattu, cela devait être. Il est systématique, exclusif, absolu, et voit faux assez souvent ; mais ce qui lui reste et ce qui lui restera toujours, c'est l'honneur d'avoir donné à l'étude des antiquités étrusques la plus forte impulsion, en Italie surtout. Il a bien mérité des antiquaires en rassemblant des monuments qui n'avaient point été publiés. Plans topographiques, murs de ville, statuettes, urnes funéraires, tombeaux de Tarquinii, de Todi, etc., emprunts faits à tous les musées d'Italie, voilà ce que l'on trouve dans les trois atlas qui comprennent 214 planches fort bien gravées et supérieures de tous point à celles publiées par Inghirami.

Né à Livourne en 1776, dans une famille de riches négociants, Micali est mort à Florence en 1844.

1678. VERMIGLIOLI (Giambatt.). *Saggio di bronzi etruschi trovati nell' agro Perugino, disegnati da* Vinc. ANSIDEI *e descritti da* Vermiglioli. — Perouse, 1813, in-4, avec 2 pl. grav. (7 à 8 fr.).

1679. INGHIRAMI (cav. Franc.). *Monumenti etruschi o di etrusco nome, disegnati, incisi e pubblicati,* etc. — Poligrafia Fiesolana (près Florence), (1819-) 1821-26, 10 vol. in-4, avec fig. en part. col. (publié à 650 fr., se vend 220 à 300 fr.).

Tiré à 350 exemplaires.

Quand ce bel ouvrage parut, il y a près de cinquante ans, on vit en lui la plus grande collection étrusque qui eût été encore publiée; et il est resté le plus durable témoignage de ce que peuvent le dévouement et la variété des aptitudes dans un seul homme pour réaliser un grand projet. Se faisant tour à tour dessinateur, graveur, imprimeur, Inghirami est arrivé à montrer dans leur ensemble la sculpture, la peinture et l'architecture chez les Étrusques.

Son livre est divisé ainsi qu'il suit : 1° Urnes funéraires (2 vol. avec 100 pl.) ; 2° Miroirs (2 vol. avec 90 pl.) ; 3° Bronzes (1 vol. avec 37 pl.) ; 4° Monuments d'architecture (1 vol. avec 42 pl.) ; 5° Vases (2 vol. avec 70 pl.) ; 6° Monuments divers, réunis ici comme point de comparaison avec les monuments étrusques (1 vol. avec 126 pl.) ; 7° Index général. Dire que les planches sont excellentes et qu'elles donnent une idée fidèle des monuments, ce serait trop s'avancer ; il est certain que les atlas de Micali, le Musée Grégorien et la belle collection publiée par Gerhard nous offrent de bien meilleurs spécimens, mais ce n'est pas de ce côté que le grand travail d'Inghirami prête le flanc : c'est dans l'interprétation des œuvres de l'art, interprétation empêtrée dans je ne sais quelles idées cosmologiques et mystiques, aussi éloignés que possible du véritable esprit de l'antiquité. En voici quelques exemples : les Dioscures et Pallas sur un miroir étrusque *symbolisent la divine providence dans l'ordre de l'univers ;* un autre miroir : un Satyre près d'une Nymphe marque le *symbole de la création de l'univers ;* les femmes aux bains lui apparaissent comme une *purification mystérieuse.*

A l'occasion de cet ouvrage, Séb. Ciampi a publié un opuscule intitulé : *Osservazioni intorno ai moderni sistemi sulle antichità etrusche;* Poligrafia Fiesolana, 1824, in-8, de x-104 pp. et 1 pl.

1680. INGHIRAMI (Fr.). *Lettere di etrusca erudizione pubblicate da* F.I... — Poligrafia Fiesolana, 1828, in-4, avec 14 pl. (10 à 15 fr.).

1681. MÜLLER (Karl-Otfried). *Die Etrusker.* — Les Étrusques. — Breslau, 1828, 4 part. en 2 vol. in-8, et 1 pl. grav.

Ouvrage couronné par l'Académie de Berlin.

C'est seulement dans le 2ᵉ chapitre du IVᵉ et dernier livre de cet ouvrage que l'auteur parle de l'art chez les Étrusques ; après avoir caractérisé à grands traits leur architecture, il signale leur habileté à manier l'argile et leur grande expérience dans l'art de fondre les métaux. Peu de chose sur leur sculpture en marbre et leur peinture, à peine un mot sur les miroirs, cette classe si riche aujourd'hui et qui jette tant de lumière sur la veine artiste en Étrurie. Voici comment il conclut : « L'art de ce pays ne fut jamais qu'une « plante exotique que le sol et le climat n'ont « point fait pousser et qu'ils n'ont point nourrie ; « elle mourut quand l'influence étrangère lui fit « défaut, et sans être arrivée à la pleine maturité. Le rayon céleste qui donne à l'art, avec un « corps plein de vie, un esprit libre, indépendant, « efficace, a toujours manqué aux Étrusques. »

Quand Otfried Müller portait ce jugement, il n'avait pas encore visité l'Italie ; depuis, il est revenu à d'autres appréciations.

1682. DOROW (Wilhelm). *Etrurien und der Orient,* etc. — L'Étrurie et l'Orient. Suivi d'une description des antiquités étrusques découvertes en 1828, par Alb. Thorwaldsen. — Heidelberg, 1829, gr. in-8 ; — trad. en franç. par Eyriès : Voyage archéologique dans l'ancienne Étrurie, traduit de l'allemand sur le manuscrit inédit ; Paris, 1829, in-4, avec 16 pl. lithogr. (8 à 10 fr.).

Né à Kœnigsberg le 22 novembre 1790, mort à Halle le 16 décembre 1846, fondateur en 1820 du Musée des antiquités nationales à Bonn, Dorow fut chargé en 1827 d'une mission en Italie, et il a fait en Étrurie des découvertes importantes. La grande collection d'antiquités étrusques, qui fait maintenant partie du Musée de Berlin, est due à ses soins. — Suivant Edouard Gerhard, Dorow a bien mérité de l'archéologie par son livre sur les antiquités romaines, trouvées sur les bords du Rhin, et spécialement par une Notice sur les vases étrusques de terre non cuite. Voy. *Memorie romane di antichità e di belle arti;* Pesaro, 1827, vol. IV.

1683. INGHIRAMI (Fr.). *Museo etrusco Chiusino dai sui possessori pubblicato con aggiunta di alcuni ragionamenti del prof.* Dom. VALERIANI, *e con brevi esposizioni del* caval. F. I.. — Poligrafia Fiesolana, 1833, 2 vol. in-4, avec 216 pl. au trait (60 fr. et plus).

Clusium, aujourd'hui Chiusi, la ville de Porsenna, la première parmi les douze cités de la confédération étrusque, n'est plus maintenant, à cause de son insalubrité, qu'une bourgade de 2,200 âmes. Sauf sa cathédrale, elle est dépourvue de monuments ; elle n'a même pas de musée public. En revanche, on y trouve les deux belles collections particulières de MM. Casuccini et Paolozzi, propriétaires et antiquaires qui n'ont eu, suivant la remarque d'un voyageur, qu'à fouiller leurs champs ou leurs jardins, pour y récolter des antiquités. La plus riche des deux, la collection Casuccini, renferme des bronzes, des miroirs, des urnes cinéraires, des cippes ronds ou carrés, décorés de bas-reliefs, où se trouvent figurées des scènes de la vie civile et religieuse des anciens habitants de Clusium, et, à côté de cette poterie noire aux formes bizarres, poterie étrusque, s'il en fût, on remarque de beaux vases peints où la mythologie et l'habileté grecques se font aisément reconnaître.

Les deux volumes que nous signalons reproduisent les monuments les plus intéressants de cette collection. Son possesseur, jaloux de la faire connaître à l'Europe savante, appela à son aide deux antiquaires. Inghirami se chargea de l'explication des monuments. De là, le *Museo Chiusino* qui n'a guère moins contribué que d'autres publications plus luxueuses à soulever le voile qui a si longtemps dérobé l'Étrurie aux recherches de l'érudition.

1684. VISCONTI (Pietro-Ercole). *Antichi monumenti sepolcrali scoperti nel ducato di Ceri.* — Rome, 1836, in-fol.

1685. CANINA (Luigi). *Descrizione di Cere antica, ed in particolare del monumente sepolcrale scoperto nell' anno 1836 da...* V. Galassi *e....* A. Regolini. — Rome, 1838, in-fol., avec 10 pl. (25 fr.).

1686. GERHARD (Ed.). *Ueber die Metallspiegel der Etrusker,* etc. — Les Miroirs étrusques en métal. Dissertation lue devant l'Académie des sciences de Berlin. — Berlin, 1838-60, 2 part. gr. in-4,   pp., avec 3 pl., et 80 pp., avec pl. grav. (1 à 2 fr., et 5 fr.).

1687. GERHARD (Ed.). *Etruskische*

Spiegel. — Miroirs etrusques. — Berlin, Reimer, (1839-) 1843-67, 4 vol. in-4, avec 430 pl. grav. — 416 fr.

De toutes les publications consacrées à l'art étrusque depuis plus d'un siècle et demi, il n'en est point qui puissent le mieux faire connaître que ces miroirs où souvent il est associé à l'art hellénique. C'est pour cela que parfois cet art, bien que naturellement austère, se montre plein de grâce et de souplesse, et, comme preuve, il nous suffira de rappeler à la mémoire des lecteurs l'admirable miroir de *Bacchus et de Semelé.* C'est au revers de ces plaques de métal, autour des cistes ou coffrets de bronze dans lesquels les dames étrusques serraient des objets de toilette, que les dessinateurs de l'Etrurie ont gravé à la pointe des compositions empruntées aux traditions héroïques ou mythiques. De là, une galerie mythologique du plus haut intérêt ; un recueil où le génie de l'antique Italie se manifeste sans contrainte, le moyen de pénétrer l'antiquité étrusque.

1688. GRAY (M^rs. Hamilton). *Tour to the Sepulchres of Etruria in* 1839. — Visites aux tombeaux de l'Étrurie en 1839. — Londres, 1840, in-8, fig. ; — 2e édit., *ibid.*, 1841, in-8, fig.

1689. GRIFI (cav. Luigi). *Monumenti di Cere antica, spiegati colle osservanze del culto di Mitra*, etc. — Rome, 1841, in-fol., avec 12 pl. grav. (20 à 25 fr.).

On sait à quel point furent nombreux et variés les emprunts faits par l'Etrurie aux religions étrangères : non-seulement le génie si clair de la Grèce s'y révèle, mais aussi les tendances compliquées et abstruses de l'Orient, le dualisme surtout. S'appuyant sur ce fait, l'auteur a cherché à expliquer par l'Orient le symbolisme de la tombe de Cerè, symbolisme figuré sur les vêtements du défunt, sur des colliers et bracelets, sur des vases en or et en argent, et surtout par les images tracées sur une grande feuille d'or, sorte de pectoral d'une extrême richesse. Du rapprochement de ces images avec celles que présentent les cylindres babyloniens ou les monuments de la Perse, l'auteur a tiré cette conclusion que le défunt n'était autre qu'un prêtre de Mithra, un archi-mage, chef d'un collége de devins établi à Cerè.

1690. BYRES (James). *Hypogæi, or sepulchral Caverns of Tarquinia*, etc. — Hypogées ou grottes sépulcrales de Tarquinia, capitale de l'ancienne Etrurie. Publié par Frank Howard. — Londres, 1842, 5 part in-fol., avec 41 pl. grav. (publié à 132 fr., se vend 50 à 60 fr.).

1691. (MAXIMIS, Fr.-X. de.) *Musei quod Gregorius XVI, Pont. Max., in ædibus Vaticanis constituit monimenta linearis picturæ exemplis expressa et ad utilitatem studiosorum antiquitatum et bonarum artium publici juris facta* (par Fr.-Xav. de' Massimi). — Romæ, ex ædibus Vaticanis, 1842, 2 vol. in-fol., avec 238 pl. grav. (90 à 120 fr. et plus).

Si le titre est en latin, le texte est en italien.

Magnifique ouvrage destiné à vulgariser, dans une reproduction aussi élégante que fidèle, le panthéon de l'art étrusque.

Grégoire XVI, grand amateur d'antiquités, a créé ce musée en 1837, pour donner une place à une magnifique récolte, je veux dire aux découvertes opérées en 1828 et postérieurement dans les nécropoles de l'Étrurie, et notamment à Vulci. Les bronzes, les terres cuites, les vases abondent ici, les vases surtout, collection splendide à laquelle tout un volume est consacré, sans parler des bijoux d'un travail exquis, des meubles et ustensiles étrusques et d'un nombre considérable d'urnes en terre cuite ou en albâtre. On peut dire avec O. Müller que ce musée nous montre la troisième grande évolution de l'archéologie : science qui commence au temps de Raphaël et de Michel-Ange, qui disserte jusqu'aux superbes découvertes de Pompéi et d'Herculanum, et qui rencontre enfin des trésors incomparables dans les tombeaux dont le littoral des Etats de l'Eglise est peuplé.

1692. ABEKEN (Wilhelm). *Mittelitalien vor den Zeiten römischer Herrschaft*, etc. — L'Italie du centre avant la domination romaine, expliquée d'après ses monuments, etc. — Stuttgart et Tubingue, 1843, gr. in-8, avec 11 pl. (6 à 8 fr.).

Livre excellent, fait par un savant d'un esprit judicieux, à la suite des études les plus sérieuses et de nombreuses recherches dans les musées et les collections particulières ; livre où sont largement et habilement traitées toutes les questions que soulève l'art italiote. Sachant combien le lien qui rattache les monuments au pays qui les a créés est étroit, Abeken débute par la topographie ; de là, il passe à l'architecture civile et militaire, observe l'assiette des villes, leurs moyens de défenses, leurs murailles et les matériaux qui les composent. Après avoir examiné ce vaste système d'égouts, de réservoirs et de drainage qui contribua si puissamment à la prospérité de l'Étrurie, il pénètre dans les villes : ponts, rues, maisons, marchés, tribunaux, cirques, théâtres, temples et tombeaux, il étudie tout, il interroge tout, entrant, quand il le faut, dans les plus minimes détails, et prenant chaque chose par le gros et le menu. Avant d'arriver à la plastique et à la peinture, Abeken remarque qu'à leur endroit la critique doit être encore plus fine, plus sagace que pour l'architecture qui reflète dans ses œuvres la race et le climat. C'est tout le contraire dans la plastique et la peinture, où très-souvent des éléments étrangers abondent ; or c'est à faire le triage et à marquer dans une œuvre d'art italiote quelle est la part de la Grèce et celle de l'Étrurie qu'Abeken s'est appliqué. Un aperçu général sur l'art italiote, sur sa technique et ses productions, termine ce volume si court et si plein. Ainsi, l'auteur nous montre le talent de modeler l'argile (talent étrusque, si on peut dire) dans toutes ses applications, le talent de manier le métal, l'art de travailler le verre, l'émaillerie ; celui d'employer l'ambre, l'ivoire. Il appuie sur la glyptique où les Étrusques furent si habiles. Un chapitre tout entier est consacré aux cistes et aux miroirs, cette classe de monuments si riche à cette heure et où parfois la suavité grecque est unie à la sensualité étrusque. Enfin, dans un autre chapitre, il est question de l'art de peindre, si souvent appliqué aux vases ou à la décoration des parois des tombeaux.

Né à Osnabrück le 30 avril 1813, Abeken, après avoir commencé sous Ed. Gerhard l'étude de l'archéologie, se rendit à Rome vers 1836, où il resta jusqu'en 1842 ; à cette époque, l'état de sa santé le força de retourner en Allemagne. Établi à Munich, il y est mort le 29 janvier 1843, laissant une œuvre faite pour assurer à son nom toute l'estime du monde savant.

1693. CANINA (command. Luigi). *L'Antica Etruria maritima compresa nella dizione pontificia descritta ed illustrata con i monumenti.* —Rome, 1846-1851, 4 t. en 2 vol. in-fol., avec 136 pl. grav.

A quoi servent, dit l'auteur, ces petites monographies sur les maremmes pontificales, rendues si célèbres aujourd'hui par d'importantes découvertes ? A quoi bon de tels écrits qui manquent du contrôle de l'opinion publique et dont la production incessante est plus nuisible qu'utile à l'étude de l'antiquité étrusque. L'inconvénient est grave, et le seul moyen d'y rémédier, c'est de donner une description générale, mais sérieuse et approfondie, de la partie de l'Étrurie voisine de la mer et qui se trouve englobée dans les États de l'Église. Ce ne sont point les propres paroles du commandeur Canina, mais c'est bien sa pensée, et ce sont bien les raisons qui l'ont poussé à entreprendre un bel ouvrage, avec science, avec luxe, et illustré par de nombreuses et excellentes gravures.

Né le 23 octobre 1795 à Casale, dans le Piémont, Canina est mort à Florence le 17 octobre 1856.

1694. DENNIS (George). *The Cities and Cemeteries of Etruria,* etc. — Les Villes et les nécropoles de l'Étrurie. — Londres, 1848, 2 vol. in-8, avec 114 grav. s. b., plans, cartes géogr. (40 à 50 fr.); — trad. en allem. par N.-N.-W. Meissner : *Die Städte u. Begräbnissplätze Etruriens;* Leipzig, 1852, 2 part. gr. in-8, avec 20 pl. lith. et 1 carte.

Il n'y a rien de meilleur sur l'Étrurie. L'auteur, pendant ses voyages (1842-1847), a su recueillir une foule de documents intéressants ou nouveaux qu'il a eu le talent de classer à merveille. Il a tout examiné, et il est des choses que lui seul a vues. Antiquaire zélé, savant sans pédanterie, voyageur ému, peintre avec sa plume, car un beau paysage le passionne, Dennis a déchiré le voile qui pour l'Angleterre couvrait l'Étrurie. L'ignorance de ses compatriotes sur ce point l'a fait rougir. Le spectacle de cet essaim de touristes qui chaque année, allant de Florence à Rome, traverse l'Étrurie sans s'en douter, l'a mis hors de lui. De là, son livre. Il complète un ouvrage charmant, mais qui ne peut suffire comme guide, le livre de mistress Hamilton Gray, publié un peu avant le sien. « J'offre mes deux volumes aux « lecteurs, dit-il, dans l'espérance d'accroître « l'intérêt, la curiosité que mistress Hamilton a « fait naître en faveur d'une race mystérieuse « de laquelle l'Italie a reçu les premières se- « mences de la civilisation. »

1695. JAHN (Otto). *Die Ficoronische Cista. Eine archäologische Abhandlung.* — La Ciste de Ficoroni. Mémoire archéologique. — Leipzig, 1852, gr. in-4, IV-63 pp. (2 fr.).

1696. JANSSEN (L.-J.-F.). *De Etrurische Grafreliefs,* etc. — Sarcophages étrusques du Musée d'antiquités de Leyde. — Leyde, 1854, in-fol., avec 20 pl. lith. (20 fr.).

1697. VERMIGLIOLI (Giambattista).

De' Monumenti di Perugia etrusca e romana, della letteratura e bibliografia perugina, nuove pubblicazioni per cura del conte Giancarlo CONESTABILE, etc. — Pérouse, 1855-56, 3 vol. in-4 de texte, et un atlas in-fol., en 2 parties, composé de 25 pl. (30 à 50 fr.).

En 1870, le comte Conestabile a publié la quatrième partie de cet ouvrage, sous le titre suivant : *Monumenti etruschi scritti e figurati resultanti da escavazioni diverse nel territorio di Perugia ed in parte esistenti nel Museo o in collezioni private di detta città, in parte in musei esteri, in parte smarriti;* in-4, avec un atlas de 82 pl., faisant suite à l'atlas publié en 1855, en tout 107 pl. dont le numérotage se suit. Ces planches sont fort bien gravées.

1698. NOËL DES VERGERS (A.). *L'Étrurie et les Étrusques, ou Dix Ans de fouilles dans les Maremmes toscanes.* — Paris, Firmin-Didot, 1862-64, 2 vol. in-8, avec un atlas in-fol. de 39 pl. — 140 fr.

L'auteur s'est proposé d'étudier sur les lieux les nécropoles étrusques, de rassembler ce que les textes ou les monuments nous ont conservé sur la race des Toscans, d'y suivre le développement de la civilisation et de l'art, et de retracer les différentes phases de leur lutte avec les Romains. Il faut le reconnaître, ce vaste programme a été rempli avec talent.

On donne le nom de Maremmes aux vastes plaines qui s'étendent entre la Méditerranée, le cours inférieur de l'Arno, celui du Tibre et les premières pentes de l'Apennin : « Là, dit M. Des « Vergers, des rivières au cours presque insen- « sible forment à leur embouchure de vastes « estuaires où dans leur inertie les eaux des « fleuves et de la mer se joignent sans se con- « fondre. » C'est dans ces eaux dormantes que, cachées sous d'inextricables forêts, sommeillent le vieilles cités de l'Étrurie ; c'est dans ces solitudes que Noël Des Vergers, guidé par le célèbre explorateur Alex. François, a pratiqué des fouilles dont les résultats les plus intéressants sont reproduits dans l'atlas qui forme le 3e volume de l'ouvrage. Ce troisième volume nous offre : 1° la carte archéologique de l'Étrurie, dressée, d'après les recherches de l'auteur et les documents les plus récents, par Villemain, 1864 ; — pl. 1, 2, 3, vues et détails de l'un des hypogées les plus curieux de la nécropole de Cere ; — pl. 4 à 16, vases peints de style grec, provenant de Vulci et de Chiusi ; — pl. 17 à 19, vases noirs de Chiusi, fabrique étrusque ; — pl. 20 à 30, la *Cucumella.* Ce tumulus a été ouvert dans la plaine de Vulci, pendant l'hiver de 1856, par Des Vergers avec le concours de François ; — pl. 31 à 39, nouvelle série de vases peints découverts dans les fouilles de Vulci en 1856. La découverte de la *Cucumella* fut presque un événement. Cette tombe, parmi les milliers de tombeaux de Vulci, est la seule où l'on voit des peintures. Celles dont Campanari fit la découverte sont tombées en morceaux.

Savant, bien écrit, supérieurement illustré, ce livre possède un autre mérite, celui d'être neuf dans notre pays. L'auteur est le seul Français qui se soit appliqué jusqu'ici à nous faire connaître l'Étrurie. Il y a là un exemple et une leçon.

1699. CONESTABILE (G.) *Pitture murali a fresco, e suppellettili etruschi in bronzo e in terra cotta scoperte in una necropoli presso Orvieto nel 1863*

da Domenico Golini. *Illustrazione...*
pubblicata da Giancarlo Conestabile.—
Florence, tip. Cellini, 1865, in-4, et atlas
in-fol. obl., de 18 pl. grav.

Ce mémoire n'a pas moins de 182 pages bien
fournies d'érudition. L'auteur y signale les circonstances qui ont précédé et accompagné la découverte d'une nécropole à deux milles d'Orviéto,
nécropole enfouie dans les flancs d'une éminence
appelée *del Roccolo* et qui justifie pleinement
l'opinion d'O. Müller, qui croyait pouvoir reconnaître la vieille cité étrusque de Volsinio dans la
ville d'Orviéto. Cette découverte, due à un habile
homme, Dominique Golini, se borne à une quin-
zaine de tombes ; mais, parmi ces tombes, il s'en
est trouvé deux ornées de peintures murales et
qui présentent, suivant Conestabile, une particularité assez intéressante. En effet, elles sont le
trait d'union entre les œuvres d'art où l'influence
grecque s'accuse fortement, et celles qui, par le
caractère, le style, le sujet, représentent l'époque
la plus reculée de la nationalité étrusque ; ce qui
place les peintures d'Orviéto à égale distance des
compositions archaïques de Cerè et de Vèïes et
des belles peintures murales découvertes à Vulci
par Noël Des Vergers et François. Les armures,
les miroirs, les vases peints trouvés dans les autres tombeaux de cette nécropole, sont interprétés largement, et trop largement peut-être. Cette
étude remplit la seconde partie de l'ouvrage.

1700. GARRUCCI (Raf.). *Dichiarazione*
di R. G.. delle pitture Vulcenti. —
Rome, tip. della S. C. de Prop. Fide,
1866, in-4, 16 pp., avec un atlas in-fol.
obl., de 7 pl. photogr., intitulé : *Tavole*
fotografiche delle pitture Vulcenti
staccate da un ipogeo etrusco, presso
ponte della Badia, ed esposte in Roma
dal principe Alessandro Torlonia, nel
suo museo, a porta settimiana, dichia-
rate da R. G..

Ces peintures, reproduites ici par la photographie, l'ont été déjà par la gravure : Noël Des Vergers les a publiées dans son livre : *l'Étrurie et*
les Étrusques.

Ces fresques offrent cela de particulier qu'elles
sortent du cercle étroit tracé par le rituel funéraire, et dans lequel les peintres de l'Étrurie sem-
blent jusqu'à présent s'être enfermés. Ici ce n'est
plus l'éternel banquet chez Pluton qu'a voulu montrer l'artiste, mais la Grèce héroïque et l'histoire
de son pays. Non-seulement on voit sur ces murs
Ajax et Cassandre, Étéocle et Polynice, Nestor et
Phœnix, Amphiaraüs et Sisiphe, Achille égorgeant
les prisonniers troyens pour apaiser les mânes de
Patrocle ; mais on y voit encore la délivrance de
Célès Vibenna par son ami Mastarna, le Servius
Tullius des Romains, comme l'a montré l'empereur Claude dans un discours conservé par une
table de bronze trouvée à Lyon.

Bien que toutes noires et embrouillées, ces
photographies nous font encore mieux connaître
l'art étrusque que les excellentes gravures du
magnifique atlas de l'*Etrurie et les Étrusques.*
Elles nous donnent la sensation d'une époque reculée ; une vie forte, une sauvage énergie s'y
décèlent sous un voile épaissi par les siècles et
l'humidité des tombeaux.

1701. SCHLIE (F.). *Die Darstellungen*
des Troischen Sagenkreises auf etrus-
kischen Aschenkisten, etc. — Les Représentations des traditions troyennes
sur les urnes étrusques funéraires, décrites et retrouvées dans les poëtes.
Avec un Avant-propos par H. Brunn.
— Stuttgart, Ebner et Seubert, 1868, gr.
in-8, x-197 pp. — 3 fr. 50.

I. — HERCULANUM ET POMPÉI.

1. *Sur la découverte d'Herculanum et de Pompéi.*

La découverte d'Herculanum remonte
à 1709. Un habitant de Resina ayant ra-
mené quelques fragments de statues et
de mosaïque en creusant un puits, vendit
à un prince d'Elbœuf, de la maison de
Lorraine, le droit de creuser davantage.
Le prince cherchait du marbre pour un
casino qu'il faisait bâtir à Portici. Pendant cinq ans, il continua de fouiller avec
succès, sans savoir que c'était d'Hercula
num que sortaient ces brillantes épaves.
Des difficultés survinrent, le vice-roi de
Naples éleva des prétentions sur le produit des fouilles. La guerre de la quadruple alliance termina le litige, et pendant
trente années Herculanum dormit en paix.

La découverte de Pompéi (1748), posté-
rieure de près de quarante ans à celle
d'Herculanum, se présente sous le même
aspect. C'est encore un paysan qui, pour
avoir creusé un puits, devient le révéla-
teur. D'autres racontent que ce fut un
vieux mur déterré par des vignerons qui
amena la découverte. Quoi qu'il en soit,
l'attention était éveillée. Charles III, mis
en goût par les antiquités d'Herculanum
qui encombraient déjà son casino de Portici, ordonna des fouilles, et sept ans plus
tard, en 1755, l'amphithéâtre de Pompéi,
débarrassé des cendres du Vésuve, mon-
trait sa masse au loin.

De nos jours, les fouilles auparavant
nonchalamment poussées, ont pris un développement véritable. Le premier acte du
nouveau roi d'Italie a été de leur donner la
plus grande activité, et, s'associant pleinement à une idée si libérale, le parlement s'est empressé de voter une allocation annuelle de soixante mille francs.
— Cette allocation ne sera point éternelle.
Les fouilles cesseront faute d'avoir à
fouiller, ce sera long cependant : M. Fiorelli, chargé de les diriger, estime qu'il
ne faudra pas moins de vingt ans pour que
Pompéi soit entièrement débarrassée de
son linceul. Nous attendrons !

1702. GORI (Ant.-Franc.). *Notizie del*
memorabile scoprimento dell' antica
città d'Ercolano, del suo teatro, tem-
pii, etc., *avute per lettere da varj*
celebri letterati. — Florence, 1748,
in-8, avec 8 pl.

1703. (MOUSSINOT.) Mémoire sur la
ville souterraine découverte au bas du
mont Vésuve. — Paris, 1748, in-8.

1704. VENUTI (Marcello, marchese di). *Descrizione delle prime scoperte dell' antica città d'Ercolano.* — Rome, 1748, in-8; — Venise, 1749, in-8; — Londres, 1750, in-4; — trad. en angl. par Wickes Skurray : *A Description of the first Discoveries of the ancient city of Heraclea ;* Londres, 1750, in-8.

1705. (BROSSES, le présid. Ch. de.) Lettres sur l'état actuel de la ville souterraine d'Herculée. — (Dijon), 1750, pet. in-8, 106 pp. (1 fr.).

1706. Lettres sur les peintures d'Herculanum, aujourd'hui Portici. — S. l., 1751, pet. in-8, 23 pp., avec 4 pl.

Cet opuscule attribué au comte de Caylus n'aurait été tiré qu'à douze exemplaires.

1707. (REQUIER, J.-B.) Recueil général historique et critique de tout ce qui a été publié de plus rare sur la ville d'Herculane, depuis sa première découverte jusqu'à nos jours, tiré des auteurs les plus célèbres d'Italie, tels que Venuti, Maffei, Giurini, Belgrade, Gori et autres, par M. ***. — Paris, 1754, in-12 (2 à 3 fr.).

Simple résumé bibliographique.

1708. WINCKELMANN (J.-Joach.). *Sendschreiben von den herculanischen Entdeckungen.* — Dresde, 1762, gr. in-4, avec 3 pl. (2 fr.); — trad. en franç. (par Mich. Huber, revu par P.-J. Mariette) : Lettre de M. l'abbé Winckelmann à M. le comte de Brühl sur les découvertes d'Herculanum ; Dresde, 1764, in-4, avec 2 pl.; — réimpr. dans le *Recueil des lettres* (voir le n° 1714).

Cette lettre est célèbre. Winckelmann y réfute sans la moindre gêne les opinions des antiquaires napolitains, et présente les siennes à la place. Il plaisante le comte de Caylus, qui avait pris l'œuvre de Guerra, un faussaire, pour une peinture antique. Le plus piquant, c'est qu'il vante comme antiques des peintures qui lui ont été montrées en secret, peintures habilement fabriquées par son ami le peintre Casanova. Caylus sut se venger. Il fit traduire par Huber la lettre de Winckelmann, et malgré les efforts de celui-ci, cette lettre parut et obtint une regrettable publicité.

1709. WINCKELMANN (J.-J.). *Neue Nachrichten von den neuesten herculanischen Entdeckungen,* etc. — Nouveaux Renseignements sur les plus récentes découvertes faites à Herculanum, adressés à M. Henri Füssli, de Zurich. — Dresde, 1764, gr. in-4 (2 fr.); — trad. en franç. dans le *Recueil des lettres* (voir le n° 1714).

Dans cette lettre, divisée en trois chapitres, l'auteur examine les édifices d'Herculanum, les œuvres d'art et les ustensiles.

1710. FOUGEROUX DE BONDAROY. Recherches sur les ruines d'Herculanum et sur les lumières qui peuvent en résulter relativement à l'état présent des sciences et des arts, avec un traité sur la fabrique des mosaïques.—Paris, 1770, in-12, avec 3 gr. pl. grav. par Hausard (2 fr.).

1711. SEIGNEUX DE CORREVON [Gabriel]. Lettres sur la découverte de l'ancienne ville d'Herculane et de ses principales antiquités. — Yverdun, 1770, 2 vol. in-12 (2 à 3 fr.).

1712. CRAMER (Heinr.-Matth.-Aug.). *Nachrichten zur Geschichte der herculanischen Entdeckungen,* etc. — Notes pour servir à l'histoire des découvertes d'Herculanum. Avec un Avant-propos par J.-J. Rambach. — Halle, 1773, gr. in-8.

1713. HAMILTON (sir William). *Account of Discoveries at Pompeii.* — Notice sur les découvertes à Pompéi. — Londres, 1777, in-4, avec 13 pl. (10 fr.); — trad. en allem., avec addition de C.-G. von Murr : *Nachrichten von den neuesten Entdeckungen in der im J. 1772 am 24 Aug. verschütteten Stadt Pompeji ;* Nuremberg, 1780, gr. in-4, avec 13 pl. ; — 2° éd., *ibid.,* 1783, gr. in-4.

1714. WINCKELMANN (J.-J.). Recueil de lettres de M. W.. sur les découvertes faites à Herculanum, à Pompéi, à Stabia, à Caserta et à Rome, avec des notes critiques, etc., de M. Dasdorf, et seize lettres à Bianconi. Trad. de l'allem. (par H. Jansen). — Paris, 1784, in-8 (2 à 4 fr.).

2. Antiquités et monuments.

1715. COCHIN le fils et BELLICARD. Observations sur les antiquités de la ville d'Herculanum [par Bellicard], avec quelques Réflexions sur la peinture et la sculpture des anciens [par Cochin] et une courte description de quelques antiquités des environs de Naples [par Bellicard]. — Paris, 1754, in-12, avec 40 pl. grav. à l'eau-forte par Bellicard (2 à 3 fr.); — 2° édit., *ibid.,* 1757, in-8.

On ne peut voir dans ce petit ouvrage autre chose qu'un chapitre détaché et amplifié du voyage de Cochin en Italie ; voyage dans lequel, avec Soufflot et l'abbé Le Blanc, il accompagna le directeur ordonnateur des bâtiments du roi, le marquis de Marigny. Ce voyage a été publié sous le titre suivant : *Voyage d'Italie, ou Recueil de notes sur les ouvrages de peinture et de sculpture qu'on voit dans les principales villes d'Italie ;* Paris, 1751, in-12; 1756, in-4 ; 1758, 3 vol.

net. in-8; 1769, 2 vol. in-12 ; Lausanne, 1773, 3 vol. in-8.

Herculanum sortait du cadre, aussi Cochin a cru devoir lui consacrer une publication spéciale, avec Bellicard, architecte, un prix de Rome; et, dans ce cercle étroit, il a pu intéresser. Cochin était un esprit aimable, un artiste plein de verve, et Bellicard avait du talent. Or le style de Cochin et les eaux-fortes qui ornent l'ouvrage vont bien ensemble. Cela est léger, facile, assez près de la vérité; je ne parle que des croquis d'après les peintures. Cochin n'a rien compris à la brillante architecture peinte sur les murs d'Herculanum, la même que celle de Pompéi. C'est du mauvais gothique selon lui, et les arabesques mêlées à cette architecture sont aussi ridicules que les dessins chinois.

Dans la préface des *Observations*, Cochin s'adresse à M. de Vandières, ordonnateur des bâtiments du roi. Il se loue de l'avoir accompagné en Italie. Mais qu'est-ce donc que M. de Vandières ? Personne autre que le marquis de Marigny ! Vandières était le nom sous lequel madame de Pompadour avait présenté son frère à la cour.

1716. *Le Antichità di Ercolano esposte.* — Naples, 1757-1792, 8 vol. gr. in-fol., fig. (200 à 600 fr., selon la condition); — trad. en allem. par Ch.-G. Murr : *Abbildungen der Gemälde und Alterthümer in d. königl. neapolitan. Museo zu Portici, welche seit 1738 sowohl in der, im J. Ch. 79 verschütteten Stadt Herculanum, als auch in Pompeij u. in d. umliegenden Gegenden an das Licht gebracht worden*, etc. ; Augsbourg, 1777-1805, 9 vol. in-fol., fig. (y compris 2 vol. de suppl., par B.-F. Leizelt).

En tête de cette collection, se place un Catalogue général des monuments d'Herculanum, publié en 1754 ou 1755; on le désigne souvent comme le 9e volume.

Les cinq vol. suivants (1757-79) sont consacrés aux peintures (4 portr, 1 carte, 324 pl. et nombre de vign.). — Les vol. 6 et 7 (1767-71): bronzes (2 portr. et 178 pl.) ; — le vol. 8 (1792): lampes et candélabres (1 portr., 3 et 93 pl.), total : 7 portraits et 598 pl. Chaque partie a un titre spécial.

Ouvrage classique, ouvrage célèbre, royalement exécuté et dont les planches, à une époque où le sentiment de l'antiquité était si peu développé chez les artistes, ne méritent que des louanges. Pour le texte, on pourrait faire des réserves. Winckelmann l'a critiqué avec liberté et *humour*. Ce texte a son histoire : nous devons en dire un mot. En 1747, Charles III, roi de Naples, chargea O.-A. Bajardi, un abbé parmesan, de décrire les monuments recueillis dans les fouilles d'Herculanum. L'abbé travailla cinq années, au bout desquelles il livra à la publicité un catalogue des antiquités d'Herculanum (rapporté plus haut) en un seul vol. et sous ce titre : *Catalogo degli antichi monumenti dissotterrati dalla .. città di Ercolano.* Ce catalogue était précédé d'un *Prodromo delle antichità d'Ercolano* (Naples, 1752, 5 vol. in-4, fig.), dans lequel le savant abbé, enflammé pour la gloire de la cité reconquise sur le Vésuve, établissait qu'elle devait son origine à Hercule. Ce débordement d'érudition épouvanta le roi qui partagea les explications à donner sur Herculanum entre plusieurs antiquaires napolitains. De là, l'Académie d'Herculanum dont le prolixe Bajardi fut nommé président avec une pension de six mille ducats. Le trop savant abbé n'a collaboré qu'aux deux premiers volumes de de ce grand et superbe ouvrage.

1717. DAVID (François-Anne). Les Antiquités d'Herculanum, avec les explications par Sylvain MARÉCHAL. — Paris, 1780-1803, 12 vol. in-4 (et aussi in-8), fig. (100 à 200 fr.).

Né à Paris en 1741, mort dans cette ville en 1824, David fut l'un des meilleurs élèves de Le Bas.

1718. PIRANESI (Fr. caval.). *Il Teatro d'Ercolano, alla Maestà di Gustavo III, Re di Suezia — Francesco Piranesi architetto umilia e consagra.* — Rome, 1783, in-fol., 10 pl. (c'est le tome XIX de la grande collection Piranesi.)

Pour se rendre compte de cette dédicace, il faut savoir que François Piranesi fut le chargé d'affaires du roi de Suède, Gustave III, auprès du pape. Plus tard, en 1798, le gouvernement républicain établi à Rome chargea Francesco Piranesi de le représenter à Paris.

Graveur très habile, comme son père, et, comme lui, admirable dans la reproduction de l'architecture pittoresque, François Piranesi est un guide moins sûr dans d'autres domaines. Les planches du *Théâtre* d'Herculanum sont fort belles, mais est-ce bien cela?

1719. PIROLI (Th.) & PIRANESI. *Antichità di Ercolano coppiate da* Tommaso Piroli. — Rome, 1789-1807, 6 vol. in-4; — édit. franç. : Antiquités d'Herculanum gravées par Thomas Piroli, avec une explication, publiées par François et Pierre Piranesi; Paris, an XII (1804-1806), 6 vol. gr. in-4 (40 à 50 fr., et plus en pap. vélin).

1720. *Gli Ornati delle pareti ed i Pavimenti delle stanze dell' antica Pompei.* — Les Décorations murales et les pavés des chambres de l'antique Pompéi. — Naples, 1796, 2 vol. in-fol., fig.

1721. MAZOIS (Charles-François). Les Ruines de Pompéi, dessinées et mesurées par F. M..., architecte, etc. — Paris, Firmin Didot, (1812-)1824-38, 4 vol. gr. in-fol., avec 208 pl. et 1 plan (publié à 700 fr., et à 1000 fr. sur pap. vélin; se vend 200 à 300 fr.).

Cet ouvrage est divisé en quatre parties : 1o voies publiques, tombeaux, murailles, portes de villas (38 pl.); — 2o maisons (55 pl.); — 3o forum, monuments honorifiques, portique, etc. (53 pl.); — 4o théâtre, etc. (49 pl.), et un plan général détaillé, avec un appendice explicatif de tous les édifices découverts depuis 1755 jusqu'en 1821.

Le frontispice du t. Ier porte un titre spécial et la date de 1812.

Mazois, l'un des plus brillants élèves de Percier, a commencé son livre en 1809. Murat régnait alors à Naples. Chargé par ce dernier de restaurer le palais de Portici, bâti, nous le savons, par Charles III, il se trouva trop près de Pompéi pour échapper à la tentation d'étudier sérieusement une des plus grandes merveilles de l'Italie. Après bien des tentatives inutiles, il obtint, par la protection toute spéciale de la reine Caroline, de pouvoir dessiner à Pompéi en toute liberté. Ce fut l'origine d'un beau livre, où, pour la première fois, l'architecture de Pompéi devint l'objet d'un sérieux examen. Dessinateur plein de finesse, esprit cultivé, écrivain suffisant, Mazois a su faire le meilleur emploi de toutes ces belles qualités pour révéler Pompéi à l'Europe savante. Son livre est devenu classique et il est défendu de parler de Pompéi avec quelque compétence sans avoir étudié Mazois.

Cet homme si distingué est mort à Paris le 31 décembre 1826. Son ouvrage a été continué par l'architecte Gau, dont le nom figure aux titres des deux derniers volumes. Le titre du t. IV porte en outre : *Précédé d'une notice sur F. Mazois, par M. le Chr Artaud... et de l'explication de la grande mosaïque découverte à Pompéi en 1835, par M. Quatremère de Quincy... Le texte de la quatrième partie a été rédigé par M. Barré, professeur de philosophie.*

1722. MILLIN (A.-L.). Description des tombeaux qui ont été découverts à Pompéi l'année 1812. — Naples, 1813, in-8, 7 gr. pl. gr. sur cuivre (2 à 3 fr.).

1723. CLARAC (le comte de). Fouille faite à Pompéi, en présence de S. M. la reine des Deux-Siciles, le 18 mars 1813. — S. l. n. d. (Naples, 1813), in-8, avec 15 pl. et un front. gravés par F. Mori, à Naples, sur les dessins de l'auteur (2 à 4 fr.).

1724. GELL (sir William) & GANDY (John). *Pompeiana. The Topography, Edifices and Ornaments of Pompeii,* etc. — La Topographie, les édifices et le système décoratif de Pompéi, etc. — Londres, 1817-1819, gr. in-8, avec 5 et 77 pl., par Cooke, Heath et Pye (la pl. 67 n'a jamais été publiée) (25 fr., et 150 fr. ou plus les exempl. en gr. pap., in-4, avec les premières épreuves et les eaux-fortes sur chine) ; — 2e édit., *ibid.,* 1821, gr. in-8, fig. (10 à 15 fr.) ; — 3e éd., *ibid.,* 1852, gr. in-8, avec 83 pl. (15 fr.). = Le même ouvrage : seconde série. —*Ibid.,* (1830-31-1832 (ou 1835), 2 vol. gr. in-8, avec plus de 100 pl. (50 à 60 fr. ; les exempl., en gr. pap., gr. in-4, 200 fr., avec les premières épreuves, et le double ou plus, avec les épreuves sur chine et les eaux-fortes, dont il n'a été tiré que 25 exempl.). — La première série a été publiée en français : Vues des ruines de Pompéi ; Paris, impr. de F. Didot, 1828-32, 25 livr. in-4, fig. (15 à 20 fr., et plus sur pap. de Chine).

Ces planches sont bien exécutées. Ce qu'elles représentent particulièrement, c'est l'extérieur des maisons et des édifices, les murs, les portes, et, pour ainsi dire, la carapace de la ville. Vous n'y trouverez point ces délicieuses décorations si bien reproduites par la chromolithographie dans les grands ouvrages publiés plus tard, mais vous apprécierez un texte bien fait, à la fois instructif et sobre. Gell est de la famille des Leake et des Millingen.

Il était chambellan de la trop célèbre Caroline, et c'est à sa suite qu'il vint en Italie. Il voulait s'y fixer, lorsqu'il fut rappelé en Angleterre pour déposer comme témoin dans le scandaleux procès de cette princesse.

1725. ROMANELLI (Domenico). *Viaggio a Pompei, a Pesto, e di ritorno ad Ercolano ed a Pozzuoli.* — Naples, 1817, in-12 ; — 3e édit., Milan, 1831, 2 vol. in-8, avec carte.

1726. WILKINS (H.). Suite de Vues pittoresques des ruines de Pompéij, et un précis historique de la ville, avec un plan des fouilles qui ont été faites jusqu'en février 1819. — Rome, 1819, in-fol. obl., 31 pl. grav. par L. Caracciolo et un plan (10 à 15 fr.).

Ce livre mérite une mention particulière. On se demande comment un auteur a pu se résoudre à le signer et un éditeur à le produire. Les gravures à l'*aqua-tinta* qu'il étale ne sont que d'abominables barbouillages.

1727. HUBER (J.-W.), peintre. Vues pittoresques des ruines les plus remarquables de l'ancienne ville de Pompéi, dessinées et gravées à l'aqua-tinta. — Zurich, 1824, in-fol., 24 pl. en couleur, avec texte (20 à 30 fr.).

1728. GOLDICUTT (John). *Specimens of ancient Decorations from Pompeii.* — Spécimens de décorations antiques tirées de Pompéi. — Londres, 1825, gr. in-8 et gr. in-4, fig. (10 à 15 fr., et 15 à 20 fr.).

Architecte et dessinateur anglais, Goldicutt a travaillé avec Cook aux planches du *Pompeii illustrated* de Donaldson (voy. ci-dessous).

1729. BONUCCI (Carlo). *Pompei descritta . . . Terza edizione, con nuove osservazioni ed aggiunte.* — Naples, 1827, in-8, fig. ; — trad. franç. : Pompéi decrite, etc. ; *ibid.,* 1828, in-8, fig. ; — seconde traduction de la 3e édit. ital., par C. J. ; *ibid.,* 1830, in-8, fig. (2 fr.).

1730. JORIO (Andrea de). *Notizie su gli scavi di Ercolano.* — Naples, 1827, in-8.

1731. DONALDSON. *Pompeii illustrated, with picturesque Views,* etc. — Pompéi illustré, avec des vues pittoresques gravées par Will.-B. Cook, d'après les dessins originaux du lieutenant-col. COCKBURN, de l'artillerie royale, et avec des plans et des détails sur les édifices, soit publics, soit domestiques, par (Thomas Leverton) Donaldson. — Londres, 1827, 2 vol. gr. in-fol., avec 100 pl. environ, dont plusieurs en couleurs (70 à 80 fr., et plus avec les premières épreuves, soit sur pap. ordin., soit sur pap. de Chine, dont il n'a été tiré que 25 exempl.).

On a beaucoup vanté ce livre ; il faut en rabattre. Les gravures n'ont rien de bien remarquable. Zahn et Nicolini nous donnent une autre idée de Pompéi. A vrai dire, la grande notoriété de M. Donaldson lui est venue en aide. Les publications de cet architecte lettré sont au delà de quarante; il en est d'excellentes, notamment son *Architectura numismatica*. Depuis 1863, M. Donaldson est associé étranger de l'Institut de France.

1732. LIGHT (Henry). *A Series of Views of Pompeii.* — Suite de vues de Pompéi. — Londres, 1828, gr. in-4, avec 25 pl. et un plan (20 à 25 fr., et le double sur pap. de Chine).

1733. RAOUL-ROCHETTE (Désiré). Pompéi : Choix d'édifices inédits. — Maison du poëte tragique, publiée avec ses peintures et ses mosaïques fidèlement reproduites, et un texte explicatif par R.-R... et J. Bouchet.—Paris, (1828?), in-fol., avec front. et 17 pl. en coul.

« La maison que nous nous sommes proposé « de faire connaître dans son ensemble et dans « ses détails, dit M. Raoul-Rochette, offre, dans « de petites proportions, le modèle le plus com- « plet et le plus achevé d'une habitation privée « qui se soit rencontrée dans les ruines de Pom- « péi. » Ce nom lui a été donné en raison des peintures dont son atrium était décoré : *le Sacrifice d'Iphigénie, Léda, Briséis enlevée à Achille, Junon conduite par Isis vers Jupiter.*

Cette publication n'est qu'un tirage à part de la première partie de l'ouvrage suivant.

1734. RAOUL - ROCHETTE (Désiré). Choix de peintures de Pompéi, la plupart de sujets historiques, publiées avec l'explication et une introduction sur l'histoire de la peinture chez les Grecs et les Romains. — Paris, (1828-)1844, gr. in-fol., fig.

Les 28 pl. dont se compose ce recueil, qui n'est pas terminé, ont été lithographiées en couleur par M. Roux, et assez médiocrement, il faut l'avouer. Or, bien qu'il n'y ait que 28 pl., le volume n'en est pas moins très-épais. Sous la plume féconde de Raoul-Rochette, les explications archéologiques sont devenues de véritables thèses où l'auteur expose ses opinions avec un appareil d'érudition vraiment formidable. En voici un exemple : la peinture très-connue sous le nom de *la Toilette de l'Hermaphrodite*, lui a fourni la matière de dix-sept pages in-folio ! Après cela qu'on vienne nous parler des Allemands ! — Cet ouvrage a été mis de nouveau en vente il y a dix ans, toujours incomplet, sous ce titre : Choix de peintures de Pompéi, lithographiées par M. Roux et publiées avec l'explication archéologique de chaque peinture par M. Raoul-Rochette, membre de l'Institut, etc. 1re partie. *Amours des dieux.* 2e partie. *Temps héroïques;* Paris, Labitte, 1867, in-folio. — 80 fr.

1735. ZAHN (Wilhelm). *Neue entdeckte Wandgemälde in Pompeij.* — Peintures récemment découvertes à Pompéi. — Munich, 1828, in-fol., 41 lith., y compris le titre et un feuillet d'explications. = *Die schönsten Ornamente und merkwürdigsten Gemälde aus Pompeji, Herculanum, und Stabiae, etc.* — Les Plus Beaux Ornements et les Tableaux les plus remarquables de Pom-

péi, d'Herculanum et de Stabiæ, avec quelques plans et vues, d'après les dessins originaux exécutés sur les lieux (texte allemand et français). — Berlin, 1828-29, 1841-45, 1849-59, 3 séries gr. in-fol., de 100 pl. chacune (600 fr.).

Quand ce grand ouvrage parut, rien de pareil n'avait encore été publié. Il est le premier qui nous ait donné une notion exacte de la peinture décorative des anciens, en nous montrant, comme le dit Quatremère de Quincy, « une suite pré- « cieusement dessinée d'intérieurs ornés de com- « partiments arabesques, de petits tableaux repré- « sentant des sujets mythologiques, de bordures « ou de montants en rinceaux. »

Le savant critique remarque que l'auteur a porté la recherche et la dépense pour plusieurs de ces représentations jusqu'à les enluminer. La hauteur du format lui déplaît, mais il reconnaît qu'il a été déterminé par les dimensions d'un certain nombre de planches dont les dessins ont été calqués sur les originaux. L'ouvrage, qui n'en était encore, à l'époque où Quatremère de Quincy écrivait (*Bullettino degli Annali dell' Instituto di corrisp. archeolog.*, oct. 1829), qu'à la septième livraison, lui paraît d'un luxe exorbitant. Sa nouveauté et sa belle exécution l'étonnent. Que dirait-il donc de ce qui se fait aujourd'hui ?

1736. ROSSINI (Luigi). *Le Antichità di Pompei delineate sulle scoperte fatte sino a tutto l'anno 1830 ed incise dall' architetto L. R.., e dal medesimo brevemente illustrate.* — Rome, (1830), in-fol., avec 75 pl. (50 fr. et plus).

1737. FAMIN (C.). Peintures, bronzes et statues érotiques formant la collection du cabinet secret du Musée royal de Naples, avec leur explication par C. Famin, etc. — Paris, 1832, in-4, avec 41 pl. au trait, grav. par Larée (50 fr.); — nouv. édit. : Musée royal de Naples, peintures, bronzes et statues érotiques du cabinet secret, avec leur explication par M. C. F., contenant 60 grav. coloriées; *ibid.*, 1836, in-4, front. et 60 pl. grav. par Delvaux (60 à 100 fr.).

1738. BONUCCI (Carlo). *Le Due Sicilie. Ercolano.* — Naples, 1835, in-4, avec 39 pl. color. (20 à 25 fr.).

1739. BARRÉ (Louis). Herculanum et Pompéi. Recueil général des peintures, bronzes, mosaïques, etc., découverts jusqu'à ce jour et reproduits d'après : *Le Antichità di Ercolano, il Museo Borbonico*, et tous les ouvrages analogues, augmenté de sujets inédits, gravés au trait sur cuivre par Roux aîné, et accompagnés d'un texte explicatif par M. L. Barré. — Paris, Firmin-Didot, 1837-40, 8 vol. gr. in-8, avec 760 pl. (80 à 100 fr.) ; — trad. en allem. par A. Kaiser : *Herculanum und Pompeji*, etc.; Hambourg, 1838-41, 6 vol. in-4, avec 716 pl. (60 fr.).

Les titres de ces volumes ont souvent été

changés, afin d'en rafraîchir la date. Le 8e volume de ce répertoire renferme le musée secret.

1740. TERNITE (Wilhelm). *Wandgemälde aus Pompeji und Herculanum nach den Zeichnungen und Nachbildungen in Farben*, etc. — Peintures murales de Pompéi et d'Herculanum, d'après les dessins et les copies peintes de Guillaume Ternite. Avec un texte explicatif par Ch.-O. MÜLLER (continué par Fred. WELCKER). — Berlin, (1839-) 1845-60, gr. in-fol., avec 48 pl. — 168 fr.

Ce bel ouvrage se compose de six livraisons, dont trois avec un texte par Ch.-O. Müller et trois autres avec les explications en allemand, français et anglais de Frédéric Welcker, le continuateur de Müller ; explications assez courtes et point trop chargées d'érudition. Les sept ou huit planches en couleur sont de petits chefs-d'œuvre. Il est impossible de mieux rendre le caractère, le dessin, la touche de ces peintures murales. Je citerai une tête de *Méduse*, *Phriaxus* et *Hellée*, des *Danseuses* ; *Satyre et nymphe*, etc., etc. Les autres planches ne nous offrent que des traits. Les têtes seulement sont ombrées, et reproduites, quand elles en valent la peine, sur une plus large échelle. Ce procédé économique pourra paraître bizarre, mais il est pratique et instructif. Par là, on se rend un compte exact de la composition et du faire des peintres de l'antiquité. Avant tout, Ternite a été un copiste de première force. Après s'être perfectionné dans l'atelier de Gros, où la guerre de l'indépendance allemande l'avait amené en 1814, il copia les maîtres. En 1825 ou 1826, nous le trouvons à Portici peignant à la gouache les peintures antiques. Gœthe, le grand ami de l'antiquité, a vivement apprécié les imitations que Ternite en a faites.

1741. RAOUL-ROCHETTE (Désiré). Lettre à M. de Salvandy.... Sur l'État actuel des fouilles de Pompéi. — Paris, 1841, in-8.

1742. MASTRACA. Le Vésuve et ses principales éruptions depuis 79 jusqu'à nos jours ; suivi de cent vingt gravures représentant les monuments les plus remarquables de Pompéi, Herculanum et du Musée de Naples. Publié .... par M. Mastraca. Traduction française par H. Sandré (avec un texte ital. par E. Pistolesi, et angl., par Mrs Spry Bartlet). — Lagny, 1844, 2 vol. in-4 à 3 col., fig.

1743. TROLLOPE (Edward). *Illustrations of ancient Art, selected*, etc. — Illustrations de l'art antique, d'après des objets découverts à Pompéi et à Herculanum. — Londres, 1854, in-4.

1744. NICCOLINI (Fausto e Felice). *Le Case ed i monumenti di Pompej disegnati e descritti.* — Naples, 1855-1876, très-gr. in-fol., avec 120 pl. environ, en lith. color.

Ce magnifique ouvrage touche à son terme : 55 livraisons ont paru ; il n'en reste que 5 à publier.

Les auteurs ont voulu donner un Pompéi complet, et pour cela ils l'ont étudié dans l'ensemble et dans le détail. Une description générale embrasse la religion, les mœurs et usages, l'industrie, le commerce, le théâtre, tout ce qui constituait la vie civile des anciens. « Notre livre, disent « les auteurs, et avec raison, est d'une éloquence « suprême : surprise à l'improviste par la mort, « Pompéi reflète, comme dans un clair miroir, la « société antique. » La partie spéciale nous conduit d'édifices en édifices, de maisons en maisons. Ici, c'est le côté architectural et décoratif dont se préoccupent les auteurs plus particulièrement encore. Et ils poussent la recherche jusqu'à reproduire avec une perfection rare les objets trouvés dans les maisons qu'ils décrivent. De temps en temps, la vue d'une rue, d'une place de Pompéi, vue en couleur, nous ramène à l'état actuel.

Il faut le reconnaître, cette publication de luxe est plus finie et plus perlée que celle de Zahn, et bien plus riche que celle de Ternite. Si la reproduction au trait des sujets mythologiques qui occupent le milieu des panneaux ne rappelait un peu trop le style mou et flasque adopté par les graveurs et dessinateurs du *Musée Bourbon*, la publication des frères Niccolini serait parfaite. Il y a là des planches d'un charme et d'une délicatesse à faire rêver.

1745. BRETON (Ernest). Pompéia, décrite et dessinée par E. B.., suivie d'une notice sur Herculanum. 1re et 2e édit. — Paris, 1855, gr. in-8, fig. et un plan (10 fr.) ; — 3e édit., rev. et consid. augm. de plus de 150 pp. de texte et de 50 grav., *ibid.*, Morgand, 1869, gr. in-8, fig. — 15 fr.

Les bois de ce manuel arrivé à sa troisième édition sont au-dessous du médiocre. L'auteur l'a divisé comme il suit : Introduction historique ; — aspect général ; — temples, autels, tombeaux ; — les deux forum ; — les théâtres et l'amphithéâtre ; — murailles et portes ; — maisons et boutiques ; Herculanum. C'est un guide, rien de plus.

1746. *Raccolta de' più belli ed interessanti dipinti, mosaici, ed altri monumenti rinvenuti negli scavi di Ercolano, di Pompei e di Stabea che ammiransi nel Museo nazionale.* — Turin (Naples), 1865, in-4, avec 157 pl. gr. s. c. et accomp. d'une table des sujets en allem. et en franç. — 26 fr.

1747. OVERBECK (J.). *Pompeji in seinen Gebäuden, Alterthümern und Kunstwerken*, etc. — Pompéi révélé par ses édifices, ses ruines et ses œuvres d'art, aux amis de l'art et de l'antiquité. — Leipzig, 1856, in-8, grav. s. b., lith. et plan ; — seconde édit., augm. et améliorée ; *ibid.*, Engelmann, 1866, 2 vol. gr. in-8, avec 331 illustr. — 11 fr. 25.

Il faut se résoudre à ne rien comprendre aux divisions établies par l'auteur dans ces deux volumes. Nous ne chercherons pas à les reformer. Ce qu'il y a de plus clair, c'est qu'après une courte introduction historique, après avoir parlé des restes du Pompéi religieux et municipal, Overbeck entre dans le détail de la vie privée, de la vie industrielle et commerciale de cette cité, cherchant partout des témoignages et les trouvant dans l'aménagement des habitations, dans les reliques des boutiques, dans les inscriptions sur les murs. Cette section aurait dû finir par l'examen des tombeaux ; or c'est par là qu'elle commence. L'architecture, la sculpture, la peinture, la mosaïque remplissent la troisième division : la division *artiste*, dit l'auteur (*artistischer Haupttheil*).

Ce manque de méthode ne diminue que bien peu le mérite de ce livre, exécuté avec cette exactitude scrupuleuse, cet esprit de recherche qui caractérisera toujours les travaux de l'Allemagne. L'illustration en est en partie satisfaisante ; les bois que l'on retrouve à chaque page et qui reproduisent des photographies, donnent bien l'idée de Pompéi, et surtout la vue d'ensemble d'après un modèle en relief. Malheureusement la partie décorative est bien mauvaise. Les échantillons de peinture murale que nous offre l'auteur, sont affligeants. Le charmant bronze placé en tête du premier volume ne peut les faire oublier. Au résumé, ce livre est assez dur à lire, mais il est très-plein, très-instructif, fait avec scrupule. Ce n'est point une entreprise de librairie : il restera.

1748. DYER (Th.-H.). *The Ruins of Pompeii*, etc. — Les Ruines de Pompéi. Série de dix-huit vues photographiques. Avec un récit de la destruction de cette cité, etc. — Londres, 1866, in-4. — 46 fr.

1748 *bis*. DYER (Th.-H.). *Pompeii, its History, Buildings and Antiquities*, etc. — Pompéi, son histoire, ses monuments, ses antiquités, le récit de sa ruine, la description complète de ses restes et des fouilles les plus récentes, et un itinéraire pour les visiteurs. — Londres, 1867, in-8, 300 gr. s. b., carte et plan du forum.

J. — EXPLORATIONS ET MISSIONS SCIEN-TIFIQUES.

1749. SPON (Jacob) et WHELER (sir Georges). Voyage d'Italie, de Dalmatie, de Grèce et du Levant, fait aux années 1675 et 1676. — Lyon, 1678, 2 vol. in-12, fig. ; — Amsterdam, 1679, 2 vol. in-12, fig. (10 à 30 fr.) ; — La Haye, 1724, 2 vol. in-12 (5 à 6 fr.) ;— trad. en ital. par C. Freschot ; Bologne, 1688, in-12 ; — trad. en allem. par J. Menudier ; Nuremberg, 1681, ou 1690, in-fol.

A son apparition, ce voyage fit sensation en Europe. On n'avait point encore rien écrit sur la Grèce d'aussi savant et d'aussi judicieux. Chateaubriand a résumé cette impression : « Tout le « monde, dit-il, connaît le mérite de cet ouvrage « où l'art et l'antiquité sont traités avec une cri- « tique jusqu'alors ignorée. » Malgré la supériorité des voyages publiés depuis deux siècles, celui de Spon a conservé son prix. Ardent à la recherche et sagace au premier chef, Spon a pu rapporter trois mille six cents inscriptions grecques et latines et cent cinquante manuscrits. Un homme d'une haute compétence en ses matières, M. Léon Renier, a signalé Spon comme le premier des épigraphistes qu'ait eus la France.

Spon a eu l'instinct de la saine critique, cela est constant, mais ce que l'on ne saurait trop redire, c'est que ce fut un beau caractère, le type du dévouement scientifique et du désintéressement. Protestant zélé, comme Henri Estienne, avec lequel il a des points de ressemblance, comme lui il est mort à l'hôpital, à l'age de trente-huit ans.

La première édition fut l'objet d'un opuscule de critique par Guillet : *Lettres écrites sur une dissertation d'un voyage de Grèce, publiée par Spon*, etc. (Paris, 1679, in-12), auquel Spon fit une *Réponse à la critique de M. Guillet*, etc. (Lyon, 1679, in 12).

1750. CHANDLER (Rich.). *Travels in Asia Minor*, etc. — Voyage dans l'Asie Mineure. — Oxford, 1775, gr. in-4, fig. (10 à 12 fr.) = *Travels in Greece*, etc. — Voyage en Grèce, ou Récit d'un voyage entrepris aux frais de la Société des Dilettanti. — Oxford, 1776, gr. in-4, fig. (10 à 12 fr.) — Réimpr. ensemble ; Londres, 1817, 2 t. en 1 vol. in-4, fig.; — nouv. édit., avec remarques par N. Revett, et une notice sur l'auteur par Ralph Churton ; Oxford, 1825, 2 vol. in-8, fig. (10 fr.); — trad. en franç. : Voyages dans l'Asie Mineure et en Grèce, faits aux dépens de la Société des Dilettanti dans les années 1764, 1765 et 1766 ; trad. de l'anglais et accompagnés de notes géographiques, historiques et critiques par Servois et Barbié du Bocage ; Paris, 1806, 3 vol. in 8, avec 2 cartes et un plan (6 à 8 fr.) ; — trad. en allem. par J.-H. Voss et H.-C. Boie : *Reisen in Kleinasien. — Reisen in Griechenland* ; Leipzig, 1776-77, 2 vol. gr. in-8, fig. (2 à 3 fr.).

On l'a dit il y a déjà longtemps, sous le rapport des antiquités et de la géographie, les deux voyages de Chandler ont pris place parmi les meilleurs. L'abbé Barthélemy, qui a souvent puisé dans Chandler, le tenait en grande estime. Savant helléniste, habile éditeur des marbres d'Arundel et d'Oxford et des antiquités ioniennes, Chandler était de plus un épigraphiste consommé, comme le prouve surtout le grand ouvrage in-folio qu'il fit imprimer à Oxford, sous le titre suivant : *Inscriptiones antiquæ*, etc. — Nommé recteur de la paroisse de Tilchurst, en Berkshire, Chandler y est mort le 9 février 1810, à l'âge de soixante-douze ans.

1751. LECHEVALIER (Jean-Baptiste). Voyage dans la Troade, contenant la description de la plaine de Troie. — Paris, 1800, in-8 ; — 2ᵉ édit., *ibid.*, an VII (1801), in 8, pl. et carte (3 fr.) ; — 3ᵉ édit., rev. et consid. augm. : Voyage de la Troade fait dans les années 1785 et 1786 ; *ibid.*, an IX (1802), 3 vol. in-8, avec atlas gr. in-4, de 57 pl. de vues, cartes, médailles, etc., etc. (8 à 12 fr., et plus sur pap. de Holl. ou sur pap. vélin, avec fig. avant la lettre) ; — trad. librement en allem. (sur la 1ʳᵉ édit.) par

K.-G. Lenz : *Reise nach Troja*, etc.; Liegnitz, 1800, gr. in-8, fig.

« Ce voyage, dit Quérard, n'était primitive-
« ment qu'un mémoire que l'auteur lut, les 21 et
« 28 février 1791, à la Société royale d'Édim-
« bourg, mémoire qui fut imprimé en anglais la
« même année sous ce titre : *Description of the
« Plain of Troy, translated from the original
« and accompanied with notes and illustrations
« by* And. Dalzel ; London, 1791, in-4. » Ce mémoire a été traduit en allemand par K.-F. Dor-
nedden, et accompagné d'une préface par C.-G.
Heyne : *Beschreibung der Ebene von Troja* (Leipzig, 1792, gr. in-8, avec 4 cartes).

On trouve dans la troisième édition bien d'autres choses que le tableau de la plaine de Troie :
elle renferme, en effet, des observations sur toutes les contrées parcourues par Lechevalier, qui
a décrit notamment les principales îles du golfe
Adriatique, la ville et les environs d'Athènes et
quelques îles de la mer Égée.

Lechevalier s'est fait une sorte de célébrité par
une prétendue découverte de l'emplacement d'I-
lion et en reconnaissant dans la plaine de Troie tous
les lieux chantés par Homère. Mais en 1813, un ami
de lord Byron, J.-C. Hobhouse (lord Broughton) :
*Journey through Albania and other provinces of
Turkey in Europe and Asia*, etc. (London,
1813), a réduit à néant tout le système de Lechevalier. On s'accorde à dire aujourd'hui que quand
bien même on pourrait diriger à sa fantaisie le
cours du Simoïs ou du Scamandre, et transfor-
mer ces rivages, on n'arriverait point encore à
faire concorder les descriptions d'Homère avec
la topographie et la réalité.

1752. DENON (le baron Dom. VIVANT-).
Voyage dans la Basse et la Haute-Égypte
pendant les campagnes du général Bonaparte. — Paris, impr. de P. Didot
l'aîné, an X (1802), 2 vol. gr. in-fol.,
avec 141 pl. (120 à 150 fr., et plus
en pap. vélin), ou un vol. in-4 et atlas
in-fol. (50 à 60 fr.);—nouv. edit. augm.,
publiée par J.-Gabr. Pelletier; Londres,
1802, 2 vol. in-4, avec 60 pl.; — autre
édit., Paris, 1804, 3 vol. in-12, sans pl.;
— nouv. édit., augm. d'une notice sur
l'auteur par M. P.-F. Tissot ; *ibid.*,
1829, 2 vol. in-8 et atlas gr. in-fol.
(30 fr.); — trad. en angl. par A. Aikin ;
Londres, 1802, 2 vol. in-4, ou 3 vol.
in-8, avec 60 pl.; — par E.-A. Kendal;
ibid., 1802, 2 vol. in-8, fig. ; — par F.-
W. Blagdon; *ibid.*, 1803, 2 vol. in-8, fig.;
— trad. en allem. par D. Tiedemann ;
Berlin, 1803, gr. in-8, avec 8 pl.; — par
K. Witte; Mayence (Mainz), 1803, 2 vol.
in-8; — trad. en holl. par H. Bosscha ;
Amsterdam, 1804-5, gr. in-8 ; — trad.
en ital., avec des augmentations par
l'abbé Fontana ; Florence, 1808, 2 vol.
gr. in-fol., avec 144 pl.

Il y a en tête de ce livre si remarqué une dédicace qui nous apprend sous quelle inspiration
il a été conçu. Elle nous donne le diapason de
l'époque. — « *A Bonaparte.* Joindre l'éclat de vo-
« tre nom à la splendeur des monuments d'É-
« gypte, c'est rattacher les fastes glorieux de
« notre siècle aux temps fabuleux de l'histoire.
« C'est réchauffer les cendres de Sésostris et de
« Mendès, comme vous conquérants, comme vou
« bienfaiteurs. L'Europe, en apprenant que je
« vous accompagne dans l'une de nos plus mé-
« morables expéditions, recevra mon ouvrage
« avec un avide intérêt. Je n'ai rien négligé
« pour le rendre digne du héros à qui je voulais
« l'offrir. »

Il est certain que la faveur du général Bonaparte, que Denon avait connu chez Mme de Beau-
harnais, n'a pas nui au succès de son livre, livre
dont l'exécution n'a été tant vantée que parce
qu'il est un des premiers à cette date et dans ce
genre. Son principal mérite, c'est d'avoir devancé
de treize ans la publication de la grande *Description de l'Égypte;* c'est d'en avoir donné l'avant-
goût; c'est d'avoir été ébauché quand son auteur
tenait le crayon d'une main et le fusil de l'autre.
Le spectacle des batailles et celui des monuments
s'y trouvent côte à côte. Le contraste est piquant
et fait pour intéresser.

1753. MILLIN (Louis). Voyage dans les
départements du midi de la France. —
Paris, 1807 - 1811, 4 tomes en 5 vol.
in-8, et atlas in-4 de 80 pl. dont plusieurs color. (30 à 40 fr., et plus sur
pap. vélin).

La description des monuments laissés dans l'oubli, la richesse d'investigations qui embrassent
l'antiquité, le moyen âge et la France moderne,
offrent un ensemble qui fait excuser certaines
erreurs sans gravité. Quand cette relation parut,
elle excita vivement la curiosité et le livre obtint un véritable succès. Du reste, bien qu'ici
l'antiquité classique domine, on peut y voir le
germe de cette vaste et élégante enquête : *le
Voyage pittoresque et romantique dans l'ancienne France,* par Charles Nodier. Cela seul serait une recommandation, un titre.

**1754. Description de l'Égypte, ou Recueil
des observations et des recherches qui
ont été faites en Égypte pendant l'expédition de l'armée française (ouvrage
publié sous la direction de M. JOMARD).**
— Paris, 1809 - 28, 10 vol. in-fol. de
texte, et 12 vol. in-fol. de pl. (publié à
4000 fr., et à 6000 fr. sur pap. vélin, se
vend 600 à 800 fr., et 800 à 1000 fr.);
— 2e édit., *ibid.*, 1820-30, 24 t. en 26
vol. in-8, et 12 vol. in-fol. de pl. (300 à
500 fr., et plus en pap. vélin).

La *Description de l'Égypte* a été publiée en
trois séries. Elle se compose de : *Antiquités-
Descriptions*, 2 vol.; — *Antiquités-mémoires*,
2 vol. ; — *État moderne*, 2 vol. en 8 part.; —
Histoire naturelle, 2 vol. — Ensemble 9 vol.,
plus un vol. complémentaire. (Pour les détails bibliographiques, voir Brunet.)

L'Institut d'Égypte fut fondé au Caire au mois
d'août 1798, afin de diriger les travaux des commissions scientifiques attachées à l'expédition.
Des savants accompagnaient les généraux dans
leurs courses et rapportaient à l'Institut des notes recueillies soit pendant une marche pénible,
soit pendant qu'on se battait. C'est de cet Institut qu'est sortie la *Description de l'Égypte*, ouvrage conçu sous l'influence de la politique et non,
comme on est disposé généralement à le croire,
sous une influence plus pure, celle de la science.
En effet, à cette date, le beau idéal du général
Bonaparte était une Égypte bien gouvernée, et,
comme on l'a dit avec esprit, il aurait voulu or-
ganiser le désert. Ingénieur et homme d'État, il
vit dans l'étude approfondie de ce merveilleux
pays, non pas tant le moyen de connaître son his-

toire, que celui de le bien administrer. Cette pensée ressort clairement de la préface de la *Description de l'Egypte* par l'illustre Fourier, préface un peu déclamatoire — c'était la mode — mais pleine de détails intéressants sur la création de l'Institut du Caire. Après avoir présenté le général Bonaparte comme l'apôtre de la civilisation en Orient, et cherchant à montrer à ce vieux monde les prodiges du monde moderne, Fourier continue en disant : « On ne pouvait atteindre ce but sans « l'application continuelle des sciences et des « arts ; c'est dans ce dessein que l'auguste chef « de l'expédition française résolut de fonder en « Égypte une institution destinée au progrès de « toutes les connaissances utiles. L'Académie « du Caire se proposait, comme celle de l'Europe, « de cultiver les sciences et les arts, de les per-« fectionner et d'en rechercher les applications « utiles. On devait s'attacher principalement à « distinguer les avantages propres à l'Égypte, et « les moyens de les obtenir ; il était donc néces-« saire d'observer avec beaucoup de soin le pays « qui allait être soumis à une administration « nouvelle : tels furent les motifs qui portèrent « à entreprendre des recherches dont on publie « aujourd'hui les résultats.

« L'intérêt des beaux-arts et de la littérature exi-« geait encore une description fidèle et complète « des monuments qui ornent depuis tant de siècles « les rivages du Nil et font de ce pays le plus ri-« che musée de l'univers. On a mesuré toutes « les parties de ces édifices avec une précision « rigoureuse, et on a joint aux plans d'architec-« ture les plans topographiques des lieux où les « villes anciennes étaient situées. On a repré-« senté dans des dessins particuliers les sculptu-« res religieuses, astronomiques ou historiques « qui décorent ces monuments. »

La publication de la *Description de l'Egypte* fut entreprise immédiatement après le retour de l'armée d'Orient. On invita toutes les personnes qui avaient coopéré à ces recherches à proposer les écrits ou les dessins dont cette collection devait être formée. On confia, en même temps, le soin de diriger l'exécution à une commission de huit personnes désignées par le ministre de l'intérieur, sur la présentation de l'assemblée des auteurs. Cette assemblée choisit ensuite, par voie de scrutin, Fourier pour composer le discours préliminaire, et comme membres de la commission : Bertholet, Conté, Costaz, Desgenette, Fourier, Girard, Lancret et Monge. Plus tard, Conté et Lancret furent remplacés successivement par Jomard et Jollois, et en 1810 on donna pour adjoints aux membres de cette commission Delile et Devillier.

L'absence d'un commissaire spécial chargé de régler immédiatement tous les détails de l'exécution s'étant fait sentir, le ministre nomma Conté. A la mort de Conté en 1805, on choisit Lancret, et, ce dernier étant mort en 1807, ce fut Jomard, ancien ingénieur du cadastre et du dépôt de la guerre, qui vint le remplacer.

L'œuvre s'achevait, mais lentement, quand l'Empire s'écroula. L'argent fit défaut. Il fallut interrompre. Il y eut même un moment où le plus grand souci des rédacteurs fut de sauver les cuivres que l'étranger voulait avoir. Ce ne fut qu'un retard. Les premières livraisons publiées en 1809, furent complétées en 1826. Déjà en 1814 Jomard s'était rendu à Londres pour réclamer des matériaux tombés aux mains des Anglais, et, grâce à sir Joseph Banks, il avait réussi.

L'expédition scientifique dirigée par un savant égyptologue prussien est partie du Delta pour remonter la vallée du Nil. Tout au contraire, l'expédition française est partie de Syène (ou Assouan) pour descendre le Nil jusqu'au Delta : ainsi la description d'Eléphantine et de Philæ se trouve dans le premier volume, et celle de Memphis, dans le dernier.

Tout a été dit sur la beauté des planches de l'Expédition d'Égypte, sur l'habileté des graveurs et sur ces solennelles restaurations qui nous vieillissent de quelques milliers d'années en nous transportant au milieu des colonnades de Thèbes ou de Luqsor ; sur ces gravures nombreuses qui font passer sous nos yeux Apollinopolis, Latopolis, Hermantès, Tentyris, Abydos, Antipolis, Lycopolis, Memphis, etc., etc.

L'ordre et la méthode des reproductions ont été de même très-remarqués : aux plans topographiques des lieux où les villes sont situées, on voit succéder les plans, l'élévation et la coupe des monuments dont elles étaient ornées, suivis à leur tour par les sculptures historiques ou religieuses gravées sur ces mêmes monuments.

Je n'ai pas prétendu faire l'analyse d'un livre célèbre dans le monde entier, et je m'en tiens aux parties de l'œuvre qui rentrent dans mon cadre ; je ne parlerai donc ni des mémoires archéologiques, ni des cartes géographiques, ni des études sur les productions naturelles de l'Égypte et sur son état actuel, recherches si diverses, si neuves, si imprévues à cette date, et dont la réunion et la mise en lumière avec une magnificence souveraine ouvrit à l'Europe savante d'immenses perspectives. Je dirai seulement que la *Description de l'Egypte*, dont les origines aujourd'hui sont presque oubliées, est un des plus beaux livres du XIXᵉ siècle, celui de tous qui rappelle avec le plus d'éclat l'énergie française et les témérités d'un grand homme de guerre ; un livre que l'on retrouve dans toutes les bibliothèques, car il renferme tout ce qu'il était permis de savoir sur le pays des Pharaons, avant l'effort de génie de Champollion.

1754 *bis*. GAU (F.-C.). Antiquités de la Nubie, ou Monumens inédits des bords du Nil, situés entre la première et la seconde cataracte, dessinés et mesurés en 1819, par F.-C. Gau, de Cologne. — Paris, impr. de F. Didot, 1821-27, gr. in-fol., avec 78 pl. et 13 vign. (publié en 13 livr., au prix de 234 fr., et le double en pap. vélin ; se vend 80 et 150 fr.); —trad. en allem. : *Neuentdeckte Denkmäler von Nubien*, etc.; Stuttgart, 1821-28, en 13 livr. gr. in-fol.; fig., pap. ordin. et pap. vélin.

Le principal mérite de cet ouvrage — la suite de la *Description de l'Egypte* — c'est d'être le complément nécessaire de toutes les études sur les anciens habitants de la vallée du Nil ; le second, c'est d'indiquer, avec une précision toute nouvelle, le lien qui unit les évolutions du goût en architecture et la marche de la civilisation chez un peuple ; joignez à cela la reproduction de dessins fidèles, accompagnés d'un texte rédigé par deux grands érudits, Letronne et Niebuhr.

Né à Cologne le 14 juin 1790, Francisque-Christian Gau vint à Paris en 1809, pour y étudier l'architecture. Ses maîtres furent Debret et Lebas. En 1817, il saisit l'occasion qui lui était offerte d'aller en Égypte, et, grâce à la protection d'un médecin allemand et de notre consul Drovetti, il trouva moyen de pénétrer en Nubie ; là, il put mettre à exécution le projet, conçu depuis longtemps, de donner une continuation aux travaux archéologiques de la commission d'Égypte, en dessinant les monuments qui bordent le Nil au-dessus de la seconde cataracte.

De retour en France, et après avoir terminé les deux derniers volumes du grand ouvrage de Mazois sur Pompéi, il abandonna la théorie et l'histoire pour la pratique, et, s'étant fait naturaliser, il obt nt de la ville de Paris d'importants travaux. Nous ne citerons que l'église Sainte-Clotilde, dans le faubourg Saint-Germain, imitation du style gothique et comme le reflet de la cathédrale de Cologne au pied de laquelle il était né. — Gau est mort à Paris en 1853.

1755. DIONIGI (Marianna) (née CANDIDI). *Viaggi in alcune città del Lazio che diconsi fondate dal re Saturno.* — Rome, 1809-12 (en 11 livr.), in-fol. obl., avec 30 pl. par Gmelin et Feoli (25 à 40 fr., et plus sur pap. vélin).

Cette étude très-savante des murs cyclopéens de quelques-unes des plus anciennes villes de l'Italie, offre cela de remarquable que l'auteur l'a présentée sous la forme la plus attrayante. La vue d'Alatri, par exemple, et celle d'Arpino nous offrent des paysages dessinés par madame Dionigi et gravés par Gmelin, que le Poussin n'aurait pas désavoués.

Marianna Candidi, une Romaine, a été de cette grande race des Corinne, femmes privilégiées auxquelles rien ne résiste dans les domaines de l'intelligence et du talent. Érudite, Dieu sait ! musicienne excellente, elle peignit le paysage d'une façon si remarquable que l'Académie de Saint-Luc tint à honneur de l'admettre dans son sein. Mariée à un avocat romain, Dionigi, son salon, où l'on vit souvent Visconti et d'Agincourt, devint le rendez-vous de toutes les notabilités qui se trouvaient à Rome. Marianna Dionigi est morte en 1826, dans un âge avancé.

1756. GELL (sir William). *The Itinerary of Greece, with a Commentary on Pausanias and Strabo,* etc. — Itinéraire de Grèce, avec un commentaire sur Pausanias et Strabon, et des notes sur les monuments de cette contrée. —Londres, 1810, in-4, avec 28 pl. (12 à 15 fr.).

Voy. plus haut, n° 1724, section : Herculanum et Pompéi.

1757. BEAUFORT (Francis). *Karamania, or a brief Description of the South coast of Asia Minor,* etc. — La Caramanie, ou description abrégée de la côte méridionale de l'Asie Mineure et de ses antiquités, accompagnée de plans et de vues. Le tout recueilli pendant le relevé de ces côtes ordonné par les lords de l'amirauté pendant les années 1811 et 1812, par Francis Beaufort, capitaine du vaisseau de Sa Majesté *le Fredericstein,* frégate de trente-deux canons. — Londres, 1817, in-8, fig. ; — 2e édit., *ibid.,* 1818, in-8, fig. (15 fr.).

Qu'est-ce que la Caramanie ? un immense territoire ; la partie méridionale et maritime de l'Asie Mineure, un groupe de ces provinces que les anciens appelaient Lycie, Pamphylie, Phrygie, Cilicie, la petite et la grande, et qui comprenait une partie de la Carie. Avant 1812, presque personne n'avait visité cette terre couverte de ruines grecques ou romaines ; ces beaux rivages, si voisins de l'Egypte, restaient ignorés ; on n'avait point de cartes marines de la Caramanie. C'était une énorme lacune ; les lords de l'amirauté chargèrent le capitaine Beaufort de la combler.

On sait avec quelle habileté Beaufort remplit sa mission, et, ce qui n'est pas moins remarquable, le savant hydrographe se fit antiquaire. Loin, comme beaucoup d'hommes de sa profession, de témoigner du dédain pour les antiquités, il saisit toutes les occasions durant sa croisière de recueillir des notions précises sur ce qui restait encore des vieilles et riches cités dont jadis ces côtes étaient peuplées.

C'est à lui qu'il faut faire honneur de la découverte de Soli ou Pompéiopolis, en Cilicie, située près de la mer, et dont les restes témoignent d'une véritable splendeur ; on lui doit la révélation de cette étonnante galerie allant du port à l'autre bout de la ville : galerie composée de deux cents colonnes, dont quarante-quatre sont encore debout.

Des descriptions d'une grande clarté, rendues plus claires encore par d'excellentes vignettes, des plans et une carte côtière ; beaucoup de recherches condensées sous un format maniable, expliquent la grande réputation de la *Caramanie* par le capitaine Beaufort.

1758. DODWELL (Edward). *A classical and topographical Tour through Greece,* etc. — Voyage classique et topographique à travers la Grèce pendant les années 1801, 1805 et 1806. — Londres, 1818(-1819), 2 vol. gr. in-4, avec 70 pl. (40 à 60 fr.) ; — trad. en allem. et annoté par F.-K.-L. Sickler : *Classische und topographische Reise,* etc. ; Meiningen, 1821-22 (-24?), 2 vol. gr. in-8, 32 pl. (6 fr.) ; — et par F.-W. von Schütz (en abrégé) : *Reise durch Griechenland ;* Zerbst, 1822, in-8, fig.

Voyage classique !... C'est bien le mot. On ne pouvait pas mieux qualifier cette savante exploration. Antiquaire très-habile, esprit exact, homme scrupuleux, Dodwell est digne de toute confiance ; c'est un guide excellent. On lui doit d'avoir fait connaître le célèbre bas-relief de Corinthe, qui, selon lui, décorait un putéal, et un autel rond, selon Panofka ; bas-relief remarquable par la beauté de l'exécution et par la difficulté d'en interpréter le sujet, Dodwell voulant y voir la *Réconciliation d'Hercule et d'Apollon ;* Gerhard, *Vénus conduite dans l'Olympe ;* et Théodore Panofka, *Hébé amenée par Junon vers Hercule escortée des dieux.*

Après avoir voyagé toute sa vie, Dodwell est mort à Rome le 14 mai 1832, à l'âge de soixante-cinq ans, laissant son nom attaché à un beau travail : *Vues et description des constructions cyclopéennes ou pélasgiques trouvées en Grèce et en Italie* (texte franç. et angl.) ; Londres, 1834, in-fol.

1759. POUQUEVILLE (Franç.-Ch.-Hugues-Laurent). Voyage dans la Grèce, comprenant la description ancienne et moderne de l'Épire, de l'Illyrie grecque, de la Macédoine..... de la Doride et du Péloponèse, avec des considérations sur l'archéologie, la numismatique, les mœurs, les arts, etc.—Paris, F. Didot, 1820-21, 5 vol. in-8, fig. et cartes ; — 2e édit., corr. et augm. : Voyage de la Grèce ; *ibid.,* 1826-27, 6 vol. in-8, avec cartes, vues et figures (25 fr., et plus en pap. vélin).

La seconde édition est beaucoup plus complète que la première ; on y a remplacé par une excellente carte de Lapie celle de Barbié du Bocage. *Le Voyage de la Grèce*, quoiqu'il renferme des parties bien traitées, a tellement été surpassé par les voyageurs topographes venus plus tard, par le colonel Leake notamment, que l'on ne se souvient plus aujourd'hui du succès qu'il obtint à l'époque où il parut. Son principal mérite, c'est d'avoir été le point de départ de toutes les recherches qui ont été faites sur des contrées encore très-mal connues.

Membre adjoint de la Commission d'Égypte, puis reçu médecin, ensuite consul à Janina et à Patras, puis nommé membre de l'Académie des inscriptions, Pouqueville est mort à Paris le 28 décembre 1838, à l'âge de soixante-huit ans.

1760. PORTER (sir Robert-Ker). *Travels in Georgia, Persia, Armenia,* etc. — Voyage en Géorgie, en Perse, en Arménie, dans l'ancienne Babylonie pendant les années 1817, 1818, 1819, 1820, par sir R. K. P..., avec de nombreuses gravures, des portraits, des costumes, des antiquités. — Londres, 1821-22, 2 vol. in-4, avec 58 et 28 pl. (100 à 180 francs).

Ce voyage en Orient est classique. C'est celui d'un artiste distingué qui fut en même temps un homme instruit et plein de zèle. L'étude approfondie des monuments de Nakshi-Roustam, la *montagne des Sépulchres*, ou de ceux de Persépolis et les ruines de la Babylonie, nous démontrent en quelle estime sir Robert-Ker Porter tenait l'archéologie. Pour cela, le voyageur n'a pas négligé d'autres questions également importantes. Son livre est rempli d'observations sur la religion, l'agriculture, l'organisation civile et militaire des contrées explorées. L'artiste se retrouve dans l'exécution des dessins d'après lesquels on a gravé les planches de cet ouvrage. Son crayon facile rend avec esprit et justesse. De brillantes publications survenues depuis n'ont point fait oublier celle de Ker Porter.

Cet homme si bien doué était un Anglais. Né à Durham vers 1775, il est mort le 4 mai 1842, à Saint-Pétersbourg, où l'empereur Nicolas l'avait appelé. Le talent de bien peindre des batailles l'avait fait apprécier par Alexandre Ier, qui le nomma son premier peintre.

1761. BEECHEY (F.-W.) & (H.-W.). *Proceedings of the expedition to explore the northern coasts of Africa in* 1821 *and* 1822, etc. — Expédition destinée à explorer le littoral du nord de l'Afrique en 1821 et 1822, la Syrte, la Cyrénaïque, les anciennes villes de la Pentapole, et d'autres restes de l'antiquité, avec cartes et plans. — Londres, 1824, in-4; — nouv. édit., *ibid.*, 1827, in-4 (20 à 25 fr.).

Le voyage du capitaine Beechey, bien qu'il ait exploré toute la contrée et qu'il l'ait décrite avec détails, ne passera jamais pour le voyage d'un antiquaire. Une note domine toute sa gamme : c'est celle du marin. L'ouvrage est sérieux, mais les planches sont détestables.

1762. MINUTOLI (Heinrich MENU, Freiherr von). *Reise zum Tempel des Jupiter Ammon,* etc. — Voyage au temple de Jupiter Ammon dans le désert de Libye et dans la Haute-Égypte pendant les années 1820 et 1821, par le baron de Minutoli, lieutenant général au service de Prusse. Publié d'après le Journal de voyage de Son Excellence, avec des documents, par le Dr F.-H. Tölken, professeur d'histoire et de mythologie à l'université de Berlin, avec un atlas de 38 planches et une carte itinéraire. — Berlin, 1824, gr. in-4, et atlas in-fol. = Supplément (*Nachträge*); *ibid.*, 1827, gr. in-8, avec 7 pl. (50 fr.). = Abrégé par Aug. Rücker; *ibid.*, 1825, gr. in-8, avec 12 pl. et 1 carte.

De tous les voyageurs qui ont visité l'oasis d'Ammon (aujourd'hui Siwah), il n'est personne qui l'ait mieux exploré que le général Minutoli; personne qui soit entré dans plus de détails sur ce coin de terre si bien arrosé et si fertile, au milieu des sables brûlants de la Libye; personne qui ait mieux décrit les ruines de ce temple qui rendit tant d'oracles. C'est au commencement d'une expédition scientifique en Égypte, expédition dont il fut chargé en 1820 par le gouvernement prussien, que Minutoli visita cette oasis. Un célèbre naturaliste, Godefroy Heremberg, l'ami de ce dernier, le docteur Hempricht, et l'architecte prussien Liman, qui avait étudié trois ans à Paris dans l'atelier de Percier, formèrent tout le personnel de cette courageuse expédition.

De l'oasis d'Ammon, Minutoli se rendit au Caire et remonta ensuite la vallée du Nil jusqu'à l'île Éléphantine et à Syène. Mais, malgré l'intérêt que présente cette longue exploration, la visite de l'oasis constitue la partie la plus importante du voyage et la plus féconde en nouveautés. Les descriptions sont illustrées par la reproduction d'un certain nombre des dessins de Liman, que conserve l'Académie de Berlin. Et Tölken, qui se présente ici comme secrétaire et interprète du général, soit qu'il parle des représentations religieuses de Luqsor et de Thèbes, soit qu'il décrive celles qui sont tracées sur les murs du temple d'Ammon dans l'oasis, n'oublie point qu'il est mythologue de profession.

A la suite de cette relation très-savante et très-complète, on trouve des notes sur les couleurs employées par les Égyptiens pour peindre à fresque les hiéroglyphes; sur les vernis qu'ils appliquaient; sur les figurines émaillées; sur la rareté des mosaïques avec des pâtes de verre, et une étude générale du verre chez les Égyptiens et chez les Romains. Les notions qui ne se rattachent pas très-étroitement au temple et à l'oasis d'Ammon ne peuvent déplaire ici, puisqu'il s'agit d'une expédition scientifique où l'histoire naturelle a aussi marqué sa place. Expédition courageuse, ai-je dit plus haut, mais expédition malheureuse à beaucoup d'égards, car les fatigues et les privations qui accablèrent ses membres amenèrent la mort du naturaliste Hempricht et de Liman. Le mauvais génie qui l'avait accompagnée la poursuivit même au-delà de l'Égypte. Une partie des nombreuses collections recueillies par Minutoli a péri avec le navire qui les transportait en Allemagne. Le reste se voit aujourd'hui au Musée de Berlin.

Né en 1772, Minutoli est mort en Suisse, son pays natal, en 1846, avec le titre de membre de l'Académie de Berlin.

1763. BRONDSTED (Peter-Oluf). Voyages dans la Grèce, accompagnés de recherches archéologiques, et suivis d'un aperçu sur toutes les entreprises scientifiques qui ont eu lieu en Grèce depuis

Pausanias jusqu'à nos jours. Ouvrage orné d'un grand nombre de monuments inédits récemment découverts, ainsi que de cartes et de vignettes (60 pl.), dédié à Sa M. le roi de Danemark, par le chevalier Bröndsted, membre de l'université de Copenhague, etc., etc. — Paris, 1826-30, gr. in-4 (25 à 30 fr., et plus sur pap. vélin, ou in-fol., pap. vélin); — trad. en allem. : *Reisen und Untersuchungen*, etc.; Paris et Stuttgart, 1826-30, gr. in-4, fig. (20 fr.); — trad. en danois et publié par N.-V. Dorph : *Reise i Grækenland*; Copenhague, 1844, 2 part. in-8.

Sur huit livraisons annoncées, deux seulement ont vu le jour. Dans la première, le savant Danois traite des antiquités et de la topographie de l'île de Céos, aujourd'hui Zea; dans la seconde, vous trouverez une étude approfondie de l'histoire et de l'archéologie du Parthénon. Cette étude est précédée d'une introduction où l'idée qui domine est que les sculptures du Parthénon sont comme le sommaire et la « représentation « figurée des traits les plus caractéristiques — « sous le rapport des sentiments nationaux et de « la localité — de la religion de l'Attique et de « la vie sociale de ses habitants » : et la justesse de cette idée est établie — au moins l'auteur cherche à l'établir et non sans succès — par un commentaire sur chacune des trente-deux métopes — le reste des quatre-vingt-douze qui décoraient l'entablement du temple ; — métopes dont les dessins de Carey et les gravures de Stuart et Revett nous ont conservé l'image; dessins et gravures qui nous apprennent que Phidias ne s'était pas borné, dans cette vaste décoration, à faire représenter un éternel combat de centaures, comme on le croit communément.

Personne n'a été plus enthousiaste que Bröndsted de la Grèce des beaux temps. Il aimait, disait-il, à respirer cet air si pur. Cet enthousiasme l'a guidé quand il a illustré son livre : médailles, vases, terres cuites et fragments de statues s'y trouvent reproduits — sans compter les trente-deux métopes du Parthénon — avec un soin, une finesse extrêmes, et font regretter plus vivement encore qu'un ouvrage si savant, si riches d'aperçus, et si brillamment exécuté, n'ait point eu d'achèvement.

Bröndsted est mort à Copenhague en 1842, recteur de l'université et directeur du Cabinet des antiques. Il n'avait que cinquante-deux ans.

1764. PACHO (J.-R.). Relation d'un voyage dans la Marmarique, la Cyrénaïque et les oasis d'Andjelah et de Maradeh, accompagné de cartes géographiques et topographiques, et de planches représentant les monuments et les contrées. Ouvrage publié sous les auspices de Son Excellence le ministre de l'instruction publique. Dédié au Roi. — Paris, F. Didot, 1827-29, in-4, avec un atlas in-fol. contenant 100 pl. (publié à 140 fr., et 280 fr. sur pap. vélin, avec fig. sur chine).

M. Beulé a prononcé sur cet ouvrage un jugement définitif : « Il est encore aujourd'hui, dit-« il, la source la plus complète des renseigne-« ments sur les ruines de Cyrène. » Mais il a tort quand il donne à Pacho le nom d'artiste. Ce n'était qu'un amateur. Les planches de son atlas,

planches très-bien faites, ou plutôt les dessins qu'elles reproduisent, sont de Courtin et Adam fils, et d'après ses croquis.

Jean-Raymond Pacho, né à Nice le 28 janvier 1794, est mort à trente-cinq ans, épuisé par le travail et dévoré par une noire mélancolie.

1765. ARUNDELL (Fr.-V.-J. Rev.). *A Visit to the seven Churches of Asia*, etc. — Visite aux sept églises d'Asie, avec une excursion en Pisidie, renfermant des remarques sur la géographie et les antiquités de ces contrées, et l'itinéraire de l'auteur, ainsi que de nombreuses inscriptions. — Londres, 1828, in-8.

Nous donnons ce titre pour mémoire. Cette *Visite* n'est autre qu'un journal de voyage sèchement écrit par un *clergyman*, et illustré encore plus sèchement par des inscriptions. Ce livre est fait pour les épigraphistes et les géographes, et non pour les artistes et les gens de lettres. Constater l'état actuel d'Éphèse, Smyrne, Pergame, Thyatire, Sardes, Philadelphie et Laodicée, les sept villes, ou plutôt les sept églises dont il est question dans le 1er chap. de l'Apocalypse, voilà ce que le révérend a voulu faire. Il est passé par des sentiers déjà battus. Son livre toutefois n'est pas sans autorité : on le cite souvent.

1766. PROKESCH-OSTEN (Ant.). *Erinnerungen aus Ægypten und Kleinasien*, etc. — Souvenirs d'Egypte et d'Asie Mineure, par Prokesch, chevalier d'Osten (mot à mot : *chevalier d'Orient*). — Vienne, 1829-1831, 3 vol. in-8.

Nommé, en 1827, chef d'état-major du comte Dandolo, qui commandait l'expédition autrichienne contre les pirates grecs, Prokesch réussit à négocier l'extradition des prisonniers et à améliorer, par un traité avec le pacha de Saint-Jean d'Acre, le sort des chrétiens. En récompense de ces services, Prokesch, à son retour, fut anobli, avec le titre de *Ritter von Osten*, le chevalier d'Orient.

1767. LABORDE (Léon-Emm.-Simon-Jos., comte de) et LINANT. Voyage dans l'Arabie Pétrée. — Paris, impr. de J. Didot, 1830 et suiv., gr. in-fol., de 70 pl., et texte avec vignettes sur bois (80 à 100 fr.); — trad. en angl. : *Journey through Arabia Petræa*, etc. ; Londres, 1836, in-8, fig. (10 fr.).

Ce qui rend surtout ce voyage remarquable, c'est la manière dont il est illustré. De très-belles lithographies nous font pénétrer dans des contrées mille fois plus célèbres que connues. L'Horeb, le Sinaï, dont les noms ont frappé nos oreilles dès l'enfance, sont là devant nos yeux, et l'on comprend toute l'horreur de ces solitudes sans arbres et sans eau, et fermées par des murailles gigantesques.

Burckardt a découvert Petra, mais Léon de Laborde nous le montre. Trente-deux planches sont consacrées à reproduire les monuments, ou pour mieux dire, les ruines étonnantes de cette cité, une autre Palmyre.

1768. LEAKE (Will.-Mart.). *Travels in the Morea*, etc. — Voyages en Morée, avec cartes et plans. — Londres, 1830, 3 vol. in-8 (20 à 30 fr.).

L'activité, le savoir du colonel Leake, la sagacité qui lui fait découvrir là où il y eut une ville, le coup d'œil militaire qu'il tient de son premier métier, l'admirable précision avec laquelle il caractérise les localités, le jugement le plus sain, et le flair si excellent dans la recherche des antiquités, ont placé le colonel Leake, en dépit des critiques, au premier rang des topographes.

L'auteur a donné un supplément sous ce titre : *Peloponnesiaca;* Londres, 1846, in-8.

1769. BLOUET (Abel) et autres. Expédidition scientifique de Morée ordonnée par le gouvernement français. Architecture, Sculpture, Inscriptions et Vues du Peloponèse, des Cyclades et de l'Attique, mesurées, dessinées, recueillies et publiées par Abel Blouet, architecte, ancien pensionnaire de l'Académie de France à Rome, directeur de la section d'architecture et de la sculpture de l'expédition..., Amable RAVOISIÉ, Achille POIROT, Félix TRÉZEL et Frédéric de GOURNAY, ses collaborateurs. Ouvrage dédié au Roi. — Paris, Firmin Didot, 1831-33-38, 3 vol. gr. in-fol., avec 3 front., 78, 85 et 99, en tout 265 pl. (publié à 588 fr., et à 980 fr., avec les épreuves sur chine; se vend 200 à 400 fr.).

La sphère d'action de l'expédition, l'ensemble de ses découvertes nous est indiquée par son itinéraire, dont les savantes étapes ont été distribuées par la commission dans les trois volumes de la manière suivante :

1er vol. : Pylos (Navarin), Methone (Modon), Colonis, Coron, Petalidi, Messène, Lepreum, Scillonte, Olympie, etc.

2e vol. : Aliphera, Phigalie et son temple, Gorthys, Ira, Lycosura, Mégalopolis, Sparte, Mantinée, Argos, Mycènes, Thyrinthe, Nauplie, etc.

3e vol. : Syra, Téos, Mycone, Delos, Naxos, Melos, Sunium, Egine, Epidaure, Hiero, Trezène, Hermione, Nemée, Corinthe, Sycione, Patras, Elis, le cap Ténare, Marathonisi, Gythium, Amiclée, Epidaure-Liméra, Astros, Athènes, etc.

Le point culminant de cette intéressante expédition a été la découverte du temple de Jupiter Olympien, dans la plaine d'Olympie. On savait que la terre recélait ici un temple, mais rien de plus. La gloire de Blouet et de ses collaborateurs n'est pas tant d'avoir retrouvé les restes de ce temple que d'avoir trouvé la preuve irréfragable que c'était celui de Jupiter Olympien. En cela la France a devancé l'Allemagne, qui tourne et retourne aujourd'hui, la sueur au front, le sol olympique.

Comment pourrait-on mesurer l'éloge à une commission que les conditions les plus défavorables n'ont point empêchée de triompher de toutes les difficultés ? Les planches sont excellentes, empreintes du sentiment de l'antique, et les vues et l s paysages qui encadrent les ruines ont l'éclat méridional. Parfois d'habiles restaurations, où la couleur est indiquée, nous rendent quelques monuments importants et par trop dégradés.

Ce n'est donc pas sans fondement que, dans la séance du 30 avril 1831, le secrétaire perpétuel de l'Académie des beaux-arts disait : « C'est pour « l'Institut de France tout entier, et pour notre « Académie en particulier, l'objet d'une satisfac- « tion bien légitime que de pouvoir proclamer, « dans une occasion aussi solennelle que celle « qui nous rassemble, les titres acquis à la re- « connaissance publique par des artistes français « dans une expédition scientifique sous les aus- « pices de l'Institut. »

Combien les éloges de l'éloquent académicien eussent paru doublement mérités, s'il avait ajouté que les ressources pécuniaires de l'expédition étaient très-bornées ; que l'obligation de se hâter dans ses recherches lui avait été imposée, et que là même où campait une armée française de dix mille hommes, l'autorité militaire n'avait jamais voulu consentir à donner à la commission, pour l'aider dans ses fouilles, plus de quatre sapeurs du génie !

1770. ROSELLINI (Ippolito). *I Monumenti dell' Egitto e della Nubia disegnati dalla spedizione scientifico-letteraria toscana in Egitto; distribuiti in ordine di materie, interpretati ed illustrati dal dottore L. R.. —* Pise, 1832-44, 9 vol. in-8, et 3 vol. de pl. in-fol. (publié au prix de 800 fr.).

En 1828, Hippolyte Rosellini fut chargé par le grand-duc de Toscane d'explorer l'Egypte avec son père, l'architecte Gaëtano Rosellini, et trois naturalistes. A la même époque, Champollion partait pour l'Egypte, sous les auspices d'un protecteur zélé de l'archéologie, du duc de Blacas. Elève de Champollion, qu'il avait accompagné dans les musées d'Italie, Rosellini n'eut rien de plus pressé que de se réunir à son maître, et les deux sociétés, fondues en une seule, formèrent ce que les Allemands ont appelé l'expédition franco-toscane, expédition qui, pendant quinze mois, visita fructueusement les monuments de l'Egypte.

De retour à Pise, Rosellini employa tout ce qui lui restait de force — sa santé était déplorable — à publier les résultats de l'expédition accomplie en commun avec Champollion, enlevé au monde savant le 4 mars 1832. Se conformant à la pensée de l'illustre égyptologue, Rosellini s'attacha à retracer, d'après les monuments contemporains, le tableau de la civilisation égyptienne ; en conséquence, il forma trois sections : la première, composée de 169 planches, fut consacrée aux monuments historiques ; la seconde, de 135 planches, aux monuments civils ; la troisième, de 86 planches, aux monuments du culte. Ensemble 390 planches.

Passons la première section, qui nous offre une suite d'épisodes des guerres des Pharaons, série quelque peu monotone, où le Pharaon Ramsès II, par exemple, est représenté debout sur son char, décochant des flèches aux Africains. Passons également la troisième section, où se déroulent à l'infini des processions, des purifications, des offrandes pieuses, des cérémonies funèbres, pour nous arrêter à la seconde, qui nous fait si bien connaître la vie domestique des anciens Égyptiens. Cent trente-cinq planches nous les montrent à la chasse, en vendange, à table, sur leurs barques. On les voit sculpteurs, menuisiers, charpentiers, musiciens, gymnastes. On entre dans la boucherie, on flaire la cuisine, on admire les meubles et la vaisselle, et ce n'est pas sans un vrai plaisir que l'on voit se dissiper le nuage qui enveloppait encore les côtés familiers d'une civilisation vieille de plusieurs milliers d'années.

La bonne exécution de près de cinq cents planches — un assez grand nombre sont en couleur — un texte méthodique, rédigé sous l'inspiration de Champollion, font oublier que l'architecture et la topographie sont absentes. D'ailleurs, Rosellini a parfaitement compris qu'il était inutile de revenir sur ce que la France a fait avec tant d'éclat au commencement de ce siècle. En possession, grâce à son maître, du don de lire dans le passé de l'antique Egypte, il s'est avancé dans la voie nouvelle. Son livre est aujourd'hui l'un des fondements de l'égyptologie.

Rosellini est mort à Pise en 1843, épuisé par

ses travaux. Il était gendre de notre célèbre Cherubini.

1771. ARUNDELL. *Discoveries in Asia Minor*, etc. — Découvertes dans l'Asie Mineure et description des ruines de plusieurs villes anciennes, spécialement de celles d'Antioche, de Pisidie, par le Révér. F.-V.-J. Arundell, chapelain anglais à Smyrne. — Londres, 1834, 2 vol. in-8, avec cartes et 9 pl. lith. de vues pittoresques. (12 fr.).

L'auteur croit fermement que les richesses archéologiques de l'Asie Mineure sont inépuisables. Chaque province s'enorgueillissait d'un grand nombre de villes; le difficile aujourd'hui, c'est de les retrouver. Quels noms mettrez-vous sur ces monceaux de ruines ? La géographie ne nous fait connaître qu'une petite partie de l'Asie Mineure ancienne. Que ne reste-t-il pas à apprendre !

Dominé par ses idées, Arundell s'est mis une première fois en quête. *Clergyman*, curieux surtout des choses du christianisme, il s'est appliqué à retrouver les sept villes dont il est parlé dans l'Apocalypse (voy. plus haut, n° 1765). Le livre actuel est le fruit d'une seconde exploration, mais beaucoup plus étendue. Il a visité ou déterminé l'emplacement, ou bien encore retrouvé les noms de : Cassaba, Tabala, Clanadda, Eucarpia, Apamée, Antioche de Pisidie, Lystra, Sagalessus, Apollonia, Cremna ou Selge, Cretopolis, Themisonium, Mandropolis, embrassant ainsi dans ses recherches Lydie, Phrygie, Pisidie, Pamphylie et Lycie.

De charmantes lithographies illustrent ce voyage écrit sans prétention et qui peut être considéré comme un bon guide, mais rien de plus.

1772. CHAMPOLLION le Jeune. Monuments de l'Égypte et de la Nubie, d'après les dessins éxécutés sur les lieux sous la direction de Champollion le Jeune, et les descriptions autographes qu'il en a rédigées ; publiés sous les auspices de M. Guizot et de M. Thiers, ministres de l'instruction publique et de l'intérieur, par une commission spéciale. — Paris, Firmin Didot, 1835-45, 4 vol. gr. in-fol., avec 400 pl. (publié à 600 fr., se vend la moitié de ce prix). = Monuments de l'Egypte et de la Nubie. Notices descriptives conformes aux notices autographes rédigées sur les lieux par M. Champollion. — *Ibid.*, 1844, pet. in-fol., pp. 1 à 500, avec lith. (40 à 60 fr.).

Hippolyte Rosellini, le chef de l'expédition italienne et française en Egypte, a adressé, dans le t. IX de son texte, les plus graves reproches à cette commission. Sa critique porte surtout sur deux points : d'abord d'avoir reproduit des monuments déjà publiés dans le livre : *I Monumenti dell' Egitto* ; et, ce qui est plus grave, d'avoir abandonné le plan tracé par Champollion, c'est-à-dire la distribution des dessins en trois sections : section historique, section civile, section religieuse. « De là, dit Rosellini, une confusion extrême, qui « ne peut que troubler, et surtout ce fâcheux ré- « sultat d'avoir fait un ouvrage qui devait ser- « vir aux progrès de la science, un ouvrage de « pure curiosité. »

1772 bis. PRISSE D'AVENNES (E.). Monuments égyptiens. Bas-reliefs, peintures, inscriptions, etc., d'après les dessins éxécutés sur les lieux par E. P. d'A... Pour faire suite aux Monuments de l'Égypte et de la Nubie, de Champollion le Jeune. — Paris, F. Didot, 1847, gr. in-fol., avec 52 pl., dont 11 color. (publié à 75 fr.).

1773. LEAKE (W.-M.). *Travels in Northern Greece*, etc. — Voyage dans le nord de la Grèce, par feu Martin Leake, lieutenant colonel de l'artillerie royale, de l'Université d'Oxford, un des vice-présidents de la Société royale de littérature et de la Société géographique, etc. — Londres, 1835-41, 4 vol. in-8, avec cartes et 44 pl. (45 fr.).

1774. LABORDE (L. de). Voyage de la Syrie, par MM. Alexandre de Laborde, Becker, Hall et Léon de Laborde. Rédigé et publié par Léon de Laborde. = Voyage de l'Asie Mineure, etc. — Paris, Firmin Didot, 1837-38 (-1861), 2 vol. gr. in-fol., avec 170 pl. (publié en 39 livr., au prix de 400 fr.; se vend la moitié de ce prix).

Cet ouvrage, connu sous le titre conventionnel de *Voyage en Orient*, devait paraître il y a trente-trois ans (1828), dit l'auteur dans la préface du second volume, qui ne fut terminé qu'en 1861. Voyant que le temps lui manquait pour y mettre la dernière main, il se contenta de reprendre ses notes de voyages. Or ces notes sont l'explication naturelle des dessins qui les accompagnent. Ces dessins sont nombreux, bien touchés, et nous font mieux connaître les paysages et les côtes de l'Asie Mineure que tous les ouvrages qui ont précédé cette publication.

1775. TEXIER (Charles). Description de l'Asie Mineure, faite par ordre du gouvernement français de 1833 à 1837, et publiée par le ministère de l'instruction publique. Première partie : Beaux-Arts, monuments historiques, plans et topographie des cités antiques, par Charles Texier, correspondant de l'Institut. Gravure de Lemaitre. Ouvrage dédié au Roi. — Paris, Firmin Didot, 1839-49, 3 vol. in-fol., avec 241 pl. (publié à 1000 fr., réduit à 500 fr.; se vend encore moins cher).

Nous sommes en présence de la plus grande exploration de l'Asie Mineure qu'un voyageur seul ait osé tenter jusqu'alors; exploration des plus riches, à en juger par l'immense quantité de matériaux relatifs à l'art et à l'archéologie, réunis pendant quatre années; exploration qui, suivant l'Académie des inscriptions, dans son rapport, a surpassé toutes celles qui l'avaient précédée, Texier ayant embrassé dans trois voyages successifs l'Asie Mineure presque tout entière.

Le premier commence en 1833; Texier visite Nicomédie, Nicée, la grande Phrygie et, tournant à l'est par Angora, jusqu'à Césarée de Cappadoce, revient à Constantinople en longeant le Taurus, par l'Isaurie et la Lycaonie. Dans le second, exécuté en 1835, Texier se borne à parcourir les environs de la Propontide et de la côte occidentale de l'Asie Mineure. Dans le troisième, il se consacre à l'exploration de la Caramanie jusqu'à Tarse, et traverse toute l'Asie Mineure en se rendant de Tarse à Trébizonde.

Au nombre des résultats de ces trois voyages, nous citerons la reproduction, dans vingt dessins, des monuments d'Aizany sur le Ryndacus, et surtout du beau temple tout en marbre blanc et du théâtre attenant au cirque qui ornaient cette ville; nous citerons la découverte de l'emplacement de Synada, célèbre par ses carrières dans l'antiquité, une visite dans la vallée de Dougoulon, où, parmi d'autres tombeaux, on a trouvé celui de Midas; nous citerons une découverte importante, celle de l'emplacement de Pessinunte, vainement cherché par d'autres voyageurs; le plan et les principaux détails du temple d'Auguste à Ancyre et la copie de certains fragments de la traduction grecque du testament d'Auguste, traduction gravée sur une partie des murs du temple; nous citerons la découverte en Galatie des sculptures de la vallée de Bogâz-Keüi (la vallée du défilé), voisine du champ de bataille où Crésus fut vaincu par Cyrus: ce monument, surnommé la *pierre écrite*, est un des plus anciens de l'Asie Mineure. Nous citerons encore la découverte de la ville de Sipylus et du tombeau de Tantale aux environs de Smyrne; enfin, nous signalerons, parmi les matériaux recueillis dans la Caramanie, de curieuses recherches sur les villes d'Antiphellus, de Myra, de Phellus, et surtout d'Aspendus et de Perga, qu'aucun voyageur, avant Texier, n'avait encore visités.

Ce n'est pas tout : s'étant fait une loi de ne rien négliger et de relever tous les monuments qui s'offriraient à lui, n'importe quelle put être leur date, soit à Constantinople, où il pénétra le premier dans Sainte-Sophie, interdite jusqu'à lui aux infidèles, soit à Trébizonde, Texier s'est appliqué à dessiner les restes de l'architecture byzantine. C'est par là qu'il a scellé cette grande exploration qui semble au-dessus des forces d'un seul homme et pour l'accomplissement de laquelle il a fallu déployer une énergie et une force de volonté peu communes.

Texier a commis bien des erreurs. Son crayon trop facile est souvent infidèle. De son côté, le graveur en a pris à son aise, et s'est moins préoccupé de la vérité que de la beauté de ses planches; n'importe, de nombreuses erreurs étaient presque inévitables dans cette course scientifique sur un terrain si vaste et si peu frayé; et ce livre, déjà corrigé et même refait en partie par les voyageurs venus après, n'en restera pas moins un livre élémentaire et classique, qu'il faudra toujours consulter quand on voudra s'occuper de l'Asie Mineure et de son archéologie.

1776. FELLOWS (Charles). *A Journal written during an excursion in Asia Minor*, etc. — Journal d'une excursion dans l'Asie Mineure. — Londres, 1839, gr. in-8, avec 32 pl. (12 fr.).

« Patara est inhabitée; nous n'avons aperçu que « quelques paysans qui gardaient le bétail. Ils « nous ont appris qu'à une certaine distance de la « côte, on voyait des ruines sur une vaste étendue de terrain. Ces ruines sont probablement « celles de la ville de Xanthe, décrite par Strabon « comme une des plus grandes cités de la Lycie. « (Beaufort, *Karamanie*, p. 6.) »

Par quelle fatalité le capitaine Beaufort n'a-t-il pas eu l'idée de débarquer et de s'avancer dans les terres ? Il n'aurait pas laissé à Fellows l'honneur de faire, vingt ans après (19 avril 1838), la découverte de Xanthe. Cette découverte est le point culminant des voyages de Fellows. D'autres avant lui avaient visité la Lydie, la Mysie, la Bithynie, etc., mais il est le premier Européen qui ait foulé le sol de l'admirable vallée où coule le Xanthus; il est le premier qui ait révélé à l'Europe une adorable variété de l'art grec enfouie depuis des siècles dans une contrée sauvage.

M. Fellows a rapporté de charmantes esquisses des monuments de Xanthe; aussi son livre est-il bien agréablement illustré.

1777. ROSS (Ludwig). *Reisen auf den griechischen Inseln des ägäischen Meeres*, etc. — Voyage dans les îles de la mer Egée. — Stuttgart, 1840-1845, 3 vol. in-8, fig. (80 fr.).

Le rôle des îles de la mer Egée, si secondaire dans l'histoire politique de la Grèce, devient important dans l'histoire de la civilisation et des arts; placées entre trois continents, la Grèce européenne, l'Asie Mineure et l'Egypte, elles furent le chemin de grande communication entre les trois parties du monde, l'entrepôt des idées et des productions des arts; le trait d'union entre le génie de l'Orient et celui de l'Occident.

Très-frappé de l'abandon où le monde des explorateurs savants les a laissées, car depuis Tournefort et Choiseul-Gouffier, à l'exception de Bröndsted, personne ne s'était avisé de les visiter, Louis Ross a saisi toutes les occasions d'étudier cet archipel, et de signaler ces découvertes dans les mémoires de l'Université d'Athènes, dans ceux de l'Académie de Munich et dans les Annales de l'Institut archéologique de Rome. Or le *Voyage aux îles grecques*, le premier volume notamment, renferme une vue d'ensemble de toutes ses recherches et de leurs résultats. La forme est épistolaire, et sous cette forme on trouve de l'érudition et des aperçus sérieux. Ross reproche à Choiseul-Gouffier d'être superficiel et léger; c'est un blâme que personne ne pourra lui infliger.

1778. TEXIER (Charles). Description de l'Arménie, la Perse et la Mésopotamie. Publiée sous les auspices des ministres de l'intérieur et de l'instruction publique. Première partie. Géographie, géologie, monuments anciens et modernes, mœurs et coutumes, par Charles Texier, correspondant de l'Institut. Gravure de Lemaître. — Paris, Firmin Didot, (1840-) 1842-52, 2 vol. in-fol., avec 151 pl. (publié en 31 livr. à 20 fr.; réduit à 400 fr., se vend encore moins cher).

Cette description est le complément naturel des explorations de Texier dans l'Asie Mineure. Elle est le résultat du voyage qu'il entreprit en 1839, accompagné d'un capitaine d'état-major, M. de La Guiche, et M. R. de La Bourdonnaye, et il est juste d'ajouter que jusque-là les travaux de Chardin, de Niebuhr, de Morier et de Ker Porter n'avaient pas donné une idée suffisante de l'art dans ces contrées. C'était une grande lacune, et elle a été remplie. L'art de la Perse ancienne, examiné, étudié sur place, voilà sans contredit le résultat le plus important du voyage de Texier. Car il ne faut pas tenir compte d'un petit nombre de reproductions des édifices antiques qui se sont trouvés sur sa route. La monographie de Persépolis et des tombeaux de Nakshi-Roustam, c'est principalement ce qu'il faut chercher dans ce livre. Joignez-y quelques dessins des ruines de Bayazid, Dilem, Psagard, Schapour, et vous connaîtrez tout ce que Texier a rapporté de la Perse.

D'un caractère inflammable, Texier n'a pas vu

sans humeur (Coste et Flandin (voir le n° 1790) explorer à la même époque ce qu'il croyait être son domaine; mais il suffit de les comparer pour reconnaître que chez Coste et Flandin la physionomie des monuments est plus vraie, mieux accentuée que chez Texier. Ils ont saisi en artistes ce qui distingue l'architecture persane : or Texier n'a jamais été qu'un dessinateur médiocre. Ce qui lui appartient, c'est d'avoir soulevé une grosse question sur laquelle Coste est muet; je veux dire l'application de la couleur aux monuments de Persépolis. C'est une découverte dont à bon droit il se glorifie; et, joignant à la démonstration l'exemple, il a reconstitué, non sans quelque témérité, tout un morceau de polychromie persépolitaine. De ce côté, il faut le reconnaître, l'horizon a été agrandi, mais c'est le seul point sur lequel le livre de Texier l'emporte sur celui de Coste. Il est au-dessous pour l'exactitude, au-dessous pour l'abondance des faits. Ainsi il ne dira rien des ruines sassanides, révélées par les dessins de Coste et Flandin. De tout cela il résulte que si le livre de Texier est d'une valeur réelle, il ne peut cependant occuper ici la première place; celui de Coste et Flandin le lui défend.

1779. FELLOWS (Charles). *An Account of Discoveries in Lycia,* etc. — Exposé des découvertes faites en Lycie, ou Journal de Fellows pendant son second voyage en Asie Mineure en 1840. — Londres, 1841, gr. in-8, fig. (35 fr.);— nouv. édit., sous ce titre : *Travels and researches in Asia Minor, more particularly in Lycia,* etc.; *ibid.,* 1852, in-8; — trad. en allem. par J.-Th. Zenker : *Ein Ausflug nach Kleinasien,* etc. : Leipzig, 1853, gr. in-8, avec 63 grav. s. c. et 3 cartes (20 à 25 fr.).

Ce voyage est le complément nécessaire du premier (voy. le n° 1776) : on ne peut les séparer. Encouragé par une belle découverte et plus convaincu que jamais, par suite de son séjour en Angleterre, que l'Europe ignorait complétement la Lycie, Fellows s'est hâté d'y retourner pour examiner à loisir ce qu'il n'avait vu qu'en passant. Cette fois encore la fortune l'a bien servi. Ce qu'il a trouvé d'important pour l'histoire, la philologie et l'art, l'a récompensé amplement de ses efforts. Nous mettrons au premier rang la découverte de onze villes oubliées, ou plutôt inconnues des géographes, ce qui forme, en y ajoutant onze autres villes déjà visitées par d'autres voyageurs, et de plus Xanthe et Tlos, les vingt-quatre cités qui florissaient encore du temps de Pline dans ce coin de l'Asie. Des médailles, des inscriptions grecques et lyciennes, de nombreux monuments funéraires, des bas-reliefs — je note ceux de Cadyanda et du monument des Harpyes — presque tous fort bien reproduits, enrichissent cette curieuse relation. De là, un très-beau livre dont une bonne bibliothèque ne pourrait se passer.

1780. HAMILTON (J.-W.). *Researches in Asia Minor,* etc.—Recherches dans l'Asie Mineure, le Pont et l'Arménie, accompagnées de remarques sur leur antiquité et la géologie, par J.-William Hamilton, secrétaire de la Société de géologie. — Londres, 1842, 2 vol. in-8, fig. et 1 carte (25 fr.); — trad. en allem. par O. Schomburgk, avec additions et rectif. de H. Kiepert, et une préface de Ch. Ritter : *Reisen in Klein-*

asien, etc.; Leipzig, 1843, 2 vol. gr. in-8, 4 vues et 2 cartes.

Ce voyage est bien plus celui d'un géologue et d'un géographe que d'un philologue, qualité qu'on ne peut refuser cependant à Hamilton, quand on voit avec quel soin il a copié un assez grand nombre d'inscriptions grecques, et notamment celle qui est gravée sur les murs du temple d'Auguste à Ancyre. Ce n'est pas tout : le philologue a fait une découverte qui n'est pas sans importance pour l'histoire ancienne de l'art; je parle des ruines d'Evyûk, dans lesquelles M. Georges Perrot a cru pouvoir reconnaître les restes du palais d'un gouverneur assyrien de la Cappadoce. Très-instruit, très-exact, très-compétent pour diverses branches de la science, Hamilton a fait un bon livre et souvent on invoque son autorité.

1781. MÜLLER (Karl-Otfried). *Archeologische Mittheilungen aus Griechenland,* etc. — Notes archéologiques prises en Grèce par C.-O. Müller, laissées dans ses papiers et publiées par Adolphe Schöll. 1re livr. — Francfort, 1843, in-4, avec 6 pl. (Seule livraison publiée.)

Antiquités, topographie, inscriptions, telle a été la récolte d'O. Müller; classer et publier ces documents, tel a été l'objectif de Schöll. J'ajoute que les inscriptions ont enrichi le *Corpus inscriptionum* de Boeckh.

En 1843, l'éditeur annonçait que la première partie de l'ouvrage serait composée de trois livraisons. La première embrasserait dans leur ensemble les antiquités d'Athènes; la seconde, l'architecture et la sculpture; la troisième, deux voyages : l'un en Morée, l'autre en Roumélie.

Ce coup d'œil d'ensemble sur les antiquités d'Athènes, sur la marche de l'art grec depuis l'origine jusqu'à son épanouissement, n'est pas sans importance : tout ce qui sort de la plume d'O. Müller est si intéressant et si instructif! L'auteur commence par signaler les fouilles faites en Grèce depuis la moitié du siècle dernier jusqu'en 1840; il indique les collections qui en ont profité, et de là, il remonte aux origines de la sculpture hellénique, réfute l'opinion de ceux qui se sont imaginé qu'un canon égyptien servit de règle aux artistes grecs, et passe en revue les évolutions de cet art. Arrivé ici, l'analyse devient impossible. Ce n'est plus un mémoire, un traité, un livre à proprement parler, mais une série d'exemples empruntés soit à la statuaire, soit aux bas-reliefs, et illustrés par d'assez mauvaises reproductions, il faut bien le dire.

1782. RAVOISIÉ (A.). Exploration scientifique de l'Algérie, pendant les années 1840, 1841, 1842, publiée par ordre du gouvernement et avec le concours d'une commission académique. Beaux-arts, architecture et sculpture, par Amable Ravoisié, architecte, membre des commissions scientifiques de Morée et d'Algérie, etc.—Paris, Firmin-Didot, 1846-53 et suiv., 32 livr. gr. in-fol. (publié à 514 fr.).

L'ouvrage complet, annoncé en 35 livr., devait former 3 vol., consacrés chacun à l'une des trois provinces de l'Algérie. Il ne sera pas continué.

Très-belle publication où brillent le talent de nos graveurs et la grande habileté des architectes français. On lit dans l'introduction que, parmi tous les voyageurs qui jusqu'ici ont publié des travaux sur l'Afrique, il ne s'en est pas trouvé un seul qui fût peintre archéologue, et même architecte; que l'étude des monuments romains, si nombreux en Algérie, s'est imposée comme une nécessité pressante, surtout dans les villes où leur mutilation et même leur destruction dépend tout à fait des exigences du service militaire.

Ainsi la nouvelle publication a eu pour objet de reproduire, par des dessins fidèles, complétés par des descriptions minutieuses, et sous la protection d'une armée française, les richesses archéologiques d'un pays qui n'a pas été exploré, pays où le sol renferme dessus et dessous des temples, des théâtres, des amphithéâtres, des cirques, des hippodromes, des arcs de triomphe et les mille reliques de la puissante civilisation romaine. La tâche était lourde, et Ravoisié, le digne collaborateur de Blouet, s'est trouvé de force à porter le fardeau.

1783. LE BAS (Ph.) et WADDINGTON (W.). Voyage archéologique en Grèce et en Asie Mineure fait par ordre du gouvernement français, pendant les années 1843 et 1844, et publié sous les auspices du ministère de l'instruction publique, par Philippe Le Bas, membre de l'Institut, etc., etc., et W.-H. Waddington, membre de l'Institut, avec la coopération d'Eugène Landron, architecte, ingénieur civil. — Paris, Firmin-Didot, (1847-1876), 85 livr. in-4, et 23 livr. de pl. in-fol. — 306 fr.

Cet ouvrage devait former dans son ensemble douze volumes, dont onze gr. in-4, et un gr. in-fol., composés de quatre parties distinctes, à savoir :

1° ITINÉRAIRE, 2 vol. gr. in-fol., dont 1 de planches ; 2° INSCRIPTIONS GRECQUES, 6 vol. gr. in-4, dont 3 de textes épigraphiques et 3 d'explications ; 3° MONUMENTS D'ANTIQUITÉ FIGURÉE, 2 vol. gr. in-4, dont 1 de planches ; 4° ARCHITECTURE, 1 vol. gr. in-fol. de 90 planches, et 1 vol. de texte gr. in-4.

La mort de l'auteur, il y a seize ans, a amené dans l'ordre de la publication des modifications, et, de plus, l'intervention de nouveaux épigraphistes. Voici en quoi consistent ces modifications :

ITINÉRAIRE (5 feuilles publiées) : ne sera pas continué.

INSCRIPTIONS. T. Ier. *Attique* (25 feuilles publiées) : ne sera pas continué. T. II. *Peloponèse et Grèce du nord* (68 feuilles publiées). Supplément par M. Foucart, en cours d'impression. T. III. *Asie Mineure* (complet, en 82 feuilles).

EXPLICATION DES INSCRIPTIONS. T. Ier. *Attique* (4 feuilles publiées) : ne sera pas continué. La publication des inscriptions de l'Attique par les soins de l'académie de Berlin, a déterminé M. Foucart à ne pas donner suite à son travail. T. II. *Peloponèse et Grèce du nord* (28 feuilles publiées) : presque terminé ; sera continué. T. III. *Asie Mineure* (complet, en 81 feuilles et demie). — APPENDICE : *Fastes des provinces asiatiques* (11 feuilles et demie) : sera continué.

Le tome III est précédé d'un avertissement, signé de M. Waddington, dans lequel il annonce qu'après la mort de Le Bas il a été chargé de continuer son œuvre ; et c'est dans la partie épigraphique que sa collaboration s'est particulièrement manifestée.

C'est à l'*Expédition française de Morée* que l'on doit le *Voyage archéologique en Grèce*. Le chef de la section d'archéologie de cette mission, Blouet, ayant confié le soin d'expliquer les nombreuses inscriptions qu'il avait rapportées à Phil. Le Bas, ce dernier, enflammé pour l'épigraphie, s'empressa d'accepter l'offre que lui fit M. Ville-

main, d'une mission analogue à celle que le savant Villoison avait déjà remplie, et dont l'objet était de recueillir tous les monuments épigraphiques qu'il pourrait rencontrer tant sur le continent que dans les îles de la Grèce.

Le 11 juin 1843, Le Bas s'embarquait à Marseille avec deux compagnons de voyage, dont l'un M. Eugène Landron, était architecte et bon dessinateur. Le voyage dura vingt-trois mois, pendant lesquels Le Bas visita Athènes, Epire, Calaurie, la Mégaride, la Corinthie, l'Elide, la Messenie, la Laconie jusqu'au cap Ténare, l'Argolide, Constantinople, la Bithynie, la Mysie orientale, la Phrygie Epictecte, la grande Phrygie, la Lydie, l'Ionie, la Carie, Andros, Tenos, Syros, Delos, Myconos, Paros, Patmos, la Béotie et la Phocide.

L'art et la science eurent une part égale dans cette magnifique moisson : huit mille inscriptions recueillies dans l'étendue du monde grec, inscriptions savamment expliquées ; l'emplacement de plusieurs villes antiques parfaitement déterminé ; certaines parties de l'Asie Mineure laissées en blanc sur les cartes, visitées et étudiées, telle est la part de la science.

La topographie illustrée par des vues pittoresques ; l'architecture et la sculpture formant ensemble une collection de plus de 450 dessins ; les moulages de statues et de bas-reliefs, moulages dont quelques-uns font aujourd'hui partie des plâtres de l'Ecole des beaux-arts ; divers achats pour le Musée du Louvre : bas-reliefs votifs, stèles, fragments de statuettes, etc., etc, voilà la partie de l'art.

La retraite de M. Villemain, remplacé au ministère de l'instruction publique par M. de Salvandy, qui ne prit de décision pour la publication de ce voyage que le 14 février 1846, la nécessité de faire graver sur acier près de 200 nouveaux types ; l'obligation de graver sur bois leurs signes extraordinaires ; la mise au net des nombreux dessins qui devaient être confiés au graveur, tout conspira pour retarder cette publication qui n'est pas encore terminée après une période de trente ans.

1784. SPRATT (T.-A.-B.) & FORBES (Ed.). *Travels in Lycia*, etc. — Voyage en Lycie, Milyas et la Cibyratis, avec feu le révérend E.-T. Daniell, par le capitaine Spratt, inspecteur hydrographe de la Méditerranée, et le prof. Edouard Forbes, du collége royal de Londres, etc. — Londres, 1847, 2 vol. in-8, avec neuf vues pittoresques, 21 bois, 16 plans de villes et une carte (20 à 25 fr.).

Au mois de janvier 1842, un vaisseau anglais, *le Beacon*, abordait la côte de Lycie. Ce vaisseau devait transporter en Angleterre les marbres trouvés à Xanthe par sir Charles Fellows. Trois hommes distingués étaient à bord : un hydrographe, le capitaine Spratt, un naturaliste, le professeur Forbes, un antiquaire, le révérend Daniell, qui s'était embarqué à Smyrne en qualité d'amateur.

En mai, le commandant du *Beacon*, le capitaine Graves, donna l'ordre de quitter ces parages pour aller se ravitailler à Malte, laissant derrière lui nos trois explorateurs dont le projet était de publier l'histoire politique et l'histoire naturelle de la Lycie. La mort du révérend Daniell vint arrêter l'exécution de ce projet. Toutefois, en dépit d'une perte qui privait MM. Spratt et Forbes d'une direction qui leur était précieuse, les résultats de leur voyage ont dépassé leurs espérances. Voici les plus saillants de ces résultats : huit cités anciennes, dont la position était inconnue des géographes, ont été explorées et leur emplacement déterminé. Grâce à leurs noms retrouvés dans les ruines, quinze autres villes ont été reconnues. Trois ou quatre d'entre elles avaient été visitées, mais non dessinées. Ces quinze cités, dont plusieurs d'une grande importance, telles que Cibyra, Telmessus major, Selgé, n'étaient pas marquées sur la carte. Chose singulière ! cette Lycie, si féconde aujourd'hui en belles découvertes, ne fut révélée au monde savant qu'en 1817 et par la publication du voyage du capitaine Beaufort.

Les planches de cet ouvrage sont bien médiocres, mais la topographie y est bien riche. On doit à M. Spratt douze ou treize plans au moins des anciennes villes de Lycie, et, en outre, le tracé et les mesures de dix théâtres, sans compter un stade et un odéon. Je citerai les théâtres de Latoun, Telmessus, Cadyanda, Cibyra, Pinara, Antiphellus, OEneanda, Balbura, Rhodiopolis et Cyaneæ. Il y a là, je crois, des sujets d'étude pour les architectes pensionnaires de Rome en quête d'une *restauration*. Assis pour la plupart sur des roches énormes, ces théâtres permettaient au spectateur d'apercevoir au-delà de la scène la vaste étendue de la mer. Il jouissait par l'esprit, il jouissait par les yeux.

1785. BOTTA (P.-E.). Monument de Ninive, découvert et décrit par M. P.-E. Botta, mesuré et dessiné par M. E. Flandin. Ouvrage publié par ordre du gouvernement, sous les auspices de M. le ministre de l'instruction publique et sous la direction d'une commission de l'Institut. — Paris, 1849-50, 5 vol. gr. in-fol., avec 400 pl. (publié en 90 livr. à 20 fr.; se vend 500 à 600 fr.).

Les tomes I et II se composent de 165 planches, renfermant l'*architecture* et la *sculpture*; — les tomes III et IV contiennent les *inscriptions*; — le tome V donne le texte.

C'est à un savant orientaliste, à M. Mohl, que l'on doit d'avoir poussé Botta à entreprendre ces recherches. Il lui avait démontré l'importance des études sur l'Assyrie, et c'est à Botta, dont le nom ne sera jamais oublié, que revient tout le mérite d'une entreprise conduite avec autant de sagacité et de succès. Les planches, soigneusement exécutées d'après de bons dessins, donnent beaucoup de prix à ce bel ouvrage et marquent son utilité. Elles concourent supérieurement à la réalisation de l'idée qui a guidé l'auteur; l'idée d'un sage esprit dont le principal objet a été de rassembler et d'exposer des données pour les recherches futures. Du reste, pouvait-il s'égarer sous l'œil d'une commission composée de Raoul-Rochette, Letronne, Lenormant, Mohl, E. Burnouf, Guigniaut, Ingres, Lajard et H. Le Bas ?

1786. LAYARD (Austen-Henry). *Nineveh and its remains*, etc. — Ninive et ce qui en reste, avec le récit d'une visite aux Chaldéens chrétiens du Kurdistan, et des recherches sur les mœurs et les arts des anciens Assyriens. — Londres, 1849, 2 vol. in-8, avec 98 pl. ou bois; — 2e à 5e édit., *ibid.*, 1850, 51, 52, 53, 2 vol. in-8, fig. (20 à 25 fr.); — trad. en allem. par N.-N.-W. Meissner : *Nineveh und seine Ueberreste*, etc.; Leipzig, 1850, gr. in-8, avec 94 illustr., 6 plans et 1 carte; — nouv. édit., avec un appendice : les Antiquités égyptiennes à Nimroud et l'année de la destruction de

Ninive, par G. Seyffarth; *ibid.*, 1854, in-8, fig. (4 à 6 fr.); — trad. en ital. par le comte E.-M. Tortorelli : *Delle Scoperte di Ninive*; Bologne, 1855, in-8. = Abrégé de l'ouvrage original : *Popular Account of Discoveries at Nineveh*. — Londres, 1850, in-8, fig.; — trad. en allem. par N.-N.-W. Meissner: *Populärer Bericht über die Ausgrabungen zu Ninereh*, etc.; Leipzig, 1852, gr. in-8, avec 22 grav. s. c.

Au mois d'août 1840, M. Layard descendait le Tigre sur un radeau allant de Mossoul à Bagdad. En passant devant Nimroud, le paysage le frappa. Cette masse, que couvrait de son manteau une verdure luxuriante, semblait émerger d'une mer de prairies émaillées de fleurs; au loin, des mamelons enchaînés, et formant un quadrilatère, faisaient songer aux remparts d'une grande cité. Le radeau était ballotté sur les eaux du Tigre, gonflées par les neiges de l'Arménie. Elles se précipitaient en écumant contre une digue antique, appelée par les Arabes la Barre de Nimroud. Nimroud, le nom légendaire !!

A ce moment, l'idée d'explorer Nimroud vint à M. Layard, et cette idée devint de plus en plus maîtresse, quand de retour à Mossoul, il eut connaissance des fouilles de notre consul Charles Botta, dont les résultats, médiocres à Koyoundjik, étaient magnifiques à Khorsabad. Mais il lui fallait un aide et il le chercha vainement; l'Angleterre faisait la sourde oreille et le temps s'écoulait; enfin, dans l'automne de 1845, sir Stratford Canning, ambassadeur du gouvernement britannique à Constantinople, lui annonça qu'il pourvoirait aux dépenses des fouilles de Nimroud jusqu'au moment où, suivant des espérances légitimes, le succès serait assuré. M. Layard accepta avec joie, et le 8 novembre 1845 il s'établissait à Nimroud.

M. Layard ne sait pas écrire, il le confesse lui-même avec une bonne grâce parfaite; sa narration est confuse, embarrassée de détails inutiles ou secondaires, et, ce qu'il y a de pis, la plupart du temps il oublie de dater ses opérations. S'il donne le chiffre du mois, il ne marque pas celui de l'année. Il est donc difficile de le suivre, et nous nous bornerons à dire qu'après avoir fait à Nimroud la plus riche moisson, il reprit à Koyoundjik les travaux abandonnés par Botta, et que, grâce à l'expérience qu'il venait d'acquérir, il trouva sous ce monticule les ruines d'un palais. En 1847, il retournait en Angleterre, et repartait en 1848 pour Mossoul, afin de compléter sa découverte.

M. Layard ne brille pas par la méthode: son livre n'en est pas moins précieux. Dans la première partie, on trouve les découvertes; dans la seconde, les résultats. C'est par les sculptures de Koyoundjik et de Nimroud que la civilisation assyrienne est mise en lumière, et non d'après de simples conjectures. C'est tout un monde qu'il nous a révélé.

1787. LEPSIUS (Carl-Richard). *Denkmäler aus Ægypten und Æthiopien*, etc. — Monuments de l'Égypte et de l'Éthiopie, d'après les dessins des artistes envoyés dans ces contrées par Sa Majesté Frédéric-Guillaume IV, de 1842 à 1845 : expédition scientifique publiée par ordre de Sa Majesté et commentée par Ch.-R. Lepsius. — Berlin, (1849-58), 12 vol. gr. in-fol., de 800 pl. lith. et color. (publié en 90 livr. de 18 fr. 75

chacune. = Texte : *Vorläufige Nach-richt*, etc. — *Ibid.*, 1849, gr. in-4, 36 pp.

La première pensée de ce grand ouvrage remonte à 1838. La rencontre de M. Lepsius et de M. de Bunsen, à Londres, à cette même date, la fit éclore. Plus tard, elle prit corps en Allemagne sous les auspices de M. Eichorn, ministre de l'instruction publique. Encouragé par M. de Humboldt et M. de Bunsen, tranquille sur son programme qu'il fit adopter par l'Académie des sciences de Berlin, et, de plus, fort de l'agrément du roi, M. Lepsius fut appelé à être le chef de l'expédition.

Le 18 septembre 1842, le personnel de cette expédition se réunissait à Alexandrie. Le 9 novembre suivant, ce personnel s'établissait à Gizeh, et commençait à explorer. Le début fut brillant ; la moisson d'une étonnante richesse. De longues séries de tombeaux, dont un grand nombre remontaient à quatre mille ans, vinrent démontrer, contrairement au système des anciens, que la civilisation est sortie non de l'Éthiopie, mais de la Basse-Égypte. Ce qui le prouve, et l'expédition allemande en a fait l'expérience, c'est que plus on remonte dans la vallée du Nil et moins les monuments sont antiques. C'est dans le Delta que se trouvent les masses énormes élevées par les troisième, quatrième et cinquième dynasties. Mais c'est dans l'Égypte centrale que vous trouverez ceux de la sixième et notamment de la douzième dynastie. Thèbes, qui résume pour ainsi dire toute la splendeur de l'Égypte et la perfection de ses arts, Thèbes qui n'arriva à ce haut degré de splendeur que dans le second ou moyen empire, est située au centre de l'Égypte. Où sont maintenant les monuments élevés sous les Ptolémées et les Césars? Tous, à l'exception d'un seul, se voient au midi du sol thébain. Les monuments les plus au sud de la vallée du Nil, notamment ceux de l'île de Meroé, sont postérieurs à l'ère chrétienne.

Suivant M. Lepsius, le champ de l'archéologie égyptienne appelle de nouvelles explorations. Champollion a laissé à ses successeurs l'étude de quelques milliers d'années. Il n'a point abordé les époques primitives, et cette grande période pharaonique de 3900 à 1700 avant l'ère chrétienne. La vallée du Nil jusqu'à la seconde cataracte renferme un grand nombre de monuments égyptiens qui pourraient dissiper les ténèbres de l'antiquité éthiopienne, si étroitement liée à l'antiquité égyptienne.

M. Lepsius se plaît à noter l'heureux résultat de l'expédition allemande, résultat magnifique pour peu qu'on veuille l'examiner. 1,300 dessins ont été exécutés sur place, sans parler d'un nombre considérable de moulages sur papier et de relevés d'inscriptions hiéroglyphiques, démotiques, coptes et éthiopiennes. Tous ces matériaux réunis auraient pu fournir la matière de deux mille planches. On s'est borné à 800.

Ce grand ouvrage se compose de six parties. La première, consacrée à la géographie, à la topographie, aux vues pittoresques et à l'architecture également pittoresque, n'a pas moins de 100 planches. La reproduction des bas-reliefs de l'Égypte, rangés dans l'ordre des temps depuis les plus anciens jusqu'aux plus nouveaux relativement, forme les trois parties suivantes. Ainsi donc la seconde partie de l'œuvre totale nous montre la sculpture du premier empire : elle est riche de 170 planches ; la troisième partie, composée de 280 planches, renferme les sculptures du nouvel empire jusqu'à l'époque de l'invasion des Perses ; la quatrième partie, composée de 100 planches, renferme tous les bas-reliefs de l'Égypte soumise aux Ptolémées et aux Césars. Elle descend jusqu'à l'empereur Décius. Les sculptures éthiopiennes, auxquelles on a consacré 80 planches, forment

la cinquième division qui serait la dernière, si 70 planches d'inscriptions ne constituaient point une sixième et dernière division.

Quand on a passé en revue ces six cent trente tableaux gravés sur des murailles, l'Égypte religieuse et sociale, administrative et industrielle, nous est en partie révélée, et c'est dans son ensemble que l'art égyptien nous est apparu. Désormais nous pourrons être mieux fixés sur son histoire. Parmi les résultats que le rapprochement d'un si grand nombre d'œuvres de toutes les époques a dû amener, je noterai la découverte de trois canons, ou règles différentes des proportions du corps humain.

L'exécution des planches est excellente; les vues coloriées — sans parler de magnifiques cartes géographiques — sont de véritables tableaux. Sauf quelques exagérations, elles nous donnent bien l'aspect de l'Égypte, aspect que ne rend pas le grand ouvrage français. La partie architecturale est des plus faibles. Je vois bien des pyramides ruinées, des monceaux de pierre, mais je n'aperçois pas un temple. Si je veux me faire une idée des longues colonnades thébaines, il me faudra aller les chercher dans la *Description de l'Égypte*. L'art et le goût français se révèlent ici dans la restauration ou la reproduction des monuments élevés par une merveilleuse civilisation.

Ce qui surprend, c'est de voir qu'une telle masse de matériaux manque des éclaircissements nécessaires. Ce voyage scientifique n'a pas de texte explicatif : le commentaire annoncé dans le titre n'existe pas. Un simple avertissement (*Vorläufige Nachricht über die Expedition, ihre Ergebnisse und deren Publikation*) ou, si l'on veut, l'exposé très-court et un peu confus, des résultats les plus saillants de l'expédition, ne saurait combler cette énorme lacune, et l'on en est à se demander comment son chef, égyptologue renommé, et en possession de l'admirable instrument inventé par Champollion, loin de donner au monde savant ce qu'on pourrait appeler un livre, s'est contenté d'ouvrir ses portefeuilles et de lui montrer huit cents dessins triés sur le volet.

1788. DELAMARE (Ad.-H.-Alex.). Exploration scientifique de l'Algérie pendant les années 1840, 1841, 1842, 1843, 1844 et 1845, publiée par ordre du gouvernement et avec le concours d'une commission académique. Archéologie, par Delamare, chef d'escadron d'artillerie, membre de la commission. — Paris, impr. nat., 1850, 3 vol. gr. in-4, avec un atlas de 193 planches (publié à 320 fr.).

Les planches sont très-bien exécutées et on y remarque surtout d'excellentes reproductions par la lithochromie de plusieurs mosaïques romaines. La publication de ces planches est conforme à l'itinéraire suivi par l'armée. Voici les principales étapes : Bougie, Philippeville, Stora ; expédition du général Galbois chez les Harakta, retour à Constantine pour aller à Sétif; exploration de Sétif et des environs ; voyage dans l'est de Constantine ; expédition de Biskra en 1844, commandée par le duc d'Aumale.

1789. Archives des missions scientifiques et littéraires, publiées sous les auspices du ministère de l'instruction publique, etc. — Paris, impr. nat., 1855 (*sic*, pour 1850)-1876, 18 vol. in-8, fig. — 9 fr. le vol.

La publication de ce recueil, destiné à marquer toutes les nouvelles conquêtes de la science, a été très-accidentée.

En 1840, le ministère conçoit le projet de cette belle et utile entreprise. Ce qu'il veut, c'est de faire connaître, en les reproduisant soit intégralement, soit par extraits ou résumés, les rapports des membres de l'École d'Athènes sur leurs explorations; ceux des personnes chargées de faire en France et à l'étranger des recherches sur des points d'érudition ou de science; enfin de signaler les voyages officiels, etc., etc. La publication se poursuit régulièrement et sans interruption de 1850 à 1856, et donne 6 vol. in-8. En 1856, elle est supprimée et elle se fond avec la *Revue des sociétés savantes*, qui absorbe les documents réservés aux archives. Le 5 décembre 1860, grand changement! Un décret transporte le service des missions scientifiques et littéraires du ministère de l'instruction publique au ministère d'État. De là, obligation pour la *Revue des sociétés savantes* de cesser la publication de ces mêmes documents. Le 23 juin 1863, un nouveau décret ramène le service des missions au ministère de l'instruction publique. Enfin, le 14 février 1864, un arrêté, signé : Duruy, ordonne la publication d'une nouvelle série qui s'est continuée jusqu'en 1873; son contingent est de neuf volumes. La dernière série ne fait que commencer (1873-76), 3 vol. la composent. Le dernier contient : 1° Rapport par M. Alexandre Bertrand sur les questions archéologiques, discutées au congrès de Stockholm; 2° Mémoire sur l'île de Kos par M. V. Rayet; 3° Inscriptions et Monuments figurés de la Thrace, par M. Albert Dumont; 4° Mission au mont Athos par MM. l'abbé Duchesne et Rayet. Les résultats de cette mission, qui n'est pas entièrement publiée sont importants; ils forment trois sections : épigraphie, archéologie, paléographie. La section d'épigraphie est riche de 160 inscriptions, et celle de la paléographie, de gloses inédites de l'*Iliade*.

1790. FLANDIN (E.) et COSTE (P.). Voyage en Perse de MM. Eugène Flandin, peintre, et Pascal Coste, architecte, attachés à l'ambassade de France en Perse pendant les années 1840 et 1841, entrepris par ordre de M. le ministre des affaires étrangères, d'après les instructions données par l'Institut. Publié sous les auspices de M. le ministre de l'intérieur et de M. le ministre d'État, sous la direction d'un comité composé de MM. Burnouf, Lebas et Leclerc. — Paris, 1851, 2 vol. in-8, et atlas (1843-54) en 6 vol. in-fol. composé de 665 pl. (publié à 1475 fr.).

La belle antiquité persane appartient à deux grandes époques : celle des Achménides et celle des Sassanides. Les restes de cette antiquité se retrouvent principalement à Bi-Sutun, Serpoul-Zohab, Mader i Souleiman, présumé l'ancienne Pasagardes, Istakhr (Persépolis), Tschel-Minar, siège du palais des rois achménides, sans parler des localités voisines, tels que Nachshi-Radjab, Nachshi-Roustâm, Chiraz, etc.; or cette même antiquité a été étudiée sur place, par MM. Flandin et Coste, avec une rare précision et un talent remarquable. « Jamais — est-il dit dans le « rapport lu à l'Académie des Beaux-Arts, au « nom de la commission — jamais les sculptures « de Persépolis, le plus grand monument encore « debout de toute l'antiquité asiatique, n'ont été « représentées avec autant de soin, d'exactitude « et de talent que dans les dessins de M. Flan-« din, » et le rapporteur ajoute que les gravures de Ker Porter perdront, par la publication des dessins de M. Flandin, la confiance et l'estime

dont elles étaient en possession. Il en est de même des dessins d'architecture de M. Coste. Le soin avec lequel toutes les mesures s'y trouvent relevées, et toutes les formes indiquées lui ont valu les plus grands éloges des architectes de la commission. Depuis Niebuhr, rien d'aussi exact n'a été fait sur les monuments de Persépolis.

Au résumé, ce voyage en Perse, qui a précédé de deux ans les belles découvertes de Charles Botta à Ninive, tient une place des plus honorables parmi toutes les explorations commandées et organisées depuis le commencement du siècle par notre gouvernement, et elle a servi certainement à prouver une fois de plus, que la France était douée du génie de l'exploration scientifique.

1791. HELLER (B.-K.). *Archäologisch-artistische Mittheilungen*, etc. — Documents archéologiques et artistiques sur les fouilles de l'Acropole d'Athènes, en 1835, 1836 et 1837. Dessins et descriptions par Heller, statuaire, professeur à l'école polytechnique d'Athènes, conservateur (adjoint de M. Ross). — Nuremberg, 1852, in-fol. obl., IV-7 pp., et 22 pl. lith.

1792. SAULCY (Louis-Félicien-Joseph-CAIGNART de). Voyage autour de la mer Morte et dans les terres bibliques, exécuté de décembre 1850 à avril 1851. — Paris, (1852-)1853, 2 vol. gr. in-8, et atlas in-4 (publié à 200 fr.).

Ce voyage a donné lieu à une polémique qui n'est point entièrement oubliée. On a contesté les découvertes de M. de Saulcy, qui s'est défendu avec plus d'énergie que de bonheur. De tout ce bruit, qu'est-il resté ? Que M. de Saulcy, malgré les entraînements d'une imagination trop vive, est doué de beaucoup de sagacité; je dirai plus, d'une faculté de divination bien remarquable. Certaines parties de la science et surtout de la numismatique lui doivent des progrès qui ne seront jamais contestés.

1793. LAYARD (Austen-Henry). *Discoveries in the ruins of Nineveh and Babylon*, etc. — Découvertes dans les ruines de Ninive et de Babylone; voyages dans l'Arménie, le Kurdistan et le désert, et résultats d'une seconde expédition entreprise à la recommandation des *Trustees* du British-Museum. — Londres, 1853, in-8, fig., cartes et plans (15 à 20 fr.); — trad. en allem. par J.-T. Zenker : *Ninireh und Babylon*, etc.; Leipzig, (1856), in-8, portr., fig. et 2 cartes (8 à 10 fr.).

Comme le titre l'indique, c'est un complément, la suite de l'histoire des fouilles à Koyoundjik et à Nimroud en 1848 et 1849. Cette moisson fut d'une richesse extrême. Botta, à Khorsabad, avait trouvé un palais; Layard en a trouvé deux : l'un à Koyoundjik, l'autre à Nimroud, sans parler d'une quantité de sculptures et d'objets de toutes sortes : vases, armes, bronzes, ivoires, briques émaillées, etc., etc. Toutes ces richesses, mal classées, font de ce livre, si intéressant d'ailleurs, une encyclopédie confuse. Les aventures s'y mêlent aux recherches érudites. Il fallait une table méthodique; or c'est une table alphabétique

que l'auteur nous donne. De nombreuses illustrations (14 planches et 284 bois) en rendent la lecture moins pénible. Cette première série n'a pas paru suffisante à l'auteur, et il a réuni tous les dessins qui demandaient une plus grande échelle formant ainsi un magnifique recueil publié à la même date (voy. à l'*Architecture*).

M. Layard, il y a trente ans, a fait faire, conjointement avec Botta, un pas immense à l'archéologie orientale. Quel malheur qu'il ne se soit pas souvenu qu'il est né à Paris et que ses ancêtres se sont réfugiés en Angleterre à la suite de la révocation de l'édit de Nantes! Comment n'a-t-il pas su mettre au service d'une grande sagacité et d'une rare énergie cette méthode lumineuse qui est le propre de notre langue et de notre génie national?

1794. OUVAROFF (comte Alexis). Изслѣдованія о древностяхъ южной Россіи, etc. — Saint-Pétersbourg, 1851-56, in-fol., et atlas gr. in-fol.; — avec un texte français : Recherches sur les antiquités de la Russie méridionale et des côtes de la mer Noire. — Paris, 1855-60, in-fol., avec 34 pl.

Ces planches, exécutées d'après les dessins de M. Webel, peintre de l'Académie impériale de Saint-Pétersbourg, et au nombre desquelles on trouve 7 cartes, ne sont que des photographies du mérite le plus ordinaire.

Le principal intérêt de cette publication réside dans ce qu'elle a été pour ainsi dire le germe et le noyau d'une autre publication vraiment magnifique (je parle des *Antiquités du Bosphore Cimmérien*, conservées au Musée de l'Ermitage; voy. le n° 1483), et dont le comte Ouvaroff a eu la direction. Ce fait ressort de ce qui suit. Dans l'une des séances de la Société impériale en 1847, quelqu'un demanda quel serait le meilleur moyen de compléter l'étude des monuments qui existent encore sur les rives de la mer Noire, monuments trop peu connus. Frappé de cette observation, le duc de Leuchtenberg nomma une commission chargée de rédiger le programme de cette étude, et à son tour la commission décida qu'il fallait envoyer un membre de la Société impériale sur les lieux. Le comte Ouvaroff s'étant offert, voici les instructions qui lui furent données : Visiter tout le littoral de la mer Noire depuis l'embouchure du Phase jusqu'aux bouches du Danube; — s'informer de toutes les antiquités signalées par les plus anciens auteurs, et dont les vestiges restent encore ; — s'enquérir des tumulus existants, de leur abondance, de leur situation; — savoir s'ils ont déjà été explorés et de quelle manière ; — s'enquérir également des antiquités scythiques, byzantines, tatares et russes.

1795. LENOIR (Albert). Instructions à l'usage des voyageurs en Orient, publiées sous les auspices du Comité de la langue, de l'histoire et des arts de la France. — Paris, 1856, in-4.

1796. OPPERT (Jules). Expédition scientifique en Mésopotamie, exécutée par ordre du gouvernement de 1851 à 1854, par MM. Fulgence Fresnel, Félix Thomas et Jules Oppert. Publiée sous les auspices de son excellence M. le ministre d'Etat, par Jules Oppert. — Paris, Gide, 1857-64, 2 vol. gr. in-4, avec un atlas de 10 cartes ou plans et de

12 planches de vues pittoresques. — 125 fr.

Deux parties bien distinctes composent cette publication : la première, particulièrement archéologique, renferme le compte-rendu des découvertes et le journal de voyage; la seconde est consacrée au déchiffrement des inscriptions cunéiformes par la méthode de M. Oppert.

Après deux années de recherches, l'expédition parvint à réunir une quantité assez considérable de statues, de matières diverses, de cylindres, de briques, d'inscriptions, d'urnes cinéraires, de vases peints, d'objets de toilette, etc., etc. Aujourd'hui tout cela serait au Louvre, sans un véritable désastre : le radeau qui portait ces trésors sombra dans les eaux du Tigre, qui les déroberont pour longtemps. Ce qui reste de cette expédition, ce sont des aperçus sur la géographie et l'histoire de contrées qui nous sont peu connues; ce sont de nouvelles et savantes études sur la topographie et les ruines de Ninive et de Babylone; études auxquelles l'intelligence des textes cunéiformes apporte de nouveaux éclaircissements.

L'honneur d'avoir provoqué cette expédition revient au ministre de l'intérieur, à M. Léon Faucher. Le 8 août 1849, il proposait à l'Assemblée nationale de l'autoriser à préparer une exploration de la Médie et de la Mésopotamie, et peu après choisissait pour la diriger un arabisant des plus exercés, M. Fulgence Fresnel, ancien consul à Djeddhah, auquel il adjoignait M. Félix Thomas, architecte grand-prix de Rome, et M. Jules Oppert, déjà connu par ses travaux scientifiques. Ces deux derniers sont revenus en Europe; mais M. Fresnel est mort à Bagdad le 30 novembre 1855, laissant après lui, dans le *Journal asiatique*, et dans ses *Lettres sur l'histoire des Arabes avant l'islamisme* (1837), les témoignages d'une haute sagacité.

Vingt-deux planches forment l'atlas : on y trouve des cartes de Babylone et de Ninive et des plans; plus, douze vues pittoresques, notamment celles de Babylone, de Bassora, de Bagdad, etc., dessinées et gravées à l'eau-forte par Félix Thomas.

1797. CONZE (Alex.). *Reise auf den Inseln des Thrakischen Meeres*, etc. — Voyage dans les îles de la mer de Thrace. — Hanovre, C. Rümpler, 1860, gr. in-4, VIII-124 pp., avec 21 lith. — 12 fr. 50.

Un de nos plus vaillants érudits, M. Georges Perrot, ancien membre de l'École française d'Athènes, dans un mémoire sur l'île de Thasos (*Archives des missions scientifiques*, t. I, 2e série, 1864), s'exprime ainsi :

« Ce fut à l'automne de 1856 que je passai un « mois à l'île de Thasos. J'étais alors le premier « voyageur qui eût complétement exploré l'inté- « rieur de l'île, et notamment qui eût décrit et « étudié les antiquités de la partie méridionale. « Malheureusement, des circonstances indépen- « dantes de ma volonté, ont retardé jusqu'à ce « jour la publication de ce travail. Un voyageur « allemand qui visita les îles de la mer de Thrace « en 1858, deux ans après moi, a pu donner au « public, dès l'année 1860, le récit de son voyage « et la description de ces îles. M. Conze a passé « à Thasos à peu près en même temps que moi : « il a parcouru l'île avec le même soin, il a exa- « miné, comme moi, chaque village, chaque can- « ton, et, plus heureux, il a le premier raconté « et décrit ce que j'avais été le premier à voir. » Cette longue citation offre le double avantage de nous donner la mesure du voyageur allemand, et de revendiquer pour un érudit français la primauté d'une remarquable étude enfouie dans les archives scientifiques.

Ce n'est qu'en 1857 que M. Conze prit la résolution de voyager en Grèce, mettant au premier rang de son programme l'exploration des îles de la mer de Thrace: Thasos, Samothrace, Imbros et Lemnos, îles jusque-là fort peu visitées. Par là, il a préludé à la grande expédition de Samothrace, entreprise sous les auspices du gouvernement autrichien, et dont il a été le chef. M. Conze a du savoir et du zèle; c'est un enthousiaste de la Grèce. Il décrit bien, son style a de la couleur. Il faut le lire : c'est quelqu'un.

1798. HEUZEY (Léon). Le Mont Olympe et l'Acarnanie. Exploration des deux régions, avec l'étude de leurs antiquités, de leurs populations anciennes et modernes, de leur géographie et de leur histoire, ouvrage accompagné de planches, par L. Heuzey, ancien membre de l'École française d'Athènes. Publié sous les auspices du ministre de l'instruction publique et du ministre d'Etat. — Paris, Firmin-Didot, 1860, in-8, avec 16 pl., dont 1 chromolith. — 20 fr.

M. Heuzey, aujourd'hui membre de l'Institut, conservateur adjoint du Louvre, professeur d'archéologie et d'histoire à l'École des beaux-arts, a été l'un des membres les plus distingués de l'École française d'Athènes, et le voyage au mont Olympe à lui seul en serait une preuve. C'est une belle étude que celle de cette montagne sacrée, sanctuaire radieux du polythéisme grec; étude où l'histoire, les traditions et la topographie trouvent si bien leur compte. Elle montre un esprit prudent et fin, un érudit de valeur réelle, un écrivain et même un artiste, comme le témoignent les planches exécutées d'après des dessins de M. Heuzey. Son style est pittoresque. Voici comment il décrit l'Olympe : « D'abord règne un « plateau montueux, escarpé, fort élevé déjà au-« dessus de la mer, mais qui paraît bas en com-« paraison des hautes cimes qui l'avoisinent : « c'est ce qu'on peut appeler le bas Olympe. Puis, « la masse principale et comme le corps de la « montagne s'élance d'un seul coup jusqu'à ses « derniers sommets, et, se soulevant ainsi tout « d'une pièce, forme de toute part des pentes « immenses, rapides, continues; c'est l'Olympe « proprement dit. A l'époque où je visitai la con-« trée, il n'était pas encore couvert de ses neiges; « mais plus d'une fois, par une limpide journée, « couronné de légers nuages qui s'arrêtaient « dans ses plis, et dressant au milieu d'un air pur « ses sommets vivement éclairés, il m'a fait rê-« ver à cet Olympe idéal et tout divin que décrit « Homère. »

1799. DAVIS (Nathan). *Carthage and her remains*, etc. — Carthage et ce qui en reste. Relation des fouilles et recherches opérées sur l'emplacement de la métropole phénicienne en Afrique et dans d'autres pays adjacents. Sous la direction et les auspices du gouvernement de Sa Majesté, par le Dr N. Davis. — Londres, 1861, in-8, fig.

1800. LANGLOIS (Victor). Voyage dans la Cilicie et dans les montagnes du Taurus, exécuté pendant les années 1852-1853, par ordre de l'empereur et sous les auspices du ministre de l'instruction publique et de l'Académie des inscriptions et belles-lettres. — Paris, B. Duprat, 1861, in-8, avec 28 pl. et 1 carte. — 12 fr.

Aux termes d'un arrêté ministériel en date du 7 mai 1852, qui lui confiait une mission scientifique, Victor Langlois fut chargé d'explorer la Cilicie, de relever la carte du pays, de dessiner les principaux monuments et de transcrire les inscriptions. La Société asiatique et l'Académie des inscriptions lui donnèrent des instructions précises, et le directeur des musées impériaux appela son attention sur les monuments qui pourraient accroître la belle collection d'antiques, exposée au premier étage du Louvre.

Arrivé à Tarse, Langlois se souvint de notre admirable musée ; mis au courant des découvertes d'un voyageur anglais (Barker, *Lares and Penates, or Cilicia and its governors;* Londres, 1853, in-8), il sonda le sol dans la nécropole de Tarse (le *Gueuzluk-kalah*) à 60 mètres des fouilles de M. Barker, et ce sondage lui prouva que la mine était loin d'être épuisée. Du mois de décembre 1852 jusqu'au mois d'avril de l'année suivante, il continua de fouiller, et une magnifique récolte vint le récompenser. Tout le monde a vu dans les vitrines du Louvre ce Panthéon *tarsiote*, comme il l'appelle, ces déités funéraires, et ces délicieuses statuettes dont les attributs singuliers, ou plutôt l'échange d'attributs entre elles, indiquent à quel point le syncrétisme religieux était entré dans les croyances de la Cilicie. Mais ce qui frappe surtout le visiteur, c'est l'élégance, le style, l'exécution soignée d'un grand nombre de ces terres-cuites, monuments plus précieux encore pour l'histoire de l'art que pour celle des religions de l'Asie. Cette découverte a donné au voyage de Victor Langlois une véritable importance et lui assure une place à part.

1801. NEWTON (C.-T.). *A History of discoveries at Halicarnassus, Cnidus, and Branchidæ*, etc. — Histoire des découvertes à Halicarnasse, à Cnide et aux Branchides, par C.-T. Newton, conservateur des antiquités grecques et romaines au British Museum, assisté par R.-P. PULLAN. — Londres, Day, 1862-1863, 2 vol. in-8, avec un atlas de 87 pl. in-fol., dont un tiers composé de lith. faites d'après des photogr. — 475 fr. (Tiré à 300 exempl.)

Cette histoire est tout simplement le journal des fouilles du tombeau de Mausole, journal illustré par de belles photographies. On y trouve vingt-six vues, dont quelques-unes sont charmantes, plusieurs statues et des terres cuites. Je citerai les planches 55, 56, 57, 59. Cette publication est fort belle et faite avec le luxe anglais. Nous ne parlerons pas des essais de restitution du tombeau. L'architecture est la partie faible de l'ouvrage, pour ne rien dire de plus.

1802. PERROT (Georges). Exploration archéologique de la Galatie et de la Bithynie, d'une partie de la Mysie, de la Phrygie, de la Cappadoce et du Pont, exécutée en 1861 et publiée sous les auspices du ministère de l'instruction publique par G. Perrot... Edmond Guillaume, architecte... et Jules Delbet, docteur en médecine. — Paris, Firmin-

Didot, (1862-) 1872, 2 vol. gr. in-4, dont un de planches. — 170 fr.

Voici ce que j'écrivais dans le *Journal des Débats*, le 21 février 1873 : « L'exploration a « duré six mois; le 2 mai 1861, M. Perrot et « ses deux compagnons de voyage mettaient le « pied sur la terre d'Asie, et le 17 octobre, ils « s'embarquaient à Samsoun, l'ancienne Amisus, « pour retourner à Constantinople. Pendant ces « six mois, ils ont visité la Bithynie, la Mysie, la « Phrygie, la Cappadoce et le Pont; recueilli « deux cents inscriptions, fait des découvertes, « rectifié les erreurs de Texier, complété Hamil- « ton et Barth, mesuré, dessiné, photographié « assez de monuments pour pouvoir publier « quatre-vingts planches, et rapporté un véri- « table joyau épigraphique, la copie la plus fidèle « du testament politique d'Auguste, gravé en la- « tin et en grec sur les murs du temple élevé par « la ville d'Ancyre à ce rusé demi-dieu. »

De son côté, M. Waddington a exposé devant l'Académie des inscriptions les principaux résul- tats du voyage et des recherches de M. Perrot. Il a fait ressortir toute leur utilité pour la géo- graphie, la chronologie et l'histoire de l'Asie Mineure; il a fait voir que la liste des légats romains de la Galatie était accrue; il a signalé l'in- fluence assyrienne en Cappadoce comme étant démontrée, et les monuments de cette province, peu connus jusque-là, se trouvant soumis pour la première fois à une étude approfondie. Ce n'est pas tout. Grâce à son habile restauration du tem- ple d'Auguste à Ancyre, M. Edmond Guillaume nous a fait connaître un des plus beaux spéci- mens de l'école d'architecture ionienne après la conquête de l'Asie Mineure par les Romains. On lui doit encore une excellente copie des sculp- tures de la pierre écrite (*Iasili-kaïa*), sculptures si mal reproduites par Texier, ce qui a donné lieu à de fausses interprétations.

1803. HEUZEY (Léon) et **DAUMET** (Henri). Mission archéologique de Ma- cédoine, par Léon Heuzey, membre de l'Institut..., et H. Daumet, architecte. Ouvrage accompagné de planches. Pu- blié sous les auspices du ministère de l'instruction publique. — Paris, Firmin- Didot, (1864-) 1876, gr. in-4, avec 38 pl. et 6 cartes topogr. — Publié en 12 livr. : 168 fr.

Les couvertures des premières livraisons por- taient ce sous-titre : *Fouilles et recherches exécutées dans cette contrée et dans les parties adjacentes de la Trace, de la Thessalie, de l'Illyrie et de l'Epire, en l'année 1861, par l'or- dre de S. M. l'empereur Napoléon III.*

Le plan de M. Heuzey est parfait. Loin d'en- treprendre une de ces explorations générales qui embrassent tout un pays, il a choisi d'avance, et pour les étudier à loisir, un petit nombre de points importants, et ne s'est arrêté que là où le renom d'une ville de premier ordre, le souvenir d'un grand fait historique, l'existence de ruines intéressantes lui promettaient des résultats de quelque valeur. Partant de cette donnée, il a soumis à une très-savante enquête Philippi, Palatitza, la plaine de Pydna, Stobi, Apollonie et Dyrrachium; enquête dont les fruits ont été plus de deux cents dessins dus au crayon expérimenté de M. Daumet; un nombre égal d'inscriptions, beaucoup de notes sur la topographie de ces plaines fameuses, où les destins du monde furent mis en jeu, et une collection de marbres pré- cieux par leur rareté.

Savant, et, de plus, homme de goût, M. Heu- zey a tiré tout le parti possible d'un pays rava-

gé, broyé par la guerre, et où les débris de l'an- tiquité sont bien loin d'égaler les nobles et belles ruines de l'Attique et du Peloponèse. Ce grand ouvrage restera comme une des meilleures études qui aient encore été faites sur le midi de la Tur- quie, et comme le premier qui nous ait révélé pleinement la patrie de Philippe, d'Alexandre et de leurs successeurs.

1804. RENAN (Ernest). Mission de Phé- nicie, dirigée par M. Renan, membre de l'Institut, professeur au Collège de France. — Paris, Michel Lévy (impr. impér.), (1864-) 1874, in-4, avec atlas de 70 pl. in-fol. — 165 fr.

M. Renan se montre trop modeste quand il nous dit que : « Vers la fin du mois de mai 1860, S. M. l'Empereur daigna lui proposer une mis- sion d'exploration en Phénicie. » Cette formule pourrait faire croire que c'est à un caprice impé- rial et nullement à son beau livre sur l'*Histoire des langues sémitiques* qu'il doit cette mission.

Au mois d'octobre 1862, nous signalions dans la *Gazette des beaux-arts*, comme résultats sail- lants de sa mission, les découvertes suivantes : une série de petits sanctuaires phéniciens dont le style rappelle l'Egypte; — « une traînée de sarcophages », qui nous montrent l'art grec em- piétant sur l'art phénico-égyptien; — la tour du Limaçon (*burdj-el-bezzâk*), mausolée gigantesque, composé d'un cube surmonté d'une pyramide; — trois monuments funéraires, les *meghazil*, placés sur une colline au milieu des ruines de Marathus (aujourd'hui Amrit), monuments bien étranges, et dont le mieux conservé se compose d'un sou- bassement circulaire, orné de lions grossièrement sculptés, et sur lequel s'élève une sorte de co- lonne sous forme de cylindre de sept mètres de haut et terminée par une demie-sphère.

Et nous disions encore, en annonçant un livre qui n'a été terminé que douze ans plus tard : « M. Renan a ouvert ici pour ses successeurs « une véritable voie Appienne. C'est là un titre « bien sérieux à ajouter à tous ceux qui lui ont « valu déjà tant de considération dans le monde « savant. »

La *Mission de Phénicie* est illustrée par un très-bel atlas que composent quelques cartes géographiques, et la reproduction des plans et dessins de MM. Gaillardot, Sacreste, Brouillet, Lockroy, et notamment de M. Thobois, l'archi- tecte de la mission.

1805. SMITH (Robert-Murdoch) & **POR- CHER** (Edwin-A.). *History of the re- cent Discoveries at Cyrene, etc.* — His- toire des récentes découvertes à Cyrène, pendant l'expédition dans la Cyrénaïque en 1860-61, sous les auspices du gouver- nement de Sa Majesté. — Londres, 1864, in-fol., avec 60 pl. en lith. et chrom., 16 photogr. et 10 pl. d'inscriptions. — 150 fr.

Quel a été le but de cette entreprise? L'espoir d'enrichir le Musée britannique. Un jour de prin- temps, le capitaine Smith, en station à Malte, se décide à explorer la Cyrénaïque et choisit pour compagnon de voyage le lieutenant de vais- seau Porcher. Quatre Nègres et un Arabe, voilà tout le personnel de l'expédition! Une popu- lation perfide les entoure; les officiers anglais ne s'en préoccupent guère, se mettent à l'œuvre, et, sans parler des temples d'Apollon et de Bac- chus, déjà connus, découvrent trois autres tem- ples, trois théâtres, un palais, et emportent pour le musée de Londres dix statues, vingt-neuf statuettes, treize bustes, et vingt-six têtes séparées. Les belles photographies de ces morceaux, dont quelques-uns sont très-remarquables, soixante et une vues et plans, dix planches d'inscriptions, un texte rempli de détails sur ces fouilles, il n'en fallait pas tant pour faire le beau volume que nous avons sous les yeux, et qui continue si bien l'œuvre de notre courageux et savant compatriote Raymond Pacho.

1806. NEWTON (C.-T.). *Travels and Discoveries in the Levant.* — Voyages et découvertes dans l'Orient. — Londres, Day, 1865, 2 vol. gr. in-8, fig.

1807. SCHLIEMANN (Henry). Ithaque, le Peloponèse, Troie. Recherches archéologiques. — Paris, Reinwald, 1869, in-8, avec 4 photogr. et 2 cartes. — 5 fr.

Nous avons ici le journal de voyage d'un enthousiaste de la plus vieille antiquité hellénique; d'un homme qui sait Homère par cœur et qui l'invoque à chaque pas. En 1867, M. Schliemann a visité la Grèce, et il en est revenu convaincu que tous les voyageurs s'étaient trompés sur la place occupée jadis par la ville d'Ithaque, les étables d'Eumée, l'ancienne Troie, etc., M. Schliemann a confiance en lui. L'Europe entière connaît maintenant son nom et ses heureuses fouilles. Son histoire est curieuse. C'est comme garçon épicier, dans la petite ville de Furstenberg, en Mecklembourg, qu'il a débuté. Enrichi par le négoce, il a pu se livrer à des études pour lesquelles il était né. Fixé à Paris (1868), il veut consacrer le reste de sa vie à l'étude des lettres et des monuments. C'est un type à signaler.

1808. CONZE (Alex.), HAUSER (Alois) & NIEMANN (George). *Archäologische Untersuchungen auf Samothrake,* etc. — Recherches archéologiques en Samothrace, exécutées sous les auspices du ministère des cultes et de l'instruction publique, etc. — Vienne, Gerold, 1875, in-fol., 92 pp. avec 36 grav. s. b., et 72 pl. chromolith., etc. — 125 fr.

Qu'est-ce que la Samothrace? Un bloc de rochers sortant de la mer, au nord-ouest de l'entrée des Dardanelles, rochers dont le sommet, appelé le Saint-George, s'élève à une très-grande hauteur. Ce fut sur ce coin de terre stérile que se célébrèrent pendant des siècles certains mystères dont la majesté et l'ordonnance, au dire des anciens, les mettaient au niveau de ceux d'Eleusis. Orphée, Ulysse, Agamemnon, étaient du nombre des initiés. Cyriaque d'Ancône est le premier qui se soit souvenu de la Samothrace, et il la visita en 1444. Après lui, nouveau silence : les siècles s'accumulent. En 1822, un touriste allemand, O.-Fr. von Richter débarque en Samothrace. Son voyage a pour titre: *Pèlerinage en Orient.* Six ans après, un géographe devenu célèbre, Henri Kiepert, visite de nouveau cette île et rapporte des inscriptions. Treize ans se passent, et en 1855, deux hommes instruits, Blau et Schlottman abordent à la côte de Samothrace. Cette relation a été publiée dans les mémoires de l'Académie de Berlin. En 1856, le baron de Behr met au jour un volumineux ouvrage (*Les Temps héroïques de la Grèce*) où il donne une esquisse défectueuse du plan de Palæopoli, et la reproduction inexacte des deux portes de l'ancienne ville. Enfin, le livre de Louis Ross achève

de démontrer que l'archéologie des îles est encore très-pauvre, que la Samothrace est peu connue, qu'il y a ici une lacune ; or cette lacune, M. Conze a essayé de la combler.

Dominé par cette idée, le 4 juin 1857, il arrive en Samothrace. Il regarde, il mesure, il dessine, et publie ces premières recherches en 1860 (voir ci-dessus, le n° 1797). Trois ans après, M. Champoiseau, notre vice-consul, découvrait une superbe statue de la Victoire, statue maintenant au Louvre, et en 1866, réveillé par cette découverte, le gouvernement impérial envoyait en Samothrace un ancien membre de l'Ecole d'Athènes, M. Deville, et un ancien pensionnaire-architecte de l'Académie de France à Rome, M. Coquart. On espérait beaucoup de cette association, mais l'attente ne fut pas complétement remplie. Affaibli par des fièvres qui devaient l'emporter peu de temps après, Deville, esprit bien distingué, se trouva diminué; et si M. Coquart brille, ce n'est point par l'initiative et la prestesse, mais par un talent très-fin.

M. Conze comprit tout ce qu'il y avait à faire et ses efforts tendirent vers le même but. On lui donna satisfaction. Sept ans après l'excursion et les fouilles de Deville et de Coquart, le gouvernement autrichien se décida définitivement à charger M. Conze d'une mission scientifique en Samothrace, et il lui donna pour collaborateurs deux architectes, MM. A. Hauser et G. Niemann. Un crédit de 6,000 florins fut affecté aux dépenses des fouilles, et l'on mit une corvette, *la Zriny,* à la disposition des trois explorateurs.

Et maintenant voyons quels ont été les résultats de l'exploration française, restée inachevée, et de l'exploration allemande qui a mis à ses propres recherches ce qu'on peut appeler la dernière main. L'enceinte de l'unique cité possédée par la Samothrace (enceinte dont l'appareil polygonal et irrégulier annonce une époque reculée); — un temple dorique en pierre dont les débris couvrent une terrasse également d'appareil polygonal; — un second temple dorique en marbre, découvert par Coquart et Deville, et complétement déblayé par l'expédition autrichienne; — un édicule intéressant à ce titre qu'on y a retrouvé la statue de la Victoire; — une rotonde, dont l'inscription gravée jadis sur l'architrave, et restituée par Deville, nous apprend que cet édifice a été consacré aux grands dieux par Arsinoé, femme du roi Ptolémée Ier Soter, et du roi Philadelphe Ier, — tel est, réduit à sa plus simple expression, le bilan de l'architecture en Samothrace.

Les essais de restauration, ou seulement les études du détail que 20 ou 25 pl. au trait nous font connaître, ne sont pas dignes d'un si beau livre. Dans sa fidélité traîtresse, l'héliographie nous montre la sécheresse d'un crayon qui amaigrit des ornements que la photographie, sur la planche à côté, nous montre tout gonflés d'une sève charmante; crayon qui accentue tout d'une égale manière, et qui rend le dorique mesquin. D'autres planches les rachètent; ce sont les photographies qui reproduisent les figures tombées du fronton du temple dorique. Grâce à elles, ces figures, bien qu'à moitié brisées, accusent encore une exécution large et souple. Mais ce qui séduit plus que tout dans cette relation d'une expédition scientifique, ce sont les vues pittoresques. Ici encore l'héliographie joue son rôle : il faut la remercier de nous avoir conservé une série de charmants tableaux qui nous font pénétrer dans les vallées ombreuses de la Samothrace, qui nous placent en face d'un village d'apparence suisse ou pyrénéenne, et qui étalent à nos yeux, du haut d'un promontoire, la vaste étendue de la mer de Thrace. Cette brillante illustration relève et égaye un texte savant, où justice est rendue, malgré la différence des opinions, aux travaux et à l'ingéniosité de nos deux compatriotes.

1809. SALZMANN (Aug.). Nécropole de Camiros. Journal des fouilles exécutées dans cette nécropole pendant les années 1858 à 1865. — Paris, Détaille, (1870-)1875, in-fol., 60 pl. photolith., dont plusieurs color. et 1 f. de table. — 300 fr.

Le texte qui devait accompagner ces soixante planches n'a pas paru. Paraîtra-t-il ? La mort d'Auguste Salzmann autoriserait à dire que non.

Bijoux de style phénicien, coupes en argent avec appliques en or, figurines en porcelaine, fioles en terre émaillée, statuettes de pierre calcaire, statuettes en terre cuite, vases peints: voilà ce que, tout en gros, ces fouilles ont produit. La perle de cette collection est une amphore, achetée par le *British Museum*, sur laquelle on a représenté l'enlèvement de Thétis par Pélée ; merveille d'arrangement et de style, ce vase, d'une exécution si parfaite qu'on pourrait le croire décoré par un des grands peintres de la Grèce, nous étonne quand on songe qu'il a été trouvé au milieu des monuments archaïques ou asiatiques. Du reste, il marque bien la prise de possession, par l'art et la civilisation grecques, d'un territoire dont les limites n'étaient pas encore bien tracées. Cameiros, comme on sait, était une des plus anciennes cités de l'île de Rhodes, et antérieure à Rhodes elle-même. Le hasard a amené cette découverte d'un Français, et, malgré lui, l'Angleterre en a profité. On pourrait écrire tout un chapitre au sujet de la négligence de certain ministre d'État.

1810. TRÉMAUX (Pierre). Exploration archéologique en Asie Mineure, contenant les restes non connus de plus de quarante cités antiques. — Paris, Hachette, s. d. (187...), in-fol., fig. (En cours de publication.) — 10 fr. la livr.

Au-dessous du médiocre.

K. — COSTUME DE L'ANTIQUITÉ.

(Voir aussi plus loin, ARCHÉOLOGIE DU MOYEN AGE, chap. *Costume.*)

1811. DANDRÉ-BARDON (Michel-Franç.). Costume des anciens peuples, par M. D.. B.., etc. — Paris, 1772, 3 vol. gr. in-4, avec 364 pl. (40 à 50 fr.) ; — 2e édit.: Costume des anciens peuples, à l'usage des artistes, par M. D.. B.., contenant les usages religieux, civils, domestiques et militaires des Grecs, des Romains, des Israélites et des Hébreux, des Égyptiens, des Perses, des Scythes, des Amazones, des Parthes, des Sarmates et autres peuples... Nouv. édition rédigée par M. Cochin, etc. ; *ibid.*, 1784-86, 4 part. en 2 vol. gr. in-4, 351 pl. (20 à 40 fr.) ; — trad. en allem. par W.-G. Becker : *Costüme der ältesten Völker*, etc. ; Leipzig, 1776-77, 5 part. in-4, fig. (non terminé).

La liste est longue et ne s'arrête point aux Grecs et aux Romains, mais on va loin quand on est entré comme Dandré-Bardon dans les domaines de la fantaisie. Que peut-on attendre d'ail-

leurs d'un homme qui se défend d'avoir été en pareille matière *un antiquaire scrupuleux*, et qui prétend n'être rien de plus qu'un compilateur de *bonne foi !*

Douze ans plus tard, Charles-Nicolas Cochin donnait une édition nouvelle du livre de Dandré-Bardon, poussé, dit-il, par le désir de vulgariser et de faire baisser le prix d'un ouvrage utile, mais très-coûteux. La première édition avait 364 planches: la sienne n'en a que 351, dont 345 anciennes et 6 nouvelles.

J'insiste sur ces deux éditions d'un ouvrage vieilli, et qu'il faudrait interdire aux jeunes artistes qu'il ne peut qu'égarer, parce qu'il nous fait voir, mieux que tous les exemples, à quel point le goût de la vérité et le sentiment de l'histoire étaient sacrifiés dans le monde des arts à la fin du siècle dernier. Les costumes que nous offrent les vignettes des contes galants de cette époque se retrouvent chez Dandré-Bardon. Et cependant ce n'était pas le premier venu ! Peintre et graveur, il fut membre de l'Académie royale de peinture et de sculpture, et fonda à Marseille une sorte de succursale de cette académie. Il fut poëte, musicien et même esthéticien. C'était une nature vibrante et ouverte à toutes les inspirations distinguées.

1812. LENS (André-Corneille). Le Costume, ou Essai sur les habillemens et les usages de plusieurs peuples de l'antiquité, prouvé par les monumens. — Liége, 1776, gr. in-4, avec 57 pl. (15 à 20 fr.) ;—2e édit. : Le Costume des peuples de l'antiquité prouvé par les monuments. Nouv. édit., corrigée, rectifiée et consid. augm. (d'après la traduction allem. de Conr.-Sal. Walther), par G.-H. Martini. Avec LVII estampes; Dresde, 1785, gr. in-4, avec 57 pl. (20 à 25 fr.); — trad. en allem., complété et précédé d'une introduction par G.-H. Martini : *Die Costüme*, etc.; *ibid.*, 1784, gr. in-4, avec 19 vign. et 57 pl.

Voilà un livre auquel un souvenir précieux pour les amis de notre théâtre reste attaché : Talma, dit-on, s'est beaucoup servi de cet essai pour réformer le costume sur la scène française. Lens a été ce qu'on pourrait appeler un homme considérable. Né à Anvers en 1739, il est mort à Bruxelles en 1822. La célébrité ni les honneurs ne lui ont manqué. Il a fait de bons tableaux et de bons élèves ; c'était un théoricien. Il est auteur d'un écrit assez estimé : *Du Bon goût, ou de la Beauté de la peinture* (voy. plus loin). C'était un classique. Il rapporta d'Italie une vive admiration pour Raphaël et les anciens. De là à se poser en adversaire des Boucher et des Vanloo, qui régnaient alors, il n'y avait qu'un pas.

1813. WILLEMIN (N.-X.). Choix de costumes civils et militaires des peuples de l'antiquité, leurs instruments de musique, leurs meubles et les décorations intérieures de leurs maisons, d'après les monuments antiques, avec un texte tiré des meilleurs auteurs, dessiné, gravé et rédigé par N.-X. Willemin. — Paris, an VI (1798)-1802, 2 vol. gr. in-fol., avec 180 pl. (80 à 100 fr.).

Willemin ! ! mais il a été plus de soixante ans la providence de nos artistes, qui ne connais-

salent que lui et Flaxman, avant la création, assez récente, de la bibliothèque de l'Ecole des
beaux-arts. La faveur dont il jouit encore auprès d'eux, bien qu'il ait été surpassé, n'est pas
imméritée. Les exemples qu'il donne sont bien
choisis et bien gravés. Pour le genre et pour
l'époque, ce livre est remarquable. On se demande pourquoi l'auteur semble voué à l'oubli,
et pourquoi son nom ne se trouve point dans les
biographies.

1814. VISCONTI (E.-Q.). *Lettres sur le
costume des statues antiques, au cit.
Denon.* — Paris, 15 floréal an XI
(1803), in-8, 8 pp.

> Extrait de la *Décade philosophique.*

1815. MALLIOT (Jean). Recherches sur
les costumes, les mœurs, les usages
religieux, civils et militaires des anciens
peuples, d'après les auteurs célèbres et
les monuments antiques, etc. Publié
par P. Martin. — Paris, impr. de
P. Didot, 1804, 3 vol. in-4, avec 296 pl.
au trait (25 à 30 fr., et le double en
pap. vél.); — trad. en allem. par B...:
Gallerie der Sitten, Geräthschaften,
etc.; Strasbourg, 1812, in-4, avec
296 pl.

> Malliot est un des peintres français de la der-
> nière moitié du dix-huitième siècle; il fut direc-
> teur de l'Académie de peinture et de sculpture,
> et, pendant la révolution, professeur à l'Ecole
> centrale de Toulouse; il est mort à Paris en
> 1801. Malliot est moins connu comme peintre
> que comme auteur du livre dont nous donnons le
> titre. Ce livre fut fort bien accueilli à l'époque
> où il parut; aujourd'hui il est suranné. Il n'est
> pas consacré exclusivement aux costumes des
> peuples de l'antiquité, car le dernier volume ne
> contient que les costumes des Français depuis
> l'origine de la monarchie jusqu'au règne de
> Louis XIV.

1816. ROCCHEGGIANI (Lorenzo). *Raccolta di cento* (pour chaque volume)
*tavole rappresentanti i Costumi reli-
giosi, civili e militari degli antichi
Egiziani, Etruschi, Greci e Romani,
tratti dagli antichi monumenti, designate ed incise in rame da* L. R... —
Rome, 1804, 2 vol. in-fol. obl., avec
200 pl. (60 à 80 fr.); — nouv. édit.: *Raccolta di sessante tavole*, etc.; *ibid.,*
1806, in-4 obl., pl. grav. par R. Ruga.

> Recueil très-utile, très-consulté par les artis-
> tes, et très-convenablement gravé. La Colonne
> Trajane a fourni les modèles du costume romain.

1816 bis. PRONTI (Domenico). *Nuova
Raccolta rappresentante i Costumi re-
ligiosi, civili e militari degli antichi
Egiziani, Etruschi, Greci e Romani,
tratti dagli antichi monumenti.* —
Rome, s. d., in-4 obl., 46 pl. (10 fr.).

> Copie des planches de Roccheggiani, un pla-
> giat.

1817. PINELLI (Bartolomeo). *Raccolta
di cento costumi antichi cavati dai
monumenti e incisi all' acqua forte.*

— Rome, (1809), in-fol. obl., avec 52 pl.
(20 à 30 fr.).

1818. BAXTER (Thomas). *An Illustration of the Ægyptian, Grecian and
Roman Costume,* etc. — Illustration
du costume égyptien, grec et romain;
40 fig. au trait, avec descriptions. Choisi,
dessiné et gravé par Th. B...—Londres,
1810, in-4 (10 fr.); — trad. en allem.
par Chr.-Fr. Michaelis : *Darstellung
der ägyptischen, griechischen und
römischen Costumes,* etc.; Leipzig,
1815, in-4, avec 40 fig.

1819. HOPE (Thomas). *Costume of the
ancients,* etc. — Costume des anciens.
— Londres, 1809, 2 vol. gr. in-4, avec
200 pl. au trait (40 à 50 fr., et plus en
gr. pap.); — 2° édit., augm.; *ibid.,* 1812,
2 vol. gr. in-8 et in-4, avec 300 pl. (50
à 70 fr., et plus en gr. pap.); — 3° édit.,
consid. augm.; *ibid.,* 1841, 2 vol. in-8,
avec 323 pl. (50 fr.); — édit. franç. :
Costumes des anciens, publiés par
D. Vincent, L. Boëns et J. Vanden
Burggraaff, lithographes. 3° édit.;
Bruxelles, 1826, in-4, avec 200 pl.

> Ce n'est point à un artiste auquel on doit ce
> livre, destiné à combler une grande lacune dans
> l'éducation des sculpteurs et des peintres; c'est
> à un riche amateur anglais, passionné pour l'ar-
> chéologie, passion qui l'a conduit pendant huit
> années en Egypte, en Asie, en Europe, à la re-
> cherche des monuments de l'antiquité. Ce livre,
> lors de sa publication, eut beaucoup de succès
> en Angleterre, où il remit à la mode l'imitation
> des anciens. Il est bien coordonné, commode à
> consulter. Il abonde en renseignements sur le
> costume des Egyptiens, des Grecs, des Romains.
> Tout ce qu'on peut regretter, c'est le manque
> d'indication des sources. On ne sait pas assez
> dans quels ouvrages l'auteur a pris ses exem-
> ples, et même on peut soupçonner le dessina-
> teur de n'avoir pas rendu avec fidélité le carac-
> tère des modèles.

1820. KRAUSE (Joh.-Heinr.). *Plotina
oder die Kostüme des Haupthaares,*
etc. — Plotine, ou la Coiffure chez les
peuples de l'antiquité, rapprochée de
quelques coiffures modernes; envisagée
sous ces côtés divers : l'ornement,
l'esthétique et l'art, et illustré par deux
cents figures, sur cinq planches, par le
Dr J.-H. K..., conserv. de la Bibl. de
l'Université. — Leipzig, 1858, gr. in-8
(5 à 6 fr.).

1821. KLEMM (H.). *Versuch einer Urge-
schichte des Kostüms,* etc. —Essai sur
l'histoire des costumes dans l'antiquité,
envisagée au point de vue de la civilisation des plus anciens peuples de la
terre. Avec figures d'après les monuments du passé. — Dresde, Klemm,
1860, in-16, VII-136 pp., avec 6 lith. et
grav. s. b. — 3 fr.

1822. MÜLLER (Dr Alb.). *Die Trachten der Römer und Römerinnen nach Ovid und Martial*, etc. — Costume des Romains et des Romaines d'après Ovide et Martial. Mémoire pour l'explication des statuettes de M. de Launitz. — Hanovre, Meyer, 1868, gr. in-8, 38 pp. et 1 lith. — 75 c.

L. — MÉLANGES.

1823. SPON (Jacob). *Miscellanea eruditæ antiquitatis, in quibus marmora, statuæ, musiva, toreumata, gemmæ, numismata, Grutero, Ursino, Boissardo, Reinesio, aliisque antiquorum monumentorum collectoribus ignota, et huc usque inedita referuntur et illustrantur.* — Lugduni, 1679, ou 1685, in-fol., fig. (10 à 20 fr.).

Ce recueil forme, comme on l'a dit, un supplément utile aux grandes collections publiées avant Spon. C'est l'œuvre d'un savant homme et d'un esprit judicieux. Il est divisé en dix sections. Les deux premières offrent des mélanges ; la troisième, la nouvelle publication d'un écrit intitulé : *Ignotorum et obscurorum deorum aræ*. Les autres sections comprennent les monuments qui se rattachent aux arts et professions diverses, à la guerre, aux empereurs, aux funérailles, etc. On le voit, l'antiquité figurée de Montfaucon est en germe ici.

1824. SPON (Jacob). Recherches curieuses d'antiquités contenues en plusieurs dissertations sur les médailles, bas-reliefs, statues, mosaïques et inscriptions antiques. — Lyon, 1683, in-4, fig. (6 à 10 fr.).

Les monuments recueillis par Spon pendant ses voyages lui ont fourni le sujet de ce recueil et du précédent. Il renferme trente et une dissertations sur divers points d'antiquité.

1825. FICORONI (Franc.). *Le Maschere sceniche e le figure comiche d'antichi Romani, brevemente descritte.* — Rome, 1736, et aussi 1748, in-4, avec 84 pl. (8 à 15 fr.) ; — trad. en latin : *Dissertatio de larvis scenicis et figuris comicis antiquorum Romanorum*, etc. ; *ibid.*, 1750, ou 1754, in-4, fig. (8 à 10 fr., et plus en gr. pap.).

Né à Lugano, ou à Labico, près de Rome, en 1664, mort à Rome en 1747, à l'âge de quatre-vingt-trois ans, Ficoroni est un des types les plus connus de la vieille érudition italienne. Dans ce temps-là, l'antiquaire, dont généralement la plume était lourde et gauche, écrivait pour les savants et quelques amateurs. Le talent de divulguer, de vulgariser la science, n'existait pas encore. On était violent dans l'attaque et la défense ; mais ce qui dominait, c'était la passion pour l'antiquité, le désir de mettre en lumière tous les côtés de cette même antiquité, aussi bien les mœurs que les œuvres d'art. De là, une fécondité sans égale ; de là, ces in-folio que nous avons remplacés par des brochures et des articles de revue.

1826. BÖTTIGER (Karl-August). *Die Furienmaske im Trauerspiel und auf den Bildwerken der alten Griechen*, etc. — Weimar, 1801, gr. in-8, avec 3 pl. gr., dont 2 color. (2 fr.) ; — trad. en franç. par Th.-F. Winckler : Les Furies d'après les poëtes et les artistes anciens ; Paris, 1802, in-8, avec 4 grav.

1827. FACIUS (I.-F.). *Ex Plutarchi operibus excerpta quæ ad artes spectant collegit, in capita digessit, interpretatione latina et adnotatione instruxit* I.-F. F... — Lipsiæ et Coburgi, 1805, in-12.

Très-utile, mais très-rare.

1828. LYSONS (Samuel). *Reliquiæ britannico-romanæ, containing figures of Roman antiquities*, etc. — Restes britannico-romains, contenant l'image des antiquités romaines, découvertes dans différentes parties de l'Angleterre. — Londres, 1813-1817, 3 vo¹. gr. in-fol. (1,200 fr. et plus).

Publication magnifique, ornée de 156 pl. dont la plupart sont coloriées et qui offrent de précieuses ressources pour l'étude des antiquités romaines de la Grande-Bretagne.

Archiviste de la Tour de Londres (*Archivorum regiorum in Turre Lond. custos*), l'auteur a su joindre au savoir de l'antiquaire une certaine habileté comme dessinateur. Lui-même a exécuté plusieurs des planches qui accompagnent son texte : fragments d'architecture, médailles, terres cuites, armes, ustensiles, voilà ce qu'elles représentent, et c'est un répertoire très-utile à consulter.

Lysons s'est surtout attaché à illustrer les villas décorées de mosaïques que l'on a découvertes de son temps en Angleterre, et n'a rien négligé pour les montrer sous tous leurs aspects : vues d'ensemble, plans, coupes, détails reproduits dans la dimension de l'original et avant la restitution.

Le premier volume n'est qu'un recueil factice de monographies publiées déjà sous divers titres et à des dates différentes (voir Brunet). Chacun de ces travaux a conservé une pagination distincte. On y trouve une description des mosaïques de Horkstow (1801) ; — des temples et autres antiquités de Bath (1802) ; — des mosaïques de Frampton (1808) ; — des antiquités des comtés de Kent, de Cheshire, Durham, etc.

Le 2ᵉ volume est consacré aux antiquités découvertes dans le comté de Glocester (déjà publié en 1803), etc. ; le 3ᵉ (32 pl.) traite de la villa romaine de Bignor (publié d'abord en 1815).

1829. QUATREMÈRE DE QUINCY. Recueil de dissertations sur différents sujets d'antiquité. — Paris, 1819, in-4, avec 7 pl., dont 2 color.

Tirage à part, à 50 exempl., de six dissertations insérées dans les Nouveaux Mémoires de l'Académie des inscriptions (t. III et IV, 1818), à savoir : Description du bouclier d'Achille (t. IV) ; — la Course armée et les oplitodromes (*ibid.*) ; — le Char funéraire qui transporta de Babylone en Égypte le corps d'Alexandre (*ibid.*) ; — le Bûcher d'Héphestion (*ibid.*) ; — sur la Manière dont étaient éclairés les temples des Grecs et des Romains (t. III) ; — le Défi d'Apelles et de Protogènes.

1830. VISCONTI (E.-Q.). *Opere varie italiane e francesi di* Ennio Quirino Visconti, *raccolte e pubblicate per cura del dottor* Giovanni Labus. — Milan, 1827-31, 4 vol. in-8, avec 21, 15, 6 et 38 pl. grav. (40 à 50 fr. ; pet. in-4, 80 à 100 fr:, et plus en gr. pap.). — Il y a des exempl. avec un titre français.

Un des plus grands noms de l'archéologie, le premier peut-être après celui de Winckelmann, c'est le nom de Visconti. Labus a donc bien mérité de la science en réunissant et publiant tous les écrits que Visconti a fait paraître successivement depuis l'achèvement du Musée Pio-Clementino jusqu'à sa mort, le 7 février 1818. Il faut les lire pour se rendre compte de la valeur du plus savant et du plus circonspect des antiquaires, et quand on les a lus, on ne peut s'empêcher d'admirer une justesse d'esprit et une logique, un art de trouver le texte décisif qui dissipe tous les doutes. Ces démonstrations courtes et précises vous forcent à conclure comme l'auteur. Voici la liste des opuscules relatifs aux beaux-arts contenus dans ces quatre volumes :

T. I. — *Monumento degli Scipioni ;* — *Lettera all' abate Guattani sopra un antico vaso marmoreo :* — *Lettera al sig. T. Jenkins sopra un frammento d'antico intaglio in corniola rappresentante Pallade sul carro di Diomede ;* — *Lettera all' abate P. Angiolini sopra un antico cammeo col ritratto di Agrippina Giuniore, ed un eccelente busto della medesima ;* — *Lettera all' abate di Crist. Amaduzzi sopra di un antico diaspro sanguigno colle teste di Acrato e Sileno ;* — *Descrizione di un antico gruppo in marmo rappresentante Ercole e Telefo con la Cerva ;* — *Osservazioni su due musaici antichi istoriati ;* — *Lettera all' abate Francesco Cancellieri intorno alla statua di Patroclo esistente in Roma e volgarmente detta Pasquino ;* — *Relazione degli scavi fatti a Roma vecchia, presso la Via Appia, dal 1789 al 1792 ;* — *Osservazioni sopra un antico cammeo rappresentante Giove Egioco ;* — *Lettera su di una antica argenteria nuovamente scoperta in Roma.*

T. II. — *Le Pitture di un antico vaso fittile trovato nella Magna Grecia, appartenente al principe Stanislao Poniatowski ;* — *Esposizione della rappresentanza d'un antico musaico ;* — *Osservazioni sul catalogo degli incisori in gemme ;* — *Illustrazione di un gruppo rappresentante Apollo e Giacinto ;* — *Descrizione di un gruppo rappresentante la Pace che allatta Pluto bambino ;* — *Esposizione dell' impronte di antiche gemme raccolte per uso di sua Eccel. il sig. principe D. Agostino Chigi ;* — *Catalogo delle gemme antiche di S. A. il sign. principe Stanislao Poniatowski ;* — *Dichiarazione del Tempio dell' Onore e della Virtù ;* — *Illustrazione di una greca scultura ;* — *Emendazioni ed aggiunte al Museo Pio-Clementino.*

T. III. — Note critique sur les sculpteurs grecs qui ont porté le nom de Cléomènes — Notice d'une statue égyptienne qui se voit à Saint-Cloud; — Notice d'une tête en bronze de Vespasien; — Sur le costume des statues antiques, lettre au citoyen Denon; — Explication d'un bas-relief en l'honneur d'Alexandre le Grand; — Mémoire sur des ouvrages de sculpture du Parthénon et de quelques édifices de l'Acropole à Athènes; — Observations sur un camée antique représentant la mort de Daphnis; — Note sur un vase peint apporté de Sicile; — *The Antiquities of Athens, by J. Stuart,* etc. Révision critique extraite du Journal des savans, 1816 et 1817); — *Catalogo della Dattilioteca del signor barone de la Turbie ;* — Lettre sur un camée antique représentant Jupiter capitolin.

T. IV. — *Descrizioni ed illustrazioni di antichi monumenti del Museo francese ;* — Vases antiques d'argile ornés de peintures, de manufacture grecque, connus par les antiquaires sous le nom de vases étrusques ; — Notice des statues, bustes et bas-reliefs de la Galerie des antiques du Musée Napoléon, ouverte pour la première fois le 18 brumaire an IX (9 novembre 1800).

1831. QUATREMÈRE DE QUINCY. Monumens et ouvrages d'art antiques, restitués d'après les descriptions des écrivains grecs et latins, et accompagnés de dissertations archéologiques, etc. — Paris, 1829, 2 vol. gr. in-4, avec 13 pl., dont 5 color. (30 fr.).

Recueil contenant des opuscules qui avaient d'abord paru soit séparément aux dates indiquées, soit dans les Mémoires de l'Académie des inscriptions (voir aussi le n° 1829).

On trouve dans le premier volume, parmi quelques dissertations érudites : Restitution des deux frontons du temple de Minerve à Athènes, ou Dissertation pour servir à l'explication des sujets que la sculpture y avait représentés, ainsi qu'à la réfutation de l'opinion des anciens voyageurs et de quelques critiques modernes sur le sujet du fronton occidental et sur la face antérieure du temple (1825, avec 3 pl.); — Restitution de la Minerve en or et en ivoire, de Phidias, au Parthénon (1825, avec 2 pl.) ; — Restitution du tombeau de Porsenna, ou Dissertation dont le but est d'expliquer et de justifier la description de ce monument faite par Varron et rapportée dans Pline (1826, avec 1 pl.).

T. II. — Restitution du char funéraire qui transporta de Babylone en Égypte le corps d'Alexandre (extr. du Recueil de l'Acad. des inscr., t. IV, 1818, avec 2 pl.) ; — Restitution conjecturale — je crois bien qu'elle est conjecturale ! — du Demos de Parrhasius (1828) ;— Restitution du bûcher d'Héphestion, décrit par Diodore de Sicile (extr. du Rec. de l'Acad. des inscr., t. IV, 1818, avec 1 pl.).

Quelques-unes de ces dissertations ont reparu sous ce titre : *Recueil de dissertations archéologiques* (Paris, 1836, in-8, avec 7 pl.; 10 fr.). L'auteur y a joint d'autres morceaux de critique. Nous citerons :

Le Défi d'Apelles et de Protogènes (extr. du Rec. de l'Acad. des inscr., t. V, 1821) ; — Le Tombeau de Mausole, accompagné d'un essai de restauration ; — La Statue antique de Vénus, découverte dans l'île de Milo (1821, avec 1 pl.). Devançant une opinion, qui s'est tout récemment manifestée, Quatremère de Quincy suppose que cette admirable Vénus était groupée avec une statue de Mars.

La lecture de ces dissertations donne l'impression que produirait sur nous un homme grave discutant froidement les pièces d'un dossier. Une grande intelligence des monuments et de l'antiquité n'empêche point de regretter ici ce que possédait Letronne : une érudition alerte et persuasive. Plusieurs assertions sont détruites par les conquêtes postérieures de la science. Quant aux planches, le contre-pied de l'art grec, elles ne sont pas de beaucoup supérieures à celles du comte de Caylus en pareille matière.

1832. BERMUDEZ (I.-A. Cean). *Sumario de las Antigüedades Romanas que hay en España, en especial pertenecientes á las Bellas Artes.* — Madrid, 1832, in-4.

1833. BÖTTIGER¹ (Karl-Aug.). *Kleine Schriften archäologischen und antiquarischen Inhalts*, etc. — Opuscules archéologiques, publiés par Jul. Sillig. — Dresde et Leipzig, 1837-38, 3 vol. gr. in-8, avec 17 pl. gr. (5 à 6 fr.).

1834. PANOFKA (Theod.). *Griechinnen und Griechen nach Antiken skizzirt*, etc.—Les Grecques et les Grecs esquissés d'après l'antique... avec 56 sujets reproduits sur 3 planches. — Berlin, 1844, gr. in-4 (2 fr.).

Nous avons ici le compte rendu d'une conférence illustrée par des peintures de vases qui ont fourni à l'auteur des exemples fort peu frappants de la vie journalière chez les Grecs. Pour montrer la vie réelle, et, faute de mieux, l'auteur s'est adressé à la mythologie, et la mythologie a mal répondu a ses espérances.

1835. JAHN (Otto). *Archäologische Aufsätze.* — Mémoires archéologiques. — Greifswald, 1845, gr. in-8, avec 3 pl. (2 à 3 fr.).

Nous citerons les articles sur les peintures du Pœcile à Athènes, sur les Danaïdes du portique de l'Apollon Palatin à Rome, et sur le coffret de Cypsilus.

1836. JAHN (Otto). *Archäologische Beiträge.* — Contributions à l'archéologie. — Berlin, 1847, gr. in-8, avec 14 pl. (5 à 6 fr.).

1837. KÖHLER (H.-K.-E.). *Gesammelte Schriften*, etc. — OEuvres complètes. Publiées par Ludolphe Stephani, d'après l'ordre de l'Acad. imp. des sciences. — Saint-Pétersbourg, 1850-53, 6 vol. in-8, fig. (20 à 30 fr.).

Cette publication contient : t. I et II : *Serapis oder Abhandlungen*, etc. (Sérapis, ou Dissertations sur l'antiquité grecque et romaine), avec 10 pl. gr. ; — t. III. *Abhandlung über die geschnittenen Steine*, etc. (Dissertation sur les pierres gravées portant les noms des artistes) ;— t. IV et V. *Kleine Abhandlungen zur Gemmen-Kunde* (Petits Traités pour servir à l'étude des pierres gravées), avec 7 pl. gr. et 3 lith. ;— t. VI. *Kleine Abhandlungen vermischten Inhalts* (Mélanges), avec 5 pl. gr. et 7 lith.

1838. KRAUSE (Dr J.-H.). *Angeiologie. Die Gefässe der alten Völker, insbesondere der Griechen und Römer,* etc. — Angéiologie. Vases des peuples anciens, particulièrement des Grecs et des Romains, d'après les écrits et les œuvres d'art de l'antiquité, étudiés sous le rapport philologique, archéologique et technique. — Halle, 1854, gr. in-8, avec 164 fig. sur 6 pl. lith. (5 à 6 fr.).

1839. LLOYD (W.-W.). *On the Homeric Desing of the Shield of Achilles.* — Sur la Description homérique du Bouclier d'Achille. — Londres, 1854, in-8.

1840. BEULÉ (Ernest). Études sur le Peloponèse, par E. Beulé, ancien membre de l'École d'Athènes. Publié sous les auspices du ministère de l'instruction publique et des cultes. — Paris, Firmin-Didot, 1855, in-8 (6 fr.); nouv. édition, *ibid.*, 1875, in-18. — 4 fr.

On y trouve, entre autres, les chapitres suivants : l'Art à Sparte (architecture, sculpture) ; — Sicyone (les écoles de peinture et de sculpture).

1841. PANOFKA (Theod.). *Dichterstellen und Bildwerke in ihren wechselseitigen Beziehungen*, etc. — Les Textes poétiques et les œuvres d'art dans leurs rapports mutuels. Extrait des Mémoires de l'Académie des sciences de Berlin.— Berlin, 1856, gr. in-4, 26 pp., avec 21 sujets sur 4 pl. au trait, gr. s. ac. (2 fr.).

Ingénieux toujours, aventureux souvent, Panofka s'est appliqué à retrouver, parmi les marbres, les peintures de vases et les figurines de bronze, les épithètes que, dans un passage du Plutus, Aristophane donne à Mercure, l'appelant portier (*Strophaios*), guide (*Hegemonios*), juge du camp (*Enagonios*), rusé (*Dolios*), etc. Panofka croit avoir retrouvé sur un mur de Pompéi (voir Zahn), l'image du Jupiter Soter !! La foi seule nous sauve en pareille matière !

1842. GUHL (Ernest) & KONER (Wilh.). *Das Leben der Griechen und Römer nach antiken Bildwerken dargestellt*, etc. — Vie des Grecs et des Romains, d'après les monuments antiques. — Berlin, Weidmann, 1861, in-8, fig.; — 2ᵉ édit., corr. et augm.; *ibid.*, 1864, gr. in-8, avec 535 grav. s. b.; — 3ᵉ édit., augm. (en 12 livr.); *ibid.*, 1872-73, gr. in-8, fig.; — 4ᵉ édit., corr. et augm. (en 12 livr); *ibid.*, 1875-76, gr. in-8, fig. — 16 fr. 25.

1843. PERVANOGLU (P.). *Die Grabsteine der alten Griechen*, etc. — Les Pierres tumulaires des anciens Grecs spécialement étudiées d'après ce qui en reste dans Athènes. — Leipzig, Engelmann, 1863, gr. in-8, VIII-93 pp., avec 3 pl. lith. — 3 fr. 75.

1844. WEISSER (L.). *Lebensbilder aus dem klassischen Alterthum*, etc. — Tableaux de la vie publique et privée dans l'antiquité classique. Dessinés d'après les monuments d'art antique. Avec un texte explicatif par Herm. Kurz. — Stuttgart, Nitzschke, 1864, in-fol. obl., avec 44 pl. lith. — 20 fr.

1845. BERJEAU (Ph.-Ch.). *The Horses of Antiquity, Middle ages and Renaissance*, etc. — Le Cheval dans l'antiquité, le moyen âge et la renaissance, à partir des monuments les plus anciens jusqu'à ceux du XVI° siècle. — Londres, 1864, in-4, avec 60 planches au trait.

Ce livre est la mise en pratique d'une idée heureuse et neuve. M. Berjeau est le premier, nous le croyons, qui ait essayé de montrer le cheval de toutes les époques et dans tous les pays. Et cependant n'était-il pas intéressant de voir « la plus belle conquête de l'homme » en Égypte, en Assyrie, en Perse, en Lycie, en Grèce et à Rome? Ne devions-nous pas être curieux de connaître les chevaux de nos ancêtres: le cheval normand, anglais, français, espagnol, italien, allemand qui jouent un si grand rôle dans la vie noble au moyen âge?

Pour remplir ce programme, que fait M. Berjeau? Il consulte les peintures de Thèbes, des sculptures nubiennes et les bas-reliefs de Nimroud, Persépolis, Nakshi-Roustam', de Xanthe, du Parthénon, des colonnes Trajane et Théodosienne, — sans parler de quelques statues équestres, et des peintures de vases.

Arrivé au moyen âge, il met à contribution la tapisserie de Bayeux, les vitraux de Saint-Denis, les verrières de Chartres, les miniatures des manuscrits. Enfin, parvenu à la Renaissance, c'est aux vieux maîtres italiens, aux peintures du Campo Santo de Pise, puis à Albert Dürer, à Burgkmair, à Lucas de Leyde qu'il s'adresse.

Exécutées avec une certaine fermeté, les planches expriment convenablement le trait caractéristique du cheval dans chaque pays et à chaque époque. Du reste, elles ne font que reproduire des exemples bien choisis.

1846. GERHARD (Edward). *Gesammelte akademische Abhandlungen und kleine Schriften nebst Abbildungen*, etc. — Mémoires académiques et opuscules. — Berlin, Reimer, 1866-68, 2 vol. gr. in-8, avec 82 pl. lith. et gr. s. c. — 40 fr.

Recueil intéressant, parce qu'il embrasse une partie des publications de l'homme qui dans ce siècle a donné la plus forte impulsion à l'étude de l'antiquité figurée. Le second volume a été publié par Otto Jahn.

1847. HITTORFF (J.-J.). Mémoire sur Pompéi et Petra. — Paris, Klincksieck, 1866, in-4, avec 8 pl. — 12 fr.

Ce mémoire a pour objet de montrer que, dans plus d'une circonstance, il est utile d'interroger, sur les œuvres de l'architecture, les peintures murales de Pompéi et d'Herculanum, ainsi que les vases peints. Par la comparaison d'une peinture de la maison du *Labyrinthe* à Pompéi avec un tombeau de Pétra, cette utilité est pleinement établie. Entre le petit temple (*Esculapeum*), reproduit sur le paroi de la maison pompéienne, et la partie supérieure de ce même tombeau, l'identité est frappante. C'est la peinture qui a servi de modèle, et il n'y a pas à en douter. Pompéi a été détruite en l'an 76, et c'est en l'an 119 que Trajan a fait la conquête de l'Arabie Pétrée. Mais par quelle aventure une ville perdue dans les sables de l'Arabie a-t-elle été chercher au pied du Vésuve des types pour ses monuments? Demandez-le à Hittorf: il vous le dira.

(Voir aussi plus haut : *Explorations et missions scientifiques.*)

1848. Monumens égyptiens, consistant en obélisques, pyramides, chambres sépulcrales, statues, etc.; le tout gravé en 200 pl., avec leurs explications historiques. — Rome, 1791, 2 vol. in-fol. (10 à 15 fr.).

Compilation médiocre des libraires Bouchard et Gravier.

1849. ALEXANDER (William). *Egyptian Monuments from the collection formed by the National Institute*, etc. — Monuments égyptiens d'après la collection formée par l'Institut national sous la direction de Bonaparte... actuellement conservée au Musée britannique, gravés par T. Medland, d'après les dessins de W. A.. — Londres, 1805-08, gr. in-fol., fig. (publié à 132 fr.).

Ouvrage non achevé, composé de vingt et une planches.

1850. MILLIN [A.-L.]. Égyptiaques, ou Recueil de quelques monuments égyptiens inédits. — Paris, impr. Didot, 1816, in-4, avec 12 pl.

1851. HIRT (Alois-Ludwig). *Ueber die Bildung der ägyptischen Gottheiten*, etc. — De la Représentation des dieux de l'Égypte. — Berlin, 1821, in-4, avec 11 pl. (3 fr.).

Extr. des *Abhandlungen d. Berl. Akademie.* — Voir plus haut, le n° 1267.

1852. CAILLIAUD (Fréd.). Voyage à l'oasis de Thèbes et dans les déserts situés à l'orient et à l'occident de la Thébaïde, fait pendant les années 1815 à 1818, par M. F. C..., rédigé et publié par M. Jomard; contenant : 1° le Voyage à l'oasis du Dakel, par M. le chevalier Drovetti; 2° le Journal du premier voyage de M. Cailliaud en Nubie ; 3° des Recherches sur les oasis, etc. — Paris, 1822, gr. in-fol., fig. (25 fr., et plus avec fig. avant la lettre).

Il n'a jamais été publié de cet ouvrage que la première livraison, composée d'un cahier de texte et de 25 pl. Il devait être complet en deux livraisons.

1853. CAILLIAUD (Fréd.). Voyage à l'oasis de Syouah, rédigé et publié par M. Jomard, d'après les matériaux recueillis par M. le chevalier Drovetti et par M. F. C.., pendant leur voyage en cette oasis en 1816 et en 1820. — Paris, 1823, in-fol., avec 20 pl. (20 fr., et plus sur papier vélin).

1854. CAILLIAUD (Fréd.). Voyage à Meroé, au fleuve Blanc, au-delà du Fâzoql, dans le midi du royaume de Sennâr, à Syouah et dans cinq autres oasis, fait dans les années 1819 à 1822, par F. C... Ouvrage publié par l'auteur, rédigé par lui-même et par M. Jomard, etc. — Paris, 1826, 4 vol. in-8, avec 12 pl., et 2 vol. in-fol. contenant 150 pl. et cartes (200 fr., et plus selon le genre d'exempl.).

Il y a des exempl. sur pap. ord. avec fig. noires; sur pap. vélin, avec fig. noires ou color.; sur gr. pap. ord., avec fig. noires ou color., et sur gr. pap. vélin, avec fig. noires ou color.

1855. CHAMPOLLION (J.-Fr.). Panthéon égyptien. Collection de personnages mythologiques de l'ancienne Egypte d'après les monuments; avec un texte explicatif par M. Champollion le jeune, et les figures d'après les dessins de L.-J.-J. Dubois. — Paris, 1823-31, in-4, fig. (80 à 100 fr., et le double en pap. vélin).

D'après Brunet, cet ouvrage devait former 2 vol. (en 30 livr.) composés d'environ 200 pl. color. et 450 pp. de texte, mais il n'a pas été terminé. Il n'en a paru jusqu'en 1831 que 15 livr. de 6 pl. avec texte. Les fig. 14, 23 *b*, 23 *c*, 24 *b*, 24 *c*, 31 à 35, n'ont pas été publiées. Amon-Ra, Cneph, Neith, Satis, Phtah, Thot, Athor, Tiphe, etc., etc., sont représentés sous les couleurs que les croyances ou plutôt l'iconographie religieuse leur donnaient.

1856. YORKE (Ch.) et **LEAKE** (le colonel Martin). Les Principaux Monumens égyptiens du Musée britannique, et quelques autres qui se trouvent en Angleterre, expliqués d'après le système phonétique. — Londres, 1827, in-4, avec 27 lith.

1857. VISCONTI (P.-E.). *Monumenti egiziani della raccolta del sign. Papandriopulo, descritti da* P.-E. V.. — Rome, 1828, in-fol., avec 14 pl.

1858. DOROW et **KLAPROTH**. Collection d'antiquités égyptiennes, recueillies par M. le chevalier de Palin, publiées par MM. D.. et K.. en 33 planches, auxquelles on a joint une 34° représentant les plus beaux scarabées de la collection de M. J. Passalacqua; précédée d'observations critiques sur l'alphabet hiéroglyphique, découvert par M. Champollion le jeune, et sur le progrès fait jusqu'à ce jour dans l'art de déchiffrer les anciennes écritures égyptiennes, avec 2 planches par M. J. Klaproth. — Paris, 1829, in-fol., fig. (15 à 25 fr.).

Les planches reproduisent plus de 1,800 abraxas et scarabées.

1859. LENORMANT (Charles). Musée des antiquités égyptiennes, ou Recueil des monuments égyptiens, architecture, statuaire, glyptique et peinture, accompagné d'un texte explicatif (par Nestor Lhote). — Paris, 1835-1842 (ou 1836-40, ou 1841), gr. in-fol., 39 pl. (40 à 50 fr.).

Résumé très-commode du grand ouvrage de la commission d'Égypte. Grâce à ce compendium, on peut se rendre compte de l'ensemble de l'archéologie égyptienne, du moins telle qu'elle se présentait en 1840.

1860. PROKESCH VON OSTEN (Ritter). *Denkwürdigkeiten und Erinnerungen aus dem Orient*, etc. — Mémoires et souvenirs d'Orient. — Stuttgart, 1836-37, 3 vol. gr. in-12.

Ces trois volumes ont été publiés par Er. Münch, l'éditeur de la correspondance entre Prokesch et Jul. Schneller; ils sont extraits de la correspondance de ce dernier. Ces *Souvenirs* par la beauté des descriptions ont été comparés à ceux de Lamartine. (Voir aussi plus haut, le n° 1766.)

1861. WILKINSON (John). *The Manners and Customs of the ancient Egyptians, including their private life*, etc. — Mœurs et coutumes des anciens Egyptiens, vie privée, gouvernement, lois, art, industrie, religion, agriculture, histoire primitive, le tout tiré de la comparaison des peintures, sculptures et monuments avec les textes des auteurs anciens; ouvrage illustré par la reproduction des monuments. — Londres, 1837, 1841, 2 séries de 3 vol., soit 6 vol. gr. in-8, avec 600 grav., noires et color. (200 fr.); — nouv. édit., *ibid.*, 1847, 6 vol. gr. in-8, fig. (150 fr.).

Ce titre est bien long, et cependant ce livre tient ce qu'il promet. L'auteur a donné ce qu'il pouvait donner il y a quarante ans, à une époque où, bien moins familier qu'on ne l'est aujourd'hui avec les textes hiéroglyphiques, on ne pénétrait pas si avant dans le monde des Pharaons. De tout ce que les écrivains grecs et latins ont laissé sur l'Égypte, il n'a rien omis. Les renseignements abondent et les rapprochements entre les monuments et l'histoire sont ingénieux ou judicieux. Pour tout dire, les six volumes de Wilkinson sont une préparation excellente; et quand on veut entrer dans les domaines de la vieille Égypte, et qu'on ne peut donner à cette terre merveilleuse qu'une part de son temps, c'est Wilkinson qu'il faut encore choisir pour se guider.

1862. LEEMANS (Conr.). Monuments égyptiens portant des légendes royales dans les musées de Leide, de Londres, et dans quelques autres collections particulières en Angleterre, etc. — Leide, 1838, in-8, avec 32 pl. lith. (5 fr.).

1863. HOREAU (Hector), archit. Panorama d'Egypte et de Nubie, avec un portrait de Mehemet Ali et un texte orné de vignettes, etc. — Paris, 1841, in-fol., portr. et 37 pl. (publié en 12 liv., à 15 fr. avec pl. noires, et à 25 fr. avec pl. color.; se vend 30 à 40 fr., et 100 à 120 fr.).

Ce panorama transporte l'Égypte sous nos yeux. Elle nous apparaît avec ses ruines pittoresques et grandioses, enfermées dans le sable, ou taillées dans les rochers de la chaîne libyque. Nous y voyons se jouer la lumière, et nous comprenons toute la magie de cette formidable architecture sous un ciel d'airain. Horeau dit qu'il a voulu rompre le silence gardé par les artistes sur l'É-gypte, car tout ce qu'ils ont publié, gravé en noir, semble avoir jeté un voile sombre sur le pays du monde où la couleur joue le rôle le plus important. Aussi pour éviter cet écueil, a-t-il revêtu ses planches d'une teinte bistrée qui rend à cette merveilleuse contrée son aspect naturel. Ces planches sont de petits tableaux encadrés dans des panoramas où la vallée du Nil se déroule tout entière; et plus de soixante-dix vues, car chaque planche en renferme deux et même quelquefois trois, nous montrent, depuis le Delta jusqu'à la seconde cataracte, les points les plus intéressants. Sobre, simple, instructif, le texte rappelle les faits les plus remarquables de l'histoire et parle des usages anciens et modernes. De charmantes vignettes l'illustrent et le complètent en s'adressant aux yeux. Notez que cette œuvre d'un véritable artiste n'a jamais obtenu tout le succès qu'elle méritait. Au moment de sa publication, elle n'a pas pu trouver au-delà de cent souscripteurs !

1864. LEEMANS (Conrad). *Ægyptische Monumenten*, etc. — Monuments égyptiens du Musée d'antiquités des Pays-Bas à Leide, publiés d'après les ordres du gouvernement (texte holland. ou franç.). — Leide, 1842-66, 2 part. in-fol., fig.

Cet ouvrage fait partie d'une grande publication portant ce titre général et divisée en plusieurs parties, dont deux sont consacrées aux papyrus. Celle embrassant les monuments d'art se compose de deux sections : 1° Monuments de la religion et du culte public et privé, avec 40 pl., 2° Monuments civils, avec les pl. 1 à 125. Elle n'est pas terminée.

1865. BIRCH (S.). *Gallery of [egyptian] antiquities, selected from the British Museum*, etc. — Galeries d'antiquités [égyptiennes], choisies dans le Musée britannique, par F. ARUNDALE et J. BONOMI. Avec un texte historique et descriptif par S. B.. — Londres, (1842-43), 2 part. in-4, avec 57 pl. en partie color. (25 fr.).

La première partie comprend la mythologie égyptienne; la seconde, les monuments de l'art égyptien.

1866. *Tablets and other egyptian monuments from the collection of the earl of Belmore*, etc. — Tablettes et autres monuments égyptiens de la collection du comte de Belmore, actuellement au Musée britannique. — Londres, 1843, gr. in-fol., avec 23 pl. color.

1867. PERROT (J.-F.-A.). Essai sur les momies. Histoire sacrée de l'Egypte, d'après les peintures qui ornent les sarcophages. — Nîmes, 1846, in-8, avec 5 pl. (2 à 3 fr.).

1868. DU CAMP (Maxime). Egypte, Nubie, Palestine et Syrie. Dessins photographiques, recueillis pendant les années 1849, 1850 et 1851, accompagnés d'un texte explicatif et précédés d'une introduction par Maxime Du Camp, chargé d'une mission archéologique en Orient par le ministère de de l'instruction publique. — Paris, 1852, 2 vol. in-fol., fig. (publié à 500 fr.).

Cent vingt-cinq planches composent cette collection : 112 pl. pour l'Egypte et la Nubie ; 6 pour Jérusalem et 7 pour Balbeck.

Les aptitudes de M. Maxime Du Camp sont très-variées ; il est publiciste, homme de lettres, journaliste, et c'est comme voyageur et photographe qu'il se présente dans l'ouvrage que nous signalons ici. Comme voyageur ! Sachez qu'au sortir du collége il fit un premier voyage en Orient de près de dix-huit mois. Comme photographe ! Il est certain que l'invention de Daguerre lui doit beaucoup pour avoir été l'un des premiers, le premier peut-être, à en faire la large application. Son recueil a été l'avant-coureur d'une foule de publications des plus instructives.

1869. GOSSE (Ph.-H.). *Assyria*, etc. — L'Assyrie, ses mœurs, ses usages, ses arts et ses armes, reproduits d'après les monuments. — Londres, 1852, in-8, carte et 158 grav. s. b.

1870. MARIETTE (Aug.). Choix de monuments et de dessins découverts ou exécutés pendant le déblaiement du Sérapéum de Memphis. — Paris, 1857, in-4, avec 10 pl. (5 fr.).

1871. MARIETTE (Aug.). Le Sérapéum de Memphis, découvert et décrit par Aug. Mariette, conservateur-adjoint au Musée imp. du Louvre, etc. Ouvrage dédié à S. A. I. M⁶ʳ le prince Napoléon, et publié sous les auspices de S. E. M. Achille Fould, ministre d'Etat. — Paris, Gide, 1857-64, 9 livr. in-fol.

Le *Sérapeum* de Memphis existe-t-il ? est-ce un livre ? Les bibliothèques doivent-elles croire qu'elles ont un vrai *Sérapeum* ? Des renseignements particuliers m'autorisent à dire : Non! Au moment de la publication, le prospectus annonçait que l'ouvrage se composerait d'un volume de texte in-4 et d'un atlas in-fol. de 110 planches divisées en quatre parties : 1° topographie; 2° monuments découverts dans le *Sérapeum* ; 3° monuments découverts dans les souterrains du *Sérapeum* ; 4° monuments découverts pendant les fouilles. De cette publication avortée, il n'a paru que 36 pl. appartenant aux quatre parties. On a réuni ces 36 planches, on y a ajouté un titre et une table, et on a vendu l'ouvrage, comme s'il était complet, au prix de 150 fr.

M. Mariette n'a pas perdu de vue le projet de faire de son *Sérapeum* un grand et bel ouvrage.

Il doit le publier de nouveau dans l'ancienne maison Franck, 67, rue Richelieu. Sous cette dernière forme, le *Sérapeum* doit avoir 3 vol.

1872. PRISSE D'AVENNES. Histoire de l'art égyptien d'après les monuments, depuis les temps les plus reculés jusqu'à la domination romaine. Ouvrage publié sous les auspices de S. E. M. Fould, ministre d'Etat. — Paris, Gide, (1858 et suiv.), 36 livr. gr. in-fol. — 20 fr. la livr.

Gide a été le premier éditeur de ce beau livre, et c'est la maison Arthus Bertrand qui en continue la publication. Suivant les indications fournies par cette librairie, l'*Histoire de l'art égyptien* formera 2 vol. grand in-fol., composés de 160 planches. Il paraîtra en 40 livr. dont 36 ont vu le jour. Le texte qui formera un vol. in-4, de 600 p., contenant 80 figures sur bois, est aussi sous presse; il renfermera l'histoire complète de l'art en Égypte.

Finesse, précision, éclat, voilà ce que nous offrent les planches en chromolithographie des livraisons publiées; je ne crois pas qu'on ait donné jusqu'ici rien d'aussi parfait sur l'art égyptien.

Voir encore plus haut, n° 1772 *bis*, un ouvrage publié antérieurement par M. Prisse d'Avennes sur le même sujet.

1873. PLACE (Victor). Ninive et l'Assyrie, par V. P.., consul général, avec des essais de restauration par Félix Thomas. Ouvrage publié d'après les ordres de l'empereur. — Paris, impr. imp., 1867-70, 2 vol. gr. in-fol., et atlas de 87 pl. — 855 fr.

Déterminer le caractère des restes exhumés, en si grand nombre et en si peu de temps, du sol de l'Assyrie; indiquer leur provenance, telle a été la première pensée de l'auteur; pénétrer, par le secours des monuments, dans la civilisation assyrienne, telle a été la seconde.

Dans un pays où les tombeaux antiques font défaut, où tout converge vers le souverain, le palais, centre des forces de la nation, résumé de ce qu'elle sait produire, est apparu à M. Place comme le plus sûr moyen d'information. La construction, la disposition, la décoration du palais a jeté un grand jour sur la vie privée, sur les habitudes domestiques de la vieille Assyrie, vie privée que M. Place avait à cœur de mettre en pleine lumière. Ici, d'ailleurs, l'enfouissement n'a point été assez subit pour que la moisson soit stérile. Or, partant de ce point, M. Place a fait choix du palais de Korsabad, l'œuvre de Sargon, comme étant le moins maltraité par les événements, le mieux distribué de ceux du second empire d'Assyrie, et, pour donner plus d'importance à cette étude, il s'est appliqué à joindre à ces découvertes personnelles toutes les notions éparpillées dans les rapports, mémoires et monographies publiés avant lui.

Un atlas accompagne ces deux volumes et comprend la carte de l'ancienne Assyrie et celle de l'Assyrie moderne. Les plans des édifices, les détails de construction, de décoration et des essais de restauration, avec une double série de peintures en émail et à fresque, sont gravés et reproduits en chromo avec le plus grand soin, et M. Félix Thomas a donné ici des preuves multiples de son beau talent.

3. ARCHÉOLOGIE GALLO- ET GERMANO-ROMAINE.

1874. LA SAUVAGÈRE (Félix-Fr. LE ROYER D'ARTEZET DE). Recueil d'antiquités dans les Gaules, enrichi de diverses planches et figures, plans, vues, cartes topographiques et autres dessins pour servir à l'intelligence des inscriptions de ces antiquités. Ouvrage qui peut servir de suite aux Antiquités de feu M. le comte de Caylus, par M. de La Sauvagère, ancien directeur en chef dans le corps du génie. — Paris, 1770, in-4, avec 29 pl. (15 fr.). — Voir aussi plus haut, le n° 1451.

Les Ruines romaines de Saintes, la Situation de Cæsarodunum, la Pile de Saint-Mars, le Briquetage de Marsal, les Pierres de Carnac, les Camps romains dans les pays des Vénètes, la Forteresse romaine Bablia, située à Blaye, et non point en Bretagne, comme on l'a prétendu, telles sont les recherches de cet intrépide antiquaire; recherches qui n'ont pas été sans valeur et dans lesquelles il a perdu sa fortune. Les planches sont au-dessous du médiocre, mais le style de l'auteur est encore plus affligeant. On lit dans l'épître dédicatoire à M. le duc de Choiseul : « Je ne dis rien, Monseigneur, de ce qui vous « regarde personnellement; la main d'un an- « cien militaire qui ne s'est jamais servi que « des crayons de la simple nature, etc., etc. ! » Les *crayons de la simple nature !*

1875. GRIVAUD DE LA VINCELLE (Cl.-M.). Antiquités gauloises et romaines, recueillies dans les jardins du palais du Sénat, pendant les travaux d'embellissement qui y ont été exécutés depuis l'an IX jusqu'à ce jour, pour servir à l'histoire des antiquités de Paris, etc. — Paris, 1807, in-4, avec atlas in-fol. de 40 pl. (15 fr., et plus sur pap. jésus, pap. vélin, ou gr. pap. vélin).

Grivaud de La Vincelle n'a pas été seulement un antiquaire laborieux et médiocre, mais aussi un sous-chef de bureau de la trésorerie du Sénat, puis de la comptabilité à la chambre des pairs. Cette petite position officielle, en lui offrant certaines facilités, l'a peut-être engagé à étudier les provenances des fouilles du Luxembourg. Nous le voyons ci-dessous résolument engagé dans la voie.

Né à Châlon-sur-Saône en 1762, Grivaud est mort à Paris vers la fin de 1819.

1876. GRIVAUD DE LA VINCELLE (Cl.-M.). Recueil de monuments antiques, la plupart inédits et découverts dans l'ancienne Gaule. Ouvrage enrichi de cartes et planches en taille-douce, qui peut faire suite aux recueils du comte de Caylus et de La Sauvagère. Dédié à son A. R. le prince de Bavière, par Grivaud de La Vincelle, membre de plusieurs académies. — Paris, 1817, 2 vol. in-4, avec 3 cartes et 40 pl. (15 fr., et plus en pap. vélin).

Gravures médiocres, mais utiles comme renseignements.

1877. GRIVAUD DE LA VINCELLE (Cl.-M.). Arts et Métiers des anciens représentés par les monuments en 130 planches ombrées au trait, ou Recherches archéologiques servant principalement à l'explication d'un grand nombre d'antiquités recueillies dans les ruines d'une ville gauloise et romaine, découverte entre Saint-Dizier et Joinville. Ouvrage publié d'après les matériaux de l'abbé de Tersan, par Grivaud de La Vincelle (et continué après la mort de ce dernier par G. Jacob [père]). — Paris, 1819 et suiv., in-fol., fig. (50 à 60 fr., et plus sur pap. vélin).

Cet ouvrage devait être composé de 18 livraisons; il n'en a paru que 16.

1878. LANGLOIS (E.-Hyac.), du Pont de l'Arche. Mémoire sur des tombeaux gallo-romains découverts dans le cours des années 1827 et 1828. — Rouen, 1829, in-8, avec 2 pl.

Extrait des *Mémoires de la Société des Antiquaires de Normandie.*

Notice et non mémoire faudrait-il dire, car cet opuscule n'a que 28 pages, que l'on pourrait réduire de plus de moitié, si l'on supprimait toutes les choses oiseuses qui s'y trouvent.

Ces tombeaux ont été découverts à Rouen, dans une maison de la rue Renard, l'un le 1er août 1827, l'autre, le 4 avril 1828, et on a trouvé dedans des vases en verre ou en terre, et des médailles à l'effigie d'Antonin, de Marc-Aurèle, etc.

1879. Monuments gallo-romains de la ville de Bourges. Fragments d'architecture et de sculpture provenant des fondations de l'ancienne enceinte. — Bourges et Paris, 1857, in-fol., 2 livr. chacune de 6 pl. (10 fr.).

Ces deux livraisons sont les seules qui aient été publiées, soit 12 planches et un titre. *La Commission historique du département du Cher* a interrompu cette publication. Toutefois le volume de 1876 des *Mémoires de la Société historique du Cher* — Société qui a remplacé la *Commission historique* — annonce l'intention de reprendre dans peu de temps cette publication.

1880. (HOUBIGANT.) Recueil des antiquités bellovaques. — Beauvais, A. Desjardins, 1860, gr. in-8, fig. — 5 fr.

1881. PAYAN-DUMOULIN (Ernest de). Antiquités gallo-romaines découvertes à Toulon-sur-Allier, et réflexions sur la céramique antique. — Le Puy; Paris, Didron, 1860, gr. in-8, avec 4 pl. — 4 fr.

1882. TUDOT (Edmond). Collection de figurines en argile, œuvres premières de l'art gaulois, avec les noms des céramistes qui les ont exécutées. Recueillies, dessinées et décrites par E. T..., peintre, directeur de l'École de dessin de Moulins... conservateur du Musée d'antiquités, etc., etc. — Paris, Rollin, 1860, gr. in-4, avec 75 pl. lith., et 112 gr. s. b. dans le texte. — 80 fr. — On a aussi mis en vente des exemplaires avec un nombre de planches réduit à 54, ce qui constitue une supercherie. — 25 fr.

Voilà un livre intéressant et bien exécuté. Les savants pourront y voir les éléments d'une étude sur le druidisme, et sur certaines croyances venues de l'Italie et de la Germanie. C'est tout un panthéon gaulois que l'auteur met sous nos yeux; panthéon composé d'une centaine d'idoles dont quelques-unes sont primitives, quelques autres charmantes et d'un art avancé. Ce trésor, aussi précieux pour les artistes et les historiens de l'art que pour les savants, a été découvert il y a une vingtaine d'années, aux environs de Moulins, dans une localité dont M. Tudot n'a pas dit le nom. Là, on a trouvé un atelier de moulage d'une si merveilleuse conservation qu'il semblait avoir été fermé la veille. D'autres fabriques, découvertes dans le même département, ont achevé de démontrer qu'une industrie plastique, qui se perfectionnait chaque jour, a fleuri au centre de la Gaule dans les premiers siècles de notre ère, entre les mains de céramistes intelligents. Ce fait, assez peu connu, a été parfaitement mis en lumière par M. Tudot, et il faut l'en remercier.

Du reste, tout dans son livre atteste l'homme de goût, l'artiste dont l'esprit est cultivé. Son crayon me paraît avoir rendu les modèles avec une fidélité scrupuleuse : la photographie ne ferait pas mieux.

1883. MANTELLIER (Ph.). Mémoires sur les bronzes antiques de Neuvy-en-Sullias, par Ph. M..., président à la Cour impériale d'Orléans.... Dessins de Ch. Pensée. — Paris, Rollin et Feuardent, 1865, gr. in-4, avec 1 carte et 16 pl. en chrom. —, 25 fr.

Extrait des *Mémoires de la Société archéologique de l'Orléanais,* t. IX.

L'auteur de ce savant mémoire lu à l'Académie des inscriptions, le 8 juillet 1864, et couronné par l'Institut, conclut ainsi : « À l'époque « gallo-romaine, un édifice religieux, un *Sa-* « *cellum* ou un temple, administré par un col- « lége de prêtres ou de gardiens, situé sur la « rive droite de la Loire, entre Brivodurum « (Briare) et Genabum (Orléans), contenait, entre « autres objets de bronze, un cheval posé sur « un socle, dont la face antérieure était chargée « d'une inscription dédicatoire au dieu topique « Rudiobus; des figurines de divinités; une figu- « rine d'empereur; des figurines de personnages « dont les différentes attributions portent à pen- « ser que quelques-unes avaient été consacrées « en reconnaissance de victoires obtenues dans « des jeux, d'autres en commémoration de cer- « tains rites des cultes de Bacchus et de Cybèle. « ...À la fin du IVe siècle, au commencement du « Ve siècle, au plus tard, dans un moment d'in- « vasion, de persécution... ceux qui avaient la « garde de ces objets sacrés... les ont trans- « portés sur la rive gauche du fleuve, sur le « territoire de Noviacum, aujourd'hui Neuvy-en- « Sullias, et là ils les ont enfouis dans les sables « d'un champ solitaire... Cette cachette s'est rou- « verte le 27 mai 1861, sous la pioche d'un ter- « rassier. »

On avait des médailles gauloises, des terres

cuites gauloises, de la poterie gauloise. Les bronzes de Neuvy-en-Sullias ont comblé la lacune.

1884. PARENTEAU (F.). Notice sur un atelier de fondeur gallo-romain du premier siècle, découvert à Rezé, par Parenteau, conservateur du Musée de Nantes. — Caen, 1865, in-8.

Extrait du *Compte-rendu des séances archéologiques tenues à Fontenay en 1864.*

1885. HUCHER (Eugène). L'Art gaulois, ou les Gaulois d'après leurs médailles, etc. — Paris, Rollin et Feuardent, 1868-1874, 2 vol. in-4, avec 101 pl. et vign. — 90 fr.

C'est à la suite de l'exposition de 1855 que l'auteur a conçu l'idée de dessiner les monuments de l'art gaulois; et il y a été poussé en songeant que les artistes et même les savants ne savaient rien sur le costume, la coiffure, les armes de nos ancêtres avant l'invasion romaine. Les quelques recherches des écrivains des XVIIe et XVIIIe siècles sur ce sujet n'ont point eu de résultat. Les quarante médailles environ données par dom Bernard de Montfaucon, dans son *Antiquité expliquée*, sont trop sommaires; et dans sa *Numismatique du moyen âge, considérée sous le rapport du type*, Joachim Lelewel a eu le tort d'exagérer la barbarie des modèles. Que fallait-il donc pour contenter les personnes étrangères à la numismatique, mais qui ne peuvent connaître que par elle — car tous les autres monuments font défaut — le type du gaulois primitif? Il fallait leur donner un ouvrage clair et précis, débarrassé des difficultés que présente la numismatique gauloise, et faire table rase de tout ce qui avait été publié jusqu'à ce jour. L'auteur est arrivé au but qu'il se proposait par un procédé bien simple. Il a dessiné sur une plus grande échelle toutes les médailles qui lui paraissaient jeter du jour sur les mœurs, la religion et le costume gaulois, et de là, un livre utile et nouveau.

1886. DOROW (W.). *Denkmale aus den altgermanischen und römischen Zeiten in den Rheinisch-Westphälischen Provinzen.* — Monuments contemporains des Germains et des Romains dans les provinces Rhénanes et la Westphalie. — Stuttgart et Berlin, 1823-26, 2 vol. in-4, avec 67 pl. gr. et lith.

1887. EMELE (D. Jos.). *Beschreibung römischer und deutscher Alterthümer in dem Gebiete der Provinz Rheinhessen*, etc. — Description des antiquités romaines et germaniques dans la Hesse-Rhénane. — Mayence, 1825, gr. in-4, 493 fig. sur 34 pl. lith. color.; — 2e édit., *ibid.*, 1833, gr. in-4 obl., avec 34 lith. (4 à 5 fr.).

1888. LINDENSCHMIT (Dr L.). *Die Alterthümer unserer heidnischen Vorzeit, nach den in öffentlichen und Privatsammlungen befindlichen Ori-*

ginalien zusammengestellt, etc. — Les Antiquités payennes de l'Allemagne récoltées dans les collections publiques et particulières, et publiées sous les auspices du Musée central romano-germanique de Mayence, par son directeur le docteur Lindenschmit. — Mayence, von Zabern, 1858-76, t. I, II, et III (livr. 1 à 6), gr. in-4, avec plus de 200 pl. gr. et chrom. — 100 fr. (En cours de publication.)

Des armes, des instruments, des parures, des vases, et quelques sculptures au-dessous du médiocre, voilà ce qu'on trouve classé dans ce livre, sous les titres d'Age de pierre, d'Age de bronze, d'Age de fer, d'Age franco-allemand.

1889. LINDENSCHMIT (Ludwig). *Die vaterländischen Altherthümer der Fürstlich Hohenzollern'schen Sammlungen*, etc. — Antiquités nationales conservées dans les collections des princes de Hohenzollern à Sigmaringen, etc. — Mayence, von Zabern, 1860, gr. in-4, avec 43 pl. lith. et 103 gr. s. b. dans le texte. — 35 fr.; édit. de luxe, 45 fr.

1890. SACKEN (Edward Freiherr von). *Leitfaden zur Kunde des heidnischen Altherthums mit Beziehung auf die österreichischen Länder.* — Guide pour servir à la connaissance de l'antiquité payenne principalement dans les pays de la couronne d'Autriche. — Vienne, Braumüller, 1865, in-8, avec 84 gr. s. b. dans le texte. — 6 fr. 25.

4. ARCHÉOLOGIE DU MOYEN AGE.

A. — MÉMOIRES ET ÉCRITS PÉRIODIQUES[*].

(Voir aussi plus haut, p. 126.)

1. *France.*

1891. Mémoires de la Société des antiquaires de France, etc. — Paris, 1807-12, 6 vol. in-8, fig. — (Suite :) Mémoires et dissertations sur les antiquités nationales et étrangères, publiés par la Société royale des antiquaires de France. — Paris, 1re série, 1817-34, 10 vol. in-8, fig., et un atlas gr. in-4; 2e série, 1835-50, 10 vol. in-8, fig. — (Suite :) Mémoires de la Société des antiquaires de France. 3e série. — *Ibid.*, 1852-68, 10 vol. in-8, fig.; 4e série, *ibid.*, Du-

----

[*] Parmi les organes des sociétés savantes en France, je ne signale que les plus importants et seulement ceux qui sont consacrés plus spécialement à l'archéologie du moyen âge.

moulin, 1869-76, t. I à VII, in-8, fig.
— 8 fr. le vol. = Bulletin. — *Ibid.*,
1857-76, 14 vol. in-8, fig.

Recueil très-ancien, très-célèbre, archive bien
riche d'une de nos sociétés savantes les plus en
vue. Nous nous bornons à le signaler, la place de
l'art s'y trouvant trop rapetissée par l'érudition.

1892. Mémoires de la Société des antiquaires de Normandie. — Caen, Le
Blanc-Hardel. 1re série, 1825-37, 14
part. en 10 vol. in-8 et pl. in-4 ; 2e série, 1838-54, 10 vol. in-4, fig.; 3e série,
1855-76, in-4, t. I à VIII, fig. — 15 fr.
le vol. = Table générale des 24 premiers vol. rédigée par Renault.—*Ibid.*,
1863, in-4. = Bulletin. — *Ibid.*, 1860-
76, 8 vol. in-8.

1893. Mémoires de la Commission des
antiquités du département de la Côte-
d'Or. — Dijon, 1832-35, 2 vol. in-8, fig.;
2e série, *ibid.*, Lamarche, 1838 - 73,
8 vol. gr. in-4, fig. — 20 fr. le vol.

1894. Bulletin monumental, publié sous
les auspices de la Société française pour
la conservation et la description des monuments historiques et dirigé par M. de
Caumont, correspondant de l'Institut,
secrétaire général de la Société des antiquaires de Normandie. (Le tome II a
pour titre : Bulletin monumental. Histoire sommaire de l'architecture religieuse, militaire et civile au moyen
âge, par M. de Caumont. — A partir du
t. III : Bulletin monumental, ou Collection de mémoires et de renseignements pour servir à la confection d'une
statistique des monuments de la France,
classés chronologiquement, etc.) — Paris, Derache; Caen, Leblanc-Hardel;
Rouen, Frère (puis Le Brument), 1re série, 1834-44, t. I à X, in-8, fig.; —
2e série : Bulletin monumental, ou Collection de mémoires et de renseignements sur la statistique monumentale
de la France par les membres de la Société française pour la conservation des
monuments, publié par M. de Caumont;
ibid., 1845-54, t. XI à XX, in-8, fig.;
— 3e série (à partir du t. XXIII, 1857,
le titre ainsi modifié : .. par les membres
de la Société française d'archéologie
pour la conservation et la description
des monuments); *ibid.*, 1855-64, t. XXI
à XXX, in-8, fig.; — 4e série, *ibid.*,
1865-72, t. XXXI à XXXVIII, in-8,
fig.;—5e série (dirigée d'abord par M. de
Cougny, ensuite par M. Léon Palustre),
Tours, Bouserez; Paris, Derache; Dumoulin, 1873-1876, t. XXXIX-XLII,
in-8, fig. — 15 fr. le vol. = Table gé-

nérale, etc. (pour les 1re et 2e séries,
rédigées par l'abbé Auber ; pour les 3e
et 4e séries, rédigées par Renault). —
Paris et Caen; Tours, 1846, 1861, 1869,
1873, 4 vol. in-8. = Il faut y joindre :
Congrès archéologique de France. —
Ibid., 1834-76, 42 vol. in-8 (il n'y a pas
eu de congrès en 1848). — 12 fr. le vol.

Le *Bulletin monumental* est l'organe d'une Société, et cette société, à son début, a rendu des
services incontestables en faisant la statistique
monumentale de la France, en montrant toutes les richesses d'art du pays sur le point de
disparaître sous le marteau des démolisseurs. Aujourd'hui, à côté du Bureau des monuments historiques chargé de veiller sur eux, de les sauve-
garder, et de les faire réparer ou restaurer par
des mains habiles, l'action de la Société française
est très-restreinte et parfois même embarras-
sante ou nuisible. Quand elle veut se mêler de
mettre la main aux édifices, le manque de lumière, les influences locales l'égarent, et ses res-
titutions sont bien loin d'être heureuses. Le *Bulletin monumental* n'en est pas moins un recueil
indispensable pour l'histoire de l'art français, et
il serait impossible de trouver ailleurs un grand
nombre des renseignements dont il est fourni.

Riche, indépendant, né dans cette Normandie
(Bayeux, 28 août 1802) qui résume en quelque
sorte l'archéologie du moyen âge français, la vie
de M. de Caumont s'est passée à décrire, à classer, à mettre en lumière les églises, les abbayes,
les châteaux de l'ancienne France. Infatigable et
ardent, c'est à lui qu'appartient l'honneur d'avoir
introduit dans notre pays le système des congrès
scientifiques. En établissant ainsi des rapports
entre les hommes studieux des diverses provinces
de la France, mais surtout par ses travaux, il a
contribué aux progrès de notre archéologie nationale. La *Société des antiquaires de Normandie*, la *Société pour la conservation des monuments*, l'*Association normande*, lui doivent leur
existence.

1895. Mémoires de la Société des antiquaires de la Morinie. — Saint-Omer,
Tumerel; Paris, Derache, 1834-76, 15
vol. in-8, et atlas in-4 obl. — 8 fr. le
vol. = Bulletin.

1896. Mémoires de la Société des antiquaires de l'Ouest. — Poitiers, 1834
77, 40 vol. in-8, et atlas. — 9 fr. le vol.

1897. Mémoires de la Société archéologique du Midi de la France. — Toulouse;
Paris, Didron, 1834-77, 11 vol. in-4,
fig. — 20 fr. le vol. = Table générale
pour les 9 premiers vol. rédigée par
Lapierre. — *Ibid.*, 1875, in-4. = Bulletin.

1898. L'Art en province. Cours d'archéologie nationale par une société d'artistes
et de littérateurs de la province.—Moulins, 1835-1859, 15 vol. gr. in-4, fig.
s. b. et pl. lith.

1899. Mémoires de la Société archéologique de Montpellier. — Montpellier;
Paris, Dumoulin ; Didron, 1835 - 76,
6 vol. in-4. — 3 à 5 fr. le cahier.

1900. Mémoires de la Société des antiquaires de Picardie. — Amiens; Paris, Dumoulin, 1re série, 1838-50, 10 vol. in-8, avec 3 atlas et une table générale ; 2e série, 1851-66, 10 vol. in-8, fig., avec une table générale ; 3e série, 1867-76, 5 vol. in-8, fig. — 12 fr. le vol. = Bulletin. — *Ibid.*, 1844-76, 12 vol. in-8.

1901. Bulletin archéologique publié par le Comité des arts et monuments [années 1837-48]. — Paris, 1840-48, 4 vol. in-8. = Extraits des procès-verbaux des séances du Comité des monuments écrits [1837-48].— *Ibid.*, 1849, in-8. = Bulletin du Comité historique des arts et monuments. Archéologie. Beaux-Arts. — *Ibid.*, 1849-52, 4 vol. in-8, fig. = Bulletin du Comité historique des monuments écrits de l'histoire de France. Histoire. Sciences. Lettres.—*Ibid.*, 1849-52, 4 vol. in-8. = Bulletin du Comité de la langue, de l'histoire et des arts de la France [années 1852-57]. — *Ibid.*, 1854-60, 4 vol. in-8, fig. = Bulletin des Sociétés savantes (missions scientifiques et littéraires).—*Ibid.*, 1854-55, 2 vol. in-8.= Revue des Sociétés savantes (de la France et de l'étranger, — porte en outre le t. Ier), 1re série.— *Ibid.*, 1856-58, 5 vol. in-8, fig. = Revue des Sociétés savantes des départements.—*Ibid.*, 2e série, 1859-62, 8 vol. in-8 ; 3e série, 1863-64, 4 vol. in-8 ; 4e série, 1865-69, 10 vol. in-8 ; 5e série, 1871-74, 8 vol. in-8 ; 6e série, 1875-77, 3 vol. in-8. — 9 fr. le vol. — (Nous ne nous occupons pas ici de la partie scientifique de cette Revue.) = Table générale des Bulletins... et de la Revue [1re à 4e séries]..... par O. Teissier. — *Ibid.*, 1873, in-8.

Il faut remonter à M. Guizot pour trouver l'origine de ce *Bulletin*. En voyant combien de faits historiques avaient été omis volontairement ou involontairement par les érudits du siècle dernier, le grand historien conçut le projet de les recueillir ; en conséquence, il proposa au roi, le 31 décembre 1833, de créer une commission chargée de diriger de nouvelles recherches et notamment la publication générale de tous les matériaux importants et inédits se rattachant à l'histoire de France ; et comme il avait lui-même indiqué dans ses écrits, qu'il existe deux sortes de faits historiques : les faits matériels et visibles, tels que les expéditions militaires, les négociations ; et les faits moraux, tels que les mœurs, les sciences, les arts ; il proposa, le 10 janvier 1835, la création d'un second comité chargé de s'enquérir de l'état intellectuel de la nation et du point où elle en était dans la philosophie, la science et l'art. D'après cela, le second comité fut divisé en deux sections : l'une consacrée à la science et aux lettres, l'autre, aux beaux-arts.

L'importance de cette seconde section ayant donné à réfléchir, M. de Salvandy, le successeur de M. Guizot au ministère, érigea cette même section, le 18 décembre 1837, en *Comité des arts*

et des monuments. L'arrêté qui l'organisa lui traça une ligne de conduite qu'il importe de rappeler ici :

« Le Comité des arts, dit cet arrêté, doit publier « tous les documents inédits relatifs à l'histoire « des arts chez les Français ; de faire connaître « tous les monuments religieux, militaires et « civils ; de faire dessiner et graver, pour les « conserver à l'avenir, les œuvres remarquables « d'architecture, de peinture, de sculpture en « pierre, en marbre et en bois ; de donner des « instructions sur la conservation matérielle des « ruines, statues, tours, chapelles, cathédrales qui « intéressent la religion, l'art ou l'histoire ; de « faire des recherches sur la musique à toutes « les époques du moyen âge : afin de préparer « les matériaux pour une histoire complète de « l'art en France. »

Le Comité des arts et monuments rédigea des instructions et un formulaire archéologique pour ses correspondants, commença des statistiques monumentales et des monographies ; et se mit à l'œuvre divisé en quatre classes : classe des membres résidants ; — classe des membres non résidants ; — classe des correspondants nationaux ; — classe des correspondants non nationaux.

Une des principales obligations du comité fut d'inventorier tous les monuments élevés sur le sol français, fussent-ils romains ou gaulois, et quelles que fussent leur date et leur destination, et une fois inventoriés, de les faire dessiner et décrire. Ce n'est pas tout. On chargea le comité de répandre et de vulgariser la science archéologique pour empêcher les antiquaires de province de faire fausse route ou de tâtonner trop longuement. Enfin, le comité eut mission — ce fut la plus délicate de toutes — de conserver les édifices historiques, et d'en être le tuteur. Cette surveillance, ces travaux, ces notions à répandre demandaient un organe : de là, le *Bulletin* ci-dessus, dont le titre suivit les changements successifs qu'on a fait subir à cette institution. En 1852, une modification nouvelle attendait le comité ; un nouveau ministre, M. de Fortoul, considérant qu'il était à propos de réorganiser les divers comités institués auprès du ministère de l'instruction publique, de façon à ce qu'ils puissent, tout à la fois par des travaux distincts et une discussion commune, contrôler utilement les documents qui intéressent la langue, l'histoire et les arts de la France, décida que le *Comité des monuments écrits* et celui des *arts et monuments* seraient réunis en un seul comité qui prendrait le nom de *Comité de la langue, de l'histoire et des arts de la France.*

Divisé en trois sections, savoir : *section de philologie, section d'histoire, section d'archéologie,* ce comité se composa de quarante-deux membres : douze pour la philologie, quinze pour l'histoire, quinze pour l'archéologie.

Sainte-Beuve a fait partie de ce comité, et il en parle dans ses Causeries (*Nouveaux Lundis,* 1867, *Viollet-le-Duc*). Il le qualifie : « chose de luxe et « de surcroît, et bien moins utile que le comité « des monuments historiques. » Ici Sainte-Beuve, qui est d'ordinaire l'exactitude même, a été mal servi par ses souvenirs, car il attribue à M. Guizot une création, ou plutôt une réorganisation, opérée par un des ministres qui lui ont succédé ; création plus jeune de vingt ans environ que la primitive institution des comités des travaux historiques.

Du reste, Sainte-Beuve était tellement dans le vrai, qu'un nouveau ministre, M. Rouland, jugeant, dit M. le baron de Watteville, dans ses *Rapports au ministre sur la collection des documents inédits de l'histoire de France et sur les actes du comité des travaux historiques* (Paris, 1874, in-4), que les projets annoncés étaient trop vastes, s'appliqua, par une mesure sagement réparatrice, à rétablir l'ancien état de choses, en y apportant les améliorations indiquées par une longue expérience. Aussi un arrêté du 22 février 1858 vint-il régler d'une manière définitive l'organisation et les attributions des comités, et les réunir en un seul sous le nom de *Comité des travaux historiques et des sociétés savantes*, comité divisé en trois sections : 1º section d'histoire et de philologie ; 2º section d'archéologie; 3º section des sciences.

1902. Mémoires de la Société archéologique de Touraine. — Tours, Georget-Joubert, 1842-76, 26 vol. in-8. — 8 fr. le vol. = Le t. XV contient la table des 14 premiers vol. = Bulletin. — *Ibid.*, 1868-76, 3 vol. in-8.

1903. Mémoires de la Société archéologique d'Avranches. T. Ier.—Avranches, 1842, in-8. = Mémoires de la Société d'archéologie, de littérature, sciences et arts d'Avranches. — *Ibid.*, 1859-73, t. II à IV, in-8.

1904. Annales archéologiques [publiées] par Didron aîné, secrétaire du Comité historique des arts et monuments. — Paris, Didron, 1844-70, 27 vol. in-4, fig. s. fb., pl. gr., s. c. et chrom. (500 à 600 fr.).

Les *Annales archéologiques* ont joué un grand rôle. Elles ont été le moniteur, le journal officiel du mouvement si irrésistible qui s'est manifesté en faveur de notre art national dans les dernières années de la Restauration. Aidé par de nombreux collaborateurs, Didron a entrepris de surveiller l'emploi des fonds destinés aux travaux publics, et de traquer aussi bien le vandalisme de ceux qui reconstruisent que de ceux qui détruisent ; il a entrepris d'étudier l'histoire dans l'architecture, la peinture et la sculpture; il a entrepris d'inventorier nos cathédrales, et, pour tout dire, de commencer à mettre en culture le vaste champ de l'iconographie chrétienne resté en friche jusqu'à lui. Bien plus, loin d'être exclusif, il a entrepris de faire entrer dans son cadre les archéologies lointaines : de ne point négliger l'Asie, l'Égypte, la Grèce et Rome. Il a cherché à être complet dans la mesure du possible, mais sans se disperser et sans oublier que le moyen âge méritait surtout son attention. L'ouvrage est divisé en quatre parties, sous les titres suivants : *Conservation, Étude, Pratique, Mélanges.*
Dans la première partie, l'auteur a rangé ce qui concernait l'entretien, les réparations et restaurations; la mutilation, l'abandon des édifices et des œuvres sculptées et peintes. Ici la polémique domine. C'est un vrai champ de bataille. « C'est notre *Premier Paris* », s'écrie Didron !
L'*Étude* renferme des travaux détaillés sur l'architecture, la sculpture, la peinture et les branches accessoires. Vous trouverez, par exemple, autour de la sculpture : l'orfévrerie, la fonderie, la numismatique, la glyptique, la céramique, la menuiserie ; autour de la peinture : les fresques, les encaustiques, les vitraux, les émaux et les miniatures des manuscrits.
Sous ce titre : *Pratique*, ceux qui ont une église à bâtir, à sculpter, à paver, à voûter, à décorer de vitraux, à meubler d'autels, de stalles, de chaires, de bancs, de reliquaires, de vases sacrés, etc., etc., trouveront des modèles du style ogival et du style roman, donnés par des artistes d'une grande compétence. Plus haut c'étaient

les théories, maintenant c'est leur application et leur mise en pratique.
La quatrième partie comprend les *Mélanges*, c'est-à-dire les nouvelles archéologiques relatives à la découverte et à la conservation des monuments, ainsi que des articles de bibliographie.
Cette importante publication a été close avec le 27e volume. Il doit paraître un volume de tables analytiques.

1905. Mémoires de la Société archéologique [et historique, depuis le t. XIII, 1874] de l'Orléanais. — Orléans, Herluison, 1851-76, 13 vol. in-8, et atlas in-4. — 10 fr. le vol. ; 12 à 15 fr. avec atlas.

1906. Revue de l'Art chrétien. Recueil mensuel d'archéologie religieuse, dirigé par l'abbé J. Corblet. — Paris, Putois-Cretté, etc., 1857-76, 19 vol. gr. in-8, fig. — 15 fr. par an.
Revue sérieuse, contenant de forts bons articles.

1907. Revue archéologique du Midi de la France. Recueil de notes, de mémoires, documents relatifs aux monuments de l'histoire et des beaux-arts dans le pays de langue d'Oc, etc. — Toulouse, 1866, in-4. — 12 fr.

2. Étranger.

1908. Annales de l'Académie d'archéologie de Belgique. — Anvers, 1843-67, 23 vol. in 8, fig., et table (150 fr.).

1909. Annales de l'Institut archéologique du Luxembourg (belge). — Arlon, 1847-1868, t. I à V, gr. in-8, fig. (50 fr.).
Publication privée, qui n'est pas dans le commerce.

1910. Publications de la Société pour la recherche et la conservation des monuments historiques dans le grand-duché de Luxembourg. — Luxembourg, 1848-68, 23 vol. in-4, fig. (120 à 150 fr.).

1911. Annales de la Société archéologique de Namur. — Namur, 1849-67, 9 vol. in-8, fig. (100 fr.).

1912. Bulletin de l'Institut archéologique liégeois. — Liége, 1852-63, 6 vol. in-8, fig. (20 fr.).

1913. Annales de la Société historique et archéologique à Maëstricht. — Maëstricht, 1854-58, 2 vol. in-8, fig. (10 fr.). — (Continuées sous ce titre :) Publications de la Société d'archéologie dans le duché de Limbourg. — *Ibid.*, 1864-68, t. I à V, in-8, fig.

1914. Annales du Cercle archéologique de Mons. — Mons, 1858-68, t. I à VII, in-8, fig.

1915. *Brabandsch Museum voor Oudheden en Geschiedenis*, etc. — Musée de l'histoire et des antiquités de Brabant, publié par Edw. van Even. 1re année. — Leeuven, 1860, in-8.

1916. *Organ des Vereins für christliche Kunst im apostolischen Vikariate Luxemburg.* — Organe de la Société de l'art chrétien du vicariat apostolique de Luxembourg.—Luxembourg, Brück, 1861-68, 8 part. in-8, pl. lith. — Chaque partie, 2 fr.

1917. Bulletin des Commissions royales d'art et d'archéologie. Revue mensuelle. — Bruxelles, 1862-68, 7 vol. in-8, fig. noires et color. — 8 fr. par an.

Publication à laquelle notre *Bulletin du Comité de la langue, de l'histoire et des arts de la France* semble avoir servi de modèle.

1918. *The Ecclesiologist*, etc.— L'Ecclésiologiste. Publié par la Société Camden de Cambridge (et, depuis 1845, par la Société ecclésiologique). 1re série. — Cambridge, 1843-44, 4 vol.; — 2e série: Londres, 1845-63 (?), 27 vol., ensemble 31 vol. in-8, fig.

Publication consacrée à l'histoire de l'art chrétien.

1919. *Annalen des Vereins für Nassauische Alterthumskunde*, etc. — Annales de la Société des antiquités et de l'histoire de Nassau. — Wiesbaden, Roth, 1827-75, 13 vol. in-8, fig.

1920. *Anzeiger für Kunde des deutschen Mittelalters* (depuis 1835 : *der deutschen Vorzeit*), etc.— Guide pour l'étude du moyen âge en Allemagne (ou : du passé de l'Allemagne). Recueil mensuel publié avec la collaboration du Dr baron von Aufsess (et de Fr.-J. Mone, depuis 1834). — Nuremberg, 1832-39, 8 vol. in-4;—nouv. série, *ibid.*, Germ. Museum, juillet 1853-76, 23 vol. in-4, fig. — Mensuel : 7 fr. 50.

L'histoire de la littérature et des mœurs, la philologie et le droit remplissent la première série de ce recueil presque à l'exclusion de l'archéologie et de l'art. Il en est tout autrement dans la seconde série, publiée, à partir du t. VI, par le Musée germanique de Nuremberg. Ici, on aborde l'étude de l'art allemand au moyen âge et à la Renaissance ; ici, de nombreuses gravures, fort bien faites, servent à illustrer de bons articles rédigés par de bons juges ; enfin on y trouve un bon répertoire des antiquités nationales de l'Allemagne.

La rédaction en chef de la nouvelle série de cette revue a passé par bien des mains. La 6e année (1859), elle a été confiée au baron von Aufsess, à A. von Eye et à G.-K. Frommann. A partir de l'année suivante, vint s'y joindre Roth von Schreckenstein. En 1863, les rédacteurs furent : Frommann, A. von Eye et A.-L.-J. Michelsen ; ce dernier s'est retiré en 1865. Enfin, depuis 1875, les deux précédents se sont adjoint A. Essenwein.

1921. *Archiv für Niedersachsens Kunstgeschichte*, etc. — Archives pour servir à l'histoire de l'art dans la basse Saxe ; représentation des œuvres d'art du moyen âge dans la basse Saxe et les pays voisins. Publié par H.-Wilh.-H. Mithoff.—Hanovre, Helwing, 1849-62, 3 part. gr. in-fol., fig. — 7 fr. 50 la livr.

Première partie : *OEuvres d'art du moyen âge à Hanovre* (en 4 livr.) ; IV-4 pp., 6 pl. lith. et 1 gr. s. b. ; — 2e partie : *Le Couvent de Wienhausen près Celle*, 17 pp., 10 pl. lith. et gr. s. b. ; — 3e partie : *OEuvres d'art du moyen âge à Goslar* (en 7 livr.) ; 46 pp., 42 pl. lith. et gr. s. bois.

1922. *Organ für christliche Kunst.* — Organe pour l'art chrétien. — Cologne, Du Mont-Schauberg, juillet 1851-73, 23 années, in-4. — 26 nos par an : 10 fr. 75.

Ce recueil, fondé par Fr. Baudri, a été dirigé en dernier lieu par J. van Endert.

1923. *Zeitschrift für christliche Archäologie und Kunst.* — Journal d'archéologie et d'art chrétiens, publié par F. de Quast et H. Otte. — Leipzig, 1856-59, 4 années en 2 vol. gr. in-4, grav. s. b. et s. acier.

1924. *Christliches Kunstblatt für Kirche, Schule und Haus*, etc. — Journal de l'Art chrétien. Recueil périodique pour l'église, l'école et la famille, publié sous la direction de Ch. Grüneisen, Ch. Schnaase et J. Schnorr de Carolsfeld. — Stuttgart, Steinkopf, octobre 1858-1876, 19 vol. in-8, fig. s. bois. — Mensuel : 5 fr.

1925. *Berichte und Mittheilungen des Alterthumsvereins zu Wien.* — Rapports et communications de la Société des antiquaires de Vienne. — Vienne, 1854-61, 5 vol. gr. in-4, avec 63 pl. lith. (75 fr.).

Publication importante pour l'archéologie de l'empire d'Autriche, et qui n'a jamais été mise dans le commerce.

1926. *Mittheilungen der K. K. Central-Commission zur Erforschung und Erhaltung der Baudenkmale*, etc. — Communications de la Commission centrale imp. et royale pour la recherche et la conservation des monuments de l'architecture, etc. — Vienne, Braumüller (puis Gerold), 1re série, 1856-1872, 17 vol. et 2 vol. supplém. gr. in-4, pl. lith. et grav. s. b.; Table de matières, y compris celle des Annuaires (*Jahrbuch*, t. I à V), 1 vol. gr. in-4 ; ensemble 20 vol. ; — nouv. série, 1874, gr. in-4, fig. — 7 fr. 50 le vol.

Publication de grand mérite, commencée sous la direction du baron de Czörnig et continuée sous celle de Jos.-Alex. baron de Helfert. Elle a eu successivement trois rédacteurs en chef : d'abord Karl Weiss (1856-63), ensuite Ant. von Perger (1864-68), et actuellement Karl Lind.

1927. Mémoires de la Société d'archéologie et de numismatique de Saint-Petersbourg. Publiés sous les auspices de la Société par B. de Koehne. — Saint-Pétersbourg, 1847-52, 6 vol. in-8, avec 115 pl. (80 à 100 fr.).

1928. Памятникъ искусствъ и вспомогательныхъ знаній. — Mémorial de beaux-arts et des sciences auxiliaires. — Saint-Petersbourg, 1855, 2 vol. in-8, avec 90 fig.

Recueil consacré à la théorie, à l'histoire et aux monuments de l'art.

1929. RAMAZANOV (N.). Матеріалы для исторіи художествъ въ Россіи. — Matériaux pour servir à l'histoire des arts en Russie. 1re partie. — Moscou, 1863, in-8.

B. — ŒUVRES D'ART DU MOYEN AGE EN TOUT GENRE.

1930. MONTFAUCON (D. Bern. de). Les Monumens de la monarchie françoise qui comprennent l'histoire de France, avec les figures de chaque règne que l'injure des tems a épargnées.. Par le R. P. D. B. de M.., religieux bénédictin de la Congrégation de Saint-Maur (texte fr. et lat.).—Paris, 1729-33, 5 vol. in-fol., fig. (300 à 400 fr., et plus en gr. pap.).

L'ouvrage embrasse le moyen âge dans son entier. On y trouve les éléments du plan très-vaste, conçu par le laborieux bénédictin qui voulait expliquer les antiquités françaises, comme il avait expliqué les antiquités grecques et romaines. C'est la première tentative pour étudier méthodiquement, et aussi savamment qu'on le pouvait à cette date, notre archéologie nationale. Le t. Ier renferme l'origine des Français et la suite des rois jusqu'à Philippe Ier inclusivement (portr. de Louis XV et 55 pl.); — le t. II, la conquête de l'Angleterre par Guillaume, duc de Normandie, dit le Bâtard, tirée d'un des monuments du temps (la tapisserie de Bayeux) et la suite des rois depuis Louis VI, dit le Gros, jusqu'à Jean II inclusivement (63 pl. et 1 pl. suppl.); — le t. III, la suite des rois depuis Charles V jusqu'à Louis XI (69 pl.) — le t. IV, la suite des rois depuis Charles VIII jusqu'à François Ier inclusivement (54 pl. et 6 pl. suppl.); — le t. V, depuis François Ier (58 pl.). Les planches sont toutes ou presque toutes de la plus grande médiocrité. Reproduire les monuments avec fidélité, leur rendre leur caractère et leur aspect — ce qu'on sait si bien faire aujourd'hui — était un art inconnu du temps de Montfaucon. Ces planches ont reparu dans la contrefaçon suivante : *Trésor des antiquitez de la couronne de France*; La Haye, 1745, 2 vol. in-fol.; — trad. en angl. : *Collection of regal and ecclesiastical antiquities of France*: Londres, 1750, 2 vol. in-fol., avec plus de 300 pl.

1931. LENOIR (Alex.). Musée des monumens français, ou Description historique et chronologique des statues en marbre et en bronze, bas-reliefs et tombeaux des hommes et des femmes célèbres, pour servir à l'histoire de France et à celle de l'art [avec l'histoire de la peinture sur verre, description des vitraux anciens et modernes, et une dissertation sur les costumes de chaque siècle]. — Paris, an X-1800-1821 (1822), 8 vol. in-8, avec 340 pl. gr. au trait par Percier et Guyot, d'après les dessins d'Alex. Lenoir et Ch. Percier (60 fr., et plus sur pap. vélin); — trad. en angl. par J. Griffiths : *Museum of French Monuments*, etc.; *ibid.*, 1803, t. Ier, gr. in-8.

1932. WILLEMIN (N.-X.). Monuments français inédits, pour servir à l'histoire des arts depuis le VIe siècle jusqu'au commencement du XVIIe. Choix de costumes civils et militaires, d'armes, armures, instruments de musique, meubles de toute espèce, et de décorations intérieures et extérieures des maisons. Dessinés, gravés et coloriés, d'après les originaux, par N.-X. Willemin. Classés chronologiquement et accompagnés d'un texte historique et descriptif, par André Pottier, conservateur de la bibliothèque de Rouen. — Paris, 1806-1839, 2 vol. in-fol., avec 302 pl. color. (publié à 600 fr.; se vend 300 fr. et plus).

On aurait de la peine à le croire, mais c'est à un simple graveur que revint le mérite d'avoir été dans notre siècle le premier qui ait suivi les traces de Montfaucon et, en certains points, de l'avoir dépassé. Oui, certes ! Willemin est le premier qui se soit avisé de réhabiliter le moyen âge; le premier qui ait voulu que l'on soit sincère dans la reproduction de nos types nationaux. Quel est le précurseur des Du Sommerard et des Louandre, des Jules Labarte et des Viollet-le-Duc, etc., etc. ? C'est Willemin ! Instinct, passion ou force d'esprit, il y a quelque chose qui surprend dans cette révolte, sous le règne pseudo-classique de David, d'un modeste artiste, qui se permet d'admirer nos vieilles cathédrales, d'étudier leurs vitraux, leurs autels, leurs statues et leur architecture; qui pénètre dans les châteaux, qui décrit le costume, les armures, et qui s'applique à nous montrer les us et coutumes de la féodalité.

Pendant trente ans, ce pauvre enthousiaste, ce dessinateur doublé d'un antiquaire, voyage, fouille, cherche et multiplie les sacrifices. Rien ne lui coûte. Mais, s'il enrichit son livre, en revanche il se ruine. La route se hérisse d'obstacles, les événements politiques surviennent, la publication est interrompue, et le 25 janvier 1839, il meurt aveugle, paralysé, l'esprit affaibli, et comme écrasé sous le poids de la fatalité. Une fille courageuse qui lui était restée, Mlle Willemin, accepta un noble et triste héritage; elle tint à honneur de remplir vis-à-vis des souscripteurs les engagements de son père; une fort belle livraison couronna l'œuvre; livraison présentée au public en 1839, par un homme d'une compétence reconnue : j'ai nommé M. André Pottier.

1933. LENOIR (Alex.). Histoire des arts en France prouvée par les monumens, [suivie d'une description chronologique des statues en marbre et en bronze, bas-reliefs et tombeaux des hommes et des femmes célèbres, réunis au Musée impérial des monuments français]. — Paris, 1810-11, in-4, avec un atlas in-fol. de 164 pl. gr. d'après les dessins d'Alex. Lenoir et de Ch. Percier (20 à 30 fr.).

1934. LENOIR (Alex.). Atlas des monuments des arts libéraux, etc. — Paris, 1828, gr. in-fol., avec 45 pl.; — nouv. édit. sous ce titre : Monumens des arts libéraux, mécaniques et industriels de la France depuis les Gaulois jusqu'au règne de François Ier ; 45 pl. contenant plus de 800 sujets dessinés et gravés au trait par les plus habiles artistes en ce genre, présentant une suite non interrompue de monumens d'architecture, de sculpture et de peinture, de monnaies, medailles, meubles, armes et armures; costumes civils, religieux et militaires ; machines, inventions utiles, etc.; classés par siècles et de manière à présenter un tableau des connaissances des Français aux différentes époques de leur histoire, précédés d'un texte ou précis de l'histoire des arts libéraux, mécaniques et industriels en France depuis les Celtes et les Francs jusqu'au règne de François Ier, et d'une explication et analyse particulière et raisonnée de chaque figure ou monument par M. A.. L..; *ibid.*, 1840, in-fol. (15 à 20 fr.).

1935. MORET (M.) et CHAPUY. Moyen âge pittoresque. Monumens d'architecture, meubles et décors du Xe au XVIIe siècle. Trente-six vues dessinées d'après nature par Chapuy, et lithographiées par MM. Arnout, Asselineau ..... Avec un texte archéologique, descriptif et historique par M. Moret, avocat à la Cour royale de Paris. (A partir de la 2e partie, sous ce titre : Le Moyen Age pittoresque. Monumens et fragments d'architecture, meubles, armures et objets de curiosité du Xe au XVIIe siècle. Dessiné d'après nature par Chapuy, etc.). — Paris, 1837-40, 5 part. en 2 vol. in-fol., 66 pp. et 1 f., 172 pp. et 3 ff., avec 180 pl. lith. (80 à 150 fr.).

1936. DU SOMMERARD. Les Arts au moyen âge. — Paris, 1838-46, 5 vol. gr. in-8, avec atlas in-fol. (26 livr.) de 108 pl., et un album en 5 vol. (127 livr.) de 510 pl. (publié à 6 fr. la livr., avec pl. noires, et à 12 fr., avec pl. color.; se vend 1000 à 1500 fr.).

La gloire d'avoir fondé le charmant, le merveilleux Musée de Cluny, n'a pu satisfaire M. Du Sommerard : après avoir classé toutes ses richesses, il s'est senti l'ambition d'écrire l'histoire de l'art au moyen âge et d'en donner les monuments. De là, l'ouvrage dont nous avons inscrit le titre, ouvrage somptueux et qui fit événement quand il parut. Du Sommerard a suivi les traces de d'Agincourt, mais il n'a eu d'yeux et d'amour que pour notre vieil art national, dont mieux que personne, surtout dans les domaines de l'industrie, il a reconnu la sève et la vivace originalité.

Orfévrerie religieuse et laïque, peinture sur verre, émaillerie, tapisserie, sculpture en ivoire et bois, céramique, dans un texte compacte et bourré de notes, il a tout décrit, tout expliqué. Esprit sagace, ayant du coup d'œil, Du Sommerard a su mettre en haut-relief les goûts, les modes, les fantaisies de chaque époque. De ce côté, d'Agincourt lui est inférieur.

Crayonnées et lithographiées par les plus habiles artistes, les planches de cet ouvrage furent très-admirées. Le pittoresque l'emportant sur le style, le mouvement sur la vérité, on fut ravi. N'était-on pas dans la période aiguë du romantisme? On se contentait de peu ; la photographie, la photogravure, la photochromie étaient encore inconnues! Le succès fut si grand que, bien que ce livre ait été plus tard de beaucoup dépassé, sa renommée est durable. Elle cache, aux gens peu attentifs, sa présente médiocrité.

Le t. Ier contient l'histoire du Palais des Thermes et de l'hôtel de Cluny ; — le t. II, l'histoire de l'art chrétien ; — les t. III et IV, l'architecture. Le t. V, publié après la mort de l'auteur, par son fils, contient la fin de l'architecture et la description des planches.

1937. ASSELINEAU (Charles). Armes et armures, meubles et autres objets du moyen âge et de la Renaissance, dessinés d'après nature, et lith. par Asselineau. — Paris, 1842-44, 2 part. in-fol., 186 pl. lith. (80 fr.).

Les œuvres d'art reproduites dans ce recueil ont été empruntées aux collections du prince Soltykoff, de MM. Baron, Sauvageot, Soulage, etc. Le texte n'a pas paru.

L'éditeur A. Lévy, ayant acquis les planches de cet ouvrage, en a fait deux, et les a publiés, le premier, avec un texte par D. Ramée, sous ce titre : *Meubles religieux et civils*, etc. (voir plus loin, le n° 2070) ; le second, sous cet autre titre : *Armes et armures du moyen âge et de la Renaissance;* Paris, 1864, in-fol., avec 55 pl. — 15 fr.

1938. Instructions du Comité historique des arts et monuments (Collection de documents inédits sur l'histoire de France). — (Paris, impr. royale, 1839, 1840, 1843), 3 part. in-4, fig. s. b. — (Réimpression :) Cahiers d'instructions sur l'architecture, la sculpture, les meubles, les armes, les ustensiles et la musique de l'antiquité et du moyen âge, publiées par le Comité historique des arts et monuments. (Bibliothèque archéologique publiée par M. Jules Gailhabaud.) — Paris, 1846, gr. in-8, fig. s. b. et pl. gr. s. c. (10 à 15 fr.).

Ces cahiers ont été rédigés par M. Alb. Lenoir, Aug. Leprévost et Pr. Mérimée. Les Instructions sur la musique sont dues à Bottée de Toulmon.

1939. LACROIX (Paul) et SÉRÉ (Ferd.). Le Moyen Age et la Renaissance. Histoire et description des mœurs et usages, du commerce et de l'industrie, des sciences, des arts, des littératures et des beaux-arts en Europe. Direction littéraire de M. Paul Lacroix. Direction artistique de M. Ferd. Seré. Dessins facsimile par M. A. Rivaud. — Paris, 1848-51, 5 vol. gr. in-4, fig. s. b. dans le texte et hors texte, pl. gr. s. c. et chromolith. (500 fr. et plus).

« Quel est le livre qui nous ait jusqu'à présent offert l'historique et la représentation des « beaux-arts à ces époques dont les plus précieuses reliques regardent les beaux-arts ? Est-« il une encyclopédie qui nous apprenne ce que « furent l'architecture, la sculpture, la peinture, « la céramique, la métallurgie, etc., pendant six « siècles ? ... Il n'y a pas de livre sur ce magnifique sujet qui est comme éparpillé dans une « foule de livres. »

Voilà ce qu'écrivait de sa plume infatigable, il y aura bientôt trente ans, le plus alerte de nos bibliophiles, le plus entreprenant de nos lettrés. M. Paul Lacroix a donné l'exemple, en fouillant dans toutes les collections publiques et particulières, en interrogeant tous les musées. Nous renvoyons au livre lui-même, et nous ajouterons seulement que des hommes d'une grande notoriété et de beaucoup de compétence ont facilité à l'auteur l'accomplissement d'une tâche bien lourde, car il n'est pas toujours facile d'embrasser une période historique de près de mille ans de durée. Il nous suffira de citer les noms de Henri Martin, Depping, Philarète Chasles, Hauréau, Jubinal, Francisque Michel et Paulin Paris, pour montrer la valeur de cette publication. Les planches, exécutées sous la direction d'un vaillant artiste, F. Seré, sont très-nombreuses, et souvent fort bien traitées. Les sujets sont variés et ingénieusement choisis. Ce livre est un musée du moyen âge, intéressant et commode à consulter.

Répandre la lumière sur le moyen âge et la Renaissance en reprenant la publication d'un ouvrage comme celui que je viens de signaler, c'était là une œuvre digne d'une grande maison de librairie comme celle des Didot. Le plan a été calqué sur celui de MM. Lacroix et Seré, mais ici M. Paul Lacroix est resté seul : il a tout remanié, tout refondu. On n'y voit plus une suite de mémoires cousus ensemble et signés de divers noms ; le texte est un, mis à la hauteur de la science actuelle, et divisé en quatre parties : 1° *les Arts au moyen âge et à l'époque de la Renaissance*, etc. (1re à 6e éd. Paris, 1868, 1869, 1871, 1874, 1876, 1877, gr. in-8, avec 400 grav. s. b. et 19 [ensuite 20] chrom.) ; — 2° *Mœurs, usages et costumes au moyen âge et à l'époque de la Renaissance*, etc. (1re à 5e édit. *Ibid*., 1871, 1872, 1873, 1874, 1877, gr. in-8, avec 440 grav. s. b. et 15 chrom.) ; — 3° *Vie militaire et religieuse*, etc. (1re à 4 édit. *Ibid*., 1873, 1874, 1876, 1877, gr. in-8, avec 409 [ensuite 410] grav. s. b. et 14 chrom.) ; — 4° *les Lettres et les Sciences*, etc. (1re édit. *Ibid*., 1877, gr. in-8, avec 400 grav. s. b. et 13 chrom.). Un bon nombre de gravures sur bois sont empruntées à l'ouvrage de Lacroix et Seré ; beaucoup d'autres ont le mérite de la nouveauté. Quant aux chromolithographies, on les voit ici pour la première fois. Ce nouveau *Moyen âge* est supérieur à l'ancien : il est mieux exécuté. Son succès a été grand. A cette série, fait suite : *Le XVIIIe Siècle. Institutions, usages et costumes*, etc. (1re et 2e édit. *Ibid*., 1875, gr. in-8, avec 350 grav. s. b. et 21 chrom.) ; — 2e partie : *Le XVIIIe Siècle. Lettres, sciences et arts*, etc. (*Ibid*., 1878, gr. in-8, avec 250 grav. s. b. et 16 chrom.).

On nous promet *Le XVIIe Siècle*, qui comblera la lacune.

1940. LOUANDRE. Les Arts somptuaires. Histoire du costume et de l'ameublement, et des arts et des industries qui s'y rattachent, sous la direction de Hangard-Maugé. Dessins de Ciappori. Introduction générale et texte explicatif par Ch. Louandre. Impression en couleurs par Hangard-Maugé. — Paris, 1857-58, 4 vol. in-4, fig. (300 fr. et plus). — Voir aussi le n° 2130.

Nous n'avons pas cru devoir faire entrer les *Arts somptuaires* dans le chapitre du costume. Cet ouvrage se rattache à beaucoup de choses dont la réunion nous offre un des côtés de l'archéologie du moyen âge. Les auteurs de ce livre ont voulu remédier à un abus : à la reproduction, dans toutes les publications qui ont précédé la leur, de personnages isolés, affublés au hasard et n'ayant d'historique que le nom ; et ils se sont dit, qu'en face des progrès de la science, et de cette exactitude si hautement prisée aujourd'hui dans les textes, le crayon devait être d'autant plus scrupuleux qu'il avait été étrangement fantaisiste. Aussi leurs planches ne sont-elles que le décalque de miniatures, de verrières, d'ivoires du moyen âge, et la copie la plus fidèle de différents objets conservés dans nos musées.

Ces planches, au nombre de 322, commencent au ve siècle et s'arrêtent au XVIIe inclusivement. Elles embrassent donc treize siècles de l'Europe tout entière, et suivent pas à pas la marche de la civilisation. Chaque siècle forme une série composée d'un certain nombre de planches : ainsi la Renaissance carlovingienne comprend 23 pl. d'après les monuments contemporains ; — le xe siècle, 15 pl. ; — 17 pl. pour le xie et 25 pl. pour le xiie, et ainsi de suite.

Le mérite de cette publication c'est d'être autre chose qu'un magasin d'habillements ; c'est qu'elle place l'habit et le personnage qui le porte dans leur véritable milieu. Chaque costume devient le sujet d'un petit tableau où l'on voit les meubles du temps, les habitations du temps, la ville et le château du temps. Armures, étoffes, vitraux, ivoires sculptés, en un mot tout ce qui peut faire connaître les us et coutumes de l'ancienne société européenne passent sous vos yeux ; de telle sorte que le livre sur les arts somptuaires n'est rien moins qu'une encyclopédie du moyen âge.

1941. SAUZAY (Alex.) et LIÈVRE (Ed.). Collection Sauvageot, dessinée et gravée à l'eau-forte, d'après les originaux du Musée impérial du Louvre, par E. L... Accompagnée d'un texte historique et descriptif par A. S... — Paris, Noblet et Baudry, 1863, in-fol., avec 120 pl. — 180 fr.

Les bois sculptés, les bronzes, les faïences, les émaux, les ivoires, les vitraux forment les parties les plus intéressantes de ce recueil qui reproduit une admirable collection. Les planches sont des eaux-fortes ; le travail en est fin et précis. Chaque planche est accompagnée d'une notice explicative. La vie d'un homme qui, avant sa mort, a abandonné généreusement au Louvre des trésors si laborieusement amassés, ne pouvait manquer d'être retracée. M. Sauzay s'est chargé de remplir ce devoir, et, dans une curieuse introduction, il a raconté l'histoire du plus enthousiaste, du plus ardent, du plus désintéressé des amateurs.

Répartie aujourd'hui dans le musée du moyen

âge et dans celui de la Renaissance, cette merveilleuse collection Sauvageot n'existe plus à proprement parler ; ceux qui voudront la retrouver dans son ensemble, seront obligés de recourir au livre de MM. Sauzay et Lièvre. Ils n'auront pas à s'en repentir.

Un grand nombre de pièces de cette collection avaient déjà été reproduites, dès 1842, par Asselineau (voir le n° 1937).

Je note en terminant que la plupart des morceaux de la collection Sauvageot ont été décrits ailleurs, par M. Sauzay, sous le titre suivant : *Notice des bois sculptés, terres-cuites, marbres, albâtres, grès, miniatures peintes, miniatures en cire, et objets divers*; Paris, 1869, in-12.

1942. LABARTE (Jules). Histoire des arts industriels au moyen âge et à l'époque de la Renaissance. — Paris, Morel, 1864-66, 4 vol. de texte in-8, avec 70 grav. s. b., et 2 vol. de planches in-4, composés de 150 pl., dont 119 en chrom., 26 en lithophot., 3 en lith. et 2 grav. s. c., avec texte explic. en regard. — Publié à 360 fr. et porté ensuite à 500 fr. Il a été tiré 100 ex. en gr. pap. in-4, à 500 fr., portés à 600 fr. Ces prix ont encore haussé. — 2e édit., revue et augm.; *ibid.*, 1872-75, 3 vol. in-4, avec 81 pl. et 85 vign. s. b. — 300 fr. ; édit. de luxe, sur pap. de Holl. (tirée à 100 ex.), 600 fr.

Le t. Ier de ces deux vol. est consacré à la sculpture en ivoire, en bois, en matière dure, en orfévrerie, en serrurerie. Le t. II comprend l'ornementation des manuscrits, la peinture sur verre, l'émaillerie, la mosaïque, la céramique, la verrerie, l'art de l'armurier, l'horlogerie et le mobilier religieux et laïque.

Le texte est très-instructif. Il annonce l'homme de goût et d'étude versé dans la pratique des arts et au courant de tous les procédés; mais ce qui caractérise surtout cette publication, c'est la beauté des planches. Exécutées sous les yeux de M. Labarte, elles sont d'une perfection rare, et composent un recueil magnifique où chaque période du moyen âge est reproduite avec une justesse et une finesse merveilleuses.

Je ne regrette qu'une chose, c'est le titre. Le mot *industriel* qui s'y trouve semble rapetisser le sujet. Au moyen âge, l'art était tout et l'industrie rien. L'artiste et l'ouvrier ne faisaient qu'un. La miniature, l'orfévrerie, l'émaillerie, la serrurerie elle-même, n'étaient point de l'industrie, dans des siècles de dévot enthousiasme: c'était de l'art. *Histoire des arts décoratifs*, voilà quel était le vrai titre; aussi nous n'avons point placé le livre de M. Labarte dans la section de l'industrie.

La seconde édition ne comprend que trois volumes. Le nombre des planches est réduit presque de moitié : 81 au lieu de 150, et non-seulement elles sont réduites, mais elles ont perdu cette fleur, ce fini charmant de la première édition. On a beau me dire que le texte, revu et corrigé, contient de nombreuses additions: je verrai toujours dans la première édition une œuvre d'art, et, dans la seconde, une spéculation.

1943. LIÈVRE (Ed.). Les Collections célèbres d'œuvres d'art, dessinées et gravées d'après les originaux par Edouard Lièvre. Textes historiques et descriptifs par MM. ... A. de Longpérier .. A. Sauzay.. Cte Clément de Ris, Ed. de Beaumont, P. Mantz, A. Jacquemart, E. Chesneau ... O. Penguilly-L'Haridon ... Barbet de Jouy ... A. Darcel, E. Fournier ... Ph. Burty. — Paris, Goupil, 1866, in-fol., avec 100 pl. — 125 fr.

1944. SCHAEPKENS (Arnaud). Trésor de l'art ancien. Sculpture, architecture, ciselure, émaux, mosaïques et peintures, recueillis en Belgique et dans les provinces limitrophes. Monuments artistiques et archéologiques la plupart inédits, dessinés d'après nature et gravés par A. S.. — Bruxelles, 1846 (1850), gr. in-fol., avec 30 pl. grav. (15 fr.).

1945. KELLEN (D. van der). *Nederlands-Oudheden*, etc. — Antiquités des Pays-Bas. Choix d'antiquités remarquables du 13e au 18e siècle, faisant partie de plusieurs collections tant publiques que particulières. Dessinées, gravées à l'eau-forte.. par D. v. d. K.., membre de l'Académie royale des Beaux-Arts, etc. (texte franç. et holl.) — Amsterdam, Fr. Buffa; La Haye, Nijhoff, (1857-)1861, in-4, 99 pl. grav. à l'eau-forte. — 85 fr.; fig. sur pap. de Chine, 100 fr. — Supplément; *ibid.*, 1869, in-4, avec 10 pl.

Je n'insisterai point sur l'exécution de ce livre: elle est remarquable. Mais, je tiens à noter que son principal mérite est de marquer le réveil du goût de la Hollande pour les antiquités. C'est à tort que l'on a dit que ce pays en était dépourvu. Il s'en trouve et beaucoup, seulement elles sont dispersées, et le jour où on les réunira dans des musées est encore loin.

C'est pour combler une lacune et faire dans un certain domaine l'inventaire des richesses d'art de la vieille Hollande, que l'auteur de ce recueil s'est mis à l'œuvre. Il faut le remercier de ce catalogue illustré, et rédigé en français. Ajoutez que bien qu'incomplet et imparfait, et destiné pour le moment à servir de pierre d'attente, il est classé. Il y a le chapitre des ornements d'église, celui des armes, des meubles, etc. Je recommande comme très-curieux le chapitre des insignes des dignitaires et des objets relatifs aux confréries, corporations et métiers.

1946. KELLEN (D. van der). Le Moyen âge et la Renaissance dans les Pays-Bas. Choix d'objets remarquables du XIIe-XVIIe siècle. — Amsterdam, Buffa; La Haye, Nijhoff (1864-)1869, gr. in-4 (en 20 livr.), avec 100 pl. — 100 fr.

1947. MENARD VAN HOOREBEKE (L.). Recueil descriptif des antiquités et curiosités du XIII au XIXe siècle par L. M. V. H.., architecte à Gand. — Gand; Paris, Borrani, 1867, in-4, 42 pl. gr. sur acier. — 50 fr.

1948. WILLIAM (John-Lion). *Historic Reliques. A Series of representations of Arms*, etc. — Reliques historiques. Séries de représentations d'armes, bijoux, vaisselle d'or et d'argent, ameublements, armures, etc., conservés dans la collection royale, dans celles des particuliers, colléges, institutions publiques, etc. Dessinés d'après les originaux et gravés à l'eau-forte par J.-L. W...—Londres, 1850-55, gr. in-8, fig.

1949. FAIRHOLT (F.-W.). *Miscellanea graphica*, etc.— Mélanges graphiques, ou Reproduction des restes de l'antiquité, du moyen âge et de la Renaissance que possède lord Londesborough, dessinés, gravés et décrits par W.-Fr. F..., et précédés d'une introduction historique par Thomas Wright. — Londres, 1857, in-4, grav. s. b. et 46 pl. dont plusieurs en chromolith. (publié à 95 fr.; se vend 50 fr.).

Cette collection comprend des bijoux, des objets d'orfévrerie, des armures, etc.

1950. ROBINSON (J.-C.). *Photographic Illustrations of Works in various sections of the collection*, etc. — Illustrations photographiques d'objets appartenant aux diverses sections de la collection formée par J.-C. R.., et photographiés par C. Thurston Thompson. — Londres, 1858-59, in-fol.

1951. WARING (J.-B.). *Art Treasures of the United Kingdom from the Art Treasures Exhibition, Manchester*, etc. — Les Trésors de l'art du Royaume-Uni. Exposition de Manchester. Publié par J.-B. W.. Chromolithographie par F. Bedford. Avec des essais par Owen Jones, Digby Wyatt, A.-W. Franks, J.-B. Waring, J.-C. Robinson et G. Scharf. 100 planches grav. sur bois et supérieurement coloriées. — Londres, (1858), in-fol. (200 fr).

1952. BIBRA (E. von), etc. *Kunst-Denkmäler in Deutschland, von der frühesten Zeit bis auf unsere Tage*, etc. — Monuments d'art en Allemagne depuis les temps les plus reculés jusqu'à nos jours, par le Dr E. baron de Bibra, le Dr Gessert, le Dr Lucanus, J. Meyer, chef de l'Institut bibliographique, Th. Sündermahler et autres. 1re partie : Depuis les temps les plus reculés jusqu'à l'année 1600. — Schweinfurt, 1844-45, gr. in-4, avec gr. s. c. noires et color. (10 fr.).

Une introduction qu'il n'est pas défendu de trouver prétentieuse sert de frontispice à cette publication que l'on peut dire avortée, car elle n'a pas dépassé sa sixième livraison. 58 pages et 18 planches, c'est là un bien mince bagage pour un ouvrage si fièrement annoncé, et la reproduction d'un dessin à la plume du IXe siècle ne suffit pas pour établir que l'on est remonté aux temps les plus reculés. Une seule planche, d'après une tapisserie de Hans Hemling, mérite d'être citée ; les autres sont médiocres.

1953. *Abbildungen von Alterthümern des Mainzer Museums*, etc. — Les Antiquités du Musée de Mayence, expliquées et publiées par la Société de l'histoire et des antiquités rhénanes.— Mayence, 1848-55, 6 part. gr. in-4, fig. s. b. et pl. lith.

Voici le contenu de ce recueil : I. (K. Klein.) *Grabstein des Blussus* (10 pp. et 2 pl. lith.) ; — II. *Schwert des Tiberius* (33 pp. et 2 lith.) ; — III. *Ueber eine besondere Gattung von Gewandnadeln aus deutschen Gräbern des V. und VI. Jahrh. Nachtrag zu II. : Schwert des Tiberius* (26 pp., 1 chrom. et 1 lith.) ; — IV. L. Lindenschmit, *Ein deutsches Hügelgrab aus der letzten Zeit des Heidenthums* (16 pp., fig. s. b. et 2 lith.) ; — V. A. von Cohausen, *Der Palast Kaiser Karl des Grossen in Ingelheim und die Bauten seiner Nachfolger daselbst* (19 pp., fig. s. b. et 1 lith.) ; — VI. (W. Heim.) *Ueber die ehemalige stehende Rheinbrücke zwischen Mainz und Castel.* — (J. Laske.) *Die Ausgrabungen auf den sogen. Kästrich zu Mainz* (28 pp. et 3 lithogr.)

1954. EBERLEIN (G.). *Deutsche Kunstwerke aus dem Mittelalter*, etc. — Monuments d'art du moyen âge en Allemagne. 1re partie : Constructions et détails : fontaines, chapelles, portails, balcons, statues, prie-Dieu, stalles, autels, monuments funéraires, peintures murales, vitraux, recueillis et publiés par G. E.. Avec un texte. — Stuttgart, 1850, gr. in-fol., pl. noires et color.

1955. BECKER (C.) & HEFNER-ALTENECK (J.-H. von). *Kunstwerke und Gerätschafften des Mittelalters*, etc. — Travaux d'art et ustensiles du moyen âge et de la Renaissance. — Francfort, Keller, 1852-63, 3 vol. pet. in-fol., avec 210 pl. color.

Voilà un livre qui mérite de prendre place parmi les grandes publications sur le moyen âge. Venus après M. Paul Lacroix, MM. Becker et Hefner ont été suivis par MM. Louandre et Viollet-le-Duc, sans compter le docteur Eye. Comme eux, ils ont cherché dans les mille objets qui nous entourent, depuis les plus vulgaires jusqu'aux plus vénérés, une plus complète intelligence des mœurs, de l'histoire et de la marche des arts et de l'industrie, surtout pendant la féodalité.

1956. *Schätze mittelalterlicher Kunst aus Salzburg und Umgebung*, etc. — Trésors de l'art du moyen âge à Salzbourg et aux environs. — Salzbourg, (1852), in-fol. obl., avec 40 pl. lithogr. par P. Herwegen, L. Rottmann, etc.

1957. STILLFRIED (Rud. von). *Alter-thümer und Kunstdenkmale des Erlauchten Hauses Hohenzollern*, etc. — Monuments d'art et antiquités de l'illustre maison de Hohenzollern. — Berlin, 1852, in-fol., avec pl. chrom.

1958. ARETIN (C.-M. von). *Alterthümer und Kunst-Denkmale des bayerschen Herrscher-Hauses*, etc. — Antiquités et monuments d'art de la maison souveraine de Bavière. Publiés par ordre de S. M. le roi Maximilien II, etc. — Münich, Manz, 1854-68, 8 livr. gr. in-fol., de 105 pp. de texte orné de grav. s. b., avec 5 pl. gr. s. c. et color., 41 pl. lith., 2 pl. photogr. et 1 tabl. — — 360 fr.

1959. EYE (Dr A. von) & FALKE (Jacob). *Kunst und Leben der Vorzeit*, etc. — L'Art et la vie dans le passé depuis le moyen âge jusqu'au commencement du XIXᵉ siècle, reproduit d'après les monuments originaux, pour les artistes et les amateurs, réunis et publiés par le Dr A. de Eye, directeur du Musée germanique de Nuremberg, et par Jacob Falke, conservateur et secrétaire de ce même musée, et dessinés et gravés par Willibald Maurer.—Nuremberg, (1855-) 1858, 2 vol. in-4 (en 36 livr.), avec 298 pl. en part. color. (40 fr.).

Cet ouvrage, tout rétrospectif, est bien nommé l'*Art et la vie dans le passé*. En effet, emprunté à une collection très-riche et très-spéciale, il nous fait pénétrer fort avant dans le vieux monde germanique. Le projet de représenter l'Allemagne des anciens jours devait être réalisé dans un grand volume in-folio (*Deutschland vor 300 Jahren in Leben und Kunst*), mais sur les 25 livraisons annoncées, deux seulement ont été publiées en 1857 (14 pp. et 20 grav. s. b.). C'est de cette conception première, restée inexécutée, que sont sortis les deux volumes dont nous donnons le titre.

1960. HEIDELOFF (Ch.). *Die Kunst des Mittelalters in Schwaben. Denkmäler der Baukunst, Bildnerei und Malerei*, etc. — L'Art du moyen âge en Souabe ; monuments d'architecture, de sculpture et de peinture, publiés par Ch. Heideloff, architecte, Beisbarth, Leibnitz, Hassler et Egle, architectes du gouvernement. — Stuttgart, 1855, in-4, avec gr. s. acier et 27 pl. en lithochrom. (10 fr.).

1961. SIGHART (Dr J.). *Die mittelalterliche Kunst in der Erzdiöcese München-Freising dargestellt*, etc. — L'Art du moyen âge de l'archevêché de Munich-Freising représenté dans ses monuments. — Freising, 1855, in-8, avec 1 carte et pl. grav.

1962. STEUERWALDT (W.) & VIRGIN (C.). *Die mittelalterlichen Kunstchätze im Zittergewölbe der Schlosskirche zu Quedlinburg.*—Les OEuvres d'art du moyen âge conservés dans le trésor de l'église du château de Quedlinbourg. — Quedlinbourg, 1855-56, 2 part. in-4, 48 pl. lith. (10 à 15 fr.).

1963. HEIDER (Gust.), EITELBERGER Rud. von) & HIESER (J.). *Mittelalterliche Kunstdenkmale des OEsterreichischen Kaiser-Staates*, etc. — Monuments d'art de l'empire d'Autriche, etc. — Stuttgart, 1858-60, 2 vol. in-4, 36 pl. en coul. et 108 grav. s. b.

1964. RAMBOUX (J.-A.). *Beiträge zur Kunstgeschichte des Mittelalters*, etc. — Documents pour servir à l'histoire du moyen âge, par J.-A. R.., conservateur du musée de la ville de Cologne. — Cologne, 1860, gr. in-fol., 11 pp. et 125 pl. — 94 fr., et 150 fr. en pap. fort, dont il n'y a que quelques exempl.

Cette publication se compose de cinq parties, chacune de 25 pl. avec un texte des plus abrégés. A vrai dire, ce sont des notes crayonnées par un curieux ; notes recueillies, en Allemagne, en Italie, en France, et mises au jour, dit le collectionneur, afin d'en faire profiter d'autres curieux, et de donner un supplément aux ouvrages de Seroux d'Agincourt et de Quast. De très-courtes légendes, qui ne s'adressent point aux savants, voilà tout le texte. Notez que ces 125 planches simplement au trait sur papier teinté, et retouchées au crayon blanc, n'ont d'autre mérite que de donner des indications et des renseignements difficiles à trouver ailleurs. Le titre ne trompera personne : il dit bien que ce n'est qu'un recueil de matériaux.

1965. LANDSBERG & GRÜNER (Ludwig). *Das Grüne Gewölbe zu Dresden. Eine Folge ausgewählter Kunstwerke dieser Sammlung*, etc. — La Voûte-verte à Dresde. Choix d'objets d'art de cette collection, d'après les dessins de R. Seidemann et E. Mohn, avec un texte explicatif par le major baron de Landsberg, premier directeur de la *Voûte-verte*. Publié par L. Grüner. — Dresde, Burdach, 1862, in-fol., IV pp. et 28 ff. de texte, avec 28 chromolith. et 1 portr. photogr. — 112 fr.

On a eu pour objet, dans cette publication, de reproduire les pièces les plus remarquables d'une admirable collection formée au moyen âge. Cette collection occupe huit pièces au rez-de-chaussée du palais du roi à Dresde, et son nom, suivant toute apparence, lui vient de la couleur des tentures qui décoraient à l'origine tout le local. Bronzes, ivoires, pièces d'orfévrerie, émaux, vases d'agate et de lapis-lazuli, camées, joyaux sont réunis ici comme pour attester l'antique magnificence et le goût des princes saxons, les plus riches souverains de l'Europe avant la découverte de l'Amérique, par la possession des mines d'argent du Freiberg. Les planches sont d'une merveilleuse beauté. Jamais l'art de la lithochromie n'a été poussé plus loin.

1966. BOCK (Fr.). *Die Kleinodien des heil. römischen Reiches deutscher Nation*, etc. — Les Joyaux de la couronne du Saint-Empire romain de la nation allemande, avec les insignes des royaumes de Bohême, de Hongrie, de Lombardie, accompagnés des commentaires historiques et artistiques de François Bock, chanoine de l'ancienne église du couronnement des rois allemands à Aix-la-Chapelle. — Vienne (Leipzig, Weigel), 1864, gr. in-fol., 47 pl. en chromo et 170 gr. s. b. — 825 fr.

Dans cette publication somptueuse, sortie des presses de l'imprimerie impériale de Vienne, le chanoine Bock s'est proposé d'illustrer les joyaux et insignes qui ajoutaient tant d'éclat au couronnement des anciens empereurs d'Allemagne. Couronne d'or du trésor de Vienne, couronne de Hongrie, couronne de fer, sceptre, glaive, globe, dalmatique, gants impériaux, chaussure, l'auteur a tout étudié avec un soin minutieux. Les planches en chromolithographie qui reproduisent ces magnificences sont réellement des chefs-d'œuvre, complétés par d'excellentes gravures sur bois, qui mettent devant nous les plus beaux spécimens de l'orfévrerie et de l'art textile des Byzantins.

Ce n'est pas tout : faisant de l'archéologie comparée et voulant embrasser dans son remarquable travail une classe entière de monuments, M. Bock a publié les vieux insignes de la royauté conservés dans les musées et les trésors des cathédrales et abbayes. Nous citerons entre autres les couronnes de Guarrazar, du Musée de Cluny, la couronne de Constance II, à Palerme, la chape de Charlemagne, à Metz, etc., etc.

Le commentaire des planches consiste dans une série de monographies, formant appendice, où l'auteur signale les couronnes de Bohême et de Hongrie dans le trésor de Monza, les insignes de l'empire conservés à Aix-la-Chapelle, et les reliques renfermées dans le trésor de Vienne.

1967. HEFNER-ALTENECK (J.-H. von). *Die Kunst-Kammer Seiner Königlichen Hoheit des Fürsten Carl Anton von Hohenzollern-Sigmaringen*, etc. — Cabinet d'art de S. A. R. le prince de Hohenzollern-Sigmaringen (texte allem. et franç.). — Munich, Bruckmann, 1866(-1867), 5 livr. in-fol., v-6 pp., et 37 pl. color. — 75 fr.

La bibliothèque, le cabinet d'estampes, la galerie de tableaux, etc., qui composent le musée privé du prince Sigmaringen à Hohenzollern, dans ce château planté sur un roc au bord du Danube, toutes ces richesses sont augmentées et complétées par une collection remarquable que 37 planches très-bien gravées et coloriées mettent sous nos yeux.

Le mobilier allemand pendant près de cinq cents ans — de 1140 à 1620 — se trouve reproduit ici sous le plus intéressant aspect. C'est l'art du moyen âge appliqué au ménage ; des aiguières, des essuie-mains, des coffrets, de la vaisselle, des coupes en cristal, s'y voient à côté des reliquaires, des calices, des Christ et des bénitiers.

Cet ouvrage a été annoncé en 12 livraisons, mais il s'est arrêté avec la 5e.

1968. MIKOVEC(Ferd.-B.) & ZAP (Karl-Vlad.). *Alterthümer und Denkwürdigkeiten Böhmens*, etc. — Antiquités et monuments remarquables de la Bohême. Dessins de Jos. Hellich et Wilh. Kandler, etc. — Prague, Kober, 1859-65, 2 vol. in-fol. obl., avec gr. s. acier ; — nouv. édit. sous ce titre : *Böhmens Alterthümer und Denkmäler*, etc. ; *ibid.*, 1870-7., 2 vol. (en 36 livr.), fig. — 36 fr. — Le même ouvrage avec un texte tchèque : *Starozitnosti a pamatky zeme ceske*, etc.; *ibid.*, 1859-65, 2 vol. in-fol. obl., fig.

1969. MIKOVEC (Ferd.-B.). *Fotografisches Album böhmischer Alterthümer*, etc. — Album photographique d'antiquités tchèques de la première exposition de la Société *Arkadia*, en septembre 1861, à l'hôtel de ville de la cité de Prague. Publié au nom de cette société par F.-B. M... — Prague, Brandeis, 1862, in-fol.

1970. BONSTETTEN (le baron G. de). Recueil d'antiquités suisses. Publié par Ed. Matthey. — Berne et Bâle, 1855, in-fol., 49 pp., avec 28 pl. color. à la main (30 à 40 fr.).

1971. MANDELGREN (N.-M.). Monuments scandinaves du moyen âge, avec les peintures et autres ornements qui les décorent. Dessinés et publiés par N.-M. M.., membre de l'Académie des Beaux-Arts de Rome, de Florence, etc. — (Copenhague, 1855 —) Paris, 1862, (Ve J. Renouard), gr. in-fol. (en 5 livr.), 8 ff. de texte, et 40 pl. lith., en noir et en coul. — 160 fr.

Très-bel ouvrage qui ouvre un champ tout nouveau à l'histoire de l'art au moyen âge, en nous offrant une reproduction des plus fidèles des peintures décoratives des églises de la Suède, depuis le milieu du XIIIe siècle jusqu'au XVe.

1972. TYSZKIEWICZ (Eustache, comte). *Badania archeologiczne nad zabytkami przedmiotów sztuki... w dawnej Litwie i Rusi litewskiej.* — Recherches archéologiques sur les monuments d'art dans l'ancienne Lithuanie et dans la Ruthénie lithuanienne. — Vilna, 1850, in-8, 96 pp., avec 5 pl. lith. (6 fr.).

Travail sérieux, fait par un archéologue expérimenté.

1973. PRZEZDZIECKI (Alex.) & RASTAWIECKI (Ed.). *Wzory sztuki średniowiecznej*, etc. — Monuments du moyen âge et de la Renaissance dans l'ancienne Pologne, depuis les temps les plus reculés jusqu'à la fin du XVIIᵉ siècle (texte polonais et français). — Varsovie, 1ʳᵉ et 2ᵉ séries, 1853-1855, 1855-58, 2 vol. gr. in-8, 48 pl. chrom. et 4 pl. en noir; 3ᵉ série (non terminée) (1867), 28 chrom. et 1 pl. n. (400 fr.).

Calices, patènes, reliquaires, chasubles, châsses et couronnes; meubles sculptés et bronzes; armes et armures; miniatures, peintures et reliures; voilà ce que nous offrent ces 124 planches exécutées avec luxe. Cet ouvrage, le seul qui puisse nous initier à l'archéologie d'art du moyen âge en Pologne, a malheureusement été interrompu par la mort des auteurs.

1974. Antiquités de l'empire de Russie éditées par ordre de S. M. l'empereur Nicolas Iᵉʳ. — Moscou, 1849-53, texte (en russe) in-4, et atlas en 7 part. gr. in-fol. (1500 fr.).

Ce grand ouvrage, qui n'a pas été mis dans le commerce, renferme 523 planches en chromo (y compris les titres et les tables), qui reproduisent, avec une admirable fidélité, d'anciens costumes civils et religieux, des ornements d'église, des armes et autres objets d'art, tous dans le style byzantin le mieux caractérisé. Parcourez cet ouvrage et vous verrez sous vos yeux de magnifiques spécimens de l'art appliqué à l'industrie dans les régions du Nord, pendant ce qu'on pourrait appeler le moyen âge de la Russie.

T. Iᵉʳ, images de la Vierge, tapisseries, ornements d'église, 113 planches; — t. II, costume des tzars, 101 pl.; — t. III, armes, armures, voitures, selleries, 147 pl.; — t. IV, costume des boyards, 37 pl.; — t. V, coupes, aiguières, objets d'orfévrerie, 72 pl.; — t. VI, objets divers, ornements et meubles, 39 pl.

1975. FILIMONOV (G.). Описаніе памятниковъ церковнаго и гражданскаго быта, etc. — Description des monuments de l'antiquité religieuse et civile conservés dans le musée russe de P. Karabanov. — Moscou, 1849, in-fol., 60 pl., la plupart en lithochr., rehaussées d'or et d'argent (70 fr.).

Publication de luxe consacrée à la reproduction des reliquaires, des images des saints, des objets d'orfévrerie, etc. Le musée Karabanov, acquis par le gouvernement russe, a été fondu avec le musée d'armures à Saint-Pétersbourg.

1976. SNIÉGUIREV (J.) & MARTYNOV (A.). Памятники древняго художества въ Россіи. — Monuments de l'art ancien en Russie. Dessins de Martynov avec un texte de Sniéguirev. — Moscou, 1850, in-fol., fig.

1977. SOLNTZEV & DREGER. Древности россійскаго государства, etc. — Antiquités de l'empire de Russie.

Publié aux frais du gouvernement. — Moscou, 1850, 2 livr. gr. in-fol., avec 150 grav.

1978. GAUTIER (Théophile). Trésors d'art de la Russie ancienne et moderne, par Th. G.. Ouvrage publié sous le patronage de S. M. l'empereur Alexandre II, dédié à S. M. l'impératrice Marie Alexandrowna. 200 planches héliographiques par Richebourg. — Paris, Gide, 1859(-1861), gr. in-fol. — 300 fr.

Il n'en a paru que trois parties : 1º Église de Saint-Isaac, à Saint-Pétersbourg (30 pp. et 12 pl.); 2º et 3º Palais et Arsenal de Tzarskoé-Sélo (19 pp. et 15 pl.; 34 pp. et 14 pl.).

C. — ARCHÉOLOGIE RELIGIEUSE.

1. *Généralités.*

(Voir aussi plus haut, nᵒˢ 276-287.)

1979. THÉOPHILE, prêtre et moine. Essai sur divers arts, publié par le comte Charles de L'Escalopier, et précédé d'une Introduction par J.-Marie Guichard (texte latin et trad. franç.). — Paris, 1843, in-4 (10 fr.); — nouv. édit. : *Theophili, qui et Rugerus, presbyteri et monachi, Libri tres, seu diversarum artium Schedula. Opera et studio* R. Hendrie (texte latin et trad. en angl.); Londini, 1847, in-8, avec fac-sim. (10 fr.); — nouv. édit. : *Theophilus Presbyter. Schedula diversarum artium. I. Band. Revidirter Text, Uebersetzung und Appendix von* Albert Ilg. *Anonymus Bernensis zum ersten Male herausgegeben und übersetzt von Prof. Dᵣ* Hermann Hagen. (La couverture porte: *Schedula diversarum artium. Des Mönches Theophilus [Rugerus] drei Bücher über Malerei, Glasmacherkunst und Erzarbeit, sammt den Fragmenten aus den übrigen Schriften desselben. Uebersetzt und mit Einleitung versehen von* Albert Ilg); Vienne, Braumüller, 1874, 1ʳᵉ partie, gr. in-8. (*Quellenschriften für Kunstgeschichte und Kunsttechnik des Mittelalters*, etc. VII.) — 8 fr. 75.

Artiste et moine, Théophile a vu principalement dans l'art le moyen de contribuer à la splendeur des églises et des cérémonies religieuses; aussi, s'attache-t-il à indiquer les procédés en usage de son temps pour fabriquer les ornements et instruments du culte. Son ouvrage, divisé en trois livres, traite d'abord de la peinture et de l'application des couleurs sur les murs, la toile, le bois, le vélin; ensuite, de l'art de peindre sur verre et de la mosaïque; enfin, de l'orfévrerie. La célébrité assez récente du livre de Théophile tient surtout à ce qu'on a cru y retrouver l'invention de la peinture à l'huile, et il est certain qu'au ch. 26 du livre 1er on lit : « Prenez les couleurs que vous voulez poser, *les broyant avec soin à l'huile de lin, sans eau, et faites les teintes des figures et des draperies, comme précédemment vous les avez faites à l'eau. Vous pouvez donner à votre volonté aux animaux, aux oiseaux ou aux feuillages les nuances qui les distinguent.* » « Il est clair, d'après cela, dit Nagler (*Künstler-Lexicon*), que Jean Van Eyck n'est point, à proprement parler, l'inventeur de la peinture à l'huile. Il a seulement perfectionné cette invention. »

C'est Lessing qui nous a révélé ce curieux traité, connu seulement avant lui de quelques érudits du xvie et du xviie siècle. Il l'a trouvé dans un manuscrit, le meilleur de tous, de la bibliothèque de Wolfenbüttel. Le grand critique en a tiré parti dans une dissertation sur l'*Age de la peinture à l'huile* (Vom Alter der Oelmalerey), insérée dans ses *Vermischte Schriften*, t. VIII (Berlin, 1774, in-12). Le texte complet de la *Schedula*, préparé par lui, n'a paru qu'après sa mort, dans son ouvrage : *Zur Geschichte und Literatur*, t. VI (Brunswick, 1781, in-8), par les soins de Chr. Leiste. Cette même année, Raspe, dans son *Critical Essay on oil painting* (Londres, 1781, in-4), a publié le traité de Théophile, d'après le manuscrit du Trinity College de Cambridge (aujourd'hui au Musée Britannique). Le texte de l'édition du comte L'Escalopier a été établi sur le manuscrit de notre Bibliothèque nationale et sur celui de l'université de Cambridge. Hendrie a découvert et publié le texte du manuscrit Harléien (Musée Brit.); il a été réimprimé, et accompagné d'une introduction française, par l'abbé Bourassé, dans son *Dictionnaire d'archéologie sacrée* (voir plus haut, le nº 283). Enfin, M. Ilg a donné de ce traité une édition critique; un second volume doit contenir un commentaire et une étude sur le moine Théophile, ou mieux Rugerus, que M. Ilg croit pouvoir identifier avec un moine Rogkerus, de l'ordre de saint Benoît, qui se livrait, avec grand succès, aux travaux d'orfèvrerie dans le couvent de Helmershausen, près Paderborn, à la fin du xie et au commencement du xiie siècle.

1980. SIEGEL (C.-Chr.-F.). *Handbuch der christlich-kirchlichen Alterthümer in alphabetischer Ordnung*, etc. — Manuel d'antiquités chrétiennes, disposé par ordre alphabétique, etc. — Leipzig, 1835 (1836)-38, 4 vol. in-8 (12 à 15 fr.).

1981. OTTE (Heinrich). *Kurzer Abriss einer kirchlichen Kunst. Archäologie des Mittelalters*, etc. — Précis de l'archéologie religieuse du moyen âge, particulièrement en ce qui touche la Saxe, province royale de Prusse, etc. — Hildburghausen, 1842, in-8, avec 3 pl. lith.; — 2e édit., refondue et augm. : *Abriss*, etc.; Nordhausen, 1845, in-8, avec 5 pl. lith. (2 fr.); — 3e édit., très-augm., sous ce titre : *Handbuch der kirchlichen Kunst-Archäologie des deutschen Mittelalters*; Leipzig, 1854, gr. in-8, avec 13 grav. s. acier et 362 gr. s. b. (4 à 5 fr.); — 4e édit., compl. revue; *ibid.*, T. O. Weigel, (1863-) 1868, in-8, avec 421 gr. s. b., 3 gr. s. acier, 13 gr. s. c., 2 lith. et 1 gr. s. b. — 30 fr.

Cette note s'applique seulement à la dernière édition, parce qu'elle renferme les résultats de toutes les recherches de l'auteur et qu'elle résume ses théories. Dans ce livre si touffu, un livre de plus de mille pages, car la pagination se suit sans interruption, livre conçu et exécuté sans grand souci de la forme, comme tous les manuels de l'Allemagne, vous ne trouverez pas ce que l'admirable *Dictionnaire* de notre Viollet-le-Duc présente à un si haut degré : je veux dire la lumière, la vie, parfois l'éloquence ; mais vous y trouverez une grande richesse d'investigation, des renseignements précieux, les éléments de beaucoup d'autres livres, et les témoignages de cette patience héroïque sans laquelle il n'y aurait pas de travaux d'érudition.

1982. OTTE (Heinrich). *Grundzüge der kirchlichen Kunst-Archäologie des deutschen Mittelalters*, etc. — Éléments d'une archéologie d'art religieuse du moyen âge en Allemagne. Extrait du grand ouvrage du même auteur. — Leipzig, 1855, gr. in-8, avec 118 grav. s. b. (3 fr.).

1983. OTTE (H.). *Archäologisches Wörterbuch*, etc. — Dictionnaire archéologique pour l'intelligence des mots qui se trouvent dans les écrits sur l'art du moyen âge. — Leipzig, 1857, in-8, avec 166 gr. s. b. (4 à 6 fr.); — 2e édit., augm., revue par l'auteur, avec le concours d'O. Fischer (texte allem., latin, franç. et angl.); *ibid.*, T.-O. Weigel, 1877, gr. in-8, avec 285 grav. s. b. — 17 fr. 50.

1984. OTTE (Heinrich). *Archäologischer Catechismus*, etc. — Catéchisme archéologique. Manuel abrégé de l'archéologie d'art religieuse du moyen âge allemand, etc. — Leipzig, 1859, gr. in-8, VIII-98 pp., avec 88 gr. s. b. (1 fr.).

1985. MARTIGNY (l'abbé). Dictionnaire des antiquités chrétiennes, contenant le résumé de tout ce qu'il est essentiel de connaître sur les origines chrétiennes jusqu'au moyen âge exclusivement. I. Étude des mœurs et coutumes des premiers chrétiens.... II. Étude des monuments figurés.... III. Vêtements et meubles...... — Paris, Hachette, 1865, gr. in-8, avec 270 grav. sur b. — 15 fr.; — nouv. édit., revue, modifiée, considér. augm. et enrichie de 675 grav. dans le texte; *ibid.*, 1877, gr. in-8 à 2 col. — 20 fr.

2. *OEuvres d'art* (*Trésors et mobiliers d'abbayes, cathédrales et églises, ustensiles sacrés, vêtements liturgiques, etc.*).

1986. Le Trésor de l'abbaye royale de Saint-Denys, en France, qui comprend les corps saints et autres reliques précieuses qui se voyent dans l'église, etc. — Paris, 1721, in-12, avec 16 pl.

1987. TARBÉ (Prosper). Trésors des églises de Reims. — Reims, 1843, in-4, avec 32 pl. dessin. et lith. par J.-J. Maquart'(10 fr.).

1988. Notice sur le mobilier de l'église cathédrale de Reims. — Reims, 1850, in-18, XXIV-84 pp.

1989. DARCEL (Alfred). Le Ciboire d'Alpais, par A. D.., inspecteur correspondant de la commission des monuments historiques. — Paris, 1854, in-4, avec 1 pl. (2 fr.).

Ce ciboire, au Musée du Louvre aujourd'hui (n° 31 du catalogue), est réputé l'une des œuvres les plus précieuses de la fin du XIIe siècle, ou tout au plus de la première moitié du XIIIe.

1990. AYMARD. Album photographique d'archéologie religieuse, publié par Hippolyte Malègue. Texte par M. Aymard, architecte. — Le Puy et Paris, 1857, in-fol., IV-122 pp., avec 32 photograph. et des bois dans le texte (30 à 40 fr.).

1991. GRIMOUARD DE SAINT LAURENT (H.). Art chrétien primitif. Le Christ triomphant et le Don de Dieu. Etudes sur une série de nombreux monuments des premiers siècles. — Paris, 1858, in-8, 46 pp., fig. s. bois.

Extrait de la *Revue de l'Art chrétien.*

1992. CORBLET (l'abbé). Notice sur les chandeliers d'église au moyen âge... Précédé d'une lettre de H. Dusevel sur le même sujet.— Amiens et Paris, 1859, in-8, 31 pp. (1 fr.).

1993. GIRARDOT (le baron de). Histoire et Inventaire du trésor de la cathédrale de Bourges. — Paris, 1859, in-8, 84 pp.

Extrait des *Mémoires de la Société des antiquaires de France*, t. XXIV.

1994. DARCEL (Alfred). Calice et patène de l'église de St-Jean-du-Doigt (Finistère). — Paris, Didron, 1860, in-4, fig. — 3 fr.

Extrait des *Annales archéologiques.*

1995. STRAUB (l'abbé A.). Un Mot sur l'ancien mobilier d'église en Alsace. — Caen, 1860, in-8.

Extrait du Compte-rendu des séances archéologiques tenues à Strasbourg en 1859 par la Société française d'archéologie.

1996. DARCEL (Alfred). Trésor de l'église de Conques, dessiné et décrit, etc. — Paris, Didron, 1861, in-4, avec 15 pl. gr. sur c. et vign. — 15 fr.

Ce trésor dépend d'une église romane ; celle de l'ancienne abbaye bénédictine de Sainte-Foy, dans le département de l'Aveyron. Belle publication, exécutée avec goût et avec soin.

1997. LE BRUN-DALBANNE. Le Trésor de la cathédrale de Troyes. — Paris, 1864, in-8, 43 pp. et 5 pl.

1998. LANÇON (Alfred de). Le Trésor de la chartreuse de Bordeaux. La Chartreuse, le trésor, les fouilles. — Bordeaux, impr. Ragot, 1866, in-8, 2 plans et portr. — 2 fr.

1999. Inventaire des objets d'art et d'antiquité des églises paroissiales de Bruges, dressé par la commission provinciale. Bruges, 1846-48, 7 part. en 1 vol. gr. in-8, fig. (7 fr.).

2000. WEALE (W.-H.-J.). Catalogue des objets d'art religieux du moyen âge, de la Renaissance et des temps modernes, exposés à l'Hôtel Liedekerke à Malines, sept. 1864. — Malines, 1864, in-8.

2001. WEALE (W.-H.-J.). *Instrumenta ecclesiastica.* Choix d'objets d'art religieux du moyen âge et de la Renaissance, exposés à Malines en septembre 1864. 57 pl. photolithogr. par Simonau et Toovey. Texte par W.-H.-J. W..— Bruxelles, Simonau et Toovey, 1866, gr. in-fol. — 80 fr.

2002. BARTLET (Mss Spry). *Altars, Tabernacles and sepulcral Monuments of the 14th and 15th centuries existing at Rome*, etc. — Autels, tabernacles et monuments sépulcraux des XIVe et XVe siècles existant à Rome. Publié sous le patronage de la célèbre Académie de Saint-Luc, par MM. Tosi [dessin.] et Becchio [grav.]. Descriptions en italien, anglais et français, par Mss. Spry Bartlet. — Lagny et Paris, 1843, gr. in-fol., avec 52 pl. au trait (40 fr.).

2003. COLLIO (Severino-Servanzi). *Reliquario nella basilica di S. Niccolò in Tolentino.* — Macerata, 1855, in-4, fig.

Extrait de l'*Album di Roma.*

2004. BARBIER DE MONTAULT (le chan. X.). Etude archéologique sur le reliquaire du chef de saint Laurent, diacre et martyr.—Rome, Sinimberghi, 1864, in-fol., 56 pp., avec une chrom. — Non mis dans le commerce.

2005. BARBIER DE MONTAULT. Les Souterrains et le trésor de Saint-Pierre à Rome, ou Description des objets d'art et d'archéologie qu'ils renferment. Rome, 1866, in-8.

————

2006. DOLLMAN (Francis-T.). *Examples of ancient Pulpits*, etc. — Exemples d'anciennes chaires existant en Angleterre. Choisies et gravés d'après des esquisses et des mesures prises sur les lieux, etc.—Londres, 1849, gr. in-4, avec 30 pl. (25 fr.).

2007. BLIGHT (John-T.). *Ancient Crosses and other Antiquities*, etc. — Croix anciennes et autres antiquités dans l'est du pays de Cornouailles. — Londres, 1856, in-8, grav. s. b.; — 2me édit., *ibid.*, 1858, in-4, fig.

————

2008. ARNETH (Jos.) & CAMESINA (Alb.). *Das Niello-Antipendium zu Klosterneuburg in Oesterreich, verfertigt im zwölften Jahrhunderte von Nicolaus aus Verdun*, etc. — L'Antependium niellé de Klosterneubourg en Autriche, œuvre de Nicolas de Verdun au xiie siècle, publiée par A. C.., en chromolith. de la grandeur de l'original, avec un texte descriptif et explicatif par J. A..— Vienne, 1844, gr. in-fol., 80 pp. avec 31 pl. (300 fr).

Ces planches, supérieurement exécutées par les soins de M. Camesina, très-habile dessinateur des choses de l'archéologie, reproduisent un devant d'autel (*antependium*) dont la date, suivant l'inscription, est de 1181. Ce devant d'autel, transformé en retable au xvie siècle, est composé de 59 plaques en émail champlevé, représentant des scènes de l'Ancien et du Nouveau Testament, figurées en cuivre gravées et niellées d'émail dans la gravure. M. Darcel (*Arts industriels en Allemagne*; Paris, 1863) pense que cette garniture d'autel a servi de modèle pendant tout le moyen âge.

2009. HEIDER (G.). *Der Altaraufsatz im regulirten Chorherrenstifte zu Klosterneuburg*, etc. — Le Devant d'autel de l'église collégiale des chanoines réguliers à Klosterneubourg. Email du xiie siècle, exécuté par Nicolas de Verdun. Copié par Alb. Camesina, décrit et commenté par G. H... — Leipzig, 1860, gr. in-4, avec 1 pl. color. et 31 lith.

2010. (STEINBÜCHEL.) *Die Reliquienschreine der Cathedrale zu Gratz,* etc. — Les Reliquaires de la cathédrale de Gratz, sculptés par Nicolas et Jean de Pise et où Pétrarque a pris son poème des *Triomphes*. (Décrits par Steinbü-

chel.) — Vienne, 1858, in-fol., avec 11 pl. lith.

Ces deux reliquaires ne sont autres que deux coffrets d'ébène, élevés sur des socles et ornés de bas-reliefs en ivoire, bas-reliefs qui ont une place aussi bien dans l'histoire littéraire de l'Italie que dans l'histoire de l'art.

On ne saurait le nier, entre eux et le poème de Pétrarque le lien est étroit. Sous le voile de l'allégorie, si chère aux esprits dans le xive siècle, nous trouvons une conception et moralité identiques. Pétrarque a chanté six triomphes : le triomphe de l'*Amour*, de la *Chasteté*, de la *Mort*, de la *Gloire*, du *Temps*, de la *Divinité*, et nous retrouvons ces six triomphes sur les ivoires de Gratz. Ici la question est résolue. L'est-elle aussi bien relativement à l'auteur des sculptures? Je ne le crois pas; c'est une simple appréciation du style qui a suggéré à M. Steinbüchel que ces bas-reliefs étaient de Nicolas de Pise et de son fils, appréciation probablement très-fausse. Cette sculpture est trop avancée, trop près des portes du Baptistère de Florence, bien qu'il s'y retrouve certaines maladresses, certaines timidités et une symétrie un peu archaïque, pour la faire remonter au xive siècle: elle serait plutôt du commencement du xve. Si notre opinion est la bonne, il devient évident que c'est le sculpteur qui a copié le poëte, et la thèse très-ingénieusement échafaudée par l'écrivain allemand croule à l'instant. Mais l'artiste reste inconnu.

C'est en 1617 que ces reliquaires, conservés dans le cimetière de Saint-Calixte, à Rome, furent donnés par le pape Paul V à l'archiduc d'Autriche, depuis l'empereur Ferdinand II. Confiés aux soins d'un jésuite, le Père Villerio, ils furent déposés d'abord au couvent de Sainte-Claire et portés ensuite en grande pompe à la cathédrale de Gratz.

Les planches sont fort belles : nous avons les ivoires de Gratz sous les yeux.

2011. HEIDER (Gust.). *Liturgische Gewänder aus dem Stifte St. Blasien im Schwarzwalde*, etc. — Vêtements sacerdotaux du monastère Saint-Blaise, dans la Forêt-Noire, conservés dans le monastère Saint-Paul, en Carinthie. — Vienne, Braumüller, 1860, gr. in-4, 66 pp., 10 grav. s. b. et 10 lith. — 7 fr. 50.

Extrait du *Jahrbuch der k. k. Central-Commission zur Erforschung und Erhaltung der Baudenkmale.*

2012. WEISS (Karl). *Der romanische Speisekelch des Stiftes Wilten in Tirol*, etc. — Le Calice roman du chapitre de Wilten dans le Tyrol, avec un aperçu sur les développements donnés au calice dans le moyen âge. — Vienne, Braumüller, 1860, gr. in-4, 38 pp., fig. s. b. et 6 pl. gr. s. ac. — 5 fr.

Extrait du *Jahrbuch der k. k. Central-Commission zur Erforschung und Erhaltung der Baudenkmale.*

2013. LIND (Dr Karl). *Ueber den Krummstab*, etc. — Les Crosses. Esquisse archéologique. — Vienne, Prandel & Ewald, 1863, in-8, 2 ff. et 59 pp., grav. s. b. — 4 fr. 50.

2014. *Die Burgundischen Gewänder der K. K. Schatzkammer. Messornat für *der Orden vom Goldenen Vliess*, etc. — Les Vêtements bourguignons, faisant partie du Trésor impérial et royal [de Vienne]. Ornements sacerdotaux portés dans les cérémonies d'investiture de la Toison d'or. Publiés par le Musée pour l'art et l'industrie. — Vienne, 1864, gr. in-fol., 12 pl. photogr.

2015. WACKERNAGEL (Wilh.). *Die goldene Altartafel von Basel*, etc. — Le Retable d'or de Bâle. — Bâle, 1857, gr. in-4, 33 pp., avec 4 lith. — 2 fr. 50.

Fait partie des *Mittheilungen der Gesellschaft für vaterländische Alterthümer in Basel*, livr. 7.

2016. BURCKHARDT (Carl) & RIGGEN-BACH (C.). *Der Kirchenschatz des Münsters zu Basel*, etc. — Le Trésor de la cathédrale de Bâle. — Bâle, Bahnmaier, (1862-) 1867, gr. in-4, 42 pp., avec 5 photogr., 6 lith. et 12 grav. s. b. — 6 fr. 75.

Fait partie des *Mittheilungen der Gesellschaft für vaterländische Alterthümer in Basel*, livr. 9 et 10.

2017. FRENZEL (Joh.-Gottfr.-Abrah.). *Die Kanzel in der Domkirche zu Freiberg*, etc. — La Chaire de la cathédrale de Freiberg. Dessinée, gravée et accompagnée d'une courte description historique de cette œuvre d'art. — Leipzig, 1856, gr. in-fol., 7 pp. et 1 pl. gr. s. c. (3 fr.).

2018. NITZSCH (K.-W.). *Das Taufbecken der Kinder in der Nicolaikirche*, etc. — Les Fonts baptismaux de l'église Saint-Nicolas. Appendice à l'histoire de l'art du Holstein. — Kiel, 1856, in-8, 48 pp., fig. (1 fr.).

2019. SCHMIDT (Chr.- Wilh.). *Kirchenmöbel und Utensilien aus dem Mittelalter und der Renaissance in den Diöcesen Cöln, Trier und Münster*, etc. — Mobilier d'église et ustensiles du moyen âge et de la Renaissance dans le diocèse de Cologne, de Trèves et de Munster. Publiés sous les auspices de MM^{grs} les évêques de ces diocèses. — Trèves (Trier), Lintz, 1851-62, 6 livr. gr. in-fol., de 6 pl. gr. s. c. chac. — 34 fr.

Annoncé en 10 livraisons devant former 2 vol.

2020. WEERTH (Ern. aus'm). *Kunstdenkmäler des christlichen Mittelalters in den Rheilanden*, etc. — Monuments d'art du christianisme du moyen âge dans les provinces rhénanes, etc. — Leipzig, T.-O. Weigel, 1857-1868, 3 vol. in-4, et atlas in-fol. de 63 pl. au trait, et de quelques-unes en couleurs.

Publication que l'on regrette de voir si limitée. L'auteur, qui s'était proposé tout simplement de faire un inventaire complet des richesses en architecture, sculpture et peinture du grand-duché de Clèves, n'a malheureusement abordé que la sculpture; et cependant, sur ce terrain relativement étroit, il a trouvé moyen de récolter une ample moisson. Son atlas en fait foi, car il met sous nos yeux une magnifique collection d'ornements d'église marqués de la griffe du moyen âge. Que serait-ce si M. Werth avait agrandi le champ de ses recherches!

2021. BOCK (Dr Franz). *Das heilige Köln. Beschreibung der mittelalterlichen Kunstchätze*, etc.—Leipzig, T.-O. Weigel, 1858-61, in-8 (en 4 livr.), avec 48 pl. — 45 fr. — Trad. en franç. par W. et E. de Suckau : Les Trésors sacrés de Cologne. Description des objets d'art du moyen âge conservés dans les églises et les sacristies de cette ville; Paris, Morel, 1862, in-8, avec 48 pl. teintées. — 40 fr.

2022. (BOCK.) Les Seize Nielles du grand lustre de la cathédrale d'Aix-la-Chapelle, exécutés vers 1165 par ordre de l'empereur Frédéric Ier et de sa femme l'impératrice (Béatrice de Bourgogne). — Paris, 1859, in-fol., 2 ff. et 16 pl. tirées sur les gravures originales (100 à 120 fr.).

2023. BOCK (Fr.). *Der Reliquienschatz des Liebfrauen-Münsters zu Aachen in seinen kunstreichen Behältern*, etc. — Reliques et reliquaires de Notre-Dame à Aix-la-Chapelle. ... décrits par le D^r Fr. B.., dans un texte qu'illustrent de nombreux bois, et précédé d'une introduction par J.-T. LAURENT. — Aix-la-Chapelle (Aachen); Bonn, Cohen, 1860, in-8, XXXIV-88 pp., avec 3 lith. — 5 fr.

2024. BOCK (Fr.). *Der Kronleuchter Kaisers Friedrich Barbarossa im Karolingischen Münster zu Aachen*, etc. — Le Candélabre de l'empereur Frédéric Barberousse dans la cathédrale carlovingienne d'Aix-la-Chapelle, et les luminaires d'Hildesheim et Combourg, etc. — Leipzig, T.-O. Weigel, 1864, in-fol., 56 pp., avec 20 grav. s. b. et 16 pl. de nielles du candélabre. — 22 fr. 50.

Tiré à quelques exempl. seulement.

2025. BOCK (Fr.). *Das Heiligthum zu Aachen. Kurzgefasste Angabe und Abbildung sämmtlicher « grossen und kleinen Reliquien* », etc. — Le Sanctuaire d'Aix-la-Chapelle. Courte description et reproduction de la collection des grandes et petites reliques, et des plus remarquables des œuvres d'art que renferme le dôme (surnommé) du Couronnement, par le chanoine F. Bock. — Cologne, Schwann, 1867, in-4, 48 pp., avec grav. s. b. et 1 pl. color. — 1 fr. 25.

2026. NOHL (M.) & BOGLER (R.). *Die Chorstühle im Kapitelsaale des Domes zu Mainz*, etc. — Les Stalles de la salle de chapitre à la cathédrale de Mayence, publiées par M. N.. et R. B.., architectes. 22 pl. lith. avec une Introduction historique et artistique par le prof. Dr Wilhelm LÜBKE. — Glogau, Flemming, 1863, in-fol., 6 pp. — 15 fr.

2027. WERTH (Ernst aus'm). *Das Siegeskreuz der byzantinischen Kaiser Constantinus VII*, etc. — La Croix triomphale des empereurs byzantins Constantin VII, Porphyrogénète, et Romain II, et le bâton pastoral de saint Pierre. Deux monuments de l'art byzantin et allemand du dixième siècle, conservés dans la cathédrale de Limbourg-sur-Lahn, expliqués par E. a. W.., et publiés sous la direction des antiquaires du Rhin. — Bonn, Marcus, 1866, gr. in-fol., 23 pp., avec 4 chrom. et nombr. grav. s. b. — 26 fr. 25.

Belle publication.

2028. *Kirchengeräthe*, etc. — Ustensiles sacrés. Publiés par la société berlinoise de l'art religieux dans l'église évangélique. [Dessins de C.-G. Pfannenschmidt, lithographiés en couleur par W. Loeillot.] — Berlin, Ernst & Korn, 1861, gr. in-fol., 1re livr., 6 pl. lith. et 1 f. d'explic. — 7 fr. 50.

Publication suspendue.

2029. MAJER (A.), BITZL (J.) & SIGHART (J.). *Album gotischer Altäre des Mittelalters in Altbaiern*, etc. — Album d'autels gothiques du moyen âge dans la vieille Bavière, composé de 30 photographies, avec un texte explicatif du Dr J. S... Publié par A. Majer et J. Bitzl, de Munich. — Munich, 1863, gr. in-4. — 22 fr. 50.

2030. PUGIN (Aug.-Welby). *Glossary of ecclesiastical ornament and costume*, etc. — L'Ornement et le costume ecclésiastique, d'après d'anciennes autorités et des exemples, par A.-W. P.., architecte, et en dernier lieu professeur d'archéologie religieuse; accompagné d'extraits des travaux de Durandus, Georgius, Bona, Catalani, Gerbert, Martene, Molanus, Thiers, Mabillon, Ducange, etc., traduits par le Rév. Bern. Smith. — Londres, 1844, gr. in-4, avec fig. s. b. et 70 pl. impr. en or et en coul.; — 2e édit., revue par le R. B. Smith; *ibid.*, 1846, in-4, fig. (120 fr.);— 3e édit.; *ibid.*, Quaritch, 1868, gr. in-4, grav. s. b. et 73 pl. en chrom..—210 fr.

Les sept premières planches représentent les hauts dignitaires de l'Église anglicane aux XIIIe, XIVe et XVe siècles.

Avons-nous ici simplement un livre d'images, un recueil comme on en voit tant? Nullement. Nous avons un véritable traité du costume liturgique, un livre de doctrine, dont voici le point de départ. Tous les arts ont des lois, et ces lois marquent les limites et le but de chaque art. Toutefois, l'art religieux s'en est affranchi; ce n'est point la loi philosophique, la loi scientifique qui le régissent, mais les formes de convention de l'antiquité ecclésiastique, formes dont le caractère est immuable et que nous connaissons peu. « Cette ignorance, dit l'auteur, nous a empêchés d'apprécier ou d'imiter les œuvres grandioses des vieux artistes chrétiens. Or, le but de ce Glossaire est de faire ressortir certains principes : l'étoile polaire des disciples des anciens maîtres et leur gouvernail. »

2031. BOCK (Fr.). *Geschichte der liturgischen Gewänder des Mittelalters*, etc. — Histoire des vêtements liturgiques au moyen âge, ou origine et développement des ornements et parements ecclésiastiques, etc. — Bonn, Cohen, (1856-) 1859-1871, 3 vol. in-8, 117 pl., en partie color. — 46 fr.; sur pap. vél., 58 fr.

2032. LINAS (Ch. de). Anciens Vêtements sacerdotaux et anciens tissus conservés en France. — Paris, Didron, 1860-63, séries 1 à 3, gr. in-8, avec pl. — Tiré à 100 exempl. : 54 fr.

Le même auteur a publié antérieurement sur ce sujet un livre intitulé : *Rapport sur les anciens vêtements sacerdotaux et les anciens tissus dans l'est et le midi de la France, adressé à S. Exc. M. le Ministre de l'instruction publique et des cultes;* Paris, 1857, in-8 (2 fr.).

2033. (CAHIER, le R. P. Ch., et MARTIN, le R. P. A.). Mélanges d'archéologie, d'histoire et de littérature, rédigés ou recueillis par les auteurs de la Monographie de la cathédrale de Bourges. Collection de Mémoires sur l'orfévrerie et les émaux des trésors d'Aix-la-Chapelle, de Cologne, etc, etc.; sur les miniatures et les anciens ivoires sculptés de Bamberg, Ratisbonne, Munich, Paris, Londres, etc.; sur des étoffes byzantines, siciliennes, etc.; sur des peintures et bas-reliefs mystérieux de l'époque carlovingienne, romane, etc. — Paris, 1847-56, 4 vol. in-4, avec 154 pl., taille-douce et chromolith. (180 à 250 fr.). = Suite aux Mélanges d'archéologie, etc. Carrelages et Tissus. — Paris, Morel, 1868, 2 vol. in-4, XII pp. et 250 pl. chromolith. — 100 fr. = Nouveaux Mélanges d'archéologie, d'histoire et de littérature sur le moyen âge, par les auteurs de la Monographie des vitraux de Bourges (Ch. Cahier et feu Arth. Martin, de la Cie de Jésus). Collection publiée par le P. Ch. Cahier. T. I. Curiosités mystérieuses. T. II. Ivoires, Miniatures, Emaux. Г. III. Décorations d'églises. T. IV. Bibliothèques. — Paris, Firmin-Didot, 1874-77, 4 vol. gr. in-4, avec 155 grav. s. b. et 13 pl. en taille-douce; 314 gr. s. b. et 8 pl. en t.-d.; 570 gr. s. b. et 5 pl. en t.-d.; 178 gr. s. b., 2 chrom. et 4 pl. en t.-d. — 40 fr. le vol.

Voici une véritable encyclopédie du moyen âge religieux; de nouvelles lumières sur une période de l'histoire dont les ténèbres se dissipent de plus en plus. Voici une œuvre de science et de goût, richement ornée; voici des planches excellentes, dont les dessins ont tous été donnés par feu le Père Martin et qui font le plus grand honneur à son talent.

Le désir des auteurs a été de montrer la vie même dans ces temps reculés, de retracer la civilisation se développant dès les premiers âges de l'Europe moderne, sous l'influence de la catholicité, et de signaler, à côté des croyances, la superstition se manifestant dans le domaine de l'art.

Tous les articles ne sont pas signés des deux savants religieux. On lit au bas de plusieurs des mémoires dont se composent ces *Mélanges*, les noms de MM. Charles et François Lenormant, J. de Witte et E. Cartier, ce qui nous garantit que ces recherches sont sérieuses et variées.

2034. WIETRINSKY (J.). Памятники древней христианской церкви или христианскихъ древностей. — Monuments anciens de l'église chrétienne, ou antiquités chrétiennes. — St. Pétersbourg, 1845, 5 vol. in-8.

2035. WELTMANN (A.). Le Trésor de Moscou (Оружейная Палата). — Moscou, 1856, in-4, avec 24 pl., or et coul. et fig. s. b. dans le texte.

D. — TOURNOIS. ARMES ET ARMURES.

(Reconnaître à la vue d'un casque, d'une épée ou d'une cuirasse le siècle et la nation de l'homme auquel ces armes ont appartenu, devrait entrer dans les études de tout artiste jaloux de la vérité historique. Sur ce sujet, voir Demmin, ci-dessous, n° 2045.)

2036. BURGKMAIER (Hans). *Turnier-Buch*, etc. — Le Livre des tournois. Exécuté sur l'ordre de l'empereur Maximilien Ier. Publié par J. von Hefner. — Francfort-sur-le-Mein, 1853 (-1856) (en 14 livr.), gr. in-fol., titre, 3 ff., et 35 ff., dont 27 pl. en coul. et 8 ff. de texte (publié à 158 fr.).

L'original, un beau manuscrit, se trouve entre les mains du prince de Hohenzollern-Sigmaringen. Hans Burgkmaier, le jeune, fils de l'artiste célèbre auquel on doit le *Weisskunig* et le *Triomphe de Maximilien*, en est à moitié l'auteur. Travaillant à côté de son père, il utilisa les dessins que ce dernier avait faits, par ordre de l'empereur, pour les deux premières parties, et il fit seul la troisième, après leur mort.

On voit ici fort bien représenté l'étrange équipement des princes et des barons allemands au milieu du XVIe s., quand ils prenaient part à des joutes fastueuses: copies inoffensives des tournois sanglants et des jugements de Dieu des époques précédentes.

2037. RUXNER (Georg). *Thurnier-Buch. Warhafftige Beschreibunge aller Kurtzweil und Ritterspil*, etc. — Le Livre des tournois. Descriptions exactes de tous les amusements et jeux de chevalerie que le sérénissime et très-puissant prince et seigneur Maximilien, roi de Bohême, a organisés à pied et à cheval, sur l'eau et sur terre, avec des surprises et des réjouissances. — Francfort-sur-le-Mein, 1566 (Siemern, 1530), in-fol., goth., fig. s. b. (200 fr.).

Selon M. Didot (*Catalogue*, n° 149), c'est bien la première édition du *Thurnier-Buch*. En effet, on voit sur la dernière page que: « Ce livre a été imprimé au château de Siemern par Jérôme Rodler, et terminé le dernier jour du mois d'octobre 1530. » Les planches rappellent l'Ecole de Nuremberg.

Une seconde édition du même livre a paru à Siemern, en 1532, in-fol., sous ce titre: *Anfang, ursprung und herkommen des Thurniers inn Teutscher nation*, etc.

2038. RUXNER (G.). *Thurnier-Buch, von Anfang, Ursachen, Ursprung, und Herkommen der Thurnier*, etc. — Le Livre des tournois. Commencement, causes, origines et introduction des tournois dans le saint Empire romain en Allemagne. Tournois à partir de l'empereur Henri le 1er jusqu'à l'empereur Maximilien, etc. — Francfort-sur-le-Mein, imprimé par Georges Raben, 1566, in-fol., fig. s. b. (150 fr.).

Cette édition est ornée de gravures de Jost Amman, bien supérieures à celles de l'édition ci-dessus.

2039. SCHLICHTEGROLL (Fr.). *Turnierbuch Herzogs Wilhelm IV von Baiern*, etc. — Le Livre des tournois du duc Guillaume IV de Bavière (1510-1545). Fidèle reproduction sur pierre, par Théob. et Clém. Senefelder, d'un manuscrit du temps que possède la Bibliothèque royale à Munich, accompagnée d'éclaircissements par Fr. S... (et le Dr KIEFHABER). — Munich, 1817-29, gr. in-fol. obl., avec 31 pl. lith., color. (publié en 8 liv., au prix de 367 fr.).

Très-bel ouvrage dont les planches rehaussées d'or et d'argent sont la copie des miniatures de Hans Ostendorfer, Osdentorfer, Ostndorffer, car le nom de cet artiste s'écrit de trois manières. Quelques critiques, tels que Lipowsky et Füssli, ont donné à croire que le *Turnierbuch* de Guillaume IV faisait partie de la bibliothèque de Gotha; et il est avéré que la bibliothèque de Munich s'est mise, dans les dix premières années de notre siècle, en mesure de s'enrichir de ce précieux manuscrit.

2040. FRONSPERGER (Leonh.). *Kriegszbuch*, etc. — Livre de guerre, etc. — Francfort-s.-le-Mein, M. Lechler, 1573, 3 part. en 1 vol. in-fol., fig. s. b. par J. Amman et autres (200 fr. et plus);— nouv. édit., *ibid.*, 1596, in-fol., fig.

C'est une véritable encyclopédie des sciences militaires au XVIe siècle, illustrée par cinq cents gravures, dues en grande partie à un artiste éminent. On y voit tous les détails de l'armement et du costume militaire; de grandes planches gravées en taille-douce nous offrent en outre la représentation des combats navals, des siéges, etc.

2041. CARRÉ (J.-B.-L.), de Clerment-le-Meuse. Panoplie, ou Réunion de tout ce qui a trait à la guerre, depuis l'origine de la nation française jusqu'à nos jours. Armes offensives et défensives de l'homme et du cheval; engins, machines de siéges et de batailles; ornements, enseignes, instruments de musique, duels, combats de jugement, pas d'armes, tournois, carrousels, etc. — Châlons-sur-Marne, 1795, in-4, fig. (30 fr.).

Ouvrage peu commun et qui est devenu classique.

2042. REIBISCH (Fr.-M. von) & KOTTENKAMP (F.). *Der Rittersaal. Eine Geschichte des Ritterthums, seines Entstehens und Fortgangs, seiner Gebräuche und Sitten*, etc. — La Salle des chevaliers. Histoire de la chevalerie, de son établissement, de ses progrès, de ses services et de ses us et coutumes, illustrée par Fr.-Mart. de Reibisch, et accompagnée d'un commentaire historique par Fr. Kottenkamp. — Stuttgart, 1842, in-fol., avec 62 pl. color. (publié à 68 fr.); — trad. en angl.

par A. Löwy; Londres, 1857, in-4 obl., 62 pl. color.

C'est probablement une nouvelle édition complétée d'un ouvrage de Reibisch dont une première partie avait paru sous ce titre : *Deutscher Ritter-Saal, artistisch-historisch bearbeitet;* Dresde, 1832, gr. in-4, avec 32 pl. gr. s. c. et color.

2043. HEWITT (John). *Ancient Armour and Weapons in Europe*, etc. — Armures et armes anciennes en Europe, depuis l'âge de fer des nations septentrionales, jusqu'à la fin du XVIe siècle, illustrées par les monuments contemporains. — Londres, 1855-59(-60), 3 vol. in-8, fig. (50 fr.).

2044. LACOMBE (P.). Les Armes et les armures. Ouvrage illustré de 60 vignettes par H. Catenacci. — Paris, Hachette (1867) 1868, in-18 j. — 2 fr.; — trad. en angl. : *Arms and Armour in antiquity and the middle ages.... with notes and an additional chapter on armes and armour in England;* Londres, 1869, gr. in-8, avec 72 fig. — 9 fr. 50.

2045. DEMMIN (Aug.). Guide des amateurs d'armes et armures anciennes, par ordre chronologique, depuis les temps les plus reculés jusqu'à nos jours. ... Ouvrage contenant 1,700 reproductions d'armes et armures, 200 marques et monogrammes d'armuriers et deux tables. — Paris, Renouard, 1869, in-12 — 16 fr.

2046. SCHRENCK (Jacob). *Augustissimorum imperatorum, regum atque archiducum... verissimæ imagines et rerum ab ipsis gestarum descriptiones, quorum arma in Ambrosianæ arcis armamentario conspiciuntur,* etc. — OEnoponti, 1601, gr. in-fol., de 128 ff., conten. un front. et 126 portr. en pied, grav. s. c. par Dom. Custodis, d'après J.-A. Fontana (200 à 300 fr.); — trad. en allem. par J.-Engelb. Noyse von Campenhouten : *Der Aller Durchlauchtigsten und Grossmächtigen Kayser,* etc.; Inspruck, (1603), gr. in-fol., 126 pl. (80 fr.); — nouv. édit. *Ambraszische Helden Kunst-Kammer;* Nuremberg, 1735, in-4, fig. (80 fr.).

Ce volume nous offre les portraits des personnages marquants du XVIe siècle, couverts d'anciennes armures qui faisaient alors partie de la collection de l'archiduc Ferdinand d'Autriche, réunie, en 1560, dans l'arsenal de la citadelle d'Ambras, dans le Tyrol.

Le Musée d'Ambras a été transporté à Vienne

et placé dans le bas du Belvédère en 1806. Là, il occupe sept salles remplies d'armures, de peintures et d'antiquités (voir aussi ci-dessous, le no 2071).

2047. PRIMISSER (A.). *Die K.-K. Ambraser Sammlung*, etc. — Description de la collection d'Ambras. — Vienne, 1819, in-8, avec 2 lith.

2048. RICHTER (A.-F.). *Neueste Darstellung der k. k. Ambraser-Sammlung im Belvedere in Wien*, etc. — Nouvelle Description de la collection Ambras dans le Belvédère à Vienne, et du cabinet ethnographique, d'après les nouvelles dispositions. — Vienne, 1835, in-8.

2049. SACKEN (Dr Ed. Freih. von). *Die vorzüglichsten Rüstungen und Waffen des k. k. Ambraser-Sammlung*, etc.— Les Principales Armures et armes de la collection impériale et royale d'Ambras, photographiées sur les originaux par André Groll, publiées et décrites avec des esquisses biographiques. — Vienne, Braumüller, (1857-) 1859-62, 2 vol. gr. in-4, 88 et xii-69 pp., avec 128 pl. — 300 fr.

Le 1er vol. contient les armures des princes et seigneurs; le 2o, les armures italiennes, espagnoles et autres.

Ces photographies sont excellentes.

———

2050. REIBISCH (Fr.-Martin). *Die Königliche Dresdner Rüstkammer*, etc. — — La Salle d'armes des rois de Saxe à Dresde, décrite et illustrée, etc. — Dresde, 1825-27, 10 part. gr. in-4, fig.; — nouv. édit., améliorée, sous ce titre : *Eine Auswahl merkwürdiger Gegenstände aus der Königl. Sächsischen Rüstkammer*, etc.; *ibid.*, 1826-27, 10 livr. gr. in-4, avec 35 pl. color. conten. 76 fig. (20 fr.).

Un des plus riches musées de l'Allemagne et même de l'Europe, en ce genre, et supérieur à celui de la Tour de Londres.

2051. FRENZEL (F.-A.). *Der Führer durch das historische Museum (vormalige Rüstkammer) zu Dresden*, etc. — Le Guide du Musée historique de Dresde (précédemment la Salle d'armes), contenant un essai sur les tournois, les chevaliers et les arts du moyen âge. Avec index et bibliographie. — Leipzig, 1850, gr. in-8, xii-147 pp.

———

2052. KRESS (G.-L. von). *Rittersaal im Schlosse zu Erbach im Odenwalde*, etc. — La Salle des chevaliers à Erbach, dans l'Odenwald, gravée à l'aqua-tinta. Dix-neuf figures d'armes anciennes, etc. — Offenbach, 1832, in-4 (6 à 8 fr.).

2053. ROLFFS (Alex.). *Die antike Rüstkammer des Emder Rathhauses*, etc. — La Salle d'armes anciennes de l'hôtel de ville d'Emden, etc. — Emden, Woortmann, 1861, gr. in-8, cv-109 pp. et 6 lith. — 3 fr. 70.

———

2054. GROSE (F.). *A Treatise on ancient Armour and Weapons*, etc. — Traité des armures et armes anciennes, illustré par des planches exécutées d'après les originaux que renferment la Tour de Londres, et autres arsenaux, musées et cabinets. — Londres, 1786, in-4, avec 48 pl. (30 à 40 fr.); — réimprimé avec les *Military Antiquities*, etc.; *ibid.*, 1801, 2 vol. in-8, fig.

2055. MEYRICK (Samuel-Rush). *A Critical Inquiry into ancient Armour*, etc. — Etude critique sur les anciennes armures en Europe et principalement en Angleterre, depuis la conquête normande jusqu'au règne de Charles II; avec un glossaire des termes militaires au moyen âge, etc. — Londres, 1824, 3 vol. in-fol., avec 80 pl., dont 72 color., vign., initiales enluminées et front. gr. (150 à 200 fr.); — 2e édit., consid. amél., corrig. et augm. par l'auteur, avec le concours de plusieurs amis, littérateurs et antiquaires (Alb. Way, etc.); *ibid.*, 1842-44, 3 vol. gr. in-4, avec 100 pl. color., reh. d'or et d'arg. (250 fr. et plus).

Cette collection, une des plus considérables et des plus intéressantes en ce genre, était singulièrement prisée par Walter Scott qui l'appelait l'incomparable.

2056. MEYRICK (S.-R.). *Engraved Illustrations of ancient Arms and Armour*, etc. — Illustrations des anciennes armes et armures de la collection de Llewelyn Meyrick à Goodrich Court, dans le comté d'Hereford, gravées par J. Skelton, et accompagnées des notices historiques et critiques par S.-R. M.. — Londres, 1830, 2 vol. gr. in-4, avec portr. et 154 eaux-fortes (publié à 300 fr., et à 500 fr., avec fig. sur Chine; se vend 100 fr. et plus); — 2e édit., corr. par l'auteur; *ibid.*, 1854, 2 vol. gr. in-4, fig. (publiée à 120 fr.); — trad. en allem. et publié par G. Fincke : *Abbildung und Beschreibung von alten Waffen und Rüstungen*, etc.; Berlin,

(1834-)1836, in-fol. (en 9 livr.), 150 pl. (25 fr.).

Cet ouvrage fait suite au précédent.

2057. HEWITT (John). *The Tower : its history, armouries, and antiquities*, etc. — La Tour de Londres, son histoire, ses armures et ses antiquités, etc. — Londres, 1841, in-8.

2058. VIEL-CASTEL. Statuts de l'Ordre du Saint-Esprit, au Droit Désir ou du Nœud, institué à Naples en 1352, par Louis d'Anjou, premier du nom, roi de Jérusalem, de Naples et de Sicile. Manuscrit du XIVe siècle, conservé au Louvre dans le musée des souverains français, avec une notice sur la peinture des miniatures et la description du manuscrit, par le comte Horace de Viel-Castel, conservateur du musée des souverains, etc. — Paris, 1853, pet. in-fol., 45 pp., avec 17 pl. en chrom., or et couleurs (60 fr.).

Fac-simile d'un beau manuscrit, possédé, dit-on, par la république de Venise, et offert par elle à Henri III, à son retour de Pologne. Ce manuscrit servit au nouveau roi à fonder dans ses Etats l'ordre du Saint-Esprit. N'en ayant plus besoin, Henri III donna l'ordre à son chancelier de le brûler : il ne voulait pas faire connaître ses emprunts. Mieux avisé, M. de Chiverni conserva ce précieux témoignage des us et coutumes du XIVe siècle.

2059. PENGUILLY-L'HARIDON (O.). Catalogue des collections du cabinet d'armes de S. M. l'Empereur. — Paris, impr. impér., 1864, gr. in-8. — 16 fr.

2060. HEFNER-ALTENECK (J.-H. von). — *Original-Entwürfe deutscher Meister für Prachtrüstungen französischer Könige*, etc. — Dessins originaux de maîtres allemands pour armures de luxe destinés à des rois de France, photographiés par Fr. Bruckmann, d'après les dessins originaux trouvés au Cabinet des estampes de Munich, etc. (texte allem. et franç.). — Munich, Bruckmann, 1865, in-fol., 14 pp. et 18 photogr. — 90 fr.

Annoncé en 12 livraisons.

2061. JUBINAL (A.). La Armeria real, ou Collection des principales pièces du Musée d'artillerie [aux deux parties suiv. : de la galerie d'armes anciennes] de Madrid. Dessins de M. Gaspard Sensi, membre de l'Académie de Pérouse. Texte de M. Achille Jubinal, membre de la Société des antiquaires de France.

Frontispices, lettres ornées, etc., par M. Victor Sansonetti; gravures sur bois par M. Faxardo; sur pierre, sur cuivre, etc., par les meilleurs artistes de Paris. — Paris, s. d. (1837-1839), 2 vol. in-fol., avec 40 et 41 pl. ═ Supplément; *ibid.* (1842), 40 pl. in-fol., sans texte (l'ouvrage complet : 50 à 60 fr. avec fig. noires; 80 fr. avec fig. sur Chine, et 100 fr. ou plus avec fig. color.).

L'auteur a fait l'acquisition des dessins que reproduit ce recueil en 1836, au moment où Sensi arrivait d'Espagne. Il les fit graver, et très-bien graver, à ses risques et périls, et, dans le texte explicatif, s'efforça, autant que possible, d'indiquer la date de chaque pièce, son service propre, et les noms de ceux qui l'avaient possédée; puis, s'élevant des détails aux idées générales, il voulut montrer ce qu'il fallait entendre sous le mot de panoplie. Une liste des plus fameux armuriers de Tolède de la dernière moitié du XVIe siècle jusqu'au XVIIIe; liste à laquelle il a joint le tableau de chaque armurier, complète cette belle et curieuse publication.

L'*Armeria real*, représentée sur la première planche, a été construite d'après l'ordre de Philippe II, par Gaspard de Vega.

2062. SEYSSEL D'AIX (conte V.). *Armeria antica e moderna di S. M. Carlo Alberto descritta*, etc. —Turin, 1840, in-8, avec fig. (15 fr.).

2063. PERINI (Aut.). *Armeria reale di Torino*, etc. — Venise, 1865, in-fol., avec 55 pl. photogr.

2064. GILLES (Fl.). Collection d'armes, ou Musée de Tzarskoé-Selo de S. M. l'empereur de Russie, dessiné par Rockstuhl, avec une introduction historique par Fl. Gilles. — Saint-Pétersbourg et Carlsruhe, 1835-53, 2 vol. gr. in-fol., 57 ff. de texte, front., titre et 181 pl. lith. par Asselineau (150 fr., et le double en gr. pap.).

2064 *bis*. (GILLES.) Musée des armes rares, anciennes et orientales de S. M. l'empereur de toutes les Russies. Les dessins d'après nature, par Rockstuhl, membre de l'Académie des Beaux-Arts à Saint-Pétersbourg. [? Texte par M. Gilles, conseiller d'État et bibliothécaire de l'empereur.] — Saint-Pétersbourg, Carlsruhe et Paris, 1842-46, t. Ier (en 20 livr.), gr. in-fol., avec 120 pl. lith. par Asselineau, etc. (100 fr. et plus).

Cet ouvrage, fort rare en France, nous semble être presque identique avec la publication signalée au numéro précédent, et dont on trouve le titre dans des catalogues de livres d'art.

2065. (GILLES.) Notice sur le Musée de Tsarskoé-Sélo renfermant la collection d'armes de S. M. l'empereur. —

Saint-Pétersbourg, 1860, in-8, avec 35 grav. s. b.

2066. Collection d'armes de Sa Majesté le roi Charles XV [de Suède]. I. Section orientale.—Paris, Lahure, s. d. (v. 1860), in-4, 15 pp. et 12 lith.═(Suite :) *Hans Majestät Konung Carl XV' Vapen-samling.*—Stockholm, Norstedt, 1863, in-4, 34 pp. et 27 lith. (20 fr. les 2 parties).

Publication curieuse et rare.

E. — **INDUSTRIE AU MOYEN AGE : AMEUBLEMENT, ORFÉVRERIE, SERRURERIE D'ART, ETC.**

2067. SHAW (Henry) & MEYRICK (S.-R.). *Specimens of ancient Furniture, drawn from existing authorities,* etc. — Specimens d'anciens ameublements, gravés, d'après des pièces existantes, par Henry Shaw, avec un texte par sir Samuel-Rush Meyrick. — Londres, 1836, in-4, avec gr. s. b. et 74 pl., dont plusieurs en coul. (40 à 50 fr., et plus en gr. pap. avec toutes les pl. color. ou retouchées au pinceau).

La renommée d'Henry Shaw en Angleterre est celle d'un dessinateur et graveur d'architecture et d'ornement, habile et consciencieux. Le nombre de ses dessins est considérable et ils sont autant recherchés par les curieux d'antiquités que par les architectes.

2068. LABARTE (Jules). Histoire de l'art par les meubles et les objets précieux. Description des objets d'art qui composent la collection Debruge-Duménil, précédée d'une Introduction historique. — Paris, 1847-48, in-8, avec 5 pl. (5 à 6 fr.).

2069. VIOLLET-LE-DUC. Dictionnaire raisonné du mobilier français de l'époque carlovingienne à la Renaissance, par M. Viollet-le-Duc, architecte. — Paris, Morel, 1858-1874, 6 vol. gr. in-8, fig. s. b., s. acier et chromolith. — 300 fr.; édit. de luxe, sur pap. de Holl. (tirée à 100 ex.) : 600 fr.

Vingt belles planches en taille-douce, quarante et une chromolithographies, un nombre considérable de bois touchés avec infiniment d'esprit, ornent ce remarquable ouvrage, dictionnaire dans la forme, mais au fond l'histoire illustrée des mœurs au moyen âge. Huit sections le divisent : La première est consacrée aux meubles; la 2e, aux ustensiles de ménage; la 3e, aux pièces d'orfévrerie; la 4e, aux instruments de musique; la 5e, aux jeux et passe-temps; la 6e, aux outils; la 7e, aux vêtements et bijoux; la 8e, aux armes de guerre offensives et défensives.

Nous ne nous arrêterons pas à faire l'éloge d'un livre dont la réputation est européenne. On le sait, nul n'éclaire d'une lumière plus limpide les côtés pratiques de la vie au moyen âge; il n'est pas de miroir plus fidèle des us et coutumes de cette société étudiée au foyer domestique et vue en déshabillé. Un tel livre épuise le sujet, mais, pour le faire, il a fallu d'immenses matériaux, choisir avec discernement dans les collections et les musées; connaître les chroniques et notre vieille poésie française; de plus, être un artiste et manier merveilleusement le crayon. Il n'est donné qu'au petit nombre de savoir percer habilement la rude écorce d'un monde énergique et grossier pour y trouver ces filons d'or : la loyauté, l'abnégation, l'idéal dans l'amour. L'auteur les signale avec une prédilection tellement exclusive, qu'elle tourne au dédain de notre siècle, qui en vaut bien un autre. Dans ces cas-là, la critique a le dessous vis-à-vis de l'enthousiasme.

2070. RAMÉE (Daniel) et ASSELINEAU. Meubles religieux et civils conservés dans les principaux monuments et musées de l'Europe, ou Choix de reproductions des plus remarquables spécimens exécutés pendant le cours du moyen âge, de la Renaissance, et des règnes de Louis XIII, Louis XIV, Louis XV et Louis XVI. Dessins par Asselineau. Texte par D. R.. — Paris, A. Lévy, (1864), 2 vol. in-fol., avec 158 pl., gravures et lithogr. sur pap. de Chine. — 90 fr.

Voir plus haut, le n° 1937.

2071. SACKEN (Ed. Freih. von). *Kunstwerke und Geräthe des Mittelalters und der Renaissance in der K. K. Ambraser Sammlung,* etc. — Objets d'art et ameublements du moyen âge et de la Renaissance, dans la royale et impériale collection d'Ambras, reproduits par la photographie, publiés et commentés. — Vienne, liter.-art. Anstalt, 1864, 1re partie, in-fol., 12 pp. et 4 photogr. — 10 fr.

Voir plus haut, les n°s 2046-2049.

2072. ETTMÜLLER (Ludwig). *Beschreibung eines aus dem 14. Jahrhundert stammenden Brautschmuckkästchens,* etc. — Description de l'écrin d'une fiancée au XIVe siècle, d'après les dessins du Dr Stantz. — Zurich, 1850, gr. in-4, 16 pp. et 5 pl. lith. (3 fr.).

Extrait des *Mittheilungen der antiquarischen Gesellschaft in Zurich,* t. VII.

2073. LACROIX (Paul). Histoire de l'orfévrerie-joaillerie et des anciennes communautés et confréries d'orfévres-joailliers de la France et de la Belgique. — Paris, 1850, gr. in-8, fig. (5 fr.).

2074. KING (Th.-H.). Orfévrerie et ouvrages en métal du moyen âge, représentés en plans, élévations, coupes et détails, mesurés et dessinés d'après les anciens modèles. — Bruges et Bruxelles, 1852-55(-56?), 2 vol. gr. in-fol., 200 pl. (publié à 200 fr.; se vend 90 à 120 fr.).

Exécution médiocre.

2075. GANNERON (Edmond). La Cassette de saint Louis, roi de France, donnée par Philippe le Bel à l'abbaye du Lis. Reproduction en or et en couleur, grandeur de l'original, par les procédés chromo-lithographiques. Accompagné d'une notice historique et archéologique sur cette œuvre remarquable de l'art civil au moyen âge. — Paris, 1855, petit in-fol., avec 5 pl.

2076. TEXIER (l'abbé). Dictionnaire d'orfévrerie, de gravure et de ciselure chrétiennes, ou de la mise en œuvre artistique des métaux, des émaux et des pierreries, comprenant : 1° la description et le symbolisme des instruments du culte : anneaux, autels, calices, châsses........; 2° l'histoire des travaux artistiques dans les ateliers monastiques et les écoles épiscopales ; 3° les inventaires des principaux trésors et l'histoire critique des plus importantes reliques ; 4° les statuts et règlements des orfévres laïques ; 5° la liste la plus considérable de noms d'orfévres qu'on ait publiée jusqu'à ce jour et des notes sur leurs travaux ; 6° la biographie des principaux orfévres, graveurs en pierres fines et émailleurs de tous les pays; 7° et un glossaire de l'orfévrerie française au moyen âge, par M. l'abbé Texier, ancien curé d'Auriac, correspondant du ministère de l'instruction publique pour les travaux historiques. Publié par M. l'abbé Migne, éditeur de la Bibliothèque universelle du clergé. — Paris, 1857, in-8, fig. (8 fr.).

2077. KING (Th.-H.). Modèles de calices du XI° au XIV° siècle, mesurés et dessinés sur les originaux, à la grandeur de l'exécution, par M. Th.-H. K.., architecte à Bruges. — Bruges, 1858, in-fol., 10 eaux-fortes (10 fr.).

Extrait de son livre : *Etudes pratiques tirées de l'architecture du moyen âge en Europe* (Bruges, 1857, in-4).

2078. DIDRON (Adolphe-Napol.). Manuel des œuvres de bronze et d'orfévrerie du moyen âge, par Didron aîné. Dessins de L. Gaucherel; gravure de E. Mouard. — Paris, 1859, in-4.

2079. LASTEYRIE (Ferd. de). Description du trésor de Guarrazar, accompagné de recherches sur toutes les questions archéologiques qui s'y rattachent, etc. — Paris, Gide, 1860, in-4, avec 5 pl. en chrom. — 15 fr.

Voici ce que j'écrivais dans le *Journal des Débats* le 23 février 1861 : « Il y aura bientôt « un an que la foule qui se presse dans les salons de l'hôtel de Cluny fait cercle autour « d'une des vitrines de ce charmant musée. « Pourquoi cet empressement extraordinaire? « Huit couronnes de grandeurs diverses, couvertes de perles et de pierreries, sont suspendues sous un verre protecteur; c'est de « l'Espagne que nous vient cette merveille. Vers « la fin de 1858, des pluies torrentielles bouleversent un ancien cimetière, près de Tolède, à « la Fuente de Guarrazar. Là, au milieu d'une « tombe inconnue, des paysans découvrirent ce « trésor, etc., etc. »

Ce qu'il y a d'incontestable aujourd'hui, c'est que ces couronnes ne sont autres que des *ex-voto* offerts par un des princes les plus puissants de la monarchie des Goths, par le roi Receswinthus, dont le règne se place entre 649 et 672.

Ce chef-d'œuvre de l'orfévrerie du VII° siècle a été savamment étudié par M. de Lasteyrie. Il a très-bien expliqué, par une série d'inductions habilement enchaînées, la présence d'un trésor aussi riche dans une localité aussi pauvre que la Fuente de Guarrazar. Quelques gravures sur bois et la lithochromie illustrent le texte. De là, une monographie fort instructive sur de beaux restes de l'orfévrerie du moyen âge, pendant les siècles orageux qui suivirent la chute de l'empire d'Occident.

2080. LINAS (Ch. de). Orfévrerie mérovingienne. Les OEuvres de saint Éloi et la Verroterie cloisonnée. — Paris, Didron, 1864, gr. in-8, avec 10 pl. — Pl. noires, 12 fr.; color., 21 fr. (Tiré à 100 ex.)

2081. LA PORTE (A. de). Un Artiste du VII° siècle, Eligius Aurifaber, saint Éloi, patron des ouvriers en métaux. — Lille et Paris, Lefort, 1865, in-8, 142 pp. et gr. s. b. — 1 fr. 50.

2082. BARBET DE JOUY. Musée impérial du Louvre. Les Gemmes et joyaux de la couronne. Publiés et expliqués par Henry Barbet de Jouy, conservateur du musée des souverains et des objets d'art du moyen âge et de la Renaissance, dessinés et gravés à l'eau-forte par Jules Jacquemart. — Paris, Chalcographie des musées, 1865-66, 2 part. in-fol., avec 60 pl. — 200 fr.; avant la lettre : 400 fr.

———————

2083. HEFNER-ALTENECK (J.-H. von). *Eisenwerke, oder Ornemantik der Schmiedekunst*, etc. — Francfort, Keller, 1861-70, in-fol. (en 14 livr.), avec 84 pl. gr. s. c. — 53 fr.; — trad. en franç. par Daniel Ramée : Serrurerie ou les ouvrages en fer forgé, du moyen âge et de la Renaissance..., 84 planches gravées en taille-douce. Edition française publiée par M. Edwin Tross. — Paris, Tross, 1869, 3 part. in-fol. — 84 fr.

Dès l'année 1840, l'auteur s'est appliqué à établir que les créations sont toujours une image fidèle de l'époque qui les voit naître. Il espère, à force de travail, découvrir aux historiens et aux amis de l'art de nouvelles sources d'étude; il espère donner une idée claire du degré de civilisation et du goût d'un peuple, bien mieux que les chroniques et que les livres d'histoire.

La table chronologique embrasse 500 ans de travaux de serrurerie (1160-1660). L'auteur remarque judicieusement que ce qui a contribué surtout au succès des ouvrages en fer forgé, c'est leur rivalité avec l'art de l'armurier et du laminage. L'habileté conquise par les armuriers fut appliquée aux ouvrages de serrurerie.

Les gravures de l'édition Tross sont fort bien soignées.

F. — COSTUME.

(Pour ne pas scinder cette section, on y a réuni tous les ouvrages sur les costumes, même ceux qui dépassent le moyen âge ou qui touchent d'époques encore plus récentes. — On consultera aussi sur le costume, avec beaucoup de fruit, la section de l'*Art officiel*, n° 468 et suiv. — Pour les ouvrages spéciaux au costume dans l'antiquité, voy. ci-dessus, n°s 1811-1822.)

1. *Généralités.*

a. Costumes en tout genre.

2084. Recueil de la diversité des habits qui sont de present en usaige tant es pays d'Europe, Asie, Affrique et jlles sauvaiges, le tout fait après le naturel. Paris, de l'imprim. de Richard Breton, 1562, pet. in-8, 3 ff. prél. et 61 ff., avec 121 grav. s. b. (150 à 200 fr.); — *ibid.*, 1564 ou 1567, pet. in-8, fig. (80 à 150 fr.).

Le plus grand mérite de ce recueil, c'est sa date et ensuite sa rareté. Il ne s'adresse qu'aux bibliophiles, car il n'y faut pas chercher l'exactitude. Il a joui néanmoins d'un grand succès dans son temps, et il a été copié par un artiste flamand, Ant. Bosch, dit Silvius, pour une édition accompagnée d'épigrammes en latin par J. Sluperius : *Omnium fere gentium, nostræque ætatis nationum habitus et effigies*, etc.; Antverpiæ, J. Bellerus, 1572, in-8 (150 fr. et plus). Le texte ne consiste qu'en quatrains français au bas de chaque gravure; l'auteur de ces vers s'est nommé dans une dédicace au prince Henri de Bourbon; il signe : *François Descerpz.*

2085. BERTELLI (Ferd.). *Omnium fere gentium nostræ ætatis habitus nunquam antehac editi.* — Ferdin. Bertelli æneis typis excud. Venetiis, 1563 ou 1569, in-4, 60 pl. grav. s. c.

Volume d'une grande rareté.

2086. AMMAN (Jost). *Habitus præcipuorum populorum tam virorum quam fœminarum singulari arte depicti. Trachtenbuch*, etc. (texte allem.). — Norimbergæ, Hans Weigel, 1577, pet. in-fol., 4 ff. prél., 219 ff. et 1 f., fig. s. b. (300 fr. et plus); — nouv. édit., Ulm, J. Görlins, 1639, in-fol., fig. s. b., 2 ff. 219 fig. et 1 f. (200 fr.).

Amann, Amman, ou Jost Aman, graveur et peintre, né à Zurich en 1539, quittait son pays à l'âge de 24 ans pour se fixer à Nuremberg. Il y est mort en 1591. Il n'avait que 53 ans. Il peignit sur verre et à l'huile. Ses rares tableaux sont très-appréciés, mais c'est comme graveur sur bois qu'il a conquis sa célébrité. Plus qu'aucun des maîtres contemporains il étudia d'après nature. Il sut prendre les choses sur le vif : ce fut un réaliste.

2087. BRUYN (Abrah. de). *Omnium pœne gentium imagines. Ubi oris totiusque corporis et vestium habitus, in ordinis cujuscunque, ac loci hominibus diligentissime exprimuntur. Egit impensam J. Rutus, scalpsit* Abrah.-Bruynus, *his styli auxilium attulit* H. Damman. 1577. — (Coloniæ, 1577), in-fol., titre, 22 ff. de texte et 50 pl. doubles (200 fr. et plus); — nouv. édit: *Omnium pene* (sic) *Europæ, Asiæ, Africæ atque Americæ gentium habitus, elegantissime æri incisi : quibus accedunt Romani Pontificis, Cardinalium, Episcoporum, una cum omnium ordinum monachorum et religiosorum habitu;* Antverpiæ, cura Abr. Bruin, 1581, in-fol., avec 500 fig. environ (texte latin et franç.) (150 fr.); — autre édit., Cologne, 1584, 2 part. in-fol., 58 et 16 pl. doubles (100 fr.); — nouv. édit. : *Omnium pene Europæ...* Habits de diverses nations de l'Europe, Asie, Afrique et Amérique. *Trachtenbuch...* Michiel Colyn (ou Joos de Bosscher) excudit, s. l. n. d. (Anvers, v. 1610), 2 part. in-fol., titre, pl. 1 à 58, 2 pl. n° 14 et 4 pl. n° 28; 18 pl.; en tout 84 pl. (200 fr.).

Né en 1538 ou 1540 et mort à Cologne dans un âge avancé, Abraham de Bruyn, à la fois graveur et peintre, s'est fait un nom dans les arts. Les estampes qu'il a publiées, bien qu'elles laissent voir des duretés et des négligences, sont recherchées des amateurs qui aiment un burin élégant et une main des plus sûres.

Les exemplaires de ce recueil ne sont presque jamais complets et leur composition est incertaine. A partir de la seconde édition, on a ajouté des planches avec un grand nombre de petites figures en pied.

2088. BRUYN (Abrah. de). *Diversarum gentium armatura equestris, ubi fere Europæ, Asiæ atque Africæ equitandi ratio propria expressa est*, etc. — (Coloniæ, 1577), in-4, 10 ff. et 52 pl. (200 fr. et plus). — nouv. édit., Amstelodami, 1617, in-4, front. et 79 grav. s. c.

2089. BRUYN (Abrah. de). *Imperii ac sacerdotii ornatus. Diversarum item gentium peculiaris restitus. His adiunxit commentariolos Cæsar. Pontif. ac Sacerdotum* Hadr. Damman *Gand. Excudebat* Abr. Bruin. — (Coloniæ, 1578),

in-fol., titre, 28 ff. de texte, fig. s. c.
(80 fr.).

Livre rare, contenant 24 pl. de costumes civils,
et 26 pl. de costumes religieux.

2089 *bis.* BRUYN (Abrah. de). *Sacri romani imperii ornatus. Item Germano-
rum diversarumque gentium peculia-
res vestitus quibus accedunt ecclesias-
ticorum habitus varii.* — Excudebat
Gaspar Rutz, 1592, in-fol. obl., titre
gravé, portr. de Clément XIII, 42 (?) pl.
de costumes civils et 26 pl. de cost.
relig. (60 fr.).

C'est probablement une nouvelle édition de
l'ouvrage précédent.

2090. BOISSARD (Jac.). *Habitus varia-
rum orbis gentium.* Habitz de nations
estrãges. *Trachten mancherley Völcker
des Erdskreysz.* — S. l., 1581, in-fol.
obl., titre gr., 2 ff. de texte, 2 autres ff.
pour les portr. de Boissard et des de-
mois. de Vienne, et 60 pl. offrant 179
costumes (100 fr.).

Rare et fort curieux.

2091. AMMAN (Jost). *Gynæceum, sive
Theatrum mulierum, in quo præci-
puarum omnium per Europam in pri-
mis, nationum, gentium... fœmineos
habitus videre est, artificiosissimis...
figuris... expressis a* Iodoco Amano,
etc. — Francofurti ad Mœnum, 1586,
pet. in-4, 116 ff., avec 122 fig., s. b.
(80 à 200 fr.); — édit. avec texte allem. :
*Im Frauwenzimmer wird vermeldt
von allerley schönen Kleidungen unnd
Trachten der Weiber,* etc.; *ibid.,* 1586,
in-4, front. et 118 ff., avec 121 fig. s. b.
(80 à 120 fr.).

2092. BERTELLI (Petrus). *Diversarum
nationum habitus centum et quattuor
iconibus in ære incisis diligenter expressi,* etc. — Apud Alciatum Alcia et
P. Bertellium, Patavii, 1589 (ou 1592),
1591 (et 1592 ou 1594), 1596, 3 part.
in-8, de 4 (ou 6) ff. prél., 104 grav. s. c.
numérotées et plusieurs pl. ajoutées;
6 ff. prél., 78 pl., une grande pl. pliée,
et 2 autres ajoutées; 2 ff. prél., 78 pl. et
une pl. d'armoiries (500 fr. et plus un
exempl. complet).

Recueil curieux et fort rare, sur les particula-
lités bibliographiques duquel Brunet donne de
longs détails.

2093. VECELLIO (Cesare). *De gli Habiti antichi et moderni di diverse parti
del mondo, libri due,* etc. — Venise,
D. Zenaro, 1590, in-8, avec 420 pl.,
gr. s. b. (300 fr. et plus); — 2e édit.,
augm. : *Habiti antichi et moderni di
tutto il mondo,* etc.; *ibid.,* B. Sessa,

1598, in-8, 56 et 507 ff., avec 507 fig. s.
b. (200 à 300 fr.); — nouv. édit. : *Habiti antichi, overo raccolta di figure
delineate dal gran Tiziano, e da Cesare Vecellio suo fratello... conforme
alle nationi del mondo; ibid.,* 1664,
pet. in-8, 415 fig. (60 à 100 fr.). = (Copie :) Costumes anciens et modernes.
*Habiti antichi et moderni di tutto il
mondo di* Cesare Vecellio. Précédés
d'un Essai sur la gravure sur bois par
M. Amb. Firmin-Didot; Paris, Firmin-Didot, 1859-63, 2 vol. in-8, avec
513 fig. gr. s. b. — 15 fr.; sur pap. de
Chine, 60 fr.

Cesare Vecellio, né en 1530 à Cadore, mort en
1606 à Venise, fut un peintre assez habile, comme
le prouvent la cathédrale de Bellune, le musée de
Brera, le palais public de Cadore, l'église de Saint-
Antoine, près de Cadore, etc. Il était cousin du
Titien, et de cette parenté est née la tradition qui
veut que ce grand artiste ait fourni des dessins
au recueil de Cesare Vecellio; tradition adoptée
par les uns et rejetée par les autres.

Les 513 figures de l'édition de Didot, qui reproduisent exactement tous les costumes des trois
premières éditions, ont été corrigées par M. Se-
guin et gravées sur bois, avec le plus grand soin,
par M. Huyot et ses collaborateurs. Elles sont
entourées de cadres historiés et accompagnées
de notices explicatives en italien et en français.
Cette édition a été entreprise par MM. Didot pour
combler une lacune, le recueil de Vecellio étant
inaccessible aux artistes, en raison de sa rareté
et surtout de son prix.

2094. FABRI (Alex.). *Diversarum Nationum ornatus cum suis iconibus.* —
Padoue, 1593, 3 part. in-8, 104, 100 et
100 pl. grav. s. c.

Recueil fort intéressant, mais très-difficile à
trouver. La première partie est consacrée aux
costumes vénitiens et orientaux.

2095. GLEN (Jean de). Des Habits,
mœurs, cérémonies, façons de faire anciennes et modernes du monde; traicté
non moins utile que delectable, plein
de bonnes et sainctes instructions, avec
des pourtraicts des habits taillés par
Jean de Glen, Liégeois, etc. — Liége,
1601 (ou 1602), in-8, avec 200 pl. gr.
s. b. (150 à 200 fr.).

Imitation des costumes de Vecellio. Recueil
fort rare. Jean-Bapt. de Glen, frère du graveur,
eut part à la rédaction du texte.

2096. *Album amicorum, habitibus mulierum omnium nationum Europæ tum
tabulis ac sentis racuis in æs incisis
adornatum,* etc. — Lovanii, apud Joan-
nem Baptistam Zangrium, anno 1601.
— In-4 obl., 4 ff. et 68 pl. grav. s. c.
dans le goût de Th. de Bry, dont 32 pl.
de costumes.

Fort rare. Brunet cite de ce recueil une édition
de 1605, composée de 85 ff.

2097. HOLLAR (Wenceslas). *Theatrum
mulierum, sive varietas atque diffe-

rentia habituum fœminei sexus, diversarum Europæ nationum hodierno tempore vulgo in usu a W. Hollar ... Bohemo delineatæ et aqua forti æri sculptæ Londini A° 1643. — Pet. in-8, 36 pl., sans texte (75 fr. et plus); — nouv. édit. sous ce titre : *Aula Veneris, sive varietas fœminini sexus, diversarum Europæ nationum, differentiaque habituum, ut in quælibet provincia sunt, apud illas nunc usitati, quas* Wencesl. Hollar *Bohemus ex maiori parte in ipsis locis ad vivas delineavit, cæterasque per alios delineari curavit & aqua forti æri insculpsit* Londini, A° 1644; pet. in-8, 100 pl. (150 à 200 fr.).

Hollar a été du nombre de ces hommes d'un grand talent que poursuit l'infortune. Né à Prague en 1607, il assiste à la ruine de sa famille. Il va en Angleterre, Charles Iᵉʳ l'accueille avec bonté, mais le trône s'écroule et Hollar, signalé comme royaliste, est obligé de chercher un refuge dans les Pays-Bas, où il meurt de faim aux gages des éditeurs. La restauration se fait en Angleterre ; Hollar accourt, et Charles II lui tourne le dos. Sa détresse devint extrême; il se vit condamné à travailler sans relâche, et de là, ce nombre considérable de pièces qui s'élève à près de 3000. En 1677, cet éminent artiste alla trouver un monde meilleur, laissant après lui un grand renom et des œuvres que les amateurs couvrent d'or. Sa pointe est aussi libre et aussi légère que celle des graveurs du XVIᵉ siècle, et aussi fine, aussi exacte que l'outil des graveurs du XVIIᵉ. Dessinateur des plus habiles, Hollar a été un talent supérieur et complet.

Cette suite ne se composait d'abord que de 36 planches de costumes, dit-on, avec légendes en latin. Elle s'augmenta successivement, pour atteindre définitivement le chiffre de cent gravures, ce qui explique pourquoi les exemplaires en offrent un nombre de planches très-variable. Il y en a eu plusieurs tirages. (Voir Parthey, *IV. Hollar*; Berlin, 1853, in-8.)

2098. Livre curieux, contenant la naïve representation des habits des femmes... Dédié à M. Rocolet, imprimeur, etc. — Paris, B. Moncornet, 1662, in-4, 28 pl. grav. s. c.

Ces vingt-huit planches sont pour la plupart des copies agrandies des costumes de Hollar, ci-dessus.

2099. SCHOONEBEEK (Adrien). *Historie van alle ridderlyke en krygsorders*, etc. — Amsterdam, 1697, 2 vol. in-8, avec 113 pl.; — trad. en franç. : Histoire de tous les ordres militaires avec les figures de leurs habits, armes et devises; *ibid.*, 1699, 2 vol. pet. in-8, fig. (40 à 50 fr., et plus en gr. pap.).

L'auteur commence par déclarer que cette publication est la suite de l'histoire des ordres religieux (voir le n° 2145), et elle se compose de 115 chap. consacrés à 115 ordres différents. Sur l'origine, les institutions, les cérémonies de ces ordres, Schoonebeek a donné de curieux renseignements. Toutefois, ce qui est le mieux fait pour nous intéresser, ce sont les nombreuses

eaux-fortes qui reproduisent les vêtements, les armes, les devises des chevaliers. Par malheur, la recherche du pittoresque l'emporte ici sur celle de l'exactitude. L'auteur s'y montre plus préoccupé de composer des tableaux que de reproduire fidèlement les détails du costume.

Schoonebeek était à la fois imprimeur et graveur. Comme graveur, il fut élève de Romain de Hooghe, prit ses principes et fut encore plus maniéré. Il est mort à Moscou en 1714, après avoir fait paraître avec un texte russe son histoire des ordres militaires.

2100. Habillemens de plusieurs nations représentez au naturel en cent trente-sept belles figures. — Leide, Pierre Van der Aa, s. d. (v. 1710?), in-4 obl., fig. (60 fr. et plus).

Recueil fort rare. La 2ᵉ figure est signée J. Goeree.

2101. MAMACHI (T.-M.). *De' Costumi de' primitivi cristiani libri III.* — Rome, 1753-54, 3 vol. in-8 (12 fr.); —nouv. édit., Venise, 1757, 3 vol. in-8, fig. s. c. (3 à 6 fr.).

2102. Recueil des habillements de différentes nations, anciens et modernes, et en particulier des vieux ajustemens anglois, d'après les dessins de Holbein, de Vandyke (*sic*), de Hollar et de quelques autres, etc. (texte franç. et angl.). —Londres, J. Boydell, 1757-72, 4 vol. gr. in-4, 480 fig. (100 fr., et plus en gr. pap., ou avec fig. color.); — nouv. édit., *ibid.*, 1773, 4 vol. in-4, fig.; — *ibid.*, 1799, 3 vol. in-4, avec 360 (?) fig.

Le nom de John Boydell, graveur, marchand d'estampes et alderman de Londres, est si étroitement lié au monument le plus intelligemment conçu et le plus magnifique qu'une nation ait élevé à la mémoire d'un de ses grands hommes, qu'il m'est impossible de n'en pas dire un mot. Je veux parler de la splendide édition de Shakespeare publiée par ce généreux artiste devenu possesseur d'une fortune considérable; édition pour laquelle il ne dépensa pas moins de deux millions cinq cent mille francs.

Né le 19 janvier 1719 à Dorington, Boydell est mort à Londres le 12 décembre 1804, à l'âge de 87 ans.

2103. BAR (Jacques-Charles). Recueil de tous les costumes des ordres religieux et militaires, avec un abrégé historique et chronologique. — Paris, 1778 (ou 1786)-98, 6 vol. in-fol., fig. col. (publié en 56 livr., au prix de 840 fr.; se vend 200 à 300 fr.).

Parmi les ouvrages dont le costume religieux a été l'objet, celui-ci est un des plus considérables : ordres militaires, hospitaliers, mendiants, y sont représentés; on y voit même des derviches et des fakirs. Le costume des fakirs !! ...

Cette encyclopédie, moins sûre que vaste, renferme un très-grand nombre de figures. Les planches sont bonnes, quoique inégales en mérite, inférieures surtout dans les parties relatives aux temps anciens. L'auteur a beau emprunter ses modèles aux pierres tombales, aux manuscrits : le goût du XVIIIᵉ siècle s'y fait toujours sentir. Le texte est savant; bien fourni de documents curieux, et comme il renferme l'histoire de chaque ordre, il est bon à consulter, à l'occasion.

L'auteur de ce grand ouvrage est resté presque inconnu. Tout ce que l'on sait c'est qu'il était graveur et qu'il est né en 1740.

2104. DUFLOS, le jeune. Recueil d'estampes représentant les grades, les rangs et les dignités, suivant le costume de toutes les nations existantes, avec des explications historiques, etc. — Paris, 1779-80, gr. in-fol. (en 44 livr.), avec 264 pl. grav. à l'eau-forte (150 fr.; avec fig. color., rehaussées d'or et d'argent, 400 à 500 fr.).

2105. (SCHWAN, Ch.-F.) *Abbildung aller weltlichen und geistlichen Orden*, etc. — Représentation de tous les ordres civils et ecclésiastiques. — Manheim, 1779 (ou 1780)-94, 3 vol. in-4, pl. color. (40 fr.).

2106. VIERO (Teodoro). *Raccolta di stampe che rappresentano figure ed abiti di rarie nazioni, secondo gli originali, e le descrizioni di più celebri recenti viaggiatori, e degli scopritori di paesi nuori.* — Venise, 1783-90, 3 vol. gr. in-fol., avec 127, 126 et 107 pl. (150 fr. et plus).

2107. MARÉCHAL (Sylvain). Costumes civils actuels de tous les peuples connus, dessinés d'après nature, gravés et coloriés, accompagnés d'une notice historique, etc. — Paris, 1788, 4 vol. pet. in-4, avec 77, 76, 71 et 81, en tout 305 pl., y compris les front., d'après J. Grasset de Saint-Sauveur, Desrais, etc. (40 à 50 fr.); — 2° édit., *ibid.*, s. d. (   ), 4 vol. gr. in-8, avec 298 pl. color. (30 fr.).

2108. (LEVACHER DE CHARNOIS, J.-Ch.) Recherches sur les costumes et sur les théâtres de toutes les nations tant anciennes que modernes. Ouvrage utile aux peintres, etc. — Paris, 1790, 2 vol. in-4, avec 56 pl. au lavis, dont 45 en couleur, dess. par Chéry et grav. par Alix (40 fr.); — 2° édit., *ibid.*, 1802, 2 vol. in-4, fig. (15 à 20 fr.).

Publication qui est restée inachevée.

2109. SPALART (Rob. von). *Versuch über das Kostüm der vorzüglichsten Völker*, etc. (publié par Ign. Albrecht et continué par J. KAISERER).—Vienne, 1796-1811, 8 vol. gr. in-8, et atlas in-fol. de 590 pl. (publié à 135 fr., avec pl. noires, et à 290 fr., avec pl. color.; se vend moitié moins); — trad. en franç. (par L. de Jaubert et M. Breton) : Tableau historique des costumes, des mœurs et des usages des principaux

peuples de l'antiquité et du moyen âge; Metz, 1804-9, 7 vol. in-8, et atlas in-4 obl., pl. noires ou color. (non terminé; 150 à 200 fr.).

2110. NICOLAI (Fr.). *Ueber dem Gebrauch der falschen Haare und Perücken in alten und neuern Zeiten.* — Berlin, 1801, gr. in-8, avec 66 fig. gr. s. c. sur 17 pl. (3 fr.); — trad. en franç. : Recherches historiques sur l'usage des cheveux postiches et des perruques, dans les temps anciens et modernes.—Paris, s. d. (1809), in-8, fig.

2111. Costumes de tous les peuples connus, avec une notice succincte de leurs mœurs et de leurs religions, etc. — Leipzig, 1802-3, 2 part. in-4, fig.

2112. Recueil des habillements anciens et modernes, de différentes nations d'après les dessins de Holbein, de Rubens, de Van Dyck, et de quelques autres, à l'usage des dessinateurs, des peintres, et particulièrement des théâtres. — *Sammlung von Trachten*, etc. (Publié par F. H.) (texte franç. et allem.) Leipzig, s. d. (1805), in-4, avec 32 pl. gr. s. c.

Exécution au-dessous du médiocre.

2113. *Costumes, being picturesque representations of the dress and manners*, etc. — Costumes, ou représentation pittoresque des vêtements et habitudes de la Suisse, de l'Autriche, de la Chine, de la Russie, de la Turquie et de l'Angleterre, etc. — Londres, 1814-15, 7 vol. gr. in-8, fig. color.

2114. FERRARIO (Jules). Le Costume ancien et moderne, ou histoire du gouvernement, de la milice, de la religion, des arts, sciences et usages, de tous les peuples anciens et modernes déduits des monuments, etc. — Milan, (1815-) 1816-27 (et aussi 1827-29), 13 t. en 17 vol. gr. in-4, avec 1414 cartes et planches (publié en 143 livr., au prix de 1716 fr., avec fig. noires, et à 2288 fr., sur pap. vél., avec fig. color.; se vend 200 à 300 fr., et 600 à 800 fr.). = Edit. avec texte ital. : *Il Costume antico e moderno*, etc.; *ibid.*, 1815-27, 17 vol. gr. in-4, fig. — *Indice generale; ibid.*, 1829, gr. in-4 (t. XVIII de la collection);—*Aggiunte e Rettificazioni*, etc.; *ibid.*, 1831-34, 3 vol. gr. in-4, fig. (publié en 21 livr., au prix de 253 fr. avec pl. noires, et à 336 fr., avec fig. color.; forment les t. XIX-XXI de la collection); — 2° édit., rev. et augm.; Florence, 1823-38, 28 t. en 33 vol. gr. in-8, fig. (publié à 273 fr. avec fig. noires, et à 364 fr. avec fig. color.; cette édit. ne reproduit que les 20 premiers vol. de la préc.); — réimpr., Livourne, 1830 et suiv., 100 vol. in-16, fig., et Naples, 1831-42, 21 vol. in-8.

« Que de choses dans un menuet ! » disait un danseur célèbre. — « Que de choses dans le costume », nous dit à son tour le docteur Ferrario ! Rien ne rachète cette indigeste compilation, pas même les gravures au-dessous de toute critique. Par quel miracle, ce livre si inutile et si lourd conserve-t-il encore dans le commerce quelque valeur ? Serait-ce en raison du nombre des volumes ? *Stat mole suâ* !

2115. EYRIÈS (J.-B.-Benj.). Costumes, mœurs et usages de tous les peuples. Suite nombreuse de gravures coloriées, avec leurs explications par E.. — Paris, Gide, s. d. (1821-27), 8 part. gr. in-8, fig. (50 à 80 fr.).

Voici la composition de ce recueil : 1º Angleterre (1 vol., avec 24 pl.); — 2º Autriche (1 vol., avec 24 pl.); — 3º Chine (1 vol., avec 24 pl.); — 4º Espagne (2 vol., avec 36 pl.); — 5º France (1 vol., avec 18 pl.); — 6º Russie (1 vol., avec 24 pl.); — 7º Suisse (3 vol., avec 63 pl.); — 8º Turquie (1 vol., avec 24 pl.).

Chacune des séries de cette collection, à l'exception de l'*Espagne* et de la *France*, a aussi été publiée dans le format in-18.

2116. FOSBROKE (Thomas-Dudley). *Synopsis of ancient costume, egyptian, greek,* etc. — Le Costume ancien, égyptien, grec, romain, breton, anglo-saxon, normand et anglais. Extrait de sa *Encyclopedia of Antiquities,* etc. — Londres, 1825, in-4, avec 71 fig.

Voici le titre de l'ouvrage dont le traité ci-dessus est extrait : *Encyclopedia of Antiquities, and elements of Archæology, classical and medieval ;* Londres, 1823-25, 2 vol. in-4, fig.; — nouv. édit., *ibid.*, 1843, 2 vol. gr. in-8, avec 107 pl.

2117. BONNARD (Camillo) & MERCURI (Paolo). *Costumi ecclesiastici, civili e militari de' secoli XIII, XIV e XV, raccolti da C. B.., ed accompagnati da un testo istorico e descrittivo* (en ital. et en franç.). — Rome, 1827-28, 2 vol. in-4, avec 98 et 100 pl. color.; — édit. franç. : Costumes des XIIIᵉ, XIVᵉ et XVᵉ siècles, extraits des monumens les plus authentiques de peinture et de sculpture (dessinés et gravés par Paul Mercuri), avec un texte historique et descriptif par C. B. Première édition française; Paris, 1828 (ou 1829)-36 (nouveau titre 1845-46), 2 vol. gr. in-4, avec 200 pl. (publié à 200 fr. avec pl. noires; à 400 fr., pl. color. teinte plate; à 600 fr., pl. color. avec soin; se vend la moitié de ces prix); — nouv. édit. : Costumes historiques italiens, français et allemands des XIIᵉ, XIIIᵉ, XIVᵉ et XVᵉ siè-

cles, dessinés et gravés par Mercuri, avec un texte historique et descriptif par Camille Bonnard. Nouvelle édition soigneusement révisée, avec une introduction par M. Charles BLANC ; *ibid.*, A. Lévy, 1859-63, 3 vol. gr. in-4, avec 200 pl. color. — 250 fr.

Presque toutes les gravures sont de Mercuri, c'est-à-dire d'un artiste du talent le plus fin, et dont la précision est admirable. Elles ont été coloriées avec beaucoup de soin, et les costumes qu'elles reproduisent proviennent des monuments les plus authentiques. — Une table analytique nous donne la classification complète, non seulement de ces costumes et de leur époque, mais de tous les détails relatifs aux mœurs et aux usages pendant trois cents ans.

2118. LANTÉ (& DE LAMESANGÈRE). Costumes des femmes de Hambourg, du Tyrol, de la Hollande, de la Suisse, de la Franconie, de l'Espagne, du royaume de Naples, etc., dessinés, la plupart, par M. Lanté, gravés par M. Gatine, et coloriés. Avec une explication pour chaque planche (par de Lamesangère). — Paris, 1827, gr. in-4, 41 pp., et 100 pl. color., auxquelles on trouve souvent ajoutées d'autres planches portant les nᵒˢ 1, 19, 51, 52, 58, 81, 82, etc. (40 à 50 fr.).

2119. WAGNER (H.). *Trachtenbuch des Mittelalters,* etc. — Costumes du moyen âge. Recueil d'habillements, d'armures, de meubles, d'instruments, etc. Dessinés et lith. d'après les monuments de l'époque. — Munich, 1830-34, 6 livr. in-fol. obl., avec 48 pl.

2120. MENIN (L.). *Il Costume di tutte le nazioni e di tutti i tempi descritto ed illustrato,* etc. — Padoue, 1833, 1ʳᵉ partie, gr. in-fol., avec 100 pl. (15 fr.).

2121. *Costümbuch für Künstler. Sammlung der interessantesten Gegenstände des Costüms aller Zeiten und Völker der christlichen Zeitrechnung herausg. von einem Verein von Künstlern.* — Costumes pour les artistes. Collection des costumes les plus intéressants de toutes les époques et de tous les pays, depuis l'ère chrétienne, publiée par une société d'artistes. — Dusseldorf, 1839, gr. in-4, 24 eaux-fortes (6 à 8 fr.).

2122. HEFNER (-ALTENECK) (J.-H. von). *Trachten des christlichen Mittelalters,* etc. (publié par J.-H. v. H.., avec la collaboration de plusieurs savants). — Mannheim (puis Francfort), 1840-54, 3 vol. gr. in-4, avec 96, 180 et 170 pl. (publié en 70 livr., au prix de 130 fr. avec fig. noires, et de 1225 fr.,

avec pl. color.). = Edit. avec texte
franç. : Costume du moyen âge chrétien, d'après des monuments contemporains, etc. — Manheim et Francfort,
1840-54, 3 vol. gr. in-4, fig. (publié à
140 fr. avec fig. noires, et à 1400 fr. avec
fig. color.; se vend 50 fr., et 300 fr.).

L'ouvrage est ainsi divisé : I. Des commencements du moyen âge jusqu'à la fin du XIII° siècle ;
II. XIV° et XV° s.; III. XVI° s.

2123. SHAW (H.). *Dresses and Decorations of the middle ages*, etc. — Costumes et décorations du moyen âge,
depuis le VII° jusqu'au XVII° siècle,
avec descriptions historiques, etc. —
Londres, 1843, 2 vol. gr. in-8, avec gr.
s. b. et pl. gr. s. c., color. (120 à 140 fr.;
gr. pap., pl. rehaussées d'or, 500 à
600 fr.;—l'exempl. unique de l'artiste,
avec pl. color. à la main, a été offert
par le libraire Quaritch, de Londres,
en 1874, au prix de 5000 fr.).

Publication qui jouit d'une juste célébrité. Les
exemplaires en grand papier sont de beaucoup
supérieurs à ceux sur papier ordinaire, en raison
du soin apporté au coloriage de planches. On a
fait récemment une nouvelle édition du grand
format, sur papier très-luisant, et avec le titre
de 1843 réimprimé. — Voir aussi le n° 2067.

2124. WAHLEN (Aug.). Mœurs, usages
et costumes de tous les peuples du
monde d'après les documents authentiques et les voyages les plus récents, etc.
— Bruxelles, 1843-44, 4 vol. gr. in-8,
avec 200 fig. color. (80 fr.).

2125. *The Book of Costume*, etc. — Le
Livre du costume, ou Annales de la
mode depuis les temps les plus anciens
jusqu'à l'époque actuelle, par une dame
de qualité. — Londres, 1846, in-8, fig.;
— nouv. édit., *ibid.*, 1847, gr. in-8,
avec 200 grav. s. b.

2126. *Das Buch der Ritterorden. Abbildung und Beschreibung der Insignien
aller Ritterorden, militair- und civil-
Ehrenzeichen, Medaillen*, etc. — Le
Livre des ordres de chevalerie, ou représentation et description de tous les ordres de chevalerie et insignes militaires
et civils, médailles, etc., avec un choix
de costumes remarquables.— Bruxelles,
1846-48, in-8 (en 24 livr.), avec 82 grav.
s. b. color.; — 2° édit., complétée jusqu'en 1853; *ibid.*, 1852-56, in-8 (en 26
livr.), avec 100 (?) grav. s. b. color. (publié à 65 fr.; édit. de luxe : 98 fr.).

2127. Costume du moyen âge, d'après les
manuscrits, les peintures et les monuments contemporains, précédé d'une
dissertation sur les mœurs et les usages
de cette époque. — Bruxelles, (1846-)
1847, 2 vol. gr. in-8, 164 pl. grav. s. b.
et color. (30 fr.).

Ouvrage curieux et fait avec soin.

2128. ALLOM (Thomas) & REEVE
(Emma). *Character and Costume of
Turkey and Italy*, etc. — Mœurs et
costumes de la Turquie et de l'Italie,
dessinés et gravés d'après nature par
Th. A.., avec un texte descriptif par
E. R.. — Londres, s. d. (v. 1850?),
in-fol., avec 21 pl. lithogr. (15 fr.).

2129. SERÉ (Ferd.). Histoire du costume
et de l'ameublement en Europe, et des
arts et industries qui s'y rattachent, par
F. S.., avec la collaboration d'Aug. Racinet, et celles de Ch. Louandre et
Champollion-Figeac (pour le texte). —
Paris, 1852 et suiv., gr. in-4, fig.

Cet ouvrage, destiné à faire suite à celui publié
par F. Seré et P. Lacroix (voy. le n° 1939), et interrompu après le décès de l'éditeur, a été repris par
M. Louandre, sous ce titre : *Les Arts somptuaires* (voy. le n° 1940).

2130. WEISS (Herm.). *Geschichte des
Kostüms*, etc. — Histoire du costume.
Les vêtements, l'ameublement et les
ustensiles des principaux peuples de
l'hémisphère boréal. 1° partie : Histoire du costume des principaux peuples
de l'antiquité. I. Afrique. — Berlin,
1853, gr. in-8 (5 fr.).

N'a pas été continué.

2131. WEISS (Herm.). *Kostümkunde.
Handbuch der Geschichte der Tracht,
des Baues und des Geräthes*, etc.—La
Science du costume. Manuel de l'histoire du costume, de l'ameublement et
des ustensiles depuis les temps les plus
anciens jusqu'à nos jours, par Hermann
Weiss, professeur à l'Académie royale
des Beaux-Arts de Berlin. Avec illustrations d'après les dessins de l'auteur. —
Stuttgart, Ebner et Seubert (1856-) 1860-
1872, 5 parties en 3 vol. gr. in-8, fig.
s. b. et s. c. — 75 fr.

Le t. 1er (en 2 part.) renferme l'antiquité classique: le t. II, le moyen âge du IV° au XIV° siècle;
le t. III (en 2 part.) comprend tout l'espace de
temps du XV° siècle jusqu'à nos jours.

Ce livre-là n'est pas fait pour plaire aux yeux.
Comparez-le à cet autre beau livre, le *Mobilier
français*, son infériorité sera marquée. Et cependant il mérite toute notre attention par l'exactitude, la richesse des informations; c'est un
vaste magasin abondamment pourvu.

2132. Le Costume ancien et moderne,
mœurs, usages et habillements civils,
militaires et religieux de tous les peuples du monde, depuis le moyen âge
jusqu'à nos jours. — Bruxelles, 1860,
gr. in-8, avec 400 grav. s. b. color.

2133. KRETSCHMER (Alb.) & ROHR-
BACH (Dr Carl). *Trachten der Völker,*
etc. — Costumes des peuples depuis les
premiers temps historiques jusqu'au
XIXe siècle par A. K.., costumier du
théâtre royal de Berlin, et le D^r. C. R..
— Leipzig, Bach, (1860-) 1864, in-fol.
(en 20 livr.), avec 100 lith. color. —
225 fr.

C'est le livre d'un costumier et il peut être
utile, mais aux costumiers seulement.

2134. FALKE (J.). *Zur Costümge-
schichte des Mittelalters.* — Histoire
du costume au moyen âge. — Vienne,
Prendel et Meyer, 1861, gr. in-8, 46 pp.
et 156 grav. s. b. — 3 fr. 75.

2135. JACQUEMIN (Raphaël). Iconographie générale et méthodique du costume
du IVe au XIXe siècle (315-1815). Collection gravée à l'eau-forte, d'après des
documents authentiques et inédits, par
R. J.., peintre, avec introduction et
table méthodique. — Paris, l'auteur,
(1863-1869), in-fol. (en 50 livr.), avec
200 pl. — 150 fr. édition en] bistre ;
300 fr. édit. color. au pinceau.

Les planches rangées dans l'ordre chronologique sont empruntées à trois époques : les temps
anciens, le moyen âge, la période moderne de
1500 à 1815, et un appendice consacré aux Orientaux (XVe-XIXe s.).

Il n'y a rien de séduisant dans les planches de
M. Jacquemin. Ses eaux-fortes sont brutales,
mais quelle franchise ! C'est de la fresque. Son
recueil est préférable aux publications un peu
mignardes dont le costume a été si souvent
l'objet.

2136. DUPLESSIS (Georges) et LECHE-
VALLIER-CHEVIGNARD (E.). Cos-
tumes historiques des XVIe, XVIIe et
XVIIIe siècles, dessinés par E. Leche-
vallier-Chevignard, gravés par A. Didier,
L. Flameng, Fr. Laguillerme, etc.,
avec un texte historique et descriptif
par M. G. Duplessis, de la Bibliothèque
impériale. Ouvrage faisant suite aux
*Costumes des XIIe, XIIIe, XIVe et
XVe siècles, dessinés et gravés par
Paul Mercuri, et commentés par* Camille
Bonnard. — Paris, A. Lévy (1864-)1873,
2 vol. in-4, avec 149 pl. en couleur. —
Publiés en 75 livr. : 250 fr. ; sur pap.
de Holl. (tiré à 50 ex.) : 400 fr. — Voir
aussi le n° 2117.

Charmant recueil, dirigé avec goût, exécuté
avec talent. M. Georges Duplessis, l'homme de
notre temps qui connaît le mieux l'histoire de la
gravure et des graveurs, nous a donné un texte
attrayant et instructif.

2137. PAUQUET. Modes et costumes
historiques, dessinés et gravés par Pauquet frères, d'après les meilleurs maîtres de chaque époque et les documents
les plus authentiques. — Paris, Pauquet ; Pincebourde, s. d. (1864), in-4,
96 pl. grav. s. c. et color., sans autre
texte qu'une table. — 100 fr.

Joli recueil.

2138. KÖHLER (Karl). *Die Trachten
der Völker in Bild und Schnitt,* etc.
— Le Costume des peuples, aspect et
coupe. Exposé historique et technique
de la manière de se vêtir depuis les
temps les plus reculés jusqu'au XIXe siècle ; pour servir de supplément à tous
les ouvrages publiés sur les costumes,
à l'usage des artistes, des peintres, des
costumiers et des savants, par Ch. Köhler, peintre d'histoire. — Dresde (Moden-
zeitung), 1871-73, t. I à III, in-8, fig.
planotyp. — 1 fr. 50 la livr.

Il n'a encore paru que onze livraisons de cet
ouvrage. Le t. Ier est consacré aux peuples de
l'antiquité (136 pp. de texte) ; — le t. II embrasse
le moyen âge (359 pp.) ; — le t. III, en cours de
publication, renfermera les temps modernes.

2139. BLANC (Charles). L'Art dans la
parure et dans le vêtement, par Ch.
Blanc, membre de l'Institut, ancien directeur des beaux-arts. — Paris, Loones,
1875, gr. in-8, fig. — 10 fr.

Nous avons ici le complément d'un livre devenu célèbre, la *Grammaire des arts du dessin.*
Ce complément a pour objet l'application des
règles de cette grammaire aux arts purement
décoratifs et surtout à l'ornement dans le vêtement et la parure. C'est la première partie d'un
grand travail d'ensemble, dont la seconde partie sera consacrée à étudier l'ornement de la
maison, et la troisième, la décoration des édifices publics.

Par quelle bizarrerie, se dit l'auteur, notre époque, si vivement préoccupée des arts décoratifs,
a-t-elle oublié l'objet le plus digne d'être orné,
la figure humaine ? Comment ! vous songez à
l'ornementation des choses et vous oubliez celle
des personnes ! L'art du bijoutier, du verrier, de
l'émailleur, etc., figurent sur votre liste, et vous
omettez l'art de composer une coiffure, l'art
d'adapter une étoffe à la beauté vivante ! — Il
y avait là une lacune, et M. Charles Blanc s'est
chargé de la combler.

L'entreprise n'était point aisée. Que de gens
seraient embarrassés s'il leur fallait disserter savamment et agréablement sur le corselet de faille
ou la robe à traîne ! Ici la délicatesse féminine et
le goût de l'artiste se sont rencontrés. L'excellente
plume de M. Charles Blanc se joue de toutes les
difficultés. Elle a ce privilége : enseigner sans
ennuyer !

2140. PAUQUET. Modes et costumes historiques étrangers, anciens et modernes, dessinés et gravés par Pauquet frères, d'après les meilleurs maîtres de
chaque époque et les documents les plus
authentiques. — Paris, Pauquet, s. d.
(1875), in-4, 96 pl. gr. s. c. et color.,
sans autre texte qu'une table chronologique. — 100 fr.

Pendant de l'ouvrage décrit ci-dessus, n° 2137.

2141. RACINET (A.). Le Costume historique. Cinq cents planches, trois cents en couleurs, or et argent, deux cents en camaïeu. Types principaux du vêtement et de la parure rapprochés des types de l'intérieur de l'habitation, dans tous les temps et chez tous les peuples, avec de nombreux détails sur le mobilier, les armes, les objets usuels, les moyens de transport, etc. Recueil publié sous la direction de M. A. Racinet, auteur de l'*Ornement polychrome*, avec des notices explicatives et une étude historique.—Paris, Firmin-Didot, 1876 (-1877), livr. 1 à 3, in-fol., et in-4.

Précieuse collection ethnographique, livre de luxe, de science et d'art. Nous ne connaissons rien d'aussi fidèle comme reproduction, surtout pour ce qui concerne l'Orient et les contrées lointaines. Profitant des documents fournis par les photographies des voyageurs, par les expositions de l'Union centrale des beaux-arts appliqués à l'industrie et par celle des sciences géographiques, M. Racinet, pour chaque nation et chaque race, a serré d'aussi près que possible la réalité, et il pourrait ajouter à son titre celui de *Liber veritatis*. Quel grand, quel magnifique ouvrage ce serait que la *Géographie* de M. Reclus, illustrée par le *Costume historique* de M. Racinet !

L'ouvrage entier formera six volumes de 400 pages, dont cinq de planches — à cent planches, avec notices, par volume — et un de texte. Il paraîtra en vingt livraisons. — Prix de souscription : 12 fr. la livr. de l'édit. in-4; 25 fr. la livraison, de l'édition de luxe, in-fol.

b. Costumes religieux.

2142. AMMAN (Jost). *Cleri totius Romanæ Ecclesiæ subiecti, seu Pontificiorum ordinum omnium omnino utriusque sexus, habitus, artificiosissimis figuris..... nunc primum a Iudoco Ammanno expressi: neque unquam antehac similiter editi*, etc. — Francofurti, 1585, in-4, 114 ff., avec 102 fig. s. b. (80 à 120 fr.);—édit. avec texte allem. par J.-A. Lonicer : *Stand und Orden der heiligen römischen catholischen Kirchen*, etc.; *ibid.*, 1585, in-4, 116 ff., avec 102 fig. (80 à 100 fr.); — nouv. édit., avec texte latin et allem.; *ibid.*, 1661, in-4, fig.

2143. FIALETTI (Odoardo). *Degli Abiti delle religioni, con le armi, e breve descrittion loro*, etc. — Venise, 1626, in-4, 74 pl. grav. à l'eau-forte (30 à 40 fr.); — trad. en franç. par Dufresne : Briefve histoire de l'institution des ordres religieux, avec les figures de leurs habits, gravés sur le cuivre par Odoart Fialetti, Bolognois (texte franç. et italien); Paris, 1658, in-4, 72 pl. (20 à 40 fr.); — autre édit. franç. : Histoire de l'institution des ordres religieux

dispersés par tout le monde (texte franç. et ital.); *ibid.*, 1680, in-4, 72 pl.

2144. MOLINET (le P. C. Du). Figures des différents habits des chanoines réguliers en ce siècle. Avec un discours sur les habits anciens et modernes des chanoines tant séculiers que réguliers. — Paris, 1666, in-4, front. et 31 pl. grav. (10 fr.).

2145. SCHOONEBEEK (Adrien). *Afbeeldingen der eygene dragten van alle geestelyke orders*, etc. — Amsterdam, 1688, in-8, avec 73 pl.; — trad. en franç. : Courte et solide histoire de la fondation des ordres religieux... avec les figures de leurs habits gravées par A. S..; *ibid.*, 1688, in-8 (10 à 15 fr., et le double en gr. pap.). = *Afbeeldingen der eygene dragten van alle geestelyke vrouwen en nonnen orders*, etc.; — Amsterdam, 1691, in-8, avec 90 pl.; — trad. en franç. : Courte description des ordres des femmes et filles religieuses... avec les figures de leurs habits gravées par A. S..; *ibid.*, s. d. (1691), in-8, front. et 86 fig. (20 à 30 fr., et le double en gr. pap.). = (Refonte des deux ouvrages précédents :) Histoire des ordres religieux de l'un et de l'autre sexe... et les figures de leurs habits, gravez par A. S.. Deuxième édition, augmentée de 80 figures. — *Ibid.*, 1695, 2 vol. pet. in-8, fig. (40 à 50 fr., et plus en gr. pap.).

2146. (HELYOT, P.). Histoire des ordres monastiques, religieux et militaires, et des congrégations séculières de l'un et de l'autre sexe, etc. (par le Père Helyot, continuée, à partir du t. VI, par le P. Maxim. BULLOT). — Paris, 1714-1719, 8 vol. in-4, avec 806 pl. (200 fr. et plus); — nouv. édit., *ibid.*, 1721, 8 vol. in-4, fig. (100 fr.); — nouv. édit., corr.; *ibid.*, 1792, 8 vol. in-4, avec 812 fig. (30 fr., et plus avec fig. color.); — 3° (4°) édit., revue et corr.... et enrichie de plus de 800 figures gravées d'après les dessins de M. Bouillon; *ibid.*, 1829 et suiv., 10 vol. in-8; — nouv. édit. : Histoire complète et costumes des ordres monastiques,.... avec notices, annotations et complément par V. Philipon de la Madeleine; Guingamp, 1838, 8 vol. gr. in-8; — trad. en allem. (par J.-J. Schwabe) : *Ausführliche Geschichte aller geistl. und weltl. Klöster- und Ritterorden*; Leipzig, 1753-56, 8 vol. in-4, fig. = (Les Abrégés :) Histoire du clergé régulier, etc.—Amsterdam, 1716, 4 vol. in-8, fig. (40 fr., et plus en gr. pap.).

= Histoire des ordres militaires, etc. — Amsterdam, 1721, 4 vol. in-8, fig. (40 fr. et plus en gr. pap.). = Histoire abrégée et costumes coloriés des ordres monastiques........, d'après le R. P. Helyot. — Paris, s. d. (v. 1830), 2 vol. in-4, avec 100 pl. color. (40 fr.); — nouv. édit., revue, corr. et disposée dans un meilleur ordre, etc.; *ibid.*, 1837, 2 vol. in-4, fig.

Ouvrage très-recherché et très-précieux pour les artistes qui trouvent ici tout ce qu'ils peuvent désirer connaître du costume clérical que de nombreuses planches font passer sous leurs yeux.

2147. MAILLART (Ph.-J.). Collection de costumes de tous les ordres monastiques supprimés à différentes époques dans la ci-devant Belgique, etc. — Vilvorde, s. d. (1811), in-4, titre et 132 pl. color. (60 fr.).

Rare et peu connu.

2148. PINELLI (Bart.). *Raccolta di costumi degl' ordini religiosi.* — Rome, 1828, in-4, 60 pl. color., sans texte (30 fr.).

2149. GUICCI (G.). *Iconografia storica degli ordini religiosi e cavalereschi*, etc. — Rome, 1838-43, 6 vol. in-fol., avec 287 pl. (80 fr.).

2150. CIBRARIO (Luigi). *Descrizione storica degli ordini religiosi, compilata sulle opere di Bonani, d'Helyot, di Tiron ed altre sì edite che inedite*, etc. — Turin, 1845, 2 vol. gr. in-8, avec pl. color. (40 fr.).

2. *Costumes spéciaux aux différents pays.*

a. Allemagne, Autriche, Hongrie et Suisse.

2151. DULLER (E.). *Das deutsche Volk in seinen Mundarten, Sitten, Gebräuchen, Festen und Trachten*, etc. — Le Peuple allemand, ses idiomes, mœurs, usages, fêtes et costumes. — Leipzig, 1847, gr. in-8, avec 50 pl. color. de costumes (10 fr.).

2152. FALKE (Jacob). *Die deutsche Trachten- und Modenwelt*, etc. — Histoire du costume et de la mode en Allemagne. Documents pour servir à l'histoire de la civilisation. 1re partie. L'antiquité et le moyen âge. 2e partie. Les temps modernes. — Leipzig, 1858, 2 vol. in-8 (4 à 5 fr.).

2153. KRETSCHMER (Albert). *Deutsche Volkstrachten*, etc. — Costumes du peuple en Allemagne, dessinés d'après na-

ture, avec un texte explicatif. — Leipzig, Bach, (1865-)1870, gr. in-4 (en 22 livr.), VIII-146 pp. et 88 chromolith. — 230 fr.

———

2154. LIPOWSKY (Félix.-Jos.). *Sammlung bayerischer National-Costume*, etc. — Recueil des costumes nationaux de la Baviere, avec un texte historique. —Munich, s. d. (v. 1812), in-fol., avec 48 pl. color.

2155. Modes de la ville d'Augsbourg. — Augsbourg, J.-G. Merz, s. d. (   ), in-4, titre et 36 fig. color.

2156. THAETER (Julius). *Deutsche (Nürnberger) Trachten aus dem sechzehnten Jahrhundert*, etc. — Costumes allemands à Nuremberg au seizième siècle. — S. l., 1827, 6 pl. grav. in-4.

2157. VÖLLINGER (Jos.). *Grossherzoglich Badisches Militair*, etc. — L'Armée du grand-duché de Bade. Dessiné d'après nature et lithogr. par J. V.., etc. —Carlsruhe, 1824, in-fol., 30 pl. color. et table.

2158. BADER (J.). *Badische Volkssitten und Trachten*, etc. — Mœurs populaires et costumes dans le grand-duché de Bade. — Karlsruhe, 1843, 4 livr. in-8, avec fig. sur acier et pl. color.

2159. VALERIO (Th.). Costumes du grand-duché de Bade et des bords du Rhin, par V.. — Paris, s. d. (v. 1843), in-fol., 36 lith., sans texte.

2160. SUHR (C.). La Regratterie de Hambourg, représentée en 120 fig. colorées par le prof. S.. — Hambourg, 1808, gr. in-8 (25 fr., et plus sur pap. vélin); — édit. avec texte allem. : *Der Ausruf in Hamburg*, etc.; *ibid.*, 1808, gr. in-8.

2161. SUHR (C.). Costumes de Hambourg, dessinés et gravés par le prof. C. S.. — S. l. (Hambourg), 1812, in-fol., 45 pl. color. (25 fr.).

On cite encore, de cet artiste, deux recueils portant le même titre, dont l'un publié en 1808, et consistant en un titre, une table, et 36 pl. color., avec un texte allemand et français, et l'autre publié en 1822, en 36 pl. également, avec des explications en anglais, français et allemand. Ce sont probablement les mêmes planches.

2162. BUEK (F.-Georg) & BEER (C.). *Album Hamburgischer National-Costüme*, etc. — Album des costumes nationaux des Hambourgeois, dessinés d'après nature et lithographiés par C. B.. Avec un texte par F.-G. B.. — Hambourg, (1843-) 1847, gr. in-8, pl.

color. (publié en 48 livr., au prix de 60 fr.).

2163. *Das preussische Heer unter Friedrich Wilhelm IV*, etc. — L'Armée prussienne sous le règne de Frédéric-Guillaume IV, particulièrement par rapport aux costumes et à l'armement actuels des troupes de toute arme. — Berlin, 1843-45, in-fol., liv. I à VI, avec 36 pl. color. (publié à 90 fr.; se vend 40 à 50 fr.).

2164. SCHINDLER (C.-F.). *Militär-Album des königlich Preussischen Heeres*, etc.—Album des troupes royales de Prusse... Dessiné et lithographié par C.-F. S..., etc. — Berlin, Glück, 1862, gr. in-fol., 50 pl. color., sans texte.

2165. KRONBIEGEL (Karl-Fr.). *Ueber die Kleidertracht, Sitten und Gebräuche der altenburgischen Bauern*, etc. — Costumes, mœurs et usages des paysans d'Altenbourg, etc. — Altenbourg, 1793 (nouveau titre : 1801 ou 1806), in-8, avec 13 pl. grav. s. c., noires ou color.; — 3e édit., complétement remaniée par C.-F. Hempel; *ibid*., 1839 (ou 1840), gr. in-8, avec 10 nouvelles planches gr. s. c., noires ou color. (3 à 6 fr.).

2166. *Abbildung der Churfürstlich-Sächsischen Armee Uniformen*. — Représentation des uniformes de l'armée de l'électorat de Saxe. — Dresde, 1789 (ou 1799), in-8, 31 pl. color. = *Abbildung der Kursächsischen Armee-Uniformen*, etc. — Dresde, 1805-7, gr. in-fol. (en 4 livr.), grav. color. d'après les dessins du peintre Hess. = *Abbildung der neuorganisirten sächsischen Armee*, etc. — Costumes de l'armée saxonne depuis sa réorganisation. — Leipzig, 1811, in-4, 1re et 2e livr., avec 74 fig.

2167. BRAND (Ch.). *Zeichnungen*, etc. Études prises dans le bas peuple et principalement les cris de Vienne. — (Vienne), 1775, gr. in-fol., 40 pl. dessin. par C. B.., sans texte (20 fr.; pl. color., 50 fr.; un ex. sur vélin, vendu 450 fr.).

2168. *Bildungen des gemeinen Volks zu Wien*. Les Portraits du commun (sic) peuple à Vienne. — S. l. n. d. (fin du XVIIIe siècle), pet. in-4, 100 pl. grav. par Jacques Adam, sans texte.

Recueil gravé avec esprit et fort rare.

2169. *Schema aller Uniform der kaiserl. königl. Kriegsvölkern.* — Uniformes des armées autrichiennes. — Vienne, 1786, in-12, titre et 142 pl. color.

2170. MOLEVILLE (Bertr. de). *Costume of the hereditary States of the house of Austria*, etc. — Costumes des états héréditaires de la maison d'Autriche, représentés sur 50 gravures coloriées, avec descriptions par B. de M..., traduites par R.-C. Dallas (texte angl. et franç.). — Londres, 1804, gr. in-4, fig. (30 à 40 fr.).

2171. *Kleidertrachten der Kaiserl. König. Staaten.* Habillements des états de S. M. l'Empereur-Roi (texte allem.). —Vienne, Mollo. s. d. (v. 1808), in-4, avec 50 pl. color.

2172. PETTENKOFFER (A.) & STRASS-GSCHWANDTNER (A.). *Die k. k. österreichische Armée*, etc. —L'Armée impériale et royale d'Autriche... Dessiné et lithogr. par A. P... et A. S... —Vienne, s. d. (v. 1852), gr. in-fol., 36 pl. color., sans texte.

2173. ZANA. Divers Costumes des peuples du Tyrol.—Augsbourg, 1813, in-4, avec 16 grav. color.

2174. *The Costume of Illyria and Dalmatia.* — Les Costumes de l'Illyrie et de la Dalmatie. — Londres, 1824, 2 vol. in-4, avec 36 pl. color.

2175. HEIMBUCHER DE BIKESSY (J.). *Pannoniens Bewohner*, etc. — Costumes des habitants de la Hongrie, avec un texte par J. H. de B.. — Vienne, 1820, in-4, fig.

Planches très-bien exécutées et très-bien coloriées. Le texte n'a été tiré qu'à 200 exempl.

2176. VALERIO (Th.). Souvenirs de la monarchie autrichienne. Suite de dessins d'après nature gravés à l'eau-forte par Th. V.. — Paris, Goupil, s. d. (? 1855), 2 part. in-fol., 30 et 8 pl.

Tiré à 150 exempl.; les planches ont été détruites.

La première partie de cette publication inachevée offre les costumes de la Hongrie (30 pl.); la seconde, contient ceux des Frontières militaires.

Qu'est-ce que Théodore Valerio, si ce n'est le voyageur artiste par excellence, l'artiste voué à l'ethnographie, l'observateur sagace, habile à saisir les traits distinctifs d'une race et sachant les reproduire, comme peintre ou comme graveur, avec une très-grande vérité et une étonnante vigueur. À l'âge de quinze ans (1834), il entrait dans l'atelier de Charlet; deux ans après, il visitait l'Allemagne et l'Italie et rapportait de ses excursions un grand nombre de dessins, qu'il a lithographiés et exposés au salon de 1838. Dès le début de la guerre d'Orient, en 1852, il suit l'armée turque au milieu des principautés danubiennes, et parcourt la Hongrie, la Bosnie, la Croatie, la Slavonie, dessinant tout ce qu'il voyait et commençant ainsi une magnifique collection, qui appartient aujourd'hui à la bibliothèque de l'École des beaux-arts. Quatre-vingts aquarelles et cent croquis composent cette collection, qui rivalise avec la peinture à l'huile pour la puissance du coloris, et dont les eaux-fortes de Valerio, aussi excellent graveur que peintre, nous reproduisent fidèlement les mérites supérieurs.

2177. HOLBEIN (J.). Recueil de XII costumes suisses, civils et militaires, hommes et femmes, du xvie siècle, gravés d'après les dessins originaux du célèbre Jean Holbein qui se trouvent à la bibliothèque publique de la ville de Basle. — Publié par Chrétien de Méchel et se trouve chez lui à Basle, 1790, in-fol., front. et 13 pl. grav. à l'acquatinte (dont la 13e, ajoutée, manque souvent).

Ce recueil forme la troisième partie de l'*OEuvre de Jean Holbein... publié par Chrétien de Méchel.*

2178. Costumes suisses, contenant 28 figures d'après nature, coloriées avec soin. — Bâle, Ch. de Méchel, s. d. (   ), in-4 (30 à 50 fr.).

2179. PFEFFEL (Jean-André). Le Cabinet de toutes les modes d'habits, lesquels on porte dans le louable canton de Suisse qui s'appelle Zurich, gravés en taille-douce. — Augsbourg, J.-A. Pfeffel, s. d. (   ), in-fol., 43 pl. grav. par J. Wolf (30 fr.).

2180. VOLMAR. Collection de costumes des cantons de la Suisse, dessinés par Volmar. — Berne, Lamy, s. d., in-4, 16 pl. color.

2181. KÖNIG. Nouvelle Collection de costumes suisses d'après les dessins de F.-N. König (texte franç. et allem.). — Zurich, 1803, in-12, avec 40 pl. color.

2182. KÖNIG. Collection de costumes suisses, tirés du cabinet de M. Meyer d'Arau par K... — Unterseen, chez l'auteur, 1804, in-8, 24 pl. color. (30 fr.).

2183. REINHARD. Costumes suisses, dessinés par Hægy d'après les tableaux de Reinhard. Publiés par P. Birmann et Huber. — Bâle, s. d. (1810), in-fol., 44 pl. color. (publié à 480 fr.; vaut 120 à 150 fr.).

Très-bel ouvrage. Les figures, coloriées avec un soin particulier, imitent parfaitement les aquarelles originales.

2184. REINHARD. Costumes suisses d'après les dessins de R.. (texte franç. et angl.). — Londres, 1822, gr. in-8, avec 30 pl. color. (25 fr.).

2185. PINELLI (Bart.). *Raccolta di quindici costumi li più interessanti della Suizzera.* — Rome, s. d. (v. 1825), in-4, 15 pl.

2186. PINGRET (Ed.). Recueil de costumes suisses dessinés d'après nature et lithographiés par E. P.. — Paris, Engelmann, s. d. (v. 1826), in-4, 40 pl. col.

b. Angleterre. Écosse. Irlande.

2187. HOLLAR (Wenceslas). *Ornatus muliebris anglicanus, or the severall habits. of English Women,* etc. — L'Ornement anglais féminin, ou Costume des femmes anglaises, tant de la noblesse que du peuple, en 1640. — Londres, 1640, in-8, avec 26 eaux-fortes, sans texte (100 fr. et plus.). — Voir aussi le n° 2097.

2188. LAURON (M.). *The Cryes of the city of London drawne after the life.* Les Cris de la ville de Londres dessignez après la nature. *L'Arti communi che vanno per Londra* — S. l. n. d. (Londres, 1711), pet. in-fol., 74 pl. non chiffrées grav. par P. Tempest et J. Savage, avec légendes en angl., franç. et ital.; — 2e édit., Londres, Overton, s. d. (   ), pet. in-fol., 74 pl. gr. chiffrées. — Il y en a une copie par Boitard, avec pl. supplém.

2189. STRUTT (Jos.). *The Regal and Ecclesiastical Antiquities of England,* etc. — Antiquités royales et ecclésiastiques de l'Angleterre, offrant la représentation la plus authentique de tous les souverains anglais depuis Edouard le Confesseur jusqu'à Henri VIII, ainsi que de plusieurs grands personnages qui ont joué un rôle sous ces règnes, d'après les documents contemporains conservés dans les bibliothèques publiques et les cathédrales de la Grande-Bretagne, etc. — Londres, 1773, in-4, 60 pl., et supplément, 1792, in-4, 12 pl. (50 fr., et plus sur pap. fin, ou avec fig. sur chine); — nouv. édit., *ibid.*, 1777 ou 1793 (et le même suppl.), in-4, 72 pl. au bistre; — nouv. édit., revue et accompagnée de notes critiques et explicatives par J.-R. Planché; *ibid.*, 1842, gr. in-4, avec 72 pl. (80 fr., et plus avec pl. color.; édit. de luxe, dont il n'y a que 25 exempl., avec fig. rehaussées d'or et d'argent, en fac.-sim. des manuscrits : 200 fr. et plus).

2190. STRUTT (Jos.). *Horda Angelcynnan, or a complete view of the manners, customs, arms, habits,* etc. — Londres, 1774-76, 3 vol. gr. in-4, avec 157 pl. (250 fr. et plus) ; — trad. en partie en franç. (par Boulard) : Angleterre ancienne, ou tableau des mœurs, usages, armes, habillements, etc., des anciens habitants de l'Angleterre; c'està-dire des anciens Bretons, des Anglo-Saxons, des Danois et des Normands. Ouvrage traduit de l'anglois de Joseph Strutt, par M. B**, et pouvant servir de suite aux recueils de Montfaucon et de Caylus; Paris, 1789, 2 vol. in-4, dont le 1er contient le texte, et le 2°, 77 pl. grav. (30 fr.).

2191. STRUTT (Jos.). *A complete View of the Dress and habits of the people of England,* etc. — Tableau complet des costumes et vêtements des Anglais, depuis l'établissement des Saxons dans la Grande-Bretagne jusqu'au temps actuel; illustré de fig. gravées d'après les restes les plus authentiques de l'antiquité. — Londres, 1796-99, 2 vol. gr. in-4, avec 143 pl. color. (120 à 150 fr., et plus en gr. pap.);— nouv. édit., rev., corr. et augm. de notes critiques et d'éclaircissements par J.-R. Planché; *ibid.*, 1842, 2 vol. in-4, avec 153 pl. color. (150 fr.; édit. de luxe, dont il n'y a que 25 exempl., avec fig. rehaussées d'or et d'argent, publiée à 500 fr., se vend 350 fr.); — trad. en français : Tableau complet, etc.; Londres, 1797, gr. in-4, avec 68 pl. (il n'en a paru que ce premier volume).

2192. ATKINSON (John-Aug.). *A Picturesque Representation of the naval, military and miscellaneous costumes of Great Britain,* etc. — Représentation pittoresque des costumes des armées de mer et de terre, et autres, de la Grande-Bretagne, etc. (texte angl. et franç.). — Londres, 1807, in-fol., avec 50 pl. color. (60 fr.).

La seconde partie n'a pas paru.

2193. PYNE (W.-H.). *The Costume of Great Britain,* etc. — Le Costume de la Grande-Bretagne, dessiné, gravé et décrit par W.-H. P.. (texte angl. et franç.). — Londres, 1808, pet. in-fol., avec 60 pl. color. (100 fr.).

2194. SMITH (Ch.-Hamilton). *Ancient Costume of England,* etc. —Costumes de l'Angleterre [et de l'Irlande depuis le VIIe jusqu'au XVIe siècle], etc. — Londres, (1811-15), gr. in-4 (en 15 livr.) (et aussi in-fol.), 60 pl. color. (70 fr. et plus).

Peut servir de suite à l'ouvrage ci-dessous, no 2198.

2195. SMITH (Ch.-Hamilton). *Costume of the army of the British Empire,* etc. — Costumes de l'armée de l'Empire britannique, dessinés par un officier d'état-major, décrits par Ch. H. S.. — Londres, 1812, gr. in-4, fig.

2196. *Costume of the Army of the British Empire, according to the last regulations,* 1812. — Uniformes de l'armée de l'Empire britannique, conformes au dernier règlement en 1812. — Londres, 1813, pet. in-fol., avec plus de 75 pl. color.

2197. *Costume of the Army of the British Empire, according to the regulalations of 1814.*—Londres, 1814, in-4, fig.

2198. MEYRICK (Samuel-Rush) & SMITH (Ch.-Hamilton). *The Costume of the original inhabitants of the British Islands,* etc. — Le Costume des habitants primitifs des îles britanniques depuis les temps les plus reculés jusqu'au VIe siècle; suivi du costume des peuples goths des côtes occidentales de la Baltique, ancêtres des Anglo-Saxons et des Anglo-Danois, etc. — Londres, (1814-) 1815 (et aussi 1821), gr. in-4 (et aussi in-fol.), 24 pl. color. (30 fr., et plus en gr. pap.).

2199. (WALKER.) *The Costume of Yorkshire,* etc. — Les Costumes du comté d'Yorkshire; gravures en fac-simile des dessins originaux, etc. (texte angl. et franç. [par WALCKER]). — Londres, 1814, gr. in-4, 2 titres, 96 pp., 2 tables, front. et 40 pl. color. (30 fr., et plus en gr. pap., in-fol.).

2200. CARTER (John). *Specimens of English ecclesiastical Costume,* etc. — Spécimens du costume ecclésiastique en Angleterre, depuis les temps les plus anciens jusqu'au seizième siècle, tirés des sculptures, peintures et bronzes, qui sont encore dans le royaume. — Londres, 1817, in-8, fig.

Extrait de l'ouvrage de Fosbroke : *British Monachism.*

2201. HULL (E.). *Costume of the British Army in 1828.* — Londres, 1828, in-4, 1ʳᵉ livr., 9 pl. lith. par M. Ganci, d'après les dessins d'E. Hull.

2202. PLANCHÉ (J.-R.). *British Costume. A Complete History of the dress of the inhabitants of the British Islands*, etc. — Costume britannique : histoire complète du costume des habitants des îles britanniques. — Londres, 1834, in-12, fig.; — nouv. édit., *ibid.*, 1846, pet. in-8, fig. (3 fr.).

2203. MARTIN (Charles & Leopold). *The Civil Costume of England from the conquest to the present time*, etc. — Le Costume civil en Angleterre, depuis la conquête jusqu'au temps présent; dessiné d'après les tapisseries, les sculptures, les manuscrits, les portraits, etc., par C. M.., gravé à l'eau-forte par L. M.. — Londres, 1842, gr. in-4, avec 61 pl. color.

2204. MAC JAN (R.-R.) & LOGAN (James). *The Clans of the scotish Highlands*, etc. — Les Clans des montagnes de l'Écosse... leurs vêtements, leurs tartans, leurs armes, armoiries et occupations sociales, d'après les esquisses originales, par R. R. M'J.., avec un texte descriptif par J. L.., etc. — Londres, 1845-47, 2 vol. gr. in-fol., 72 pl. color. (300 fr.); — nouv. édit., *ibid.*, 1852, 2 vol. gr. in-4, avec 72 pl. color. (publié à 500 fr., et à 840 fr., en gr. pap. in-fol.; se vend 200 à 300 fr.).

2205. STOLBERG (John SOBIESKY) & STUART (Charles-Edward). *The Costume of the Clans*, etc. — Les Costumes des Clans, avec des observations sur la littérature, arts, manufactures, etc. — Edimbourg, 1845, gr. in-fol., 240 pp., avec 36 lith. (publié à 80 fr., avec pl. noires, et à 210 fr., avec pl. color.).

2206. FAIRHOLT (F.-W.). *Costume in England. A history of dress*, etc. — Le Costume en Angleterre. Histoire de l'habillement depuis les temps les plus anciens jusqu'à la fin du 18ᵉ siècle; augmentée d'un glossaire illustré des noms de tous les articles d'utilité ou d'ornement portés sur le corps; avec plus de 600 figures dessinées sur bois par l'auteur. — Londres, 1846, in-8, fig.; — nouv. édit., *ibid.*, 1860, in-8. — 20 fr.

2207. DAY (T.-A.) & DINES (J.-H.). *Illustrations of Mediæval Costume in England*, etc. — Illustrations du costume du moyen âge en Angleterre, d'après les mss. du Musée Britannique, de la Bibliothèque nationale de Paris,

etc. — Londres, s. d. (1851 et suiv.), in-4, front., titre gravé, 2 ff., 24 pp. et 19 pl. color.

c. Belgique et Hollande.

2208. MADOU (J.). Costumes belgiques, anciens et modernes, militaires, civils et religieux. — Bruxelles, 1830, in-4 (en 25 liv.), avec 124 pl. d'après Madou (pl. noires, 50 fr.; pl. color., 100 fr.).

2209. EECKHOUT (J.-J.) et MADOU (J.). Costumes du peuple de toutes les provinces des Pays-Bas, lithographiés par J.-J. E.. et J. M... — Bruxelles, 1825-28, gr. in-4, 10 livr. avec 40 pl. color.

2210. MADOU. Collection des costumes de l'armée belge en 1833. — S. l. n. d. (Bruxelles, 1833), in-fol. obl., 22 pl. color.

2211. MADOU. Collection de costumes du peuple des provinces de la Belgique. — Bruxelles, 1835, in-4, 28 pl. color.

2212. VIGNE (Félix de). Vade-mecum du peintre, ou Recueil de costumes du moyen âge pour servir à l'histoire de la Belgique et pays circonvoisins. — Bruxelles et Gand, 1835-40, 2 vol. gr. in-4, 195 fig. grav. et color. (100 fr.).

L'illustration de cet ouvrage a été tirée des manuscrits précieux des anciens ducs de Bourgogne.

2213. VIGNE (Félix de). Recherches historiques sur les costumes civils et militaires des Gildes et des corporations de métiers, leurs drapeaux, leurs armes, leurs blasons, etc., par F. de V.. Avec une introduction historique par J. Stecher. — Gand, s. d. (1847), gr. in-8, avec 35 pl. lith. et color. (10 fr.). = Mœurs et usages des corporations de métiers de la Belgique et du Nord de la France, pour faire suite aux Recherches, etc. — Gand, 1857, in 8, avec 34 pl. dont plus. color.

2214. VIGNE (F. de) et BUSSCHER (E. de). Album du Cortége historique des comtes de Flandre. Personnages et costumes dessinés par de Vigne, peintre d'histoire, avec texte historique et descriptif par E. de B.. — Gand, 1849, gr. in-8, avec 80 pl. (15 fr. pl. noires; 25 fr. pl. color.).

2215. SCHAEPKENS (A.). Choix de costumes de l'époque de Charles V à sa joyeuse entrée à Maestricht en 1520. — Bruxelles, 1851, in-fol., 11 pl. lith.

2216. KUYPER (J.). *Afbeeldingen*, etc. —Tableaux de l'habillement, des mœurs et des coutumes dans la république batave au commencement du XIXe siècle, etc. (texte franç. et holl.). — Amsterdam, Maaskamp, s. d. (1803-5), in-4, front. et 16 pl. color. grav. par L. Portman, d'après J. Kuyper et autres (30 fr.); — nouv. édit.: Tableaux... dans le royaume de Hollande....; *ibid.*, 1814, gr. in-4, 20 pl. color.

2217. STEMPLE (Miss). *Costumes of the Netherlands*. — Costumes des Pays-Bas. — Londres, 1817, in-4, 30 pl. col. d'après les dessins de Miss S.. (20 fr.).

2218. TEUPKEN (J.-F.). *Beschrijving hoedanig de koninklijke nederlandsche troepen en alle in militaire betrekking staande personen gekleed, geëquipeerd en gewapend zijn.*—Description des uniformes, équipements et armement des troupes royales des Pays-Bas et des personnes assimilées à l'etat militaire. — La Haye ('s Gravenhage) et Amsterdam, 1823(-26). in-fol., 69 pl. color., —nouv. édit. (?): *Beschrijving de kleeding, equipement,* etc.; Amsterdam, 1845, gr. in-4, 63 pl.

2219. GRUVEN (H.). Collection des costumes des provinces septentrionales du royaume des Pays-Bas, dessinés d'après nature par H. G.., lithogr. par Vallon de Villeneuve. — Amsterdam, 1828, in-4, 20 pl. color.

2220. Costumes des femmes de Hollande. Souvenirs. — Amsterdam, Fr. Buffa, s. d. (v. 1850), in-4, avec 17 cost.

2221. BING (V.) et BRAET VON UEBERFELDT. Costumes des Pays-Bas, dessinés d'après nature (texte franç. et holl.). — Amsterdam, 1857, gr. in-fol. (en 14 livr.), avec 56 pl. lith. en couleur (100 fr.).

   Belle publication, non indiquée dans la bibliographie française de Lorenz, et peu connue chez nous. — On y joint, des mêmes auteurs : *Mœurs et usages de la Hollande. Dessinés d'après nature par* V. B.. et B. v. U..; Amsterdam, 1860-61, 5 livr. gr. in-fol., avec 15 pl. color.

d. Espagne et Portugal. — Mexique.

2222. CRUZ (M. de la). *Coleccion de trajes de España. Dibujado por D.* Manuel de la Cruz, *y gravado por D.* Juan de la Cruz. — (Madrid, 1777), pet. in-fol., 62 pl. grav. à l'eau-forte, sans texte.

2223. *Coleccion general de los trages de España, segun se usan actualmente.*
— Madrid, s. d. (   ), pet. in-8, 112 pl. color. (40 à 50 fr.).

2224. *Los Gritos de Madrid.* — Madrid, s. d. (v. 1800), pet. in-8, 72 pl. color.

2225. *Delineations of the most remarkable costumes of the different provinces of Spain,* etc. — Représentation des principaux costumes de diverses provinces de l'Espagne, ainsi que des uniformes militaires, etc. — Londres, 1823, in-4, 40 pl. color.

2226. PIGAL (Edme-Jean). Collection de costumes des diverses provinces de l'Espagne, lithographiés d'après des dessins originaux par P..—Paris, s. d. (v. 1825), in-fol., 100 pl. color., sans texte.

2227. VILLEGAS (D. J.). *Album militar. Coleccion de uniformes del ejercito español pintados por D. J. V.., y litografiados por* V. Adam.— Madrid, 1846, in-4, 25 pl., sans texte.

2228. XIMENEZ. *Los Españoles pintados por si mismos,* etc. — Madrid, 1852, in-8, avec grav. s. b.

2229. BRADFORD (Rev. William). *Sketches of the country, character and costume in Portugal and Spain,* etc. — Esquisses du pays, du caractère et du costume en Portugal et en Espagne, prises pendant la campagne et sur le parcours de l'armée britannique en 1808 et 1809, etc. Gravées et coloriées d'après les dessins du Rév. W. B... (texte angl. et franç.). — Londres, 1809 (ou 1810), gr. in-fol., 39 pl. color. — (Supplément :) *Chronological and historical retrospect,* etc.; *ibid.*, 1813, gr. in-fol., avec 16 pl. de costumes militaires (les 2 part., 100 fr. et plus.) = Revue historique et chronologique des événements mémorables de la guerre dans la Péninsule, etc., (texte franç. et angl.). — Paris et Londres, 1813, gr. in-fol., 54 pl. color. (Même ouvrage que le précédent.)

2230. (LEVÊQUE.) *Costume of Portugal.* — Costumes du Portugal [par M. L..., illustrés par 50 gravures coloriées; avec une description des mœurs et usages de ce pays] (texte angl. et franç.). — S. l. n. d. (Londres, 1814), in-4, fig. (40 à 50 fr.).

2231. *The Costumes of Spain and Portugal.* — Costumes de l'Espagne et du Portugal. — Londres, 1824, in-4, 27 pl. color.

2232. LINATI (C.). Costumes civils, militaires et religieux du Mexique, dessinés d'après nature par C. L..., etc. — Bruxelles, Sattanino, s. d. (1828), in-4, avec 48 pl. color.

e. France.

2233. SAINT-IGNY (J. de). Le Théâtre de France contenant la diversitez des habits selon les qualitez et conditions des personnes. Dédié à messire Charles Perrochel seigneur de Grandchamp, etc. — Paris, Estienne Dauvel, 1629, in-4, 21 pl. s. c., grav. par Isaac Briot, d'après de Saint-Igny.

Brunet décrit imparfaitement ce recueil fort rare, aux mots *Briot* et *Perrochel*. Une description détaillée en a été donnée par M. Georges Duplessis, dans le *Peintre-graveur français* de Robert-Dumesnil, t. X, où l'on trouvera également une autre suite de costumes des mêmes artistes.

2234. SAINT-IGNY (J. de). Le Jardin de la noblesse françoise dans lequel ce (sic) peut cueillir leur manierre de vettements. — Paris, M. Tavernier, 1629, in-4, 18 pl. s. c., grav. par Abr. Bosse, d'après de Saint-Igny.

Cette suite, non moins rare que la précédente, est citée à tort por Brunet au mot *Perrochel*. Elle est très-bien décrite par M. Georges Duplessis dans son *Catalogue de l'œuvre de Abr. Bosse*, ainsi que d'autres recueils de costumes du même graveur.

2235. BOUCHARDON (Edme). Études prises dans le bas peuple, ou les Cris de Paris. — Paris, 1737-46, 5 part. gr. in-fol., 60 pl. grav. par le comte de Caylus, sans texte.

Types curieux, rendus avec bonheur.

2236. EISEN (Ch.). Nouveau Recueil des troupes qui forment la garde et la maison du Roy..... Dessiné d'après nature par E.., etc.—Paris, 1756, in-fol., front., dédicace et 13 pl. grav. par Lebas.

2237. LA RUE (P.-B. de). Nouveau Recueil des troupes légères de France, etc. —Paris, s. d. (? v. 1760), in-fol., front., dédicace et 12 pl. grav. s. c. d'après P.-B. de La Rue.

2238. MONTIGNY (de). Uniformes militaires, où se trouvent gravés en taille-douce les uniformes de la Maison du Roy, de tous les régiments de France, les drapeaux, étendards et guidons, avec la datte de leur création, et les différentes figures de l'exercice tant de la cavalerie que de l'infanterie. Dessiné et gravé par le sieur de M... —Paris, 1772, in-12, titre, 2 ff. (avertiss.), 4 portr.,

169 pl. numér., 1 pl. et 2 ff. (table), fig. noires ou color. (30 à 50 fr.).

Livre devenu fort rare.

2239. (MOLÉ.) Histoire des modes françaises, ou Révolution du costume en France, depuis l'établissement de la monarchie jusqu'à nos jours. Contenant tout ce qui concerne la tête du Français, avec des recherches sur l'usage des chevelures artificielles chez les anciens. — Paris, 1773, in-12.

2240. POISSON. Cris de Paris dessinés d'après nature par M. P..., etc. — Paris, s. d. (1774), in-8, 48 pl. grav. s. c., sans texte.

2241. FREUDENBERG (S.) et MOREAU le jeune (J.-M.). Suite (1re, 2e et 3e) d'estampes pour servir à l'histoire des mœurs et du costume des François (ou : des modes du Costume en France) dans le dix-huitième siècle. — Paris, Prault, 1775, 1777, 1783, gr. in-fol., avec 36 pl.; — nouv. édit. : Monument du costume physique et moral de la fin du XVIIIe siècle, ou Tableaux de la vie, ornées de figures dessinées et gravées par M. Moreau le jeune et par d'autres célèbres artistes ; Neuwied-sur-le-Rhin, 1789, gr. in-fol., avec 26 pl. (200 fr.).

La première édition de cette charmante suite de gravures de nos deux célèbres vignettistes est de toute rareté. Celle de 1789, dont le texte est attribué à Rétif de la Bretonne, est aussi peu commune; elle ne contient que les pl. 1, 4 et 13 à 36 de la précédente.

2242. (CHARPENTIER, Louis.) Essais historiques sur les modes et le costume en France. Nouvelle édition pour servir de supplément aux Essais historiques sur Paris, de Sainte-Foix. — Paris, 1776, in-12.

2243. Recueil général de coeffures de différents goûts, où l'on voit la maniere dont se coeffoient les femmes sous différens règnes, à commencer en 1589 jusqu'en 1778; suivi d'une collection de modes françoises, contenant les différens habillemens et coeffures des hommes et des femmes, la plus complette qui ait paru en ce genre. — Paris, Desnos, s. d. (1778), gr. in-8, fig.

2244. Gallerie des modes et costumes français, dessinés d'après nature, gravés par les plus célèbres artistes en ce genre, et colorés avec le plus grand soin par Madame Le Beau, etc. — (Paris, 1778-85), in-fol., 318 (?) pl. noires ou color.

2245. GARNEREY (Jean-Franç.). Collection des nouveaux costumes des autorités constituées civiles et militaires. S. l. n. d. (Paris, 1795), in-4, 2 ff. de texte et 27 pl. dessin. par Garnerey et grav. par Alix, plus 3 pl. ajoutées.

2246. GRASSET DE SAINT-SAUVEUR (J.). Costumes des représentants du peuple français, membres des deux conseils, du Directoire exécutif, des ministres, des tribunaux, des messagers d'Etat, huissiers et autres fonctionnaires publics, etc., dont les dessins originaux ont été confiés par le ministre de l'intérieur au citoyen Grasset S. Sauveur, gravés par le cit. Labrousse, etc.—Paris, 1795, in-8, front., 34 pp. et 15 pl. color. ; — trad. en allem. : *Trachten von den Representanten des Französischen Volks*, etc.; s. l. n. d., pet. in-8, avec copies color. des grav. originales.

2247. MAILLART (Ph.-J.). Costumes des représentants du peuple français, membres des deux Conseils, du Directoire exécutif, etc., gravés et coloriés par Ph.-J. Maillart et Sœur [avec notices historiques]. — Bruxelles, s. d. (fin du XVIII° s.), in-4, avec 20 pl. color.

Peu commun.

2248. Modes et manières du jour, à Paris, à la fin du XVIII° siècle et au commencement du XIX°. Collection de 52 gravures coloriées. — Paris, s. d. (v. 1805), in-8, sans texte.

Charmant recueil, devenu fort rare.

2249. Galerie des enfans de Mars. Offrande à Sa M. impératrice et reine.— S. l. n. d. (Paris, Martinet, v. 1806), in-4, 45 pl. grav. s. c. et color., sans texte.

2250. BEAUNIER (F.) et RATHIER (L.). Recueil des costumes français, ou Collection des plus belles statues et figures françaises, des armes, des armures, des instruments, des meubles, etc., dessinés d'après les monuments, manuscrits, peintures et vitraux, avec un texte explicatif, suivi d'une notice historique et chronologique devant servir à l'histoire de l'art du dessin en France, depuis Clovis jusqu'à Napoléon premier inclusivement... Rédigé, dessiné et publié par MM. F. B... et L. R...— Paris, 1810, 2 vol. in-fol., 204 pl. (75 à 100 fr.).

Cet ouvrage s'arrête au règne de Louis XII. Il n'en a été publié que 34 livraisons de 6 pl. chacune, avec une courte explication.

2251. TARDIEU (Ambr.). Galerie des uniformes des gardes nationales de France... Publiée... par A. T., etc. — Paris, 1817, in-8, front., 2 ff. et 32 pp., avec 27 pl. grav. s. c. et color.

2252. CHARLET (N.). La Vieille armée française. — S. l. n. d. (Paris, v. 1817), 2 part. in-fol., 10 et 28 pl. lith., sans texte.

2253. (CHARLET.) Costumes militaires français. — S. l. n. d. (Paris, v. 1818), in-4, 24 pl. lith. color., sans texte.

2254. LECOMTE (H.). Costumes civils et militaires de la monarchie française depuis 1200 jusqu'à 1820. — (Paris, Delpech, 1821), 3 vol. in-fol., 380 pl. lith. color., sans texte (80 à 100 fr.).

2255. VERNET & LAMI. Collection des uniformes des armées françaises, de 1791 à 1814, dessinés par H. [et Carle] Vernet, et Eug. Lami. — Paris, 1822 (-1823), in-4 (en 24 livr.), 96 pl. color. = Collection raisonnée des uniformes français de 1814 à 1824. 2° partie de la collection générale.—*Ibid.*, 1825, in-4, fig. color. (Les deux parties, 60 fr.).

2256. PICQUET. Collection des uniformes de l'armée française, etc. — Paris, 1823, gr. in-fol., avec 29 pl. color.

2257. LEBER (C.). Des Cérémonies du sacre, ou Recherches historiques et critiques sur les mœurs, les coutumes, les institutions et le droit public des Français dans l'ancienne monarchie, orné de 48 planches gravées. — Paris, 1825, in-8, fig.

2258. VIEL-CASTEL (le comte Horace de). Collection des costumes, armes et meubles, pour servir à l'histoire de France depuis le commencement du V° siècle jusqu'à nos jours. — Paris, (1826-)1827-32 (nouv. titre 1834), 3 vol. gr. in-4 (en 66 livr.), avec 300 pl. lith. = T. IV. (Révolution franç. et l'Empire.) — *Ibid.*, 1845 (en 7 livr.), gr. in-4, 120 pl. (L'ouvrage complet, 100 fr.)

2259. ADAM (V.). Collection des costumes militaires. Armée française. 1832. Représentés dans les sujets de genre, lithogr. par V. A...—Paris, s. d. (1832), in-4 obl., 36 pl. color., sans texte.

2260. NUMA. Costumes civils et militaires, depuis le V° siècle, origine de la monarchie française, jusqu'à nos jours. Lithographiés par Numa, d'après les dessins historiques de chaque règne. — Paris, s. d. (1833-35), livr. 1 à 8, 96 pl. color., sans texte.

2261. RAFFET (Denis-Aug.-Marie). Collection des costumes militaires de l'armée et de la marine françaises, depuis août 1830, par R..—Paris, 1833, in-fol., 24 lith. color.

2262. Costumes français depuis Clovis jusqu'à nos jours, extraits des monuments les plus authentiques de sculpture et de peinture, avec un texte historique et descriptif, enrichi de notes sur l'origine des modes, les mœurs et usages des Français aux diverses époques de la monarchie, etc. — Paris, 1834-39, 4 vol. in-8, avec 640 pl. dessin. et grav. s. c. par L. et Alex. Massard, Lafosse, etc., et color.

Le titre du 2e vol. porte : *par M. de Clugny,* et ceux des t. III et IV : *publiés par A. Miflliez.* Les éléments de ce vaste recueil, qu'on ne doit consulter qu'à titre de renseignements, ont été puisés principalement dans la riche collection Gaignières, à notre Cabinet des estampes.

2263. HERBÉ. Costumes français civils, militaires et religieux, avec les meubles, les armes, les armures, l'architecture domestique, les ordres de chevalerie, les étendards et les blasons les plus historiques depuis les Gaulois jusqu'en 1834 ; dessinés d'après les historiens et les monumens, et publiés par Herbé. —Paris, s. d. (1835), pet. in-fol., 95 pl. color., offrant 2500 fig. (100 fr. et plus).

Ce titre si long, et si rempli de promesses, couvre une œuvre aussi faible que fausse. L'auteur prétend *avoir dessiné d'après les historiens :* on croirait plutôt qu'il s'est attaché à prendre pour modèle les troubadours du vieux répertoire de l'Opéra-Comique, ou les tyrans de mélodrame. Ce livre est malheureusement très-recherché par les jeunes artistes.

2264. AMBERT (Joachim) et **AUBRY** (Ch.). Esquisses historiques des différents corps qui composent l'armée française, par J. A.... Dessiné par Ch. A.., etc. — Paris, 1835, gr. in-fol., pl. lith.

2265. COGNIET (Léon) et **RAFFET.** Illustration de l'armée française depuis 1789 jusqu'en 1832 d'après MM. Llanta et Ad. Midy. — Paris, s. d. (1837), in-fol., 18 pl., sans texte.

2266. BELLANGÉ (H.). Collection des types de tous les corps et les uniformes militaires de la république et de l'empire, etc. — Bruxelles, 1843, in-8, avec 44 pl. color.

2267. JANET-LANGE. Uniformes de l'armée française en [1846-] 1848. Dessinés d'après les ordres du ministre de la guerre par J..-L... — (Paris, 1848), gr. in-fol., 64 pl. noires ou color., et table.

2268. MARBOT (Alfr. de) et **DUNOYER DE NOIRMONT.** Costumes militaires français depuis l'organisation des premières troupes régulières en 1439, jusqu'en 1789. Dessins et texte par MM. Dunoyer de Noirmont et Alfred de Marbot. — Paris, 1850, 3 vol. in-fol., ornés de 450 costumes coloriés.

Les auteurs ont voulu montrer les costumes et les armes portés par nos troupes aux différentes époques de notre histoire. Quel était l'équipage des hommes d'armes sous Charles VII, celui des vainqueurs de Marignan, l'armement d'un soldat d'Henri IV ou de Turenne, l'uniforme d'un gentilhomme de la maison du roi, voilà ce qu'ils nous font connaître au prix des plus grandes recherches. Ordonnances de nos rois, historiens du temps, traités militaires, tableaux contemporains, estampes des dépôts publics ou des collections particulières, ils n'ont rien négligé. Les dessins sont fort bien exécutés et les auteurs assurent qu'ils ont atteint le plus grand degré d'exactitude possible.

2268 *bis*. MARBOT (Alf. de). Tableaux synoptiques de l'infanterie et de la cavalerie françaises et des régiments étrangers au service de la France, de 1720 à 1789. — Paris, 1854, in-fol., 12 pl., nombr. fig. color. (24 fr.).

Ces *Tableaux* s'ajoutent aussi comme complément à l'ouvrage précédent.

2269. LACROIX (Paul). Costumes historiques de la France, d'après les monuments les plus authentiques, statues, bas-reliefs, tombeaux, sceaux, monnaies, peintures à fresque, tableaux, vitraux, miniatures, dessins, estampes, etc., etc., avec un texte descriptif, précédé de l'histoire de la vie privée des Français, depuis l'origine de la monarchie jusqu'à nos jours, et suivi d'un recueil curieux de pièces originales, rares ou inédites, en prose et en vers, sur le costume et les révolutions de la mode en France, par le Bibliophile Jacob (Paul Lacroix). — Paris, (1852), 10 vol. in-8, avec 640 grav. en bistre ou color. (200 fr. et plus).

Ce sont les mêmes planches que celles du n° 2262, ci-dessus.

2270. COMPTE-CALIX (F.). Album-Keepsake des costumes de la cour française depuis Charles VII jusqu'à Louis XVI. — Paris, 1854, in-4, avec 20 pl. color.

2271. COMPTE-CALIX (F.). Costumes historiques français. Dessins inédits gravés par Bracque, etc. — Paris, Philipon, 1864, gr. in-8, avec 15 pl. color. — 10 fr.

2272. ARMAND-DUMARESQ. Uniformes de la garde impériale en 1857, dessinés sous la direction du général de division Hecquet, d'après les ordres de M. le ministre de la guerre par A...-D...

— Paris, impr. imp., 1858, très-gr. in-fol., titre, table, 55 pl. color. et 5 tableaux. = Uniformes de l'armée française en 1861, dessinés... par A....-D... Troupes de ligne. — *Ibid.*, impr. Lemercier, 1861, très-gr. in-fol., titre, table et 54 pl. color.

2273. Musée rétrospectif de l'infanterie française. — Paris, Lebigue-Duquesne, s. d. (1866), gr. in-8, pl. grav. s. b., sans texte.

Ces planches ont d'abord paru comme atlas de l'ouvrage du général Susane : *Histoire de l'ancienne infanterie française;* Paris, 1849-1853, 8 vol. in-8.

2274. SORRIEU (Fréd.). Galerie des modes et costumes français dessinés d'après nature par les plus célèbres artistes dans ce genre — règne de Louis XVI — et dessinés d'après les originaux par F. S... — Paris, Leconte, 1867, in-4, avec 24 pl. lith., noires ou col.

2275. MOLTZHEIM (A. de). Esquisse historique de l'artillerie française depuis le moyen âge jusqu'a nos jours, par A. de M..., capitaine au train d'artillerie. — Strasbourg; Paris, Rothschild, 1868, pet. in-fol., avec 64 pl. color. — 150 fr.

Cette jolie publication est le complément du grand ouvrage de Marbot et de Noirmont sur le costume militaire.

2276. QUICHERAT (J.). Histoire du costume en France depuis les temps les plus reculés jusqu'à la fin du XVIIIᵉ siècle, par J. Quicherat, directeur de l'Ecole des chartes. Ouvrage contenant 481 gravures, dessinées sur bois, d'après les documents authentiques, par Chevignard, Pauquet et P. Sellier. — Paris, Hachette, 1875, gr. in-8, fig. s. b. — 20 fr.

M. Quicherat, mieux que personne, connaît le moyen âge. Érudit de haute volée, il ne dédaigne pas cependant à l'occasion de vulgariser certains côtés de la science. Un jour il a été séduit par une idée. Il a cru qu'il ne serait pas inutile d'apprendre aux gens du monde et à la jeunesse, l'histoire du costume. De là, cette série d'articles publiés de 1844 à 1869 dans le *Magasin pittoresque* et qui traitaient la partie de cette histoire qui va du XIVᵉ siècle à la Révolution française. L'accueil fait à ces articles a poussé M. Quicherat à reproduire sous forme de livre ce qu'il avait publié sous forme d'articles, ou pour mieux dire à faire entrer dans son texte une portion notable de l'ancienne rédaction.

Il en a été de même à l'égard des figures : une bonne partie de celles qui furent gravées par le *Magasin pittoresque* ont été conservées, plusieurs supprimées et beaucoup d'ajoutées. Je voudrais ne pas avoir à parler de ces figures. Leur infériorité est telle qu'on regrette de les

trouver dans un ouvrage sorti de la plume de M. Quicherat.

———

2277. LANTÉ (et DE LAMÉSANGÈRE). Costumes des femmes du pays de Caux et de plusieurs autres parties de l'ancienne province de Normandie; dessinés, la plupart, par M. Lanté, gravés par M. Gatine, et coloriés, avec une explication pour chaque planche (par de Lamésangère). — Paris, 1827, in-4, 46 pp. et 105 pl. color. (50 fr.); — nouv. édit. : Cent cinq Costumes des départements de la Seine-Inférieure, du Calvados, de la Manche et de l'Orne; Paris et Caen, s. d., in-4, fig.

2278. PERRIN et BOUET. Galerie bretonne, ou Mœurs, usages et costumes des Bretons de l'Armorique, par feu O. Perrin, gravé sur acier par Reveil, avec texte explicatif par MM. Perrin fils et Alex. Bouet. Précédée d'une Notice sur la vie de l'auteur par M. Alex. DUVAL, de l'Académie française. — Paris, (1834-) 1835-39, in-8, avec 119 fig. (20 fr.); — 2ᵉ édit., sous ce titre : Breiz-Izel, ou Vie des Bretons de l'Armorique, etc.; *ibid.*, 1844, 3 vol. in-8, fig.

« La publication de cet ouvrage, dit Quérard, « avait déjà été tentée vers le commencement « de ce siècle, et nous en avons trouvé quatre « livraisons dont le texte a été rédigé par « L. Mareschal; Paris, L.-P. Dubray, 1808, gr. « in-4, de VI-24 pp. et 24 pl. »

2279. CHARPENTIER. Recueil de costumes de la Bretagne et de quelques autres départements de la France. — Paris, 1836, gr. in-4, pl. color.

2280. LALAISSE (Hipp.). Galerie armoricaine, costumes et vues pittoresques de la Bretagne, dessinés d'après nature et lithographiés, les costumes par Hipp. Lalaisse, les vues par Benoist. — Nantes et Paris, s. d. (1848), in-fol., 125 pl. noires et teintées, dont 100 pl. de costumes et 25 vues (60 à 100 fr.).

2281. GALARD (Gust. de) et GÉRAUD (S.-E.). Recueil des divers costumes des habitans de Bordeaux et des environs. Dessinés d'après nature par M. G. de G.., et précédés de notices rédigées par M. S.-E. G.. — Bordeaux, s. d. (1818-19), pet. in-fol., avec 36 pl. grav. s. c. et color.

2282. JOHNSON (J.). *The Costumes of the french Pyrenees*, etc. — Les Costumes des Pyrénées françaises, gravés sur pierre par D. Harding, d'après les esquisses originales de J. J... — Londres, 1832, 6 part. gr. in-4, avec 30 pl. color. (30 fr.).

f. Italie.

2283. CARRACCI (Annibale). *Diverse figure al numero di ottanta, disegnate di penna nell' hore di ricreatione da A. C..., intagliate in rame.. da Simone Guilino, Parigino.* — Rome, 1646, in-fol., portr., 80 pl. (20 fr.); — autre édit.: *Le Arti di Bologna originali,* etc.—Rome, 1646, in-fol., 78 pl. (20 fr.); — autre édit., *ibid.,* 1660, in-fol., 41 ff.; — nouv. édit.: *Le Arti di Bologna disegnate da A. C..., ed intagliate da S. G..., coll' assistenza di* Alessandro Algardi. *Aggiuntavi la Vita di Annibale Caracci,* etc; *ibid.,* 1740, in-fol., portr. et 80 pl. (30 à 40 fr.).

Figures des marchands ambulants et autres costumes populaires d'Italie à la fin du XVIe siècle.

2284. GREUZE (Jean-Bapt.). Divers habillemens suivant le costume de l'Italie: dessinés par Greuze, ornés de fonds par J.-B. Allemand, et gravés par P.-E. Moitte. — Paris, 1768, in-fol., 25 pl.

2285. VECELLIO. *Trages de Italia hasta el siglo XVI, diseñados por el gran Ticiano y por Cesar su hermano.* — Madrid, 1794, 2 vol. in-12, fig. color. (40 à 60 fr.).

C'est indubitablement une copie partielle du recueil de Vecellio (voir le nº 2093).

2286. PINELLI (Bartol.). *Costumi diversi inventati et incisi da* B.. P... — Rome, 1822, in-fol. obl., 25 pl., sans texte (15 fr.).

On est d'accord sur un point : personne, au commencement du siècle, n'avait encore, comme B. Pinelli, su rendre les scènes de la rue, et la vie italienne dans son débraillé. Depuis, d'autres aussi habiles, et même plus habiles, sont venus, et cependant on ne perdra pas le souvenir de ce crayon trivial, mais accentué et vrai.

2287. REMOND (C.). Costumes des différents peuples de l'Italie, dessinés d'après nature par C. R..—Paris, Delpech, s. d. (v. 1822), in-fol., 20 lith. color., sans texte.

2288. PINELLI (Bartol.). *Raccolta di costumi italiani i più interessanti,* etc.—Rome, 1828, in-fol. obl., 50 pl., sans texte (20 fr.).

2289. BOILLY (Jules). Collection de costumes italiens, dessinés d'après nature en 1827 et lithographiés. — Paris, Daudet, s. d. (1829), in-4 (en 8 livr.), 48 pl., noires ou color. (30 fr.).

2290. BOSA (E.). *Cridatori ed altri costumi popolari di Trieste, disegnati ed incisi all' acqua forte.* — Milan, 1835, in-8, avec 24 pl. color. (8 à 10 fr.).

2291. FRANCO (Giacomo). *Habiti d'Huomeni et Donne venetiane, con la Processione della Ser^ma. Signoria et altri particolari, cioè trionfi, feste, cerimonie publiche della nobil. città di Venetia.* — Venetia, s. d. (v. 1610), pet. in-fol., front., portr. de Vinc. de Gonzague, et 24 (?) pl. grav., sans texte.

2291 *bis.* FRANCO (Giac.). *Habiti delle Donne Venetiane intagliati in rame nuovamente* (texte latin et franç.). — S. l. n. d. (Venise, v. 1610), pet. in-fol., front. et 20 pl.; — nouv. édit. (avec le préc.); *ibid.,* 1614, 2 part. in-4.

Ce recueil, ainsi que le précédent, offrent un grand intérêt pour les costumes de Venise pendant sa grandeur. On les recherche aujourd'hui d'autant plus qu'ils sont devenus d'une extrême rareté. Ils ont été reproduits en fac-simile, en 45 planches, avec un titre.

2292. ZOMPINI (Gaetano). *Le Arti che vanno per via nella città di Venezia, inventate et incise da* G. Z.. — Venise, 1785, in-fol., titre, table, front., 1 f. de texte et 60 pl. grav. à l'eau-forte.

Recueil gravé avec facilité et d'une façon pittoresque. Il est devenu rarissime, n'ayant été tiré qu'à un petit nombre d'exemplaires.

2293. MUTINELLI (F.). *Del Costume veneziano sino all secolo XVII°. Saggio,* etc. — Venise, 1831, in-8, avec 19 pl. (5 à 6 fr.); — nouv. édit.: *Del Commercio e costume dei Veneziani libri II,* etc.; *ibid.,* 1835, gr. in-8, avec 19 pl. (10 fr.).

2294. PINELLI (Bartol.). *Raccolta di costumi pittoreschi incisi all' acqua forte da* B. P..., *Romano.* — Rome, 1809, in-fol. obl., 50 pl., sans texte (20 fr.); — nouv. édit.: *Raccolta di cinquanta costumi pittoreschi,* etc.; *ibid.,* 1809, in-fol. obl.

La première édition de ce recueil renommé est devenue rare. Ce qui la distingue, c'est l'absence du numérotage des planches.

2295. PINELLI (Bart.). *Raccolta di quattordici motivi di costumi pitto-*

reschi di Roma da B. P.. — Paris, Vallardi, s. d. (v. 1814), 14 pl. grav. en 1813, sans texte.

2296. PINELLI (Bart.). *Nuova Raccolta di cinquanta costumi pittoreschi incisi all'acqua forte da* B. P.., etc.— Rome, 1816 (ou 1817), in-8 obl., 50 pl., sans texte.

2297. PINELLI (Bart.). *Nuova Raccolta di costumi de' contorni di Roma.* — Roma, 1823, in-fol. obl., avec 50 pl., sans texte (20 fr.).

2298. FERRARI (F.). *Costumi ecclesiastici, civili e militari della corte di Roma, disegnati all' acqua forte,* etc. — Rome, 1823, gr. in-4, avec 68 pl. color. (30 fr.).

2299. PINELLI (Bartol.). *Raccolta di cinquanta costumi di Roma e sue vicinanze,* etc. —Rome, 1826, in-8 obl., 50 pl. grav. par Cottafari, d'après B. P.., sans texte (20 fr.).

2300. PERUGINI (G.) et PASCAL (l'abbé J.-B.-E.). Collection complète des costumes de la cour de Rome et des ordres religieux des deux sexes. *Collezione completa...* Dessinée d'après nature, avec la plus parfaite exactitude par M. G. P.., Romain. Avec un texte explicatif par M. l'abbé J.-B.-E. P.., etc. (texte franç. et ital.).—Paris, 1852, in-4, avec 80 lith. color.

———

2301. PIERACCINI (Fr.). Collection de costumes de diverses provinces du grand-duché de Toscane [du duché de Gênes et du Tyrol], lithographiés d'après des dessins de François Pieraccini de Florence. — Paris, s. d. (1826), gr. in-4, 130 pl. color., dont 50 pour la Toscane, 40 pour le duché de Gênes et 40 pour le Tyrol.

2302. FABRIS (P.). *Raccolta di varii vestimenti ed arti del regno di Napoli,* etc.— Naples, 1773, in-fol., 27 pl. grav. à l'eau-forte (30 fr.).

2303. *Raccolta di varie vestiture che costumano nelle città, terre e paesi in provincie diverse del regno di Napoli.* — Naples, 1791-92, 2 part. in-fol., de 30 pl. chacune, grav. s. c. par S. Bianchi, Morghen, etc.

2304. *Raccolta delle diverse vestiture delle provincie del regno di Napoli.* — Naples, lith. Cuciniello et Bianchi. s. d. (18..), gr. in-8, environ 100 pl. color.

2305. PINELLI (Bartol.). *Raccolta di costumi del regno di Napoli,* etc. — Rome, 1814, in-fol., 50 pl., sans texte (20 fr.)

2306. PINELLI (Bart.). *Raccolta di cinquanta costumi li più interessanti delle città, terre, e paesi, in provincie diverse del regno di Napoli, disegnati, ed incisi all' acqua forte da* B. P.. — Rome, 1817, in-8 obl., 50 pl. sans texte.

2307. SGROPPO. Royaume des Deux-Siciles. Costumes dessinés sur les lieux par S.. — Paris, s. d. (1826), gr. in-4, 130 lith. color., dont 100 pour les Deux-Siciles et 30 pour les Etats romains.

2308. BOUCARD (F. de). *Usi e costumi di Napoli,* etc. — Naples, 1853, gr. in-8, avec 50 pl. color. (30 fr.).

g. Pologne.

2309. NORBLIN (J.-P.). *Zbior wzorowy rozmaitych polskich ubiorów,* etc. — Collection de costumes polonais dessinés d'après nature par N.., et gravés par Debucourt. — Paris, 1817, pet. in-fol., titre en polon. et en franç., et 37 pl. color., sans texte.

Les planches de ce recueil, exécutées avec un talent remarquable, ont servi de modèle à presque tous les artistes étrangers qui depuis ont traité le même sujet.

2310. GOŁĘBIOWSKI (Luc). *Ubiory w Polszcze,* etc. — Costumes polonais, depuis les temps les plus reculés jusqu'à l'époque actuelle, décrits sous forme de dictionnaire.—Varsovie, 1830, in-8, avec une grande pl. grav. s. c.; — nouv. édit., Cracovie, 1861, in-8. ═ *Lud polski,* etc. — Le Peuple polonais, ses coutumes, préjugés, etc.— *Ibid.*, 1830, in-8, avec 1 pl. grav. s. c. et color., offrant 44 costumes, d'après Norblin.

2311. GERSON. Costumes polonais dessinés d'après nature par G.., lithographiés par E. Desmaisons. — Varsovie, Daziaro, s. d. (v. 1860), in-4, titre en franç. et 15(?) pl. noires ou color., sans texte.

D'autres planches, d'après Guminski (5 pl.) et Polikarpe (2 pl.) se joignent à ce recueil fort bien fait et qui complète celui de Norblin.

2312. MATEJKO (Jean). *Ubiory w Polsce,* etc. — Costumes polonais de 1200 à 1795. — Cracovie, 1860, in-fol. obl., 12 pl. lith. et color., sans texte; — 2e édit., *ibid.*, 1875, in-fol. obl., 12 pl.

Ces douze planches, représentant un très-grand nombre de personnages, ont été exécutés d'après les dessins de M. Matejko, le plus renommé des peintres polonais et correspondant de notre Académie des Beaux-Arts. Quelques-uns de ses tableaux ont figuré avec honneur aux expositions de Paris.

2313. *Ubiory ludu dawnej Polski.* — Costumes du peuple dans l'ancienne Pologne. — Cracovie, 1862, in-8, 12 lith., noires ou color.

h. Russie.

2314. DAHLSTEIN (Aug.). *Russische Trachten und Ausrüfer in St. Petersburg.* Habillemens moscovites et crieurs à St. Pétersbourg. Inventés et faits à l'eau-forte par A. D.. — Cassel, chés W.-C. Maÿr, graveur de la cour, s. d. (v. 1760), titre et 49 pl., sans texte.

2315. LE PRINCE (Jean-Bapt.). Divers Ajustements et Usages de Russie... dessinés en Russie d'après nature, et gravés à l'eau-forte par J.-B. le Prince. — (Paris, 1763-65), in-4, fig., sans texte.

2316. (GEORGI, J.-G.) *Beschreibung aller Nationen des russischen Reiches,* etc. — Saint-Pétersbourg, 1776-80, 4 part. en 2 vol. in-4, avec 95 pl. gr. s. c. et color. (25 fr.); — trad. en franç. : Description de toutes les nations de l'empire de Russie, où l'on expose leurs mœurs, religions, usages, habitations, habillemens, etc. ; *ibid.,* 1776-77, 3 part. en un vol. in-4, fig. color. (40 fr.).

2317. LE PRINCE (Jean-Bapt.). OEuvres, contenant plus de 160 planches gravées à l'eau-forte, et à l'imitation des dessins lavés au bistre, le tout représentant divers costumes et habillemens de différents peuples du Nord, etc. — Paris, 1782, in-fol., fig., sans texte.
Costumes russes en majeure partie.

2318. Les Costumes des peuples de la Russie. — Berne, 1791, in-4, 26 sujets grav. s. c.

2319. GEISSLER(Ch.-G.-H.) et GRUBER (J.-G.). Costumes, mœurs et coutumes des Russes, dessinés à Saint-Pétersbourg, par Ch. G. H. G.., dessinateur, attaché à M. de Pallas, décrits par M. le Dᵣ J. G. G.., et traduits par M. de L******. — *Sitten,* etc. (texte franç. et allem.). — Leipzig, s. d. (1801-3), in-4, avec 60 pl. color.

2320. (ATKINSON, A., & WALKER, J.) *A Picturesque Representation of the manners, customs, and amusements of the Russians,* etc. — Représentation pittoresque des mœurs, coutumes et amusements des Russes, etc. (texte angl. et franç.). — Londres, 1803-4 (et aussi 1812), 3 part. gr. in-fol., avec 3 portr. (Catherine II, Alexandre & Elisabeth) et 100 pl. grav. et color. (100 fr.).

2321. HARDING. *The Costume of the Russian Empire,* etc. — Costumes de l'empire de Russie. — Londres, 1803, in-fol., avec 70 grav. color. (50 fr.); — nouv. édit., *ibid.,* 1810, in-fol., fig.

2322. MILLER. *The Costume of the Russian Empire,* etc. — Costumes de l'empire de Russie, illustrés par 73 gravures (texte angl. et franç.). — Londres, 1803, gr. in-4, fig. (20 à 100 fr.).

2323. (RECHBERG, Charles, comte de). Les Peuples de la Russie, ou Description des mœurs, usages et costumes des diverses nations de l'empire de Russie, accompagnée de figures coloriées. — Paris, 1812-13, 2 vol. in-fol., avec 96 pl. color. (publié à 600 fr.; avec fig. color. à la main, 1200 fr.; se vend 100 à 200 fr.).
Le texte de ce grand ouvrage a été revu par G.-B. Depping.

2324. MARTINET. Recueil de costumes militaires et autres de l'empire de Russie. — Paris, 1815, in-8, 62 fig. color.

2325. HOUBIGANT (A.-G.). Mœurs et Costumes des Russes, représentés en 50 pl. coloriées, exécutées en lithographie par A. C. (*sic*) H... — Paris, 1817 (nouv. titre, 1821), in-fol., pl. lithogr. (20 à 30 fr.).
Quelques-unes de ces planches sont signées : Hᵗᵉ B. (? Bellangé).

2326. KOLLMAN. Collection de costumes et de monuments... de Saint-Pétersbourg. — Saint-Pétersbourg, 1822, in-4 obl., 12 lith.

2327. (FÉDOROV et BELOUÇOV.) Collection des uniformes de l'armée impériale russe. — (Saint-Pétersbourg, v. 1835,) in-fol., 41 (?) pl. color., sans texte.

2328. PAJOL (le lieut.-colonel comte). Armée russe. 1856. — (Paris,) 1856, 2 part. gr. in-fol., 56 et 22 pl. noires et color. (250 à 300 fr.).
Dans la première partie de cette belle publication, sont représentés les uniformes de l'armée. Les cinq premières planches offrent les portraits de l'empereur Nicolas et de ses quatre fils. Les planches 13, 15, 22, 25, 31, 35, 40, 48, 50 et 51 ont été refaites dans de poses différentes.
La seconde partie, consistant en 25 tableaux réunis en 22 feuilles, est consacrée à la repro-

duction des décorations, drapeaux, pavillons, détails des uniformes et d'armes, etc.

2329. PAULY (Théod. de). Description ethnographique des peuples de la Russie. Publié à l'occasion du jubilé millénaire de l'empire de Russie, etc. — Saint-Pétersbourg, 1862; (Leipzig, Hinrichs), gr. in-fol., avec 1 carte et 62 chrom. — 750 fr.

> Ouvrage de grand luxe, fort rare et peu connu.

i. Suède.

2330. FORSSEL (C.). Album pittoresque du Nord. Tableaux des costumes, mœurs et usages des paysans de la Suède, par C. F.., premier graveur du roi. — Londres et Berlin, 1838, in-fol., avec 15 pl. grav. s. c. et color.

> Très-rare.

j. Principautés Danubiennes. — Turquie. — Grèce.

2331. VALERIO (Th.). Les Populations des Provinces Danubiennes en 1854. Suite de dessins d'après nature gravés à l'eau-forte par Th. V... — Paris, Goupil, s. d. (? 1855), in-fol., 18 pl.

> Tiré à 150 exempl.; les planches ont été détruites.
> Voir sur cet artiste la note du n° 2176.

2332. NICOLAY (Nic. de). Plusieurs descriptions des accoustrements, tant des magistrats et des officiers de la Porte du grand seigneur que des peuples assujectis à son empire, etc. — S. l. n. d., in-fol., 60 pl. grav. s. c.

> Ce recueil, fort rare, reproduit probablement les figures de costumes orientaux, exécutées par L. Danet, d'après les dessins très-exacts de Nicolay, pour la première édition de l'ouvrage de ce voyageur célèbre, ouvrage intitulé : *Les Quatre premiers livres de navigations et de pérégrinations orientales*, etc. (Lyon, 1567 ou 1568, pet. in-fol., avec 60 pl.), et qui a eu plusieurs éditions tant en français qu'en langues étrangères, avec des copies des gravures originales.

2333. LORICHIUS [LORICH] (Melchior). *Figure disegnale, e intagliate a piedi, e a cavallo con parecchi begli Edificj alla maniera Turca*, etc. — Hambourg, M. Hering, 1626, in-fol., front. et 113 pl. grav. s. b. (100 fr.); — 2e édit., *ibid.*, T. Gunderman, 1641, in-fol., 122 (?) fig. s. b.; — 3e édit., *ibid.*, 1646, in-fol., 122 (?) fig. s. b. et une table explicative en allem.

> Ce recueil fort rare, et dont on ne connaît pas exactement la composition, car les exemplaires bien complets et uniformes en sont pour ainsi

dire introuvables, reproduit des dessins exécutés à Constantinople même par Melchior Lorich ou Lorch, artiste danois, de Flensbourg, de 1557 à 1559. Il aurait d'abord été publié en 1619, sans nom de ville, dans une suite de 125 planches, avec ce titre : *Wolgerissene und geschnittene Figuren in Kupfer und Holtz durch* Melchior Lorch; les figures sur cuivre dont il est parlé dans ce titre ne font pas partie du recueil gravé sur bois, bien qu'on les y trouve souvent ajoutées (voir une longue note de Mariette reproduite dans le *Catalogo* de Cicognara, n° 1693).

> Les ouvrages postérieurs ont largement puisé dans cette suite pour les costumes turcs.

2334. LA CHAPPELLE (G. de). Recueil (*sic*) de divers portraits de principales dames de la Porte du grand Turc tirés au naturel sur les lieux et dédiez à madame la comtesse de Fiesque par George de la Chappelle, peintre de la ville de Caen. — Paris, 1648, in-fol., titre, 15 ff. de texte et 12 pl. grav. s. c.

2335. LE HAY. Recueil de cent estampes représentantes (*sic*) différentes nations du Levant, gravées sur les tableaux peints d'après nature en 1707 et 1708 par les ordres de M. de Ferriol, ambassadeur du roi à la Porte, et mis au jour en 1712 et 1713 par les soins de Le Hay. — Paris, 1714, in-fol., 1 f., 14 pp. et l'air noté, avec 100 pl. color. (40 à 50 fr.); — nouv. édit., *ibid.*, 1715, gr. in-fol., avec 102 pl., dont deux ajoutées représentent les cérémonies de mariage et de funérailles en Turquie.

2336. Recueil des différents costumes des principaux officiers et magistrats de la Porte; et des peuples sujets de l'Empire Othoman, tels que les Grecs, les Arméniens, les Arabes, les Egyptiens, les Macédoniens, les Juifs, etc. On y a joint une courte explication des usages, mœurs, coutumes et religion, de ces diverses nations, tirée des meilleurs auteurs. — Paris, Onfroy, s. d. (v. 1780), in-fol., 16 pl. grav. d'explications et 96 pl. de costumes.

2337. DALVIMART. *The Costume of Turkey*, etc. — Costumes de la Turquie illustrés de 60 gravures coloriées, avec des descriptions par D... (en angl. et en franç.). — Londres, 1802, gr. in-4, 60 pl. gr. (50 à 60 fr.).

2338. *The Military Costume of Turkey*, etc. — Les Costumes militaires de la Turquie, représentés dans une suite de gravures d'après des dessins faits sur les lieux (texte angl. ou franç.). — Londres, s. d. (1818), gr. in-4, portr., front. et 30 grav. color. (20 à 25 fr.).

2339. LACHAISE. Costumes de l'empire turc, avec des notes explicatives; vues de Constantinople, des Dardanelles et de Smyrne, prises de 1817 à 1820, etc. — Paris, 1821, in-4, avec 61 pl. noires et color. (10 à 15 fr.).

2340. BRINDESI (Jean). Elbicei Atika. Musée des anciens costumes turcs de Constantinople, etc. — Paris, Lemercier, s. d. (1855), 22 pl. en chrom., sans texte (50 fr.).

2341. ARIF-PACHA. Les Anciens Costumes de l'empire Ottoman, depuis l'origine de la monarchie jusqu'à la réforme du Sultan Mahmoud, recueillis par Son Excellence le Muchir Arif-Pacha. — Paris, impr. Lainé et Havard, 1864, in-fol., avec lith. noires ou color. — 40 fr., fig. n.; 80 fr., fig. color.

2342. HAMDY-BEY et LAUNAY (Marie de). Les Costumes populaires de la Turquie en 1873. Ouvrage publié sous le patronage de la Commission impériale ottomane pour l'Exposition universelle de Vienne. Texte par S. E. Hamdy-Bey, commissaire général, et Marie de Launay, membre de la Commission impériale et du jury international. Phototypie de Sébah. — Constantinople, impr. du « Levant Times », 1873, 3 part. in-fol., avec 23, 9 et 42 pl.

Ouvrage éminemment intéressant tant par son texte qu'à cause de la fidélité des reproductions.

2343. PÉCHEUX et MANZONI. Costumes orientaux inédits, dessinés d'après nature en 1796, 1797, 1798, 1802 et 1809 ; gravés à l'eau-forte, terminés à la pointe sèche, et coloriés. Avec des explications, etc. — Paris, 1813, in-4, 4 pp. et 25 pl. grav. par Gatine, d'après Pécheux et Manzoni.

2344. CARTWRIGHT. *Selections of the Costume of Albania and Greece*, etc. — Choix de costumes des Albanais et des Grecs, avec des légendes explicatives d'après lord Byron, etc. — Londres, s. d. (1822), gr. in-fol., portrait d'Ali-Pacha et 11 pl. color. (40 à 50 fr.).

2345. STACKELBERG (Otto-Magnus, baron von). *Trachten und Gebräuche der Neugriechen*, etc. — Costumes et mœurs des Grecs modernes. — Berlin, 1831, in-fol., avec 30 pl. grav. s. c.

k. Asie.

2346. *Asiatic Costumes*, etc.—Costumes asiatiques; suite de 44 gravures reproduisant les originaux dessinés d'après nature, avec une description de chaque sujet. — Londres, 1828, in-8 (5 fr.).

2347. ORLOWSKI (A.). *The Costume of Persia drawn from nature*, etc. — Costumes de la Perse dessinés d'après nature par A. O.., et sur pierre par Hulman, Dighton, etc. (texte angl. et franç.). — Londres, 1820, gr. in-fol., avec 25 pl. color. (30 fr.).

2348. HART (Capt. L.-W.). *Character and Costumes of Afghaunistan*, etc. — Mœurs et costumes de l'Afghanistan. — Londres, 1843, gr. in-fol., titre et 26 pl. (40 fr., et 80 fr. avec fig. color.).

2349. SOLVYNS (Balth.). *A Collection of two hundred and fifty coloured Etchings descriptive of the manners, customs and dresses of the Hindoos*, etc. — Collection de 250 gravures coloriées représentant les mœurs, coutumes et costumes des Hindous, etc. — Calcutta, 1799, gr. in-fol. (400 à 500 fr.). = Il faut y joindre : *A Catalogue of 250 coloured etchings descriptive of the manners*, etc. — *Ibid.*, 1799, gr. in-8.

Ouvrage très-important.

2350. SOLVYNS (Balth.). *The Costume of Hindostan*, etc. — Costumes de l'Indostan, dessinés dans l'Inde en 1798 et 1799, et représentés en soixante planches enluminées, avec les explications en anglais et en français par B. S.., de Calcutta.—Londres, 1804, in-fol., fig. (40 fr.).

Les costumes de cet ouvrage ont été tirés du recueil ci-dessus.

2351. SOLVYNS (Balth.). Les Hindous, ou Description de leurs mœurs, coutumes, cérémonies, etc., dessinés d'après nature dans le Bengale, et représentés en 292 planches, avec le texte en anglais et en français.—Paris, 1808-12, 4 vol. gr. in-fol., fig. color. (publié en 48 livr., au prix de 1728 fr., et avec les pl. retouchées par l'auteur, 2600 fr.; se vend 200 à 400 fr.).

Planches réduites d'après le grand recueil ci-dessus.

2352. JAMES (Captain). *The Military Costume of India*, etc. — Le Costume militaire de l'Inde. — Londres, 1813, in-4, avec pl. color.

2353. BROUGHTON (Thomas Duer). *The Costume, character, manners, domestic habits and religious ceremonies of the Mahrattas*, etc. — Costume, caractère, usages, coutumes privées et cérémonies religieuses des Mahrattes. Avec dix gravures coloriées d'après les dessins d'un artiste du pays, par Th. D. B.. — Londres, 1813, in-4, fig.

———

2354. (BOUVET, J.) L'Estat present de la Chine en figures. — Paris, 1697, in-fol., avec 43 pl. grav. par P. Giffart, noires ou color. (50 à 100 fr.).

Ces planches ne représentent que des costumes.

2355. (MASON.) *The Costume of China*, etc. — Le Costume des Chinois, illustré de 60 planches color. d'après les dessins originaux, avec une description en anglais et en français. — Londres, 1800, gr. in-4, fig. (30 fr.).

2356. GROHMANN (J.-God.). Mœurs et coutumes des Chinois et leurs costumes en couleur, d'après les tableaux de Pu-Quà, peintre à Canton, etc. — *Gebräuche und Kleidung der Chinesen*, etc. (texte franç. et allem.). — Leipzig, s. d. (1803), gr. in-4, avec 60 pl. color. (20 fr.).

Copie des planches de l'ouvrage précédent.

2357. (MASON.) *The Punishments of China*, etc. — Les Châtiments usités chez les Chinois, etc. (texte angl. et franç.). — Londres, 1801 (? 1800-5), gr. in-4, avec 22 pl. color.

2358. HEMPEL (Fréd.). *Die Strafen der Chinesen*, etc. — Châtiments usités chez les Chinois, représentés dans 22 gravures enluminées, rédigées d'après les meilleurs ouvrages tant anciens que modernes qui ayent paru sur la Chine, par F. H.. (texte allem. et franç.). — Leipzig, s. d. (1804), in-4, avec 22 pl. color.

Copies des planches de l'ouvrage précédent.

2359. ALEXANDER (William). *The Costume of China*, etc. — Le Costume des Chinois, illustré de 48 pl. coloriées par W. A.. (texte angl. ou franç.). — Londres, 1805, gr. in-4, fig. (30 fr.).; — nouv. édit.: *Picturesque Representations of the dress and manners of the Chinese*, etc.; *ibid.*, 1814, in-4, 50 pl. color.

2360. MALPIÈRE (D. BAZIN de). La Chine, mœurs, usages, costumes, arts et métiers, peines civiles et militaires, cérémonies religieuses, monumens et paysages, d'après les dessins originaux du P. Castiglione, du peintre chinois Pu-Quà, de W. Alexandre, etc., par MM. Déveria, Régnier, Schaal, Schmit, Vidal et autres artistes connus. Avec des notices explicatives et une introduction présentant l'état actuel de l'empire chinois..... par D. B*** (Bazin) de Malpière. — Paris, F. Didot, 1825-27(-1839?), 2 vol. gr. in-4, avec 180 (?) pl. color. (publié en 30 livr., à 12 fr. chaque; se vend 80 à 100 fr.).

———

2361. PFYFFER ZU NEUECK (J.-J.-X.). *Skizzen von der Insel Java*, etc. — Esquisses de l'île de Java et de ses habitants. — Schaffouse, 1829, in-fol., avec 15 pl. color.

4. ARCHÉOLOGIE DU NOUVEAU MONDE.

(Mexique et Pérou.)

2362. RIO (Ant. del) & CABRERA (P.-F.). *Description of the ruins of an ancient city discovered near Palenque, in the Kingdom of Guatemala*, etc. — Description des ruines d'une ancienne cité, découverte près de Palenqué, dans le royaume de Guatemala, traduite du rapport manuscrit du capitaine C. Antonio del Rio, ou investigations critiques et recherches touchant l'histoire des Américains, par le Dr Paul-Félix Cabrera. — Londres, 1822, in-4 (20 fr.).

La première exploration des vastes ruines situées dans le voisinage de Palenqué remonte à 1786. A cette date, et d'après les ordres du roi d'Espagne Charles IV, le gouverneur de la province de Guatemala, au Mexique, chargea le capitaine Antonio del Rio de diriger cette expédition. Arrivé, le 3 mai 1787, sur le terrain d'exploration, del Rio rédigea un rapport et l'accompagna de quelques dessins qui représentaient des idoles d'un aspect étrange. Or, dans la crainte que la publicité donnée à ces figures pût choquer un clergé ombrageux et puissant, on enfouit ces dessins dans les cartons du musée, et le mémoire dans les archives de Mexico. En 1822, le mémoire ou rapport de del *Rio* reparaissait à la lumière, traduit en anglais par le docteur Cabrera. Comment le savant traducteur s'était-il mis en possession de ce manuscrit? Cette question n'a pas été approfondie. Ce qu'il y a de certain, c'est qu'à la demande de son ambassadeur, le gouvernement mexicain fut autorisé à reprendre le rapport de del Rio. La publication de Cabrera fit sensation à Londres, et le succès aurait été plus grand, si on avait joint au texte, et tout inexacts qu'ils sont, les dessins rapportés par l'explorateur.

La *Bibliographie des Beaux-Arts* est publiée dans le format et
les caractères du Manuel de Brunet. Elle paraîtra en **qua**
livraisons.

CONDITIONS DE LA SOUSCRIPTION

L'ouvrage complet coûtera 20 francs sur papier ordinaire, payal
par 5 francs, à la réception de chaque livraison. Il a été tiré **tro**
cents exemplaires numérotés, sur grand papier vergé, au prix
40 francs.

Les souscripteurs auront à leur charge les frais de port s'il y a l
35 centimes par livraison, papier ordinaire; 60 centimes, gra
papier; ces prix s'appliquent indistinctement à Paris, aux dépar
ments et, pour l'étranger, à tous les pays de l'Union postale.

Les souscripteurs de Paris ne recevront leurs livraisons que con
payement; ceux de la province et de l'étranger sont priés d'envoyer p
anticipation le prix (y compris le port) de chaque livraison à paraîtr

Après la publication de la dernière livraison, les prix ci-dessus sero
portés à 25 francs pour le papier ordinaire, et à 50 francs pour
papier vergé.

Les exemplaires en grand papier porteront le nom imprimé des sou
cripteurs, s'ils en font la demande au moment de la mise en vente d
la troisième livraison au plus tard.

Aucune livraison ne sera vendue isolément sans engagement écrit d
prendre l'ouvrage complet.

Paris. — Typographie de Firmin-Didot et Cⁱᵉ, rue Jacob, 56. — 2347

www.ingramcontent.com/pod-product-compliance
Lightning Source LLC
Chambersburg PA
CBHW051744250726
48659CB00001B/238